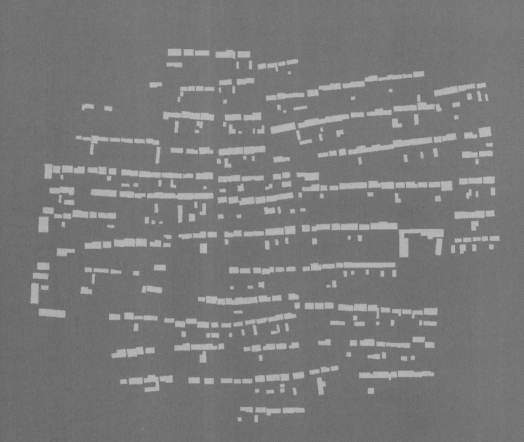

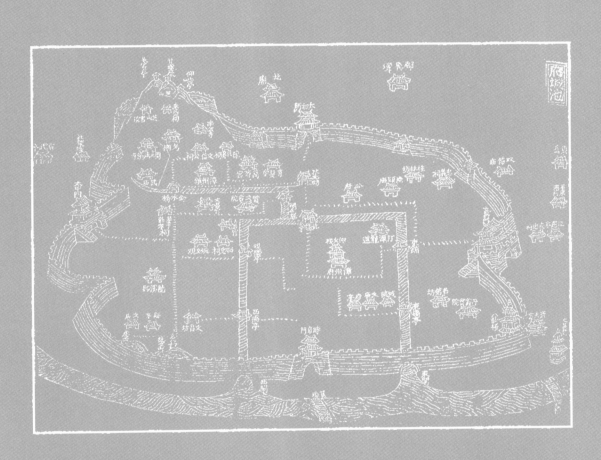

聚落

中国传统聚落
保护研究丛书

关瑞明　陈力　林志森　季宏　编著

国家重大出版工程项目
『十三五』国家重点图书

中国建筑工业出版社

总编委会

顾　问：

张锦秋　　陆元鼎　　王建国　　孟建民　　王贵祥　　陈同滨

编委会主任：

常　青

编委会副主任：

沈元勤

总主编：

陆　琦　　胡永旭

委　员：（按姓氏笔画排序）

王　军	王金平	韦玉姣	冯新刚	朴玉顺	刘奔腾	关瑞明
李群(女)	李群(男)	李东禧	李树宜	杨大禹	吴小平	余翰武
张兴国	张鹏举	陆　峰	范霄鹏	金日学	周立军	郑东军
单晓刚	赵之枫	姚　赯	贾　艳	高宜生	郭　建	唐　旭
唐孝祥	黄　耘	黄文淑	黄凌江	韩　瑛	靳亦冰	雍振华
燕宁娜	戴志坚	魏　秦				

《中国传统聚落保护研究丛书　福建聚落》

关瑞明　陈　力　林志森　季　宏　编著

审　稿：陆　琦

序一

一、引子

中国传统文化将一个地方的环境气候和风俗民情的特质和韵味称为"风土"。《国语·周语上》韦昭注:"风土,以音律省土风,风气和则土气养也",即从当地方言的乡音民谣中便可感知一方土地、民风的文化气息,因而"风土"一词与英文的Vernacular近义。"风"指风习、风俗、风气,"土"指水土、土地、地方,所谓一方水土养育一方人,供奉一方神,从这个意义上,"风土"与西方的"场所精神(Genius Loci)"也有一定的关联性。日本近代哲学家和辻哲郎著有《风土》一书,他对"风土"的定义是自然环境气候诸因素加上"景观",这里的"景观"应指审美角度的自然和人文两个方面,二者相融合的文化景观就是一种典型的传统聚落。

然而,在当今乡村振兴的时代大潮中,传统聚落最常见的关键词是"乡土"而非"风土",差不多已约定俗成了。"乡土"一词是中国农耕社会中故乡、家乡、老家和乡下的意思,至今中国社会还延续着这个传统的语义。但中文"乡土"与英文Vernacular的语境存在差异,因为西方并不存在以宗法制为基础的传统乡民社会,其乡村也就不会有类似于中国"乡土"的概念内涵。而乡村的发展前景是要走出农耕语境的乡土,留住文化记忆的乡愁,延续场所精神的风土,再造生态文明的田园。再说自近代以来,乡土并不包括城里的传统聚落,比如北京的胡同,西安、成都、苏州的巷子,上海的弄堂等属于"风土"而非"乡土"的范畴。

自1930年朱启钤先生发起成立中国营造学社以来,在梁思成和刘敦桢两位学科巨擘的引领下,我国建筑界对传统民居和乡土建筑的研究持续推进,成就斐然,形成了传统建筑研究的一大专业领域。但如何使这些研究更多地关联和影响城乡建设的进程,对整个建筑类学科都是一个很大的挑战。

二、中国传统聚落的源流与特征

1. "匝居"与城乡同构

中国传统聚落营造的信史可追溯到商周时期的聚落遗址。其中有关"营造"的最早文字记载见于《诗·大雅·灵台》:"经始灵台,经之营之"。这里的"经",是策划、管控的意思;而"营",原意即"匝居",是围而建之的意思,例如"营窟""营市(阛、阓)""营垒""营国"等一系列聚落营造范畴的词汇。因此,古代聚落即以"匝居"的方式,形成血缘的乡村聚落,地缘的城邑聚落,以至作为国家统治中心的都邑聚落——都城。这些华夏聚落以宗庙或祠堂为空间秩序的中心,以城垣壕堑为空间领域的边界，虽层级和功用不同，但从深层构成看却大多同构，保持和发展着"匝居"的聚落营造方式，从而部分地诠释了城乡一体的"亚细亚生产方式"学说。因为，一方面，许多乡村聚落拥有城垣、堡楼、街坊、庙宇等要素，俨如一座座城邑，如从汉代的"坞堡"到明清的庄寨、围堡均是如此；另一方面，城邑甚至都邑虽然看上去坚固伟岸，依然不过是政治权力和经济活动高度集中，等级制度极为森严，壕堑防卫更加严密，水平向扩展开来的巨型村寨而已，是乡村聚落的放大升级版。

2. 聚落原型与变换

从"匝居"的外在方式到聚落的内在构成，可以看到中国传统聚落源于商周"井田制"的"井"字形空间概念及其原型意象。所谓"井田制"，即以王室收取贡赋为目的的土地经营制度和划分方式。如周代王室拥公田，公卿以下据私田，遗有周代理想的营国制度，以百亩为夫，九夫为井，九井为国（都邑）。据此制度，田野的纵横阡陌就演变为聚落内经纬交错的街衢，并围合成间、里等空间尺度及单位。后世的里坊、厢坊、街坊，以及后来的胡同、街巷和弄堂等都是这样演变而来的。但这一"井"状网格空间原型的聚落并非处处趋同，而是因地制宜，异彩纷呈，依循了"因天材，就地利，故城郭不必中规矩，道路不必中准绳"（《管子·立政篇》）的变通法则，适应地理环境和地貌条件的差异而产生拓扑变换。这就犹如某种语言，尽管"方言"各异，但"句法"和"语义"相通。或许以这样的解读，方可辨异认同、知恒通变，把握住中国传统聚落的结构本质及其演变方向。

3. 水系与聚落分布

中国传统聚落源于近水的邑居，据《史记·五帝本纪》："禹耕历山……一年而所居成聚，二年成邑，三年成都"。其中，对水畔、雷泽、河滨等的劳作场所描述，均寓意了聚落是伴水而生的文化地景。甲骨文中的"邑"字右边旁加三撇表示傍水，即"邕"字的金文来历，同样表示聚落即环水的邑居。除了统治与防卫上的考虑，古代聚落选址的首要地理条件，是必须依傍满足漕运需要，方便物资供给的水系。因此，自上古以来聚落选址一般都位于大河的二级台地或其支流的一级或二级台地上。在物流以漕运为主的古代，这些水系可以说是聚落生存的命脉，对于都城而言尤甚，如长安、洛阳、汴梁（开封）沿黄河及其支流东西走向一字排开，建康（南京）、江都（扬州）濒临江淮，北京（涿郡）和临安（杭州）则处于南北大运河的两端。实际上历代中心聚落——都城在空间上的移动，均因应了文化地理的条件和漕运线路的兴衰，并与社会动荡、族际战争和人口迁徙相伴随。

4. 乡村风土聚落

在中国古代，与城邑聚落不同的是，乡村聚落社会是按血缘关系和经济共同体为纽带所形成的聚居系统，聚族而居的社会秩序和居住形式仰赖宗法制度维系，特别是自宋代以来，程朱理学倡导"敬宗收族"，形成了以祠堂、族田和族谱为核心的宗族组织及其聚居制度，宗法的社会结构更加趋于自组织化。但由于特定地域下的自然环境（如气候、地貌、水土、材料等）和人文环境（如宗法、宗教、数术、仪式等）的差异，聚落中的宗法秩序和空间布局亦有着同中有异的呈现方式，营造活动很少有统一法式的约束，较之城邑营造更加因地制宜，灵活多变，因而在与自然地景融为一体的有机生长中，保留了纯朴的古风和浓郁的地方性，可以说是千姿百态，谱系纷呈，表现了与西方的"场所精神"相类似的地方特质。以下按地理纬度和等降水量线，将中国各地域的聚落建筑分为四个区段。

1）农耕—游牧混合地区，即400毫米等降水量线以北半干旱北方地区的聚落建筑。如昆仑山南北侧和蒙古草原上游牧民族的帐幕、蒙古包；塔里木盆地周缘突厥语族—东伊朗民族的木构平顶阿以旺住宅；青藏高原上的藏式碉房，甘青地区各族建筑元素相混合的"庄窠"式缓坡顶两合院与三合院，以及青藏高原东部边缘的羌式碉房及合院等。

2）西北、华北和东北地区，即400毫米等降水量线以南至800毫米等降水量线以北之间半湿润北方地区的聚落建筑。如豫、晋、陕、甘各式窑洞，木构坡顶及包砖土坯（胡墼）墙房屋组成的晋系狭长四合院；东北、京、冀、鲁、豫木构坡顶、平顶、囤顶建筑构成的宽敞四合院等。

3）西南、江淮、江南地区，即800毫米等降水量线以南湿润地区的聚落建筑，如川、黔、桂、滇地区，以穿斗体系、干阑—吊脚为显著特征的楼居及合院，藏缅语族各民族的"土掌房""一颗印"（"窨子屋"）"三坊一照壁"等合院；湘、赣、闽北地区"四水归堂"的天井合院或"土库"建筑；江淮地区介于南北方之间的合院和圩堡；徽州地区以堂楼为中心，高耸的马头墙、墙厦、精工木雕、楼面地砖为特色的天井合院；江浙地区穿斗—抬梁混合式的多进厅堂和宅园等。

4）华南地区，即大部处于1600毫米等降水量线范围的高湿多雨地区聚落建筑，如闽南、粤北地区客家、潮汕（闽系）聚落以夯土墙和木屋架构成的大厝、土楼、土堡、围龙屋；粤南广府地区大屋、天井、冷巷构成的合院群等。

总体而言，延续至今的乡村传统聚落基本上都是明清以来的遗存，说明经过两晋南北朝开始的由北而南为主流的历次民族、民系大迁徙，明清时期各地乡村建筑相对稳定的地域分布格局已基本形成，可以从民间流传的营造匠书和聚落族谱中得到印证。如元明之际的《鲁般营造正式》、明万历年间的《鲁班经匠家镜》和清末民初的《营造法原》等，对江南地方的民间建筑影响尤其广泛。

至于少数民族地区的乡村传统聚落，因源于不同的文化传统，其构成及相互关系比较复杂，与汉民族聚落也存在交融现象。比如，明清两代逐渐推进"改土归流"，在南方的少数民族地区以"流官"管理制取代"土司"世袭制，推进了汉族与少数民族的异质文化交融，但后者的"熟化"（或"汉化"）程度，大大超过了前者的"夷化"。

自1930年中国营造学社成立以来，在梁思成和刘敦桢两位学科巨擘的引领下，建筑史界对乡土民居的研究成就斐然，形成了传统建筑研究的分支领域。跨世纪以来，建筑史界对传统民居的人文地理背景和建筑形态分布区系已有一些学术探讨，并有过以传统建筑结构类型为主线的地域区划专题研究。但是这些研究成果怎样对城乡改造中的遗产保护难题产生积极影响，还有待实践中的借鉴和运用。

三、城乡改造与传统聚落

1. 消亡中的乡愁载体

自19世纪末以来，直到改革开放之前，传统中国逐渐从农耕文明走向了工业文明，演变进程是相对缓慢曲折的。尽管传统聚落的宗法社会结构已经崩解，但血缘和宗族关系依然得以延续，聚落的空间结构和传统风貌依然大致如故。随着近30年来城镇化和城乡改造浪潮的冲击，传统聚落的文化特征已发生巨变，大部分古城只保留着少量的历史文化街区。作为乡村传统聚落的大多数村镇，经过撤并集聚或自发式改造，使原有的自然和社会生态系统瓦解或巨变，残留下来比较完整，较多保留着原生态风貌的多在边远山区，占比很大的部分已破败不堪，或被低质化改造，总体上正以极快的速度趋于消亡。

据中外学者的研究，民国时期的城镇化水平不过10%左右，中华人民共和国成立直到改革开放前也只达到17%左右。20世纪70年代末改革开放以来，城镇化开始飞速地发展，城镇化率2018年已达59.58%，其中城镇户籍人口42.35%（包括拥有宅基地的部分镇人口和城中村人口），与欧美约75%~85%及日本93%的城镇化率相比仍差距明显。截至2016年，我国乡村自然村仍有244.9万个，基层自治管理单位"村民委员会"52.6万个，乡村户籍人口7.63亿，常住人口5.6亿，在本地和外地谋生的农民工约2.88亿。2017年全国城乡人均收入倍差2.72，一些贫困的山区和边远地区农村人均收入与全国城乡平均收入倍差则远高于这个数字，这些地方的衰败或空村化现象更加严重（数据来源自2017年、2018年国家统计局公布的数据）。

虽然这种文明进程在任何一个走向现代化的农耕社会迟早都会发生，但是中国作为人类文明诸形态中唯一保持了连续性进化的国家，文化传统的基因和源头即存在于城乡传统聚落之中。这一"乡愁"载体的消亡，不但会使国家和地方失去身份认同的文化根基，而且会使城乡一体化发展的战略目标发生偏差。

2. 风土建成遗产

在中国传统聚落的话语体系中，"民居"是对功能类型而言，"乡土"是对乡村聚落而言，而"风土"是对城乡聚落及其文化地理背景而言，三者均属同一范畴。因此，乡村聚落也是最具文化载体性的风土聚落，呈现了各个地域环境、气候和民族、民系背景下异彩纷呈的风土特质。西方的风土建筑研究可以追溯到法国18世纪新古典主义理论家德·昆西（Quatremère de Quincy），他最早指出了建筑语言的风土（Vernacular）和习语（Idiom）属性。到了当代，英国建筑理论家兼乡村爵士乐作曲家鲍尔·奥利弗（Paul Oliver，1927—），集风土建筑研究大成，在1997年出版了覆盖全球的《世界风土建筑百科全书》（*Encyclopedia of Vernacular Architecture of the World*），他认为研究风土建筑不只是为了记录过往，对未来的文化和经济可持续发展也是不可或缺的。随后R. 布伦斯基尔（Brunskill R. W.）在2000年出版《风土建筑：一部图解的历史》一书，把20世纪以前定义为"风土建筑时代"，以大量的插图详解了数百年来英国风土建筑在农耕时期和工业化早期的形态特征。

"建成遗产"是经由营造活动所形成的建筑、聚落、景观等文化遗产本体的总称。1999年，国际古迹遗址理事会（ICOMOS）在《风土建成遗产宪章》（*Charter on the Built Vernacular Heritage*）中，首次提出了"风土建成遗产"的概念，即特定风俗和土地上所建造的文化遗产，其保护价值今已成为全球共识。首先，"聚落建筑"作为风土建成遗产的第一保护对象，是城乡历史环境的栖居场所，也是民族民系身份认同和乡愁记忆的空间载体，携带着可识别的中国传统文化基因。其次，"营造技艺"蕴含乡遗的工巧智慧精华，是对其进行保护、传承和再生的意匠源泉，而只有将传统聚落的营造技艺真正传承下去，保护才是可持续的，才能使聚落遗产长存下去。再次，"文化地景"（或文化景观Cultural Landscape）呈现聚落的环境因应特征，是人工与天工相交融的在地景观。韩国建筑师承孝相，为了表达地景建筑创意，生造了"Landscript"（地文）一词，本意是强调人的活动在土地上留下的印记，就如大地书写一般。显然，"地文"需要保护和续写，即像日本的"合掌造"民居、中国的西递—宏村那样，严格保护好聚落遗产标本，激活历史环境的"场所精神"（Spirit of Place），在新建筑中创造性地转化风土建成遗产的原型意象。

3. 国家级聚落遗产

根据住房和城乡建设部和国家文物局颁布的最新保护名录，中国传统聚落列入国家保护名录的有三大类，均可看作风土建成遗产。其一为100多处"国家重点文物保护单位"身份的传统聚落；其二为国家历史文化名城、名镇、名村，包括135座"名城"、312个"名镇"和487个"名村"；其三为6819个部分由国家财政资助保护的"传统村落"。此外，皖南古村落西递—宏村、福建土楼、开平碉楼与村落，以及红河哈尼梯田文化景观等4项乡村传统聚落及景观被收入世界文化遗产名录。

这其中的传统村落数量最为庞大，部分还同时具有国家级历史文化名村及重点文物保护单位的身份。其分布特点为：南方约占全国总量的78%，大大多于北方；山区多于平原、盆地，如晋、湘、滇、黔、闽的山区占比超过全国总量的二分之一；方言区多于官话区，如晋系方言区约占北方各官话区总和的40%左右；工业化、城镇化起步较晚的地区多于起步较早的地区，如西北地区多于东北地区；城乡人均收入倍差相对较高的地区多于发展水平相近的较低地区，如贵州、云南处于全国传统村落数量排名前列。

上述的三大类传统聚落遗产保护系列中的前两类，有着相应的国家保护法规及实施细则，生存问题相对无虞。而第三类——传统村落量大面广，没有直接的相应保护法规作保障，其生存问题看似有国家财政资助，实际状况则堪忧。

四、传统聚落的保护与活化

1. 模式与问题

对风土建成遗产的专项保护，比较典型的首推北欧斯堪的纳维亚半岛的挪威和瑞典，这里在第二次世界大战前最早以民俗博物馆的方式，保护和展示当地的风土建筑，这种方式随后风靡欧洲大陆和英国。1952年英国"古迹委员会"将18世纪以前的风土建筑均纳入了保护名录，特别值得注意的是，英国将乡村划为120个自然区和181个特色景观区，这是可以借鉴的乡村文化地景谱系保护策略。日本于20世纪70年代兴起的"造村运动"，是通过农业升级改造、乡村特色塑造和技术培训投入，提振乡村经济社会活力和磁力，最终使乡村聚落得到活化和再生。聚落遗产保护和传承是其中的一个部分，如长野县的妻笼宿和岐阜县的马笼宿，其风土建成遗产在存真、修缮、翻建、活化等方面皆有坚定的价值坚守和丰富的保护经验，可供中国乡村风土建成遗产保护和再生实践学习借鉴。

我国城乡风土建成遗产保护与活化前后已历20载左右，经验和教训并存，其中数量占大多数的乡村聚落遗产保护与活化主要有三种模式。第一种为国家文博体系和大型国企主导的乡村博物馆模式，如山西的丁村、陕西的党家村、湖南的张谷英村、福建的田螺坑土楼群及玉井坊郑氏大厝等，经费、法规、导则等条件较为完善，部分村民通过村委会组织参与经营活动受益。第二种为社会企业主导的风土观光综合体模式，乡村聚落遗产由企业与当地政府、村自治体——合作社以契约形式合作及分成，如安徽黟县宏村、浙江松阳县村落、山西沁水县湘峪村、福建连江县杜棠古村三落厝等。第三种为村自治体主导风土生态体验区模式，以由村自治体所属企业及乡村活化能人掌控风土观光资源，进行乡村聚落开发，村民参与其中的相对较多，受益也相对大一些，如安徽黟县西递村、山西平遥县横坡村、陕西礼泉县袁家村、山西晋城市皇城村、福建屏南县北村等。

不可忽视的是，乡村聚落遗产在保护和活化中存在一些带有普遍性的问题和挑战：一是大多没有以乡村经济、社会的改造升级为根本前提，而是过多地依赖于旅游资源的消耗；二是管理政出多门，既条块分割，又一事多管，造成一些村落一村多名，准入标准和处置方式交错低效；三是原住民生活资料——集体土地、宅基地和房屋处于不确定的流转状态，所有权和使用权分离，但土地与房屋租金普遍低廉，收益分配不成比例，原住民的公平共享诉求难以兑现，存在着大量的权益矛盾和法律纠纷，潜在的社会风险已然存在；四是维修和民宿化改造等多为村民自发行为，存在严重的安全隐患，如结构安全意识薄弱，涉及公众安全的强制性技术规范和安全施工监管缺位，消防间距、人身防护不合规范的状况随处可见，声、光、热等室内环境控制指标大都达不到基本使用要求；五是宅基地内滥建低质楼监管缺失，低质翻建率常在一半以上，严重的达70%~80%，使村落风貌严重失控，而招揽观光的利益驱动导致拆真造假现象也随处可见；六是薪火相传趋于中断，大部分营造技艺面临失传，由于种种原因，"非物质文化遗产传承人"名誉并未起到明显的弥补作用，传统意匠及技艺存续与再生尚待突破，新旧修复材料融合手段薄弱等问题普遍存在；七是同质化严重，社会资金普遍投入乡村聚落保护与再生项目的可能性有限，而传统村落依赖国家财政扶持也是很有限的，且不可持续。

2. 标本保存谱系化

当下我国城乡风土建成遗产的保护与活化，首先并不是个建筑学问题，而是涉及保护什么，如何保护，怎样活化的实质性问题，与经济、社会的可持续发展背景息息相关。从物种标本保存的战略眼光看，传统聚落保护与活化的前提是对聚落遗产标本的保存和研究。

少量被定格在某个历史时期或文化样态下的聚落遗产，比如平遥、丽江古城以及各地名镇、名村一类进入各种遗产名录，是受到严格保护的风土建成遗产标本。但这些遗产标本只是聚落遗产中极小的一部分，我们认为，实际上需将我国城乡风土建成遗产按民族、民系的语族区或方言区进行全覆盖，成体系地作分类分级梳理，为后世存续完整的风土建成遗产谱系标本，兹事体大，关及国家和地方历史身份和文化传承的根基。因此，应依风土建成遗产谱系统一甄别、筛选和认定聚落遗产，再以地景修复、聚落修补和技艺传承为基础，将之纳入再生过程。当务之急，是应对其谱系构成缘由与分布有比较系统的认知。

由于语言作为文化纽带的重要性仅次于血缘，而风土在语言学上的含义，即连接一个地方聚居群体的交流媒介"语缘"，既可代表不同的文化身份，也可作为判断各文化身份间亲疏关系的参照。因此，从文化地理学和人类学的角度，可尝试以民系方言和语族—语支为参照，对各地风土建筑做出以"语缘"为纽带的谱系分类区划。总体上看，历史上语族相近，说明有相关的文化渊源；语族的方言或语支相通，说明血缘和地缘存在关联性。传统的汉语族—方言和少数民族的语族—语支是在漫长的历史变迁中，由于地理阻隔及民族、民系迁徙所形成的。虽然建筑谱系和语言谱系是否完全对应确是个问题，但设若不同族群在语言上可以交流，则其聚落及建筑一般也会存在交互关系。

参照语言人类学家的语缘区划，汉藏语系的汉语族民族民系聚落及建筑谱系主要可分为：其一，东北、华北、西北、江淮和西南等五大官话区建筑谱系；其二，华北的晋语方言区建筑谱系；其三，江南的吴语、徽语、赣语和湘语四大方言区建筑谱系；其四，华南的闽语、粤语和客家语三大方言区建筑谱系。少数民族语族区聚落及建筑谱系主要可分为：其一，西南地区汉藏语系藏缅语族17个民族的建筑谱系，壮侗语族9个民族和苗瑶语族3个民族的建筑谱系；其二，北方地区阿尔泰语系突厥语族7个民族，蒙古语族6个民族和通古斯语族5个民族的建筑谱系等。此外，还有少量西北地区印欧语系斯拉夫语族和伊朗语族的民族的建筑谱系，以及华南地区南亚语系和南岛语系民族的建筑谱系。以这样的谱系认知方式，对风土建成遗产谱系遗产的标本系列进行谱系化的保护，是有重要意义的一种尝试。

突厥语族区建筑		其他区建筑	蒙古语族区建筑		其他区建筑	通古斯语族区建筑		其他区建筑
定居区	游牧区		定居区	游牧区		定居区	渔猎区	
北方官话区西部建筑			晋语方言区建筑			北方官话区东部建筑		
河西	关中		北部	中部	东南部	京畿	胶辽	东北
西南官话区建筑			北方官话区中部建筑			江淮官话区建筑		
滇	黔	川	鄂	豫	鲁	淮	扬	
藏缅语族区建筑			湘语方言区建筑	赣语方言区建筑		徽语方言区建筑	吴语方言区建筑	
藏区	羌区	彝区	其他	湘西	湘中	湘东	豫章	临川	庐陵	歙县	婺源	建德	苏州	东阳	台州
壮侗语族区建筑			客家方言区建筑			闽语方言区建筑		
壮区	侗区	其他	西部	中部	东部	闽中	闽东	
苗瑶语族区建筑			粤语方言区建筑			闽语方言区建筑（闽南）		
其他区建筑			桂南	粤西	广府	潮汕	南海	台湾

我国民族民系风土建成遗产谱系分布示意图

3. 大量性传统聚落的出路

除了经典传统聚落风土建成遗产谱系的标本保存，大量性的传统聚落，特别是乡村聚落，总体上面临着景象劣化、原有建筑被大量低质改建、乡村经济和民生有待振兴的境况。因此，需要将聚落有机更新和文化地景再造，作为未来发展的主要方向。实际上，对大量性传统聚落的可持续发展而言，实践中应考虑保存有标本价值的聚落典型建筑，延承风土营造谱系所曾依存的地貌特征、空间格局和尺度肌理，再造出隐含着基质原型、适应生活变迁的新风土聚落及文化地景。

此外，传统聚落遗产管理系统和遗产归口的合理化，遗产运作的信托化，遗产基金、社会"领养"

和活化途径的模式化，营造技艺传承的制度化，以及保护技术的系列化等，都应作为传统聚落保护与再生的改进方面加以关注和实施。

五、关于丛书编纂

这部丛书是第一部关于中国传统聚落特征与保护的大型研究集锦，内容覆盖了各省市自治区传统聚落的历史溯源、地域特征与现存状态、保护与活化的方法与途径，以及未来走向的展望等。丛书中的"传统聚落"聚焦于狭义的"村"和"镇"，并可选择性地涉及"城"，即"县"或"市"的老城区，如北京的胡同和上海的弄堂。书中内容兼顾理论观点和叙述方式的历史性、逻辑性和独特性，引述材料要求真实可靠，体例同中有异，充分表达地域特征，并将之纳入史地维度和经济、社会发展的叙事语境。保护与活化内容要求选取兼顾普适性和典型性的工程实践案例，对乡村振兴中的建成遗产存续和再生问题进行全方位的讨论。由于本丛书仍是以行政区划单位作为各分册的研究范畴，难免存在少量跨省市区之间的互涵和重复内容，但作为一部大型丛书，总体上还是完整统一的，其中不少篇章都可圈可点，对乡村振兴和传统聚落的未来探索有多方面的参考价值。

（本文主要内容及参考文献见《建筑学报》2019年12期）

中国科学院院士、同济大学教授
己亥夏至于上海寓所

序二

聚落，是人类聚居和生活的场所，《汉书·沟洫志》曰："或久无害，稍筑室宅，遂成聚落"。聚落这一概念最早出现时是为了描述区别于都邑的居民点，现在已泛指人类生活地域中的村落和城镇。聚落是在各个地域内发生的社会活动、社会关系和特定的生活方式，并且是由共同的人群所组成相对独立的生活空间和领域。传统聚落主要是指具有一定历史性的城乡聚落，拥有物质形态和非物质形态的文化遗产，是先人运用自己的智慧，依据自然、气候、地理、习俗等环境因素建立的适宜的居住空间，同时具有较高的历史、文化、科学、艺术、社会、经济价值，能够反映一定历史时空的社会物质文化与精神文化的重要载体。

传统聚落是人们与自然协调过程中不断地尝试和调整所形成的，是在一定的时空条件下的总结。传统聚落是一定地域空间范围内的人文现象，它既是一种空间系统，也是一种复杂的经济、文化现象和社会发展过程。其起源、形成、发展均在特定地理环境和社会经济背景中，通过人类活动与自然相互作用下的结果，是对自然地理条件、社会治理结构、文化机制作用等多方面的缓慢调整适应，既是人类不断地适应、改造自然环境的实践积淀和智慧结晶，也是特定地域环境人地关系的空间反映。正如本套丛书之一《云南聚落》编写作者杨大禹教授所说："几乎所有的传统聚落，作为联系自然环境和人文环境的中介，从它们的地理分布、外部整体形态、内部空间结构，到聚落与周围自然环境、山水地形的紧密关系，都体现出因地制宜、和谐有机的共同规律。"这些共识是协调当地的地理条件、社会风俗与生活方式等积累而成的。在以聚居为主的生活模式下，都会充分考虑到聚落的环境特点，尽量找到资源配置最为合理、微气候最为和谐的场所。聚落形态与民居建筑形式的存在，与人们应对自然环境的生理、心理需求有着千丝万缕的联系。所以，传统聚落都能反映出在一定的地域空间环境、一定的民族和一定的历史时期所承载的建筑文化底蕴。

传统聚落作为中华文明的一种载体，凝聚着具有地域性、民族性与艺术性的布局特色和建筑风采，以及文化习俗下构成的聚落分布、空间格局、生产模式、景观形态等风情各异、千姿百态的元素。传统聚落是先人们长期适应自然，与自然和谐相处的历史见证，凝聚着中国悠久的农耕文明，展示着人们自古至今的生存智慧，可以说，传统聚落承载着中华文化精华和中华民族精神。所以，保护传统聚落就是维系中国传统文化的延续，就是在保护中华文明的根。

对于聚落空间的研究，既要把控聚落自身各种要素以及各要素之间的相互关系，也要关注聚落内部空间与聚落外部空间之间的关系,从而进一步了解单个聚落与同一个地域内其他聚落之间的关系,以便获得对聚落空间完整概念的把握。通过对传统聚落特色的系统研究,包括将传统聚落的不同历史发展阶段,各种历史文化要素和不同形态载体归纳合一,作为相互交融、贯通的体系来研究,从理论层面上梳理传统聚落各种有关形成、发展、演化的普遍规律和地区特征,挖掘其精神文化及生命智慧,发现其内在的文化价值,尊重其自身的运营机制,肯定其在现代聚落发展中的积极作用,以丰富我们对于人类聚居的认识。

长期以来,我们的先人经过不断的实践,运用了他们的丰富智慧,无论在聚落总体布局或在民居建筑技术、艺术方面都取得了很高的成就,积累了丰富的经验。传统聚落生存智慧拥有中国优秀传统文化的内核,是体现传统建筑智慧最具特色的代表。如何重新再认识传统聚落所具有的地域性、民族性与文化多样性特征,进一步发掘潜藏其中的营建技艺、理论精华和创造智慧,寻求传统聚落的持续发展相应的理论支撑,是我们当前重要的课题。当然,蕴含着中华文化基因的传统聚落更是当代建筑文化特色形成的基础,值得我们去进行研究、总结、学习和借鉴。

"中国传统聚落保护研究丛书"各卷作者综合运用文献研究法、调查研究法、比较研究法、定性分析法等科学研究方法,建构传统聚落研究的基本思路。采用文献分析、田野调查、理论研究与实证分析结合、系统化分析等方法,通过对学术文献、地方志、文书族谱等史料资料进行梳理筛选,对现有传统聚落进行建筑测绘、口述访谈,在吸取前人研究成果的基础上,归纳总结我国传统聚落发展特点及其背后蕴含的丰富文化和物质内涵,从整体上考虑多元文化影响下的传统聚落特征。丛书作者在编写过程中,借鉴历史学、社会学、建筑学、城乡规划学、文化地理学、景观生态学等跨学科交叉的思路,采用融合融贯的研究模式,既对传统聚落的基本共性特点归纳总结,也对受各区域条件影响的传统聚落比较分析,从整体上来把握研究对象。

在新时代的聚落发展和建设中,对传统聚落的保护与研究就显得尤为重要。传统聚落所呈现出来的优秀空间格局与营造技艺,不仅能给聚落的保护更新提供更为合理的方法途径,同时也能为新时代的聚落建设提供更多的方式方法及可能性。探究历史文化基因的内在联系,研究传统聚落的起源、演变、特点和价值,为传统聚落的传承提出依据,以便于更好地加以保护与利用。与此同时，在弘扬与传承优秀传统文化的基础上，探寻传统聚落发展模式及其保护的策略与原则，对保护与更新提出更为具体的要求与措施，构建整体保护的格局理念，以及与其相适应的、分级分类的传统聚落保护体系，更好地把握传统聚落在当代的发展道路与方向。

"中国传统聚落保护研究丛书"的编写希望以准确翔实的史料、精确细腻的测绘、真实生动的图片来全面展示中国传统聚落悠久的历史、灿烂的文化、淳朴的民风。由于各地区的状况不同和民族差异，以及研究基础也会参差不齐，故在编写中并未要求体例、风格完全一致，而以突出各地区传统聚落自身特色，满足各地区建设的需求为主。同时，丛书的编写，也希望对全国各省、直辖市、自治区传统聚落保护与传承、历史街区与传统村落建设，以及城乡人居环境提升起到重要的参考与指导作用，这是本套丛书研究编写的目的和意义所在。

2020年11月16日

前言

一、传统聚落的分类

由于福建的地理与人文的特点,传统民居丰富多彩,如被列入世界文化遗产的福建土楼,以及与土楼相似又完全不同的福建土堡和福建寨庐,都是防御性民居建筑。沿海地区的民居与山区民居不同,闽南地区与闽北地区不同……由不同的民居按照不同的格局形成福建传统聚落,聚落风貌千姿百态。

1. 以行政区划分类

常见的分类法基本是按各省的行政区域划分,如近年中国建筑工业出版社出版的民居专著《浙江民居》《云南民居》《吉林民居》和《福建民居》等。福建原称"八闽",后来从泉州析出厦门,厦门是副省级的特区市,另八个地级市分别是泉州、福州、漳州、莆田、龙岩、宁德、三明和南平。如果传统聚落分类参照这种"区划分类法",比较简单,比较粗放。

2. 以地域范围分类

戴志坚教授把福建民居分为八类:闽南生土楼、闽南民居、莆仙民居、福州民居、闽北民居、闽东民居、山区木楼居、侨乡民居。闽南民居、闽北民居、闽东民居是按照地域范围来划分的,其中还有"生土楼"直接用民居类型来命名,"生土楼"与"山区木楼居"直接用建筑材料来命名,等等。传统聚落分类参照这种"地域分类法",较为粗放,较为概括。

3. 以建筑特征分类

黄汉民教授把福建传统民居分为六类:土楼民居(闽西),土楼民居(闽南),土堡民居,红砖民居(福清、莆田),红砖民居(闽南),灰砖民居。比较形象地从文化、源流和地域等方面归纳了福建民居的特征。这里的"土楼",被分为闽西和闽南;"红砖"被分为闽南、莆仙和福清;而"灰砖"覆盖面太大了,包括福州、宁德、三明、龙岩和南平五个地级市;权且称之为"特征分类法"。

4. 以综合因素分类

本书对福建传统聚落的分类，首先从地域范围上作大致分类，分为沿海传统聚落与山区传统聚落。沿海地级市（及以上）共有六个，参照"同城化"概念，福莆宁同城化所指是福州、莆田和宁德；厦漳泉同城化所指是厦门、漳州和泉州。山区地级市只有三个，即南平、三明和龙岩，目前未见有统称或简称。

其次，在每个地级市（及以上），根据聚落自身的特征继续细分，以建筑材料来分有沿海石厝聚落和山区木屋聚落；以产业结构来分有茶乡聚落、疍民聚落和书坊聚落；以民族民系来分有畲乡聚落、旗营聚落、客家聚落和侨乡聚落；具有防御功能的海防聚落、土楼聚落、土堡聚落和寨庐聚落；冠以"文化"的各种聚落有妈祖文化聚落、朱熹文化聚落、关公文化聚落和红色文化聚落等，还有其他，不一一罗列。

二、传统聚落的特征

福建传统聚落的形成与演变一方面受地形地貌、山川河流和气候条件等自然环境的影响，体现出因地制宜、就地取材和气候适应的地域特征，如沿海聚落与山区聚落的区别；另一方面，人口迁移与海外交通带来了社会文化的不断交融，晋永嘉年间北方汉人"衣冠南渡""八姓入闽"开启了北方人大规模南下入闽的先例。传统聚落经过数百年甚至上千年的历史积淀，不同地区形成了具有不同文化特色的聚落形态，其特征主要体现在自然和人文两个方面。

1. 传统聚落的自然特征

中国古代传统哲学，宣扬"天人合一"思想，"天人合一"也是对福建传统聚落人与自然关系的最好概括。风水学认为：人之居处宜以大地山河为主。传统聚落环境必然顺应自然的环境条件和生态要求。

（1）因地制宜的选址布局：从聚落环境的竖向布局上看，选择河流岸边或近水台地作为聚居地，可以兼顾聚落对取水和防涝的双重要求。从横向布局上看，聚落四面有地理中所谓的青龙、白虎、朱雀、玄武"山水四灵"环绕。如此便可以"依山"来阻挡冬季北向寒风，"面水"来迎接夏季南向季风。

（2）适应气候的民居形式：福建传统民居融合了乡土文化与建造技艺，与地域环境及其气候条件紧密结合。冬季纳阳，南向前庭宽广；夏季防晒，两侧天井遮阳；春季防潮，地面架空透气；秋季防风，屋瓦压石固定。形式各异的传统民居，组成了特征鲜明的传统聚落。

（3）就地取材的肌理表征：福建天然材料资源丰富，传统民居建造就地取材。沿海地区盛产花岗岩，传统民居中就有沿海石厝。山区石材匮缺，夯土技术造就了闽西南的土楼、闽中的土堡与闽东的寨庐，盛产的木材也得到广泛的应用。材质不同的传统民居，组成了特征鲜明的传统聚落。

2. 传统聚落的人文特征

福建自古就有人类聚居，形成了原始的闽文化，并在越文化的影响下产生了闽越文化。北方汉人迁徙入闽，带来了中原文化。此外，漫长的海岸线也造就了沿海地区的海洋文化，等等。多元的文化背景造就了福建传统聚落的人文特征。

（1）本土原始的闽越文化：远古时期，福建境内聚居着一群以蛇为图腾的原住民，先秦典籍称之为"闽"人。商周时期，闽族发展壮大，战国中后期消亡，取而代之的是闽越族。闽越文化有广义和狭义两种，广义的是指闽越民族全部的历史文化，狭义的是指秦汉时期的闽越族文化，也就是闽越国的文化。

（2）迁徙入闽的中原文化：随着中原汉民南迁入闽，带来了中原文化，并逐渐成为福建文化的主体。中国传统社会强调"礼，序也"，视宅舍宫室为"人之本""礼之具也"。中原文化的核心是礼制文化，体现在传统聚落中，包括专门的"礼制建筑"和传统民居建筑中的礼制，以及"晴耕雨读"的耕读文化。

（3）沿海地区的海洋文化：福建漫长的海岸线，促使沿海居民转向大海求生存，或捕捞，或贸易，是海上丝绸之路的主要组成部分。宋元时期福建造船业发达。明清时期福建私人海上贸易蓬勃兴起。近代福建成为中西文化交流的重要桥梁，造就了福建的海洋文化（海丝文化）。此外，大量沿海居民漂洋过海，侨居海外。以侨汇带动家乡建设，并带回侨居国的文化，衍生出福建的侨乡文化。

三、传统聚落的价值

福建拥有众多的传统聚落，其历史遗产丰富。随着城镇化进程的迅猛发展，城乡文化交流的日益频繁，许多传统聚落呈现出了结构性老化和功能性退化等严峻问题。在这个文化趋向全球化的时代，传统聚落作为历史文化的载体，传统聚落的价值表现在以下几个方面：

1. 历史文化价值

联合国教科文组织的第17次会议指出：人类适宜的生活环境是指在生活条件迅速发展的当今能够保持和自然亲密接触的历史遗迹。由此说来，传统聚落能在历史的长河中遗留下来，其诠释更多的是人与自然之间的和谐共存，人对自然的合理利用。传统聚落历史文化价值与城市历史文化价值同等重要。福建传统聚落类型多样，历史文化价值特色鲜明。

南平的五夫镇，展示了闽北山区独有的朱子文化与书院文化；泉州的崇武古城，展示了闽南沿海独有的海防文化与海耕文化；宁德的廉村，展示了闽东乡村的耕读文化与廉文化；莆田的园下村，展示了莆仙乡村的关公文化与侨乡文化；等等。

2. 美学情感价值

中国传统的美学观讲究的是社会与自然的和谐统一。朱光潜先生认为："美不仅在物，亦不仅在心，它在心与物的关系上面"。从自然的山水环境到传统的聚落空间，从建筑的错落有致到村民的日常生活，传统村落不仅是"乡愁"的渊源，也是美学情感价值的载体。处处散发着独特的诗情画意与审美情趣；时时展示出生动的乡风民俗与人文情怀。

福建沿海的海防聚落，延绵的花岗岩城墙勾勒出聚落的轮廓，独特的灰白色花岗岩石屋作为聚落的底色，间歇地冒出浓绿的大树和红砖红瓦筑成的官式大厝。福建山区的土楼聚落，引人入胜的圆形土楼，或随河流蜿蜒之形，或依山坡起伏之势，与其他建筑一道，融入山水、树木、农田和茶山之中。

3. 文化传播价值

文化的传播是互渐与互鉴的过程，互渐是指文化传播的输入与输出；互鉴是指文化的相互借鉴，体现了福建文化输入与输出的双重价值。多元共生的闽文化，是原生的闽越文化、由中原传入的汉文化与由海外进来的异域文化的交融与集合。同时也向东南亚华侨聚居地、港澳台地区，以及祖国各地传播闽文化。

厦门鼓浪屿的红砖洋楼与福州烟台山的红砖洋楼，具有明显的西洋文化入侵的"殖民风格"。厦漳泉（厦门、漳州、泉州）的红砖厝与福莆仙（福清、莆田、仙游）的红砖厝，都是侨居海外的华侨主动带回来的"侨乡风格"。福建的防御性建筑土楼、土堡和寨庐，明显带着中原"堡寨"的痕迹。台湾的文化构成中，来自福建的"成分"占主导地位。

4. 经济发展价值

社会的发展，时代的进步，传统聚落中的社会环境、居住环境及社会观念正在潜移默化地发生着改变，人们对美好生活的追求也在不断提高。经济发展包括三层含义：经济量的增长；经济结构的改进与优化；经济质量的改善与提高。保护传统聚落的同时必须激活乡村经济发展，促进乡村全面振兴。

传统聚落存储丰富的生态山水、农耕田园和传统聚落资源。旅游观光、健康养生、体验休闲、文化创意等各种产业有待振兴。农业向多样化产业转型，多产带来经济量的增长。农民向产业工人转型后变成村民，经济结构得到改进与优化，产业振兴可以吸引新村民的加入，从而实现人才振兴。传统民居在保护的前提下使居住环境得到提升，新型乡村住宅与传统民居并存，经济质量也得到改善与提高。

2020年秋

目 录

序 一

序 二

前 言

第一章 传统聚落形成与演变

第一节 自然环境──────────002
 一、区划沿革──────────002
 二、自然条件──────────004
第二节 社会文化──────────006
 一、人口构成与海外交通──────006
 二、多元文化与区域差异──────007
 三、宗教与民间信仰──────────008
第三节 聚落演变──────────011
 一、史前聚落遗存──────────011
 二、福建聚落的形成条件──────012
 三、福建聚落的形成区域──────013
 四、福建的镇村聚落──────────014

第二章 传统聚落的基本特征

第一节 聚居成落──────────020
 一、聚族而居──────────020
 二、安居乐业──────────021
第二节 相地择居──────────023
 一、因地制宜──────────023
 二、风水理念──────────025
 三、聚落形态──────────028
第三节 聚落文化──────────030
 一、宗法制度──────────030
 二、乡风习俗──────────032
 三、耕读文化──────────033

第三章 福州传统聚落

第一节 概述──────────038
第二节 长乐区航城街道琴江（满族）村────039
 一、聚落环境──────────039
 二、聚落格局──────────040
 三、聚落风貌──────────041
 四、建筑特色──────────042
第三节 永泰县梧桐镇椿阳村──────044
 一、聚落环境──────────044
 二、聚落布局──────────046
 三、聚落风貌──────────047
 四、建筑特色──────────048
第四节 长乐区梅花镇梅花所城──────050
 一、聚落环境──────────050
 二、聚落布局──────────052
 三、聚落风貌──────────053
 四、建筑特色──────────055

第五节　仓山区城门镇林浦村————————056
　　一、聚落环境————————————056
　　二、聚落布局————————————058
　　三、聚落风貌————————————060
　　四、建筑特色————————————060

第四章　莆田传统聚落

第一节　概述————————————————066
第二节　涵江区江口镇园下村————————067
　　一、聚落环境————————————067
　　二、聚落布局————————————068
　　三、聚落风貌————————————069
　　四、建筑特色————————————069
第三节　秀屿区山亭镇港里村————————071
　　一、聚落环境————————————072
　　二、聚落布局————————————073
　　三、聚落风貌————————————074
　　四、建筑特色————————————074
第四节　荔城区华亭镇园头村————————076
　　一、聚落环境————————————076
　　二、聚落布局————————————078
　　三、聚落风貌————————————080
　　四、建筑特色————————————080
第五节　仙游县盖尾镇前连村————————083
　　一、聚落环境————————————083
　　二、聚落布局————————————085
　　三、聚落风貌————————————086
　　四、建筑特色————————————086

第五章　宁德传统聚落

第一节　概述————————————————092
第二节　屏南县屏城乡厦地村————————092
　　一、聚落环境————————————092
　　二、聚落布局————————————093
　　三、聚落风貌————————————098
　　四、建筑特色————————————098
第三节　寿宁县下党乡下党村————————100
　　一、聚落环境————————————100
　　二、聚落布局————————————101
　　三、聚落风貌————————————102
　　四、建筑特色————————————102
第四节　福安县溪柄镇楼下村————————105
　　一、聚落环境————————————105
　　二、聚落布局————————————105
　　三、聚落风貌————————————106
　　四、建筑特色————————————107
第五节　古田县卓洋乡前洋村————————109
　　一、聚落环境————————————109
　　二、聚落布局————————————109
　　三、聚落风貌————————————110
　　四、建筑特色————————————110

第六章　厦门传统聚落

第一节　概述————————————————116
　　一、历史沿革————————————116
　　二、地理条件————————————116

三、文化特色—————————117
第二节 翔安区新店镇蔡厝村（宗族型聚落）117
  一、历史沿革—————————117
  二、聚落布局—————————118
  三、建筑风貌—————————120
  四、景观特色—————————122
第三节 集美区后溪镇城内村—————123
  一、历史沿革—————————123
  二、聚落布局—————————124
  三、建筑风貌—————————125
  四、景观特色—————————126
第四节 同安区汀溪镇古坑村—————126
  一、历史沿革—————————126
  二、聚落布局—————————127
  三、建筑风貌—————————128
  四、景观特色—————————129
第五节 厦门岛鼓浪屿—————————130
  一、历史沿革—————————130
  二、聚落布局—————————131
  三、聚落风貌—————————133
  四、建筑特色—————————135

第七章 漳州传统聚落

第一节 概述—————————————140
第二节 南靖县书洋镇田螺坑村————141
  一、历史沿革—————————141
  二、聚落布局—————————144
  三、聚落风貌—————————144
  四、建筑特色—————————144
第三节 龙海市东园镇埭尾村（水乡型聚落）145
  一、历史沿革—————————145
  二、聚落布局—————————146
  三、建筑风貌—————————148
  四、景观特色—————————150
第四节 漳浦县湖西畲族乡赵家堡———151
  一、历史沿革—————————151
  二、聚落风貌—————————152
  三、聚落布局—————————153
  四、建筑特色—————————155
第五节 长泰县陈巷镇山重村—————157
  一、历史沿革—————————157
  二、聚落布局—————————158
  三、建筑风貌—————————160
  四、景观特色—————————163

第八章 泉州传统聚落

第一节 概述—————————————166
第二节 惠安崇武古城—————————167
  一、聚落环境—————————167
  二、聚落格局—————————169
  三、聚落风貌—————————171
  四、建筑特色—————————174
第三节 泉港区涂岭镇樟脚村—————178
  一、聚落环境—————————178
  二、聚落布局—————————179
  三、聚落风貌—————————180

四、建筑特色——————————182
第四节　泉港区后龙镇土坑村——————183
　一、聚落环境——————————183
　二、聚落格局——————————184
　三、聚落风貌——————————185
　四、建筑特色——————————186
第五节　永春县岵山镇茂霞村——————187
　一、聚落环境——————————187
　二、聚落格局——————————190
　三、聚落风貌——————————190
　四、建筑特色——————————190

第九章　南平传统聚落

第一节　概述——————————194
　一、南平地区概况————————194
　二、南平历史沿革————————194
　三、南平文化特色————————195
　四、南平传统聚落————————195
第二节　朱子故里：武夷山市五夫镇———197
　一、聚落环境——————————197
　二、聚落格局——————————197
　三、聚落风貌——————————198
　四、建筑特色——————————199
第三节　商业型聚落：武夷山市兴田镇城村—202
　一、聚落环境——————————202
　二、城村聚落布局————————203
　三、城村聚落风貌————————204
　四、城村建筑特色————————205

第四节　政和县石屯镇石圳村——————206
　一、聚落环境——————————206
　二、聚落格局——————————207
　三、聚落风貌——————————207
　四、建筑特色——————————211
第五节　建瓯市小松镇湖头村——————212
　一、聚落环境——————————212
　二、聚落格局——————————213
　三、聚落风貌——————————214
　四、建筑特色——————————215
第六节　建瓯市川石乡慈口村——————216
　一、聚落环境——————————216
　二、聚落格局——————————217
　三、聚落风貌——————————219
　四、建筑特色——————————219

第十章　三明传统聚落

第一节　概述——————————224
第二节　三元区岩前镇忠山十八寨————225
　一、聚落环境——————————225
　二、聚落布局——————————225
　三、聚落风貌——————————226
　四、建筑特色——————————226
　五、宗族结构变迁对传统民居的影响——227
第三节　尤溪县洋中镇桂峰村——————227
　一、聚落环境——————————227
　二、聚落布局——————————230
　三、聚落风貌——————————230

四、建筑特色————232
第四节　将乐县大源乡肖坊村————234
　　一、聚落环境————234
　　二、聚落布局————235
　　三、聚落风貌————235
　　四、建筑特色————236

第十一章　龙岩传统聚落

第一节　概述————242
第二节　永定县洪坑村————243
　　一、聚落环境————243
　　二、聚落布局————244
　　三、聚落风貌————245
　　四、建筑特色————245
第三节　连城县培田村————248
　　一、聚落环境————248
　　二、聚落布局————249
　　三、聚落风貌————250
　　四、建筑特色————251
第四节　连城县四堡镇————252
　　一、聚落环境————253
　　二、聚落布局————254
　　三、聚落风貌————254
　　四、建筑特色————255
第五节　新罗区竹贯村————257
　　一、聚落环境————257
　　二、聚落布局————258
　　三、聚落风貌————259
　　四、建筑特色————260

第十二章　传统聚落保护与再利用研究

第一节　传统聚落的发展瓶颈————266
　　一、传统聚落保护的困境————266
　　二、传统聚落保护的难题————267
第二节　传统聚落的保护意义————268
　　一、历史文化价值————268
　　二、美学情感价值————269
　　三、文化交流价值————269
　　四、经济发展价值————269
第三节　传统聚落保护与活化利用————270
　　一、传统聚落的保护与活化原则————270
　　二、传统聚落的保护与活化策略————271

索　引————273

参考文献————275

后　记————280

第一节 自然环境

一、区划沿革

（一）福建省的形成

福建自古是一个区域特征十分突出的省份，三面环山，东向面海。闽江发源于中北部的大山，将福建省三分之二的区域联系在一起。福建河流多在省内入海，河流与海洋形成一个完整的水上交通体系。

1. 闽中郡

早在周朝福建已有七闽部族，春秋以后为闽越地。秦置闽中郡，中央政权始达于福建。自汉始元二年（公元前85年），汉朝廷承认冶县并置东部都尉，至建安十二年（公元207年）正式成立建安郡，福建都在王朝军事管制之下。

2. 建安郡

三国时闽设建安郡，辖：建安、南平、将乐、建平（建阳）、东平（松溪）、昭武、吴兴（浦城）以及侯官、东安（南安、同安）共9县，属吴国。

西晋太康三年（公元282年），析建安郡为建安、晋安两郡，到南朝梁天监年间（公元502~519年）又从晋安郡分出一个南安郡，辖兴化、泉、漳等地。自晋宋至齐梁，福建初属于扬州，至南朝梁普通六年（公元525年），福建属下的建安、晋安、南安三郡又归东扬州管辖。南朝陈永定时（公元557~559年），陈武帝为羁縻陈宝应而设"闽州"，这是福建史上第一个省级建制。州治设在晋安（今福州），下领建、晋、南三郡。南朝陈天嘉六年（公元565年），闽州罢，还属东扬州。

隋大业三年（公元607年），把建安、晋安、南安三郡合并为一，称建安郡；原设置的15个县裁并为四（即闽县、建安、南安、龙溪）。郡治由建安（建瓯）移至闽县。

3. 福建省

唐武德初年，设泉、建、丰三州，下辖10县。州数和县数均为隋代的二至三倍。唐景云二年（公元711年），立闽州都督府，领有闽、建、泉、漳、潮五州。开元十三年（公元725年），闽州都督府改称福州都督府，为福州名称出现之始。开元二十一年（公元733年），为加强边防武装力量，设立军事长官经略使。从福州、建州各取一字，名为"福建经略军使"，与福州都督府并存。这是"福建"名称出现之始。

五代十国时期，福建先后为闽、殷、南唐、吴越各国所据，区划名称几经变迁。后唐长兴四年（公元933年），王延钧称帝，国号大闽，改元龙启，升福州为长乐府，称东都，领福、泉、建、汀、漳五州。

北宋时期，置"福建路"，行政区划为福、建、泉、漳、汀、南剑六州及邵武、兴化二军。南宋孝宗时升建州为建宁府。福建路因此包括一府五州二军；府、州、军实际是同一级行政机构，共计8个，故福建号称"八闽"。此时，福建全省有42个县，成为东南全盛之邦。宋景炎元年（1276年），元军攻破宋都临安（今杭州），宋帝赵㬎被俘。益王赵昰、广王赵昺逃到福州，陆秀夫、陈宜中等拥立赵昰在福州即位，改元景炎，升福州为福安府，定为行都，力图恢复宋室江山。后因王积翁叛变，南剑州失守，福州被元兵攻破，帝昰由朝臣拥戴渡海去广东。

元代以后实行新的行省制，元至元十七年（1280

年），在福建境内同时设立福州、泉州2个行省。嗣后撤复不定。元中叶，全国分为11个行省，福建境内设8个路，归江浙行中书省管辖。直到至正十六年（1356年）恢复福建省，此后经明、清、民国时期，至1949年新中国成立一直为福建省。

（二）福建省的辖区

1. 明代的辖区

明洪武元年（1368年），福建全省八路改为福州、建宁、延平、邵武、兴化、泉州、漳州、汀州八府。成化九年（1473年），恢复被废为县的福宁州，直隶于布政司。终明一代，福建设八府一州。

清顺治二年（1645年）五月，清兵攻下南京，南明弘光皇帝朱由崧被俘杀。郑鸿逵、苏观生等迎唐王朱聿键来闽。六月，朱聿键在福州即皇帝位，建元隆武（1645年），改福建为福京、福州为天兴府。翌年，隆武政权覆灭。

2. 清代的辖区

清代，福建区划继承明制。省下辖有福州、兴化、泉州、漳州、延平、建宁、邵武、汀州八府及福宁州。顺治十三年（1656年），郑成功改厦门为"思明州"。康熙元年（1662年），郑成功驱逐荷兰殖民者后，改台湾为东都，设承天府，置天兴、万年两县，又在澎湖设安抚司。郑经治理台湾时，把东都改名东宁，升天兴、万年两县为州。康熙二十三年（1684年），清廷统一台湾后增设台湾府，属福建统辖，下设三县一厅。雍正二年（1724年），升福宁州为福宁府；雍正十二年（1734年），升永春、龙岩两县为直隶州。

光绪十一年（1885年），台湾府单独设省。至清末，福建省共设有9府、2州、58县、2厅。省与府之间还设4个分道作为派出机构：宁福道驻福州，辖福州、福宁府；兴泉永道驻厦门，辖兴化府、泉州府、永春州；汀漳龙道驻漳州，辖汀州府、漳州府、龙岩州；延建邵道驻南平，辖延平府、建宁府、邵武府。

3. 民国的辖区

辛亥革命后，历届中央政权均置福建省。民国2年（1913年），废除府、州制度，分设东、南、西、北四路观察使。民国3年~民国16年（1914~1927年）改设闽海、厦门、汀漳、建安4个道；合并闽县、侯官为闽侯县，建安、瓯宁为建瓯县；改永春州、龙岩州为永春县、龙岩县；废除厅制，改平潭、云霄为县；析出同安县的厦门岛成立思明县。经过改革，全省计有4道、61县，仍然是省、道、县三级建制。

民国23年（1934年）末，废除道的制度，成为省、县两级制；设10个行政督察专员区，分别驻长乐、福安、南平、仙游、同安、漳浦、龙岩、长汀、邵武、浦城等地。这是福建划分专区的开始。经过一段试行，又改划为7个行政督察区。在此前后，对县、市也作了调整。民国17年（1928年），从龙溪县划出华安县；民国22年（1933年），改思明县为厦门市；民国23年（1934年），把光泽县划给江西省（1949年划回）；民国29年（1940年），从沙县、明溪、永安县各划出一部分设立三元县，从建瓯划出一部分设水吉县；民国34年（1945年），柘洋（原属霞浦）、周墩（原属宁德）两个特种区改建柘荣、周宁二县；民国35年（1946年），把闽侯县的鼓楼、南台、仓山等地划出设立福州市。这样，从民国35年（1946年）至1949年新中国成立前夕，全省共分7个行政督察区、2市、67县。

4. 新中国福建省的区划

中华人民共和国成立后，福建省人民政府驻福州市，直辖福州、厦门2市，分设8个专区、67县。1949年8月24日，福建省人民政府成立，全省行政区划调整为2个省辖市、8个行政督察专区、67个县（含金门县）。

1950年，8个专区依次更名为建瓯、南平、福安、闽侯、泉州、漳州、永安、龙岩专区；泉州专区更名为晋江专区，漳州专区更名为龙溪专区，建瓯专区更名为建阳专区；德化县由永安专区划归晋江专区；林森县复名为闽侯县；设立泉州市、漳州市（县级）。

1956年，撤销建阳、闽侯、永安3个专区和水吉、宁洋、柘荣3个县以及福州市大根、小桥、水上3个区；三元、明溪2个县合并为三明县；设立南平市（县级）；闽侯县划归省直辖。变更后，全省共辖5个专区（南平、福安、晋江、龙溪、龙岩）、2个地级市、3个县级市、63个县、7个市辖区。

1964年，从南平市、建瓯县、顺昌县析出建西县，三明县更名为明溪县。至1965年全省共辖7个专区、2个地级市、4个县级市、63个县、6个市辖区。

1966年"文化大革命"开始，1977年"改革开放"起步至今，其间区划与辖区常有变化。如1970年设立三明专区和闽侯专区；1971年福安地区更名为宁德地区；闽侯地区更名为莆田地区；1985年，晋江地区更名为泉州市（地级），龙溪地区更名为漳州市（地级）；地级市逐渐恢复到"八闽"的建制，厦门为副省级的"经济特区"（表1-1-1、表1-1-2）。①

宋代八闽与九市比较　　　表1-1-1

八闽	建宁府	邵武军	福州	泉州	漳州	汀州	南剑州	兴化军
九市	南平市		福州市	宁德市	泉州市	厦门市	漳州市	龙岩市	三明市	莆田市

二、自然条件

（一）地形地貌

福建地处我国东南沿海，北纬23°33′~28°20′，东经115°50′~120°40′。三面环山，东向临海，全省面积12万多平方公里。大地构造属华南褶皱系，复杂多样的地貌形态是内外营力长期相互作用的结果。

现代区市县统计　　　表1-1-2

设区市	合计	区	市	县	所辖县级行政单位（区、市、县）
福州市	13	6	1	6	鼓楼区　台江区　仓山区　晋安区　马尾区　长乐区　福清市　闽侯县　连江县　闽清县　罗源县　永泰县　平潭县
莆田市	5	4	0	1	仙游县　荔城区　城厢区　涵江区　秀屿区
宁德市	9	1	2	6	蕉城区　福安市　福鼎市　霞浦县　寿宁县　周宁县　柘荣县　古田县　屏南县
厦门市	6	6	0	0	思明区　湖里区　集美区　海沧区　同安区　翔安区
漳州市	11	2	1	8	芗城区　龙文区　龙海市　漳浦县　云霄县　诏安县　东山县　平和县　南靖县　长泰县　华安县
泉州市	12	4	3	5	鲤城区　丰泽区　洛江区　泉港区　石狮市　晋江市　南安市　惠安县　安溪县　德化县　永春县　金门县
南平市	10	2	3	5	延平区　建阳区　邵武市　建瓯市　武夷山市　顺昌县　浦城县　光泽县　松溪县　政和县
三明市	12	2	1	9	三元区　梅列区　永安市　清流县　宁化县　建宁县　泰宁县　明溪县　将乐县　沙县　尤溪县　大田县
龙岩市	7	2	1	4	新罗区　永定区　漳平市　上杭县　武平县　长汀县　连城县

---

① 福建省年鉴2020.

福建省境内峰岭耸峙，丘陵连绵，河谷、盆地穿插其间，山地和丘陵约占全省总面积的82.39%，台地、平原和水面仅占17.61%，素有"八山一水一分田"之称。地势总体上西北高东南低，横断面略呈马鞍形。因受新华夏构造的控制，在西部和中部形成北（北）东向斜贯全省的闽西大山带和闽中大山带。两大山带之间为互不贯通的河谷、盆地，东部沿海为丘陵、台地和滨海平原。

据此，福建可划为四个地貌区：闽西北花岗岩片麻岩中山与山间盆地地貌区；闽西南上古生代覆盖层低山与丘陵地貌区；闽中火山岩系中山地貌区和东部沿海花岗丘陵与平原地貌区。[1]

闽西大山带以武夷山脉为主体，长约530公里，宽度不一，最宽处达百余千米。北段以中低山为主，海拔大都在1200米以上；南段以低山丘陵为主，海拔一般为600～1000米。位于闽赣边界的主峰黄岗山海拔2158米，是中国大陆东南部的最高峰。整个山带，尤其是北段，山体两坡明显不对称：西坡陡，多断崖；东坡缓，层状地貌发育。山间盆地和河谷盆地有红色砂岩和石灰岩分布，构成瑰丽的丹霞地貌和独特的喀斯特地貌景观。

闽中大山带由鹫峰山、戴云山、博平岭等山脉构成，长约550公里，以中低山为主。北段鹫峰山长百余公里，宽60～100公里，平均海拔1000米以上；中段戴云山为山带的主体，长约300公里，宽60～180公里，海拔1200米以上的山峰连绵不绝，主峰戴云山海拔1856米；南段博平岭长约150公里，宽40～80公里，以低山丘陵为主，一般海拔700～900米。整个山带两坡不对称：西坡较陡，多断崖；东坡较缓，层状地貌较发育。山地中有许多山间盆地。

东部沿海海拔一般在500米以下。闽江口以北以花岗岩高丘陵为主，多直逼海岸。戴云山、博平岭东延余脉遍布花岗岩丘陵。福清至诏安沿海广泛分布红土台地。滨海平原多为河口冲积海积平原，这些平原面积不大，且为丘陵所分割，呈不连续状。闽东南沿海和海坛岛等岛屿风积地貌发育。陆地海岸线长达3751.5公里，以侵蚀海岸为主，堆积海岸为次，岸线十分曲折。潮间带滩涂面积约20万公顷，底质以泥、泥沙或沙泥为主。港湾众多，自北向南有沙埕港、三都澳、罗源湾、湄洲湾、厦门港和东山湾等六大深水港湾。岛屿星罗棋布，共有岛屿2214个，平潭岛现为全省第一大岛，原厦门岛、东山岛等岛屿筑有海堤与陆地相连而形成半岛。[2]

（二）山川河流

福建山岭众多，素有"东南山国"之称。福建海拔200米以上山地丘陵地约占85%，主要有两列山脉，一列为武夷山脉，另一列为鹫峰山—戴云山—博平岭山脉。武夷山脉的最高峰，也是我国大陆东南部的最高峰。从东北到西南，有洞宫山、武夷山、杉岭山，中有纵贯南北的鹫峰山、戴云山、博平岭山。层层山脉，挡住了北方冷空气入侵，除少数高山地区外，八闽大地冬季无严寒，霜雪少见，隆冬季节仍然郁郁葱葱。但崇山峻岭也使福建历史上交通不便，与内陆联系较为困难，因此较为封闭。缺少广阔平原致使福建大面积的粮食种植业难以发展。

福建江河纵横，"闽水泱泱"。在福建12万多平方公里的土地上，有29个水系，663条河流，大小河流总长达1万多公里，流域面积在50平方公里以上的河流有597条，其河网密度每平方公里为100米，密度之大，

---

[1] 福建师范大学地理系. 福建自然地理 [M]. 福州：福建人民出版社，1987.
[2] 福建年鉴编纂委员会. 福建年鉴2015 [M]. 福州：福建人民出版社，2015.

为全国罕见。福建河流有一重要特点是"粗壮",江河水系单元相对独立,自成系统,如闽江流经闽北、闽中;九龙江流经闽西、闽南;晋江流经闽南;汀江流经闽西;交溪流经闽东。以上几条江河流域使福建河流常流不断,即使在枯水季节也有一定水流。① 此外,还有许多由大山带向东独流入海的短小河流。②

(三) 气象气候

福建南临北回归线,受季风环流和地形的影响,形成暖热湿润的亚热带海洋性季风气候,热量丰富,全省70%的区域不低于10℃的积温在5000~7600℃之间,雨量充沛,光照充足,年平均气温17~21℃。平均降雨量1400~2000毫米,是中国雨量最丰富的省份之一,气候条件优越,适宜人类聚居以及多种作物生长。福建域内气候差异较大,闽东南沿海地区属南亚热带气候,闽东北、闽北和闽西属中亚热带气候,各气候带内水热条件的垂直分异也较明显。③

背山面海,森林茂密,横亘西北的武夷山脉,既屏障北方寒冷空气入侵,又保证海洋的暖湿气流源源不断输向陆地。这就使得福建大部地区冬无严寒,夏少酷暑,雨量充沛,形成暖热湿润的亚热带海洋性季风气候。冬短夏长,热量资源丰富,全省无霜期在250~336天之间。特定的地理位置及复杂地形致使气候多样,同时也导致水、旱、风、寒等灾害天气频繁。

第二节 社会文化

一、人口构成与海外交通

(一) 人口构成

福建人口结构,因各个不同历史时期的社会、经济、文化而发生变化。福建原为南方少数民族居住区,汉族南下福建以后,与当地民族进行了文化和血缘的交融。汉代以前福建以闽越族为主,汉武帝灭闽越国,闽越人主体被迁至江淮一带,闽中发展受到严重打击;汉末吴国将山越人编入伍,前往江淮作战,再一次减少闽越人群。④ 汉灭亡后,北方民族不断南迁,直至宋代,都以北方人口迁入为主。随着汉越民族的融合,门阀制度崩溃,民族关系渐趋融洽。而大量北方汉族人口不断南迁入闽,使福建人口逐渐由以闽越族为主转变为今天的以汉族为主、多民族聚居的群体,新的福建成为汉文化发达的区域之一。而元、明以后,渐成迁出的人流,其中大量人口迁往我国台湾和以东南亚为主的世界各国,使福建成为台湾人民的主要祖居地和全国著名侨乡。

新中国成立后,福建人口迁移的总趋势呈下降状态。从1954年到1990年,年均迁移增长不足1‰。20世纪50年代因经济建设发展曾出现过一个迁移高峰,但很快就降下来。80年代后,随着改革开放的深入,人

---

① 何绵山. 八闽文化 [M]. 沈阳:辽宁教育出版社,1998.
② 福建师范大学地理系. 福建自然地理 [M]. 福州:福建人民出版社,1987.
③ 福建省情资料库.
④ 徐晓望. 福建通史. 第一卷 [M]. 福州:福建人民出版社,2006.

口流动日趋活跃，增势正继续加强。①

（二）海外交通

历史上，福建一直是海内外文化交流的津梁。人口的国际迁移与交往，汉代即有发生，近一千年来，更是东南亚各国都能见到福建人的身影。他们成为当地的商人、官员、酋长甚至国王，对当地历史产生重大影响。《后汉书·东夷列传》载："会稽东冶县（今福州）人，有入海行遭风流移至澶洲（今菲律宾）者。"唐代，随着海运业、海外贸易等的发展，福建除福州港外，还开辟了"海上丝绸之路"的起点泉州港。从宋到清代，福建一直是国内对外贸易重地。随着对外贸易与人口往来日渐频繁，多有福建侨居国外者。

明清时期，尤其是明中叶以后，随着资本主义萌芽，商品经济的发展，福建人出国而侨居国外者益众。明初洪武四年（1371年）实行海禁，但出国经商、谋生者仍不少。

鸦片战争后至1949年中华人民共和国成立，是福建人大规模出国时期。其中出国多以"契约华工"形式，被人口贩子贩卖而去，足迹遍布五大洲。自鸦片战争后福建人口的国际迁移高潮持续了100多年，直至1949年后，这种状态才得以改变。

二、多元文化与区域差异

（一）多元融汇

福建文化是以闽越文化为背景，中原文化为主体，外来文化为点缀的综合体。

先秦时期，闽越火耕水耨，断发文身，被中原人视为蛇种蛮荒之地。虽有秦汉以来的移民北上或南下，闽越文化对后世的影响依旧深远。作为闽越先民的居住地之一，福建文化形态中的闽越文化脉络，至今仍清晰可见。秦汉以降，随着汉人南移，先进的中原文化开始传入福建，并在后世兴盛的文化教育中得以加强和传承，中原文化成为此后贯穿福建的核心与主体文化。先进的航海技术、发达的航运，尤其是两宋以后，社会经济的巨大发展，海外贸易繁盛；多元化的经济和发达的海外商贸，与海外各地经济、文化交往频繁，受到异域文化的影响，形成了独特的地域性文化景观与品格。

福建是东南区域文化发源较早的区域之一，然而，在漫长的历史进程中，多方文化的激荡、融合，形成了福建多元融汇、特色迥异的文化形态。

（二）地域特色

特定的地理和人文环境，为文化艺术发展提供了较好的社会氛围，使福建文化艺术的发展呈现独有特色，民族民间文学、语言、音乐、舞蹈、绘画、建筑及其他乡土艺术，异彩纷呈，兴旺繁盛。

三明市万寿岩旧石器时代石铺地面，为迄今为止全国仅见，它表明福建先民已能掌握相对先进的建筑等造型艺术；南平市武夷山汉王城遗址的宏伟形制，严谨布局，体现了较高的生产技术水平和审美理念；漳州市华安仙字潭岩画则表明，绘画、书法艺术的起源可以追溯到更遥远的时代，岩画记录的原始氏族部落祭祀娱神时表演音乐、舞蹈则更可能是福建本土音乐、舞蹈的滥觞；而几何形印纹硬陶器具有独特的造型艺术风格，则是闽越社会先进经济、文化的缩影。

隋唐以后随着中原文化传入福建，福建地区文化教育发展，艺术兴盛。丰富的中原传统文化艺术资源大大促进了福建文学、音乐、戏曲和其他艺术的发展。

两宋福建文化艺术进入鼎盛时期，诗歌、文赋、绘画、雕塑艺术也渐趋精熟，达到相当高的水平。海内外

---

① 福建省志·人口志.

的交流，又使得福建思想文化氛围相对活跃。文化艺术发展出现新气象，涌现一批具有新思想、新观念的文化名人。戏剧、书法、绘画等艺术形式都有长足发展。

此外，福建省内不同区域又各有特点，差异显著。有将闽文化分为闽东、闽南、闽西、闽北四个文化区；也有将其分为闽东、闽南、闽西、闽北、莆仙五个文化区；或又有将闽文化分为福州、莆仙、闽南、闽西、闽北、闽东六大文化区，每一区的精神文化都有其鲜明特点。总之，各区差异极大，其民俗也显示"十里不同风，各乡有异俗"的特点。

三、宗教与民间信仰

（一）宗教信仰

福建兼山海之胜，便于海陆与四方交流。自汉末以来，道教、佛教、伊斯兰教、天主教和基督教，或沿陆路或循海道相继入闽传播。婆罗门教、摩尼教、印度教、景教和犹太教等，也曾在局部地区风行一时。上述各教在流传衍化中兴衰更迭，有些沉踪弥久，仅存遗迹。现存主要有佛教、道教、伊斯兰教、天主教和基督教。[①]

1. 佛教

佛教于两汉之际传入我国中原一带，约在西晋传入闽地。西晋（公元265~316年）在福建各地陆续兴建了第一批佛教寺院。南北朝奉佛之风盛况空前，一代佛学宗师真谛（拘那罗陀）于陈朝初年入闽，数易寒暑译经敷说，推动了佛教义学在福建的传播。隋唐两代，佛教宗派群星灿烂，各宗派兴起并竞相弘传。尤其是禅宗在福建的传播开辟了福建佛教前所未有的崭新局面，此间寺院勃兴，名刹竞出。佛教在唐代优礼厚施的环境中蓬勃发展，其间福建名僧辈出，佛教进入全盛时期，闽籍僧人或开宗立派或引领潮流，促进了中国禅宗的发展和繁荣。

2. 道教

道教发端于先秦，成形于东汉。三国之际道教率先传入福建并在建安方山（今福州五虎山）建成第一座道观洞元观。此后，福建道教在唐五代有很大发展，宋代达到鼎盛。两晋时期道教形成了最具影响力的金丹道，金丹派轴心人物接踵来到宁德霍童山隐居修炼，吸引了众多有志学道者，也促进了道教在福建的传播。南北朝福建道教兴盛，至隋唐全面发展。道教外丹术也在众多道士身体力行的推动下空前活跃。晚唐五代道教进入繁荣期，天师道取代衰落的外丹术成为道教宗派的主流，其间福建宫观大兴，崇道气氛弥漫全境。两宋时期道教进入鼎盛时期，及元福建道教宗派最为活跃。继天师道之后道教各派相继入闽，各演一方之盛，其间人才迭出高道争雄。

明代统治者对道教采取推重与利用控制相结合的方法，使福建道教依然久盛不衰。清代以后福建道教开始衰微。福建多名山，为道教活动提供了极佳的土壤，各地大山都成为道家重镇，道教先从名山而后向城市农村发展。道禅合混也是福建所特有的一种信仰状态，不少产于闽地却走向全国及海外的多神信仰也在形式和体系上与道教相杂糅，形成福建独特的民间信仰景观。

3. 伊斯兰教

唐武德年间（公元618~626年）伊斯兰教从海上传入福建，此后百余年间一直与对外贸易往来并兴共荣。唐天宝末，泉州麒麟寺成为福建第一座清真寺。

[①] 福建省志·宗教志.

中唐以后随着闽北陆路的进一步开凿，海陆通道南来北往，伊斯兰教在福建的传播逐步扩大。宋元时期，泉州成为世界贸易大港，随着以泉州为中心的福建对外贸易的繁荣，既有大批穆斯林商贾从海路入闽，也有北方沿陆路抵达屯戍的西域穆斯林将士。他们或大批移民定居或就地安家落户，使福建穆斯林人数急剧增长，伊斯兰教在福建有了很大发展。宋大中祥符二至三年（1009～1010年）留居泉州的耶路撒冷穆斯林为满足众多穆斯林信仰生活的需要在泉州城南通淮街（今涂门街）创建了一座具有古阿拉伯伊斯兰教建筑风格的麦斯吉德清真寺（艾苏哈卜寺又称圣友寺），促进了伊斯兰教在泉州乃至福建的传播和发展。随着各国穆斯林入闽定居并与汉人通婚，大大加快了伊斯兰教在福建的本土化和民族化进程，伊斯兰教逐步扎根民间。伊斯兰教在社会各个领域的实力和影响不断扩大。

明代以后福建伊斯兰教发展不平衡，因元末泉州爆发了长达十年的战乱，明初，大量穆斯林商人纷纷航海远去。清代由于泉州港的没落，穆斯林已不再从海上来；而由于陆上交通多阻，与内地穆斯林联系多有不便，所以福建伊斯兰教也远不如宋元时兴盛。福建伊斯兰教由于特殊的历史与地理条件来源广泛，并在长期的传播过程中，汉化程度较高，形成与福建当地居民同中有异的风俗民情。

4. 天主教

元至元二十六年（1289年）天主教传教士意大利方济各会会士约翰·孟德高维诺奉教皇尼古拉四世派遣以教廷使节身份从罗马动身取道海上丝绸之路来到中国。元至元三十一年（1294年）抵达刺桐港。这是第一个踏上福建土地的传教士。此后约翰·孟德高维诺继续北上元大都，受到元成宗接见并进呈教皇书信，五年之后获准在汗八里建堂传教。元大德十一年至皇庆二年间（1307～1313年）天主教传入福建，伴随着福建与海外交通的繁荣，天主教在这里得到了传播，信众迅速增多，泉州城内建成福建历史上第一座天主教堂，元皇庆二年（1313年）为推进教务开展，孟德高维诺在泉州设立刺桐教区并负责管理中国东南教务，隶属于汗八里总主教区。这是福建历史上第一个天主教教区。

17世纪20年代开始，西班牙、葡萄牙和荷兰殖民者相继占领吕宋（菲律宾）以及我国澳门和台湾，开辟了一条沟通东西方的新航路，福建成为欧洲天主教修会的新目标。明末首先入闽并获准在福建传教的是葡萄牙籍耶稣会传教士罗如望。

明天启四年（1624年），意大利籍耶稣会士艾儒略随闽籍大学士叶向高入闽。艾儒略精通汉学，传教时善于将天主教教义与孔孟之道相结合，尤注重在士大夫中宣扬"天学合儒"和"耶儒合流"的观点，艾儒略入闽传教25年始终奉行"入乡随俗"的传教方针，其足迹遍布福建各府道州县，博得了权贵、乡贤、豪绅、儒士及部分民众的好感，推进了耶稣会在闽传教活动的顺利开展。明清易代之际，福建天主教的社会地位达到前所未有的高度。

清康熙二十九年（1690年）春，教皇亚历山大八世正式任命罗文藻为刚刚成立的南京教区首任正权主教，管辖中国中部各省教务，这是第一位中国籍主教。此后，由于"礼仪之争"使刚刚在闽东立足的多明我会和方济各会势力受到沉重打击，福建天主教不得不转入地下秘密活动。鸦片战争以后，天主教在福建的传播迅速扩展。清同治七年（1868年），天主教会在南台岛昌蒲墩兴建福州南台岛第一座天主堂——旧泛船浦天主堂。清光绪三年（1877年），天主教会在厦门海边自建了一个码头。

民国时期，福建天主教会打破了由西班牙多明我会独揽福建教务的格局，分出多个传教区。教徒人数增长，教会举办的文教、卫生、慈善事业有了较大发展。

5. 基督教

唐代基督教聂斯托利派第一次传入中国被称为景教，元代景教徒和来自欧洲的天主教再度进入中原，蒙古语称也里可温教。清代基督教新教开始传入并持久不衰。清道光二十二年（1842年）美归正教会传教士雅裨理从香港抵达厦门，开始第一次布道，揭开了基督教在福建传播的序幕。道光二十四年（1844年），英国伦敦会传教士施敦力·约翰携眷抵达厦门鼓浪屿，并开展布道活动。道光二十八年（1848年），波罗满用从美国募捐来的3000美元在厦门新街建成中国第一座基督教堂（今新街礼拜堂），该堂后来被中华基督教会全国总会称为"中华第一圣堂"。

道光二十六年（1846年）十一月十六日，美部会传教士杨顺到达福州，先在城外保福山（今吉祥山）租屋居住。后又与美部会所派弼来满（又译弼利民）夫妇会合后，到南台中洲尾租屋居住，中洲成了福建基督教第二个外国传教士驻地。随后又有更多传教士陆续到来，先后设立福州的第一所礼拜堂——小岭堂、开办第一所主日学校、茶亭真神堂、天安堂等，他们大多通过行医、办学传道。

第二次鸦片战争后，先后有美归正教会、美圣公会、美长老会、英伦敦会、美部会、美以美会、英行教会、英长老会、中华普益教会、中华内地会、浸礼会和新西兰救世军等12个西方差会进入福建传教。他们以福州、厦门为基地，派遣传教士向周边辐射推进，不断扩大传教规模，并发展到福建全境。基督教在福建的传播派别众多、辐射面广、方式布道灵活；他们竭力修筑教堂和修院、创办学校、医院劝说信教；用方言传教，以多种方言译《圣经》，由此推动了基督教在福建的传播。

（二）民间信仰

为了研究的方便，本书把现阶段我国承认的正式宗教：佛教、道教、伊斯兰教、天主教和基督教（新教）以外，在民间自发流传的，非制度化、非组织化的各种神灵崇拜观念、行为习惯和相应的仪式称为民间信仰。[1]

1. 自然崇拜

民间信仰与人们的居住环境、生产方式、生活方式有着极为密切的关系。福建的自然崇拜有古闽越族的自然崇拜遗存，如蛇、青蛙和鸟等图腾崇拜；也有中原汉族的自然崇拜，如天地、日月星辰、风雨雷电和山川水火等崇拜。在福建的各种崇拜中，对蛇的崇拜最具有区域性特征。此外，闽西南有的"龟"和"獐"崇拜；畲族以狗为图腾崇拜；各地山区还有猴王崇拜。

至今，福建民间还普遍存在着对树木山石的崇拜。凡是较为古老的树木，都被看作有灵气的神木。

2. 人神崇拜

福建民间被崇拜、受到信仰的神祇有许多，其中最著名的是天上圣母、临水夫人、保生大帝。这三尊民间神原型都是人，后被逐渐演化为神，赋予类人而又超人的"神"力，再借以护佑人们自身。

妈祖崇拜："妈祖海神"又称"天上圣母"，原名林默，是五代闽都巡检林愿之女，生于宋太祖建隆元年（公元960年）公历三月二十三日，宋太祖雍熙四年（公元987年）农历九月初九日因救助海难在莆田湄洲岛羽化升天。相传她逝世后经常显灵护佑过往船只，救助海难，因此被渔民视为航海保护神，从宋元到明清，多次被褒封升级，从夫人、天妃、天后，直到被尊为"天上圣母无极元君"。随着航海的发展，妈祖也成为世界华

---

[1] 陈力. 古城泉州的铺境空间[D]. 天津：天津大学，2013.

人民间信仰的神祇。

临水夫人崇拜："临水夫人"，原名陈靖姑，出生于福州仓山下渡。父亲陈昌曾为朝廷户部郎中，辞官后在福州经商。陈靖姑生于唐大历元年（公元766年）正月十五日，十三岁时受家庭影响，去福州闾山学法，拜许真人为师，学得设醮法、驱虎斩蛇、封山破洞、斩妖捉怪、医病祛瘟、解厄除灾等奇门遁甲法术，十五岁学成归来。相传她因身殉产厄，卒于唐贞元六年（公元790年）七月二十八日。死时立誓"吾死后不救世人产难，不神也"，死后灵魂赴闾山恳请许真君再传救产保胎之法，以救女界之难产，因此她具有"护胎救产，催生保赤佑童"的神力。陈靖姑信仰的影响也十分广泛，许多习俗一直保留至今。

保生大帝崇拜："保生大帝"本名吴夲（读音tāo，"韬"），字华基，别号云衷。生于宋太宗太平兴国四年（公元979年）三月十五日，俗称大道公、吴真人、花桥公。北宋泉州府同安县白礁村人，少学医，杂以巫术，善治病。治病不论病人贫富贵贱，皆济世为怀，以其高超的医术和高尚的医德闻名于闽南一带，赢得百姓的敬仰和崇拜。宋仁宗景祐三年（1036年）五月初二，因治病救人，攀崖采药不慎跌落深渊身亡（民间传于采药之时，羽化飞升）。死后被奉为医神，即吴真人。后来共受封15次，被不断升级，直至"保生大帝"。其中南宋敕封11次。南宋乾道二年（1166年）敕"慈济"庙额，庆元元年（1195年）封为"忠显侯"，开禧三年（1207年）又封为"英惠侯"。明朝敕封4次，明永乐七年（1409年）敕封为"万寿无极大帝"，永乐二十二年（1424年）封为"恩主昊天医灵妙惠真君保生大帝"等。

第三节　聚落演变

聚落（Settlement）是一定人群的定居之所，《辞海》将"聚落"一词解释为"人聚居的地方"，聚落并不以尺度或规模为界限。聚落是"在一定地域内发生的社会活动和社会关系，特定的生活方式，并且有共同的人群所组成的相对独立的地域生活空间和领域。"[①]聚落遗存既是一种空间系统，也是一种复杂的经济、文化现象和发展过程，是在特定的地理环境和社会经济背景中，人类活动与自然相互作用的综合结果。正是由于自然生态系统、经济技术系统、社会组织系统和文化观念系统的共同作用，使不同的聚落包含了不同的意义，具有不同的品格气氛。[②]

聚落来源于人类的聚集，原始社会人类孤弱无助，由于生存的本能，人们开始集聚，并逐渐建立自己的聚居区域、从事共同的劳动，从而产生了聚落的雏形。聚落的产生和发展推动了人类社会的飞速发展，它可以是一个城市，也可以是一个乡镇，或者简单的村落。[③]

一、史前聚落遗存

福建地处中国东南，全省土地面积12.14万平方公里。境内群山胪列、山峦起伏、河流多源于境内高山之中，山地与丘陵占全省面积的82.39%。陆域之北有仙

---

① 余英. 中国东南系建筑区系类型研究[M]. 北京：中国建筑工业出版社，2001：116.
② 余英，陆元鼎. 东南传统聚落研究——人类聚落学的架构[J]. 华中建筑，1996（4）.
③ 林志森. 基于社区结构的传统聚落形态研究[D]. 天津：天津大学，2009.

霞与浙江毗邻，西有武夷山与江西相隔、南有博平岭连接广东，东临东海；鹫峰山、戴云山两山脉贯穿腹地，把全省分为闽西北山区和闽东南沿海。相对封闭的地理环境，给古代福建的陆上交通造成很大阻碍，素有"蜀道难，闽道更难"之叹。福建东面海域辽阔，温暖湿润的亚热带气候，带来充沛的雨量。源于西部高山的众多河流，绵延贯穿内陆，流向大海；因此，福建自古水运尤其是海运发达。河流流经之处造就了内陆串珠般的小平原，闽江、木兰溪、晋江、九龙江入海口形成福州、兴化、泉州、漳州四个平原，福建许多大、小聚落就是在这些大、小平原上建设和发展起来的。福建位于长江三角洲与珠江三角洲之间，与台湾隔海相望，朝发夕至。

福建多山，气候温暖湿润，动植物生长繁茂。考古资料表明，旧石器时代，福建境内就有人类活动。

（一）旧石器时期聚落遗址

三明万寿岩旧石器时代洞穴遗址，位于三明市西郊17公里的岩前镇岩前村，万寿岩是岩前盆地中的一座石灰岩孤丘，高度170米，山体岩溶发育，有溶洞近10处，在高程37米处，有灵峰洞，俗名观音洞；高层3米处有船帆洞，俗名双连洞，二者都是旧石器时代洞穴遗址。[①]灵峰洞洞口朝西，洞口有厚0.6米的旧石器时代的文化堆积层，已发掘出17品70余件文物，经有系列测定年代距今18万年前。船帆洞洞口朝西，是一处保存很好的居住遗址，洞内有人工铺筑的居住面，已发掘出土石制品和角骨器400多件，年代分别是3万到1万年前。灵峰洞遗址是福建迄今发现年代最早的旧石器时代洞穴遗址。

此外，还有漳州莲花池山旧石器遗址，是古人类加工石器的制作场所，以及约活动于1万年前的"东山人""清流人""甘棠人""漳州文化"等遗址。[②]

（二）新石器时期聚落遗址

"昙石山文化遗址"位于闽侯县甘蔗镇昙石村，是一座高出江面20米的长形山冈，距今5500~4000年，是先秦闽族先民的聚居点。2001年6月22日，国务院将昙石山文化遗址列为第五批全国重点文物保护单位。

"壳丘头遗址"位于平潭平原镇南垄村东北。遗址为贝壳堆积，是福建省迄今发现最早的新石器时代遗址，距今7450~5590年。1991年列为省级文物保护单位。2019年10月，列入第八批全国重点文物保护单位。

先秦时期福建各地河谷盆地和东部沿海平原已有先民的聚居点。考古发掘表明至迟战国闽越人已在今福州市北郊新店古城村修建城池。这座城市面积不大，城里主要居住王族、官吏和士兵。

二、福建聚落的形成条件

平原地区地形平整、土壤肥沃，是作物栽培和家畜饲养的好场所。因此，人类历史上最早的聚落一般都形成于近山平原。人类祖先从早期低山林地的采集狩猎到近山平原的家畜饲养、作物栽培是历史发展的普遍进程，福建早期聚落表现尤其明显。

（一）福建地形地势

福建省区平面形状略呈斜长方形，东西间距240~300公里，南北间距400~510公里。境内山岭耸峙，丘陵起伏，河谷和盆地错落。在中部及闽、赣两省

[①] 福建省博物馆，三明市文物管理委员会，三明市博物馆. 三明万寿岩发现旧石器时代遗址［J］. 福建文博，2002（2）.
[②] 徐晓望. 福建通史［M］. 福州：福建人民出版社，2006.

之间有两列山脉。

（1）闽西大山带武夷山脉位于闽赣之间，北接浙江西南部的仙霞岭，成为闽浙两省水系的分水岭。整个闽西大山带平均海拔北高南低，成为全省地势最高的地区。其中黄岗山海拔2158米，不仅是福建的最高峰，也是我国大陆东南部的最高峰。

（2）闽中大山带由鹫峰山脉、戴云山脉和博平岭等组成。山带以北段和中段较高，平均在1000～1200米之间，戴云山脉多在1200米以上。

两大山带大体互相平行，呈北北东—南南西或北东—南西走向。全省地势西北高，东南低，自西向东倾斜的中山—低山—高丘陵—低丘陵—平原或谷地，形成了阶梯状或层状地形。福建平原面积不大，主要分布在闽东南沿海地区；虽有不少丘陵，但高度一般不大，因此这里是全省地势最低的地区。①

（二）福建水系特征

（1）福建省多数水系发源于省内，并在福建东部沿海出口，只有个别河流发源于省内出口在邻省，或发源于邻省出口在省内。以一个省具有一个基本上独立完整的水系单元，这在我国外流区各省中是相当独特的现象。

（2）福建省山脉走向大致与海岸线平行，闽西大山带和闽中大山带为其骨干山脉。闽西大山带为闽赣两省流域的主要分水岭，也是闽江、汀江的发源地。闽中大山带为省内许多河流的分水岭，也是闽江、汀江一些支流和九龙江、晋江主支流以及独流入海的许多短小河流的发源地。这种地质构造和地形条件构成了福建外流区单向性的格子状水系。福建河流的中上游多呈扇状水系。

（3）福建省各河流普遍存在着河谷型盆地（或河漫滩曲流型河谷）和河曲型峡谷相间的特点。河流的纵横剖面发生很大变化，河曲曲率一般达1.5～1.7。在横剖面上各河段宽窄不同，形成串珠状的水系特征。由于地形以山地为主，相应地河流比降也比较大，多在0.0005以上，特别是峡谷河段比降更大。

三、福建聚落的形成区域

（一）史前聚落的形成区域

福建史前的聚落大多形成于近山平原，尤其是近山平原的山麓地带。已经发现福建境内的旧石器和新石器时代文化遗址，大都分布于近山区山前平原上。如三明万寿岩旧石器时代洞穴遗址，位于三明市西郊岩前村，岩前盆地中的一座石灰岩孤丘山麓前；福州闽侯的昙石山新石器时代文化遗址，位于闽侯县甘蔗镇昙石村，是一座高出江面20米的长形山冈上；壳丘头遗址位于平潭平原镇南垄村东北，处于山麓与海湾间的台地之上，依山面海。壳丘头遗址群也是福建先民开发海洋的起点，先民在此创造出独具特色的史前海洋文化。

各地区聚落形成初期多是在近山平原，随着人口的增长便向更广阔的滨海平原发展，而后向远山平原和山区迁移。据鲍杰等的研究发现，福州市建县最早的区域是中部的近山平原，然后逐步向平原东南迁移，再后迁入滨海平原；最晚的区域位于福州西北的山区。②

（二）史上聚落的形成区域

聚落的形成通常需要可供耕垦的土地；有适宜居住的地域空间；有充足的水源；有便利的交通。聚落一旦形成，随着人口的增长，需要更加广阔的空间。地理环

---

① 《福建自然地理》编写组. 福建自然地理[M]. 福州：福建人民出版社，1987.
② 鲍杰，刘锡涛. 地理环境与福州聚落的形成与发展[J]. 福建史志，2007（4）.

境是影响福建聚落形成和发展的重要因素之一，连绵的群山、曲折的海岸线、相对独立的河流流域，是史上福建聚落形成和特色发展的基本地理单元，也是中国多文化并存最好的地域样本之一。独特的地理条件，一方面使福建古代社会与外界的交往与交流受到极大的限制，另一方面也使山水之间的区域内部形成相对稳定的社会生活圈。福建自北宋分设八州、军，南宋为八府、州、军，元分八路，明改八府，至今"八闽"的行政区划仍延续不变。"八闽"格局形成正是与福建境内大河流域形成的相对独立地理单元相对应。

独特的地理与人文背景，形成了福建境内特色鲜明的聚落景观：闽江流域上游（建溪、富屯溪）的南平；闽江流域上游（沙溪）的三明；闽江流域下游的福州；长溪、霍童溪流域的宁德；九龙江流域的漳州；晋江流域的泉州；汀江流域的龙岩；木兰溪流域的莆田都聚落棋布，成为人口密集、经济发达的区域。①传统聚落景观是区域特征文化的外在表现形式，特征文化区是传统聚落的内涵。

四、福建的镇村聚落

（一）历史文化名镇名村

我国乡村地区广泛分布有各个年代、各种类型的古村落，由于保护不善和保护意识淡薄而遭到严重破坏，古村落的保护和建设受到学者和政府的关注。早在1998年就有学者呼吁建立"历史文化名村"制度②。依据现住房和城乡建设部和国家文物局2003年10月8日发布的中国历史文化名村或中国历史文化名镇评选办法组织评选的，保存文物特别丰富，且具有重大历史价值或纪念意义的，能较完整地反映一些历史时期传统风貌和地方民族特色的村落。其评选依据主要是：村落的历史价值与风貌特色、原状保存程度以及现状规模。

福建省独特的环境孕育和发展了众多的传统聚落且保存良好，截至2019年，全省共有57处国家级历史文化名村及108处省级历史文化名村，是一个研究传统聚落的典型区域。

（二）社会主义新农村

1. 社会主义新农村的提出

乡村建设是一个涵盖政治、经济、社会、文化等多个层面的综合概念。它是一项针对乡村经济、社会和组织发展的系统工程，也是针对乡村住宅、农业及其他产业等各类生产、生活及其设施的建设活动。1949年新中国成立后，开始了探索乡村建设之路。20世纪50年代"社会主义新农村"这一概念出现；80年代初，我国提出"小康社会"概念，其中建设社会主义新农村就是小康社会的重要内容之一；2005年，十六届五中全会提出在新的历史背景下农村综合变革的"社会主义新农村"的尝试，并把建设社会主义新农村作为我国现代化进程中的重大历史任务。要按照"生产发展、生活宽裕、乡风文明、村容整洁、管理民主"的要求，坚持从各地实际出发，尊重农民意愿，扎实稳步推进新农村建设。③从中央政府到社会各界共同关心农业、关注农村、关爱农民，统筹城乡发展方略开始实施。

建设社会主义新农村的再次提出，是国家经济实力不断增强、农村生产力持续发展和农村经济体制日趋完善的需求，中国总体上已经进入了"以工促农、以城带

---

① 楼建龙. 福建传统民居区系类型概述[J]. 福建文博，2009（2）.
② 刘沛林. 论"中国历史文化名村"保护制度的建立[J]. 北京大学学报（哲学社会科学版），1998（1）.
③ 中共中央关于制定国民经济和社会发展第十一个五年规划的建议[N]. 人民日报，2005-10-19.

乡"的发展阶段。工业反哺农业、城市支持农村成为可能。① 通过城市对农村的反哺、工业对农业的反哺，使得农业得到一个可持续的发展基础。而发展的农村仍然保持田园风光，是人与自然和谐的良好生态型社会模本。②

2. 福建省的社会主义新农村建设

建设社会主义新农村是最广大人民群众根本利益之所在，③ 2006年，福建省委省政府明确提出，建设社会主义新农村要准确把握好以下基本原则④：（1）必须以发展农村经济为中心。（2）必须以改革创新为动力。（3）必须坚持以人为本。（4）必须坚持科学规划。（5）必须形成强大合力。（6）必须统筹协调发展。实施统筹城乡经济社会发展的基本方略，实行城市支持农村、工业反哺农业的方针，调整国民收入分配格局，调整财政支出结构，稳定完善和深化各种行之有效的支农政策，建立健全财政支农资金稳定增长机制，加快建立以工促农、以城带乡的长效机制，促进城乡经济、政治、文化、社会的协调发展。围绕建设海峡西岸经济区，增强整体发展意识，推进扶贫开发和山海协作，实现区域功能互补、联动发展。按照可持续发展的要求，大力发展循环农业和农村循环经济，加强农村生态环境建设，实现人与自然和谐发展。

（三）美丽乡村

美丽乡村建设作为乡村的发展战略和建设模式，在行动上，是过去破坏性发展的深刻反思和现在发展成果的经济反哺，有机地结合了生态修复的实现路径和城乡统筹的工作方向。在内容上，是国家战略部署的贯彻落实，也是基层工作实践的自我创新，天然地具备着基层民众的支持力和持续深化的推动力。

美丽乡村建设自安吉县提出生态立县，到获得国家认可并形成全国性政策，都是以生态修复和城乡统筹发展为基底，是构建自然、社会、经济、生态和谐相处的积极探索。美丽乡村建设在乡村振兴过程中将会涉及领域更广、内容更丰富、解决更复杂精细的问题。生态文明通过美丽乡村建设实现乡村的绿色和谐发展。美丽乡村建设承接百年乡村建设，以实现乡村可持续发展为目标，未来也将在新战略背景下发挥更大作用。由于乡村世界在物理距离上的分割、人口规模上的差距、建设区范围的限制，使得在进行乡村建设的过程中无法用城市的建设方法简单复制到乡村。

2013年，福建省列入全国7个试点省，确定了福州永泰、漳州长泰、泉州永春、莆田城厢区、三明沙县等8个县（区）开展"一事一议财政奖补美丽乡村建设试点"，开启了美丽乡村试点工作。

2014年，福建省成立了福建省宜居环境建设指挥部，指挥部下设办公室，挂靠省住房和城乡建设厅，出台了《福建省人民政府关于实施宜居环境建设行动计划》，该行动计划提出了第一个重点任务就是建设美丽乡村，提出围绕产业支撑、生态保护、文化传承、管理创新，按照"布局美、环境美、建筑美、生活美"的四美要求，以"整治裸房、垃圾处理、污水治理、村道硬化、村庄绿化"五项任务为重点，实行县乡村户四级联动。经过近几年来的"千村整治、百村示范"美丽乡村建设工程推进工作，福建省的美丽乡村建设由最初的"点"的建设向"线面"拓展延伸，"点线面"项目逐步连线成片，初步实现"布局美、环境美、建筑美、生活

---

① 陈锡文. 推进社会主义新农村建设[J]. 发展, 2005 (12): 16.
② 温铁军. 新农村建设新在哪里[J]. 决策与信息, 2006 (4): 10.
③ 《中共福建省委福建省人民政府关于认真做好2006年农业和农村工作扎实推进社会主义新农意见》，闽委发〔2006〕1号文件村建设的基本原则.
④ 同上.

美"的美丽乡村。①

2017年住房和城乡建设部《关于开展改善农村人居环境示范村创建活动的通知》（建村〔2016〕274号）和《关于组织申报2017年改善农村人居环境示范村的通知》（建村函〔2017〕117号）要求，在各省（区、市）组织申报基础上，经专家审查，确认公布99个村为保障基本示范村，公布97个村为环境整治示范村，公布99个村为美丽乡村示范村，三类示范村共295个。福建省入选国家级美丽乡村示范村的名单有：福州市晋安区寿山乡前洋村、莆田市荔城区西天尾镇后黄村、泉州市安溪县尚卿乡黄岭村、泉州市晋江市深沪镇运伙村、漳州市南靖县书洋镇塔下村、南平市浦城县富岭镇双同村、宁德市霞浦县溪南镇半月里村。

2017年列入福建省美丽乡村创建并确认为优秀的96个示范村中，福州市12个，泉州市13个，漳州市11个，莆田市5个，三明市12个，南平市11个，龙岩市15个，宁德市15个，平潭综合实验区2个。

2018年福建省住建厅下发《关于公布2018年"千村整治、百村示范"美丽乡村建设工程村庄名单的通知》，公布各地申报、省住建厅审定的2018年"千村整治、百村示范"美丽乡村建设工程名单。其中，全省美丽乡村建设"千村整治"村庄1000个，全省美丽乡村示范村100个，全省美丽乡村备选名单167个。

（四）传统村落

传统村落是同物质与非物质文化遗产大不相同的另一类遗产，它是一种生产生活中的遗产，同时又饱含着传统的生产和生活。传统村落的定义是："保留了较大的历史沿革，即建筑环境、建筑风貌、村落选址未有大的变动，具有独特民俗民风，虽经历久远年代，但至今仍为人们服务的村落。以突出其文明价值及传承的意义"。

传统村落的主要特点包括以下四点：

（1）它兼有物质与非物质文化遗产特性，而且在村落里这两类遗产互相融合，互相依存，同属一个文化与审美的基因，是一个独特的整体。传统村落的遗产保护必须是整体保护。

（2）传统村落的建筑无论历史多久，都不同于古建；古建属于过去时，乡土建筑是现在时的。村落是斑驳而丰富地呈现着它动态的嬗变的历史进程。它的历史是活态和立体的。

（3）传统村落不是"文保单位"，而是生产和生活的基地，是社会构成最基层的单位，是农村社区。它面临着改善与发展，直接关系着村落居民生活质量的提高，保护必须与发展相结合。

（4）传统村落的精神遗产中，不仅包括各类"非遗"，还有大量独特的历史记忆、宗族传衍、俚语方言、乡约乡规、生产方式等，它们作为一种独特的精神文化内涵，因村落的存在而存在。

2012年，住房和城乡建设部、文化部、财政部等组织开展了全国第一次传统村落调查，在各地初步评价推荐的基础上，经传统村落保护和发展专家委员会评审认定并公布了第一批共646个具有重要保护价值传统村落名录，可称之为"中国传统村落"。同时，为指导地方做好相关工作，住房和城乡建设部、文化部、财政部等部门印发了关于加强传统村落保护发展工作的指导意见。

2012年第一批共计646个，福建省48个，占7.43%；2013年第二批共计915个，福建省25个，占2.73%；2014年第三批共计994个，福建省52个，占5.23%；2016年第四批共计1598个，福建省104个，

---
① 程晓明. 福建省美丽乡村建设评价的思考［J］. 质量技术监督研究, 2018（01）：30-39.

占6.51%；2019年第五批共计2666个，福建省265个，占9.94%。截止到2019年，中国传统村落数量已达到6819个，其中福建省494个，占7.24%。此外，还有"福建省传统村落"，以及没有入选和没有申报的"传统村落"。广义地说，所有的历史文化名村都是"传统村落"，实际上，绝大多数"美丽乡村"也是传统村落。

第一节　聚居成落

一、聚族而居

（一）聚居的习性

人类具有聚居的习性，聚：聚集；族：家族。同族人聚集一起居住。聚落是"在一定地域内发生的社会活动和社会关系，特定的生活方式，并且有共同的人群所组成的相对独立的地域生活空间的领域"。"聚"最早指人群的聚集，"落"为落地生根之意。人类聚落的最小单元只是一群聚集在一起的同族人，称之为"家族"。家族发展的理想是生生不息，代代相传。然而，每个个体无法控制生老病死与天灾人祸，有的家族只能保持原有的规模或者逐渐减员乃至消失，有的家族逐渐发展成一个"村社"、一个自然村或者一个行政村。出现了有的村是单姓村，有的村是双姓村，有的村是多姓村。

莆田市涵江区江口镇园下村是个单姓村，每户人家都姓关，据称是汉代关将军云长的后裔。三明市尤溪县洋中镇桂峰村也是个单姓村，每户人家都姓蔡，据称是"莆阳三蔡"（宋代莆田人蔡襄、蔡京、蔡卞）的后裔。龙岩市新罗区万安镇竹贯村，各户人家或姓温或姓邓，由两个不同姓氏的宗祠为核心，形成了两个"村社"。泉州市晋江市金井镇福全村是个多姓村，有着"十三乡入城"的说法，"十三乡"实指十三个散布在福全所城外的自然村，"城"是指福全所城。"十三乡入城"后，在城内形成"一个村，万人姓"的现象。

国内建筑学者对乡村聚落血缘组织的研究结果表明，单姓村集聚式的家族结构使得空间形态集聚而封闭；多姓村出现了分区而治或领域交叉的现象。其实不然，单姓村的内部在"同宗"的前提下出现"分房"，因同宗而有宗祠，因"同房"而有支祠。在同宗之下分房，在同房之下分序，在同序之下分家。

（二）社区与铺境

"社区"概念的提出被认为是"19世纪社会思想领域最引人瞩目的发展"。1887年，德国社会学家滕尼斯（Ferdinand Tonnies，1855-1936）首次将"Gemeinschaft"一词用于社会学的研究。接着美国学者罗密斯（C. P. Loomis）把德语"Gemeinschaft"译为英语"Community"。较具体的社区定义，最早是由美国芝加哥大学的帕克（R. E. Park，1864-1944）提出来的。1933年，费孝通等人把"Community"译成了"社区"，把具备社会关系属性的"社"与区域空间属性的"区"结合起来。社区的基本特点为："有一群按地域组织起来的人群，这些人口程度不同地深深扎根在他们所生息的那块土地上，社区中的每一个人都生活在一种相互依赖的关系之中"。

陈力在对福建省泉州市的铺境空间进行研究时提出："铺境"作为县以下的城乡区划单位，是中国传统居住社区的孑遗。"境"是社区的最小单元，同时具备社会关系属性与区域空间属性。泉州市晋江市金井镇福全村在"十三乡入城"后，在城内形成了十三个"村社"，即"十三境"，福全村是"村"，是"铺"。"铺"与"境"可能是"一铺一境"，也可能是"一铺多境"，构成了独特的"铺境"制度。

（三）社区与聚落

聚落即社区，乡村聚落的社区即"村社"，如上文提及的泉州市福全村。希腊建筑规划学家道萨迪亚斯（Constantions Apostolos Doxiadis，1913-1975）对乡村聚落（称之为"道氏聚落"）归纳出四个特点，分别是：

（1）居民的生活依赖于自然界，通常从事种植、养殖或采伐业；

（2）聚居的规模较小，并且是内向的；

（3）一般都不经过规划，是自然生长发展的；

（4）通常就是一个最简单、最基本的社区。

中国国情不同，形成中国特色。从字面上看，乡村包括乡与村两级建置，一个乡下辖若干个行政村，一个行政村可能由一个或多个自然村组成。中国特色的乡村聚落（简称"中特聚落"）的四个特点分别是：

（1）居民即农民，其生活与生产活动依赖于自然界，广义的农业包括种植业、养殖业和采伐业等。

（2）乡村聚落的规模较小，规模略大的自然村就是一个行政村，规模很小的自然村依附在规模略大的自然村，共同组成一个行政村。

（3）"规划"确实不曾存在，独具中国特色的"风水观念"，实际上成为乡村聚落从选址到建屋全过程规划与设计的指导思想。

（4）乡村聚落即"社区"。在社区的三要素中，"人群"和"规模"已经具备，"关系"可能是血缘型的宗族关系，也可能是神缘型的共同信仰。因此，把"自然村"看成一个"社区"单元更为合适。

把"道氏聚落"与"中特聚落"进行对照，四个特点一一对应。

（四）聚落的规模

社区可大可小，费孝通认为："社区这个概念一搞清楚，我们研究的对象也就明确了，就是生活在一个地区的一群人的社会关系，社区可大可小，一个学校，一个村子，一个城市，甚至一个民族，一个国家，以至可以是团结在一个地球上的整个人类。只要其中的人都由社会关系结合起来，都是一个社区"。聚落是一个社区，聚落的规模也是可大可小的。

《史记·五帝本纪》也有相应的记载："一年而所居成聚，二年成邑，三年成都"。这里的"聚"是指"小聚"，可以小至一个自然村，是人类在乡村生活的最小社会单元，是形成"邑"和"都"的初始状态。把"邑"理解为县城，把"都"理解为"城市"大致是合理的。在"时间"这个维度上，随着社会的发展，聚落依据其人口规模，逐渐发展成三种形态：大聚为城（城市），中聚为县（县城），小聚为村（行政村或自然村）。当代聚落的规模分级，从大到小应该是：地级市 → 县/区/县级市 → 镇/乡/街道办 → 行政村/社区 → 自然村/社区。

本书涉及的聚落规模与类型，选择"镇/乡"及其以下的建制与规模，重点放在"行政村/自然村"上，选取少量的历史文化名镇案例，介绍与分析镇区的特征，主要集中在历史文化名村、传统村落、美丽乡村建设示范村（简称"美丽乡村"）。历史文化名镇有国家级、省级和未定级之分；同样，历史文化名村也有国家级、省级和未定级之分；传统村落也有国家级、省级和未定级之分，有时传统村落与历史文化名村是重叠的。此外，本书还把美丽乡村作为"传统聚落"的一种，在美丽乡村中，往往旧村区与新村区同时存在，这种集旧村区与新村区于一体的美丽乡村，更加值得关注与研究。

二、安居乐业

（一）安居乐业

安居乐业是指安于所居，乐于所业。始见于《后汉书·仲长统传》，书中写道："安居乐业；长养子孙；

天下晏然；皆归心于我矣"。在《老子》第八十章也有相关的论述："民各甘其食，美其服，安其俗，乐其业，至老死不相往来"。《汉书·货殖列传》把安居、乐业、甘食、美服分成两组："各安其居而乐其业，甘其食而美其服"。

安居，进一步的解释是安定的居所。这里的"安"还包括居所与聚落的安全。作为居所的房屋，房者，防也；具有一般的避防与防卫作用，包括居所的遮阳、挡风、避雨功能和防止野兽、猛禽、毒虫的侵害。人类的聚居习性，产生集体的力量来保护聚落的安全，是用以防御外来的敌人。乐业，进一步的解释是满意的职业。因劳动而有收成，因有收成而快乐。在传统时期农耕文明的乡村，主要是指农业（种植、养殖、采集和渔猎等），以及延伸的手工业。随着社会的发展，"业"可以理解为可能在乡村出现的所有产业。

对居所与聚落的安全，还有"安居"的升级版。在福建的山区，匪患严重，衍生出多种类型的防御性大型民居，如闽西南地区的土楼，闽中地区的土堡和福州地区的寨与庐。有些村落，整个聚居点加建城墙，增强聚落的防御性，如宁德地区福安市的廉村、漳州地区漳浦县的赵家堡，等等。在福建的沿海地区，为了抗击与防范倭寇而建成的卫城与所城，也是整个聚落加设城墙，称之为"海防聚落"。卫城与所城形成防御体系，是保家卫国的"南海长城"。

（二）宜居宜业

1996年，联合国第二次人居大会提出了城市应当是适宜居住的人类居住地的概念。"宜居"概念一经提出就在国际社会形成了广泛共识，成为21世纪新的城市观。2005年，在国务院批复的《北京城市总体规划》中首次出现"宜居城市"概念。"宜居"是具有良好的居住和空间环境、人文社会环境、生态与自然环境和清洁高效的生产环境的居住地。把宜居和宜业放在一起，可以看出与"安居乐业"文脉关系。

"宜居"应有宏观、中观、微观三个层面的含义。宏观上，宜居应该具备良好的大环境，包括自然生态环境、社会人文环境和人工建成环境，是一个复杂的大系统；中观上，宜居应该具备规划设计合理、生活设施齐备、环境优美、和谐亲切的社区环境；微观上，宜居应该具备单体建筑内部良好的居室环境，包括居住面积适宜、房屋结构合理、卫生设施先进，以及良好的通风、采光、隔音等功效。

"宜业"是指无论自然环境，还是人文社会环境都适宜人们从事各种经济活动。城市是人类走向成熟和文明的标志，是人类群居生活的高级形式。"城市"中的"城"和"市"原本并不是一个整体。"城"原来只是一个具有防御功能的居民点，而"市"则指市场或集市。随着社会的发展，"城"与"市"组合而为"城市"，这本身即显示了城市发展的经济诉求。城市是为人的居住、生活而建，"宜居"是城市最原始、最基本的诉求，城市要发展、人要生活得好，还必须要发展经济，"宜业"才能进一步促进城市的发展。

（三）三生融合

"三生"是指"生态""生产""生活"。

生态包括自然生态与社会生态，生产包括创业与创新，生活包括物质生活与精神生活。原始文明时期，村民靠采猎为生，居无定所，这种生产生活方式不足以支撑固定聚落的形成；农耕文明时期，村民需要充足的食物和固定住所，以生产为内驱力，住宅开始沿山水田林呈周边式聚合，村民以农耕为主要生产方式，耕作范围和活动范围高度统一，所以住宅分布散乱，住户之间相去甚远，聚落呈散点式布局；随着社会发展，人口增多，村民逐渐开始需要保护、秩序和稳定，以生活为内驱力，住宅开始以自然环境友好的地点为中心，呈中心式聚合，小规模聚居出现，乡村聚落成型；随着工业化进程，人口急剧增长，财富迅速积累，商品经济时期到来，住宅环境和社会组织模式由传统村落型向现代化社区型过渡，民居选址也由自然环境依托型转变为交通主导型，村民生存手段不仅仅靠耕作，经商、务工等都是新的生产生活方式，村民开始不单依赖土地，以经济为内驱力，住宅开始从丘陵山地向谷带平地、从经济落后区向经济发达区，沿道路呈线式迁移聚合，乡村聚落呈现如今的"小集中、大分散"格局；社会的迅速发展，人们开始认为乡村聚落的分散格局导致土地散乱、利用率低，不利于乡村基础建设，于是在"迁村并点"等规划政策的引导下，集中整合，平整土地，大建安迁中心社区，部分居民点的用地结构和布局逐渐集中。

从原始文明时期到农耕文明时期，三口堰村沿自身脉络平稳渐进更新演变。根据笔者对马斯洛需求层次理论的尝试性演变，在这两个时期，聚落是以满足"食物、水、空气、房子"的"生理需求"，以及满足"保护、秩序、稳定"的"安全需求"为内驱因素，保持着独立演变的路径。商品经济时代，聚落的需求和供给日益多元，社会经济成为聚落演变的主导因素，满足"交通、交换、交流"的"社交需求"成为聚落演变的内驱因素，聚落选址也从自然环境依托型转变为交通主导型，保持平稳渐进"相对独立"的发展路径。"迁村并点、集中整合"等政策的提出，人类改造自然能力的增强，集中化乡村的建设，在降低了土地浪费和基础设施成本的同时，破坏了传统村落格局的多样性和灵活性，打破了传统乡村聚落的平稳渐进自然式的发展和"相对独立"的演变路径，并没考虑到乡村聚落自身的发展脉络，也不符合马斯洛需求层次理论的演变特征。

按照马斯洛需求层次理论的演变，这一阶段的乡村聚落的发展应该是以"尊重需求"为内驱因素，应该以保护传统民俗、传统文化、传统风貌，优化传统布局为主要方向进行演变更新，延续遗失的传统文化脉络。所以，规划建设应当以建设生态环境优美、丘区特色浓郁、人文气息浓厚、居住环境优良、产业发展可持续的新农村为总目标。首先，从自然生态方面，保育山水，构建环丘绕水的生态景观格局，保护丘区特色的生态环境和田园风光；其次，从乡土人文方面，进行村落空间形态保护、文化传统再生与保护、乡村风貌保护；最后，从社会经济方面，打造"生产、生活、生态"合一的低碳产业链，完善公共服务设施及基础设施的建设。

第二节 相地择居

一、因地制宜

（一）相地与顺应自然

因地制宜最早出处于汉代赵晔的《吴越春秋·阖闾内传》："夫筑城郭，立仓库，因地制宜，岂有天气之数以威邻国者乎"。该词含义指的是根据当地当时的具体情况，制定或采取适当的措施来处理一些事。在聚落中常释义为相地择居时应该顺应自然。

聚落选址与建筑布局体现了风水观，强调"土色之坚厚，地势之高燥"与"用水足，沟防省"等技术要求，注重环境"负阴抱阳"与"环抱有情"，讲究建筑人文美与环境自然美有机结合。从聚落环境的竖向布局上看，选择河流岸边或近水台地作为聚居地，可以兼顾聚落对取水和防涝的双重要求。从横向布局上看，聚落四面有地理中所谓的青龙、白虎、朱雀、玄武"山水四灵"环绕。如此便可依靠山体来阻挡冬季北向寒风，面水迎来南向季风，形成人类理想的聚落环境模式。

顺应不同于屈从，人类通过对自然进行适当改造，实现对阳光、空气、水等的充分利用。体现在聚落形态上，则是通过不同的建筑布局，力求达到"负阴抱阳"的聚落环境。北方黄土高原等山地丘陵地区充分利用地形、地势，形成错落有致的聚落形态。在地势较为平缓的南方，则通过调整建筑层数和层高，以及对地坪高差的处理，形成前低后高、左右环抱的形态。

古人以崇尚自然、珍惜自然、合理利用自然的态度，择宜居之地构建居住环境。在《传统聚落环境空间结构探析》中又再次作强调：传统聚落追求"人之居处，宜以大地山河为主"（《阳宅十书》）和"以山水为血脉，以草木为毛发，以烟云为神采"（宋·郭熙《林泉高致》）的境界。因此择地是营建聚落环境的关键。

传统聚落的设计者都潜心研究地形，选择在地势独特的基地上建造聚落，利用了该基地不同于其他均匀分布的空间场的奇特地势性状。通过聚落与基地环境的匹配与整合，将具有特异性状的地势引入聚落，充分发挥出地势的潜在力并构成聚落共同体的新秩序。强调人与环境间的相互作用，求得与天、地、自然万物的和谐，以达到趋吉避凶的目的。在传统聚落的秩序化过程中，最为注重聚落的外部环境与人的关系，于是便积极地、有目的地去创造比自然更有意义的空间，这种"意义"更多地体现在精神象征方面，就是为人们找到一种表达情感和寄托希望的方式。

"相地"是传统聚落形成并发展的基础，良好的选址是聚落持续健康发展的保证。人类降生于世最基本的需求就是生存与繁衍，聚落地理环境首先必须以促进人们生产为出发点，保障人们传宗接代的需求，其次才是与外界联系和保障自身安全的需求。总的来说，聚落的选址必须是有利于人们生存与发展的。

（二）择居与三宜营造

在传统聚落研究中，因地制宜释义可理解为，因：根据；地：自然环境；制：营造；宜：三宜（即宜居、宜业、宜游）。即传统聚落应该根据自然环境营造出适合聚落居住、产业发展以及游玩嬉戏的活动空间。

早在春秋战国时期，小农经济便已出现，这种以家庭为单位进行生活、生产耕种的经济模式延续了数千年。我国的传统聚落便是在这样一大背景下建立发展起来的，在这样的模式下，如何提高生产率便成为增加农民收入的关键，聚落的选址必然是有利于生产耕作的。"茂林修竹、一水中流、平平坦坦"，这些基本要素自然成了聚落选址中的典范，加上与自然环境的完美结合，依山傍水、山环水抱，许多美丽的村庄便由此孕育而生。择良地而居不单只为生存与发展，古代先民还追求一种与大自然的融合，达到"天人合一"的境界，他们将各种相互对立又相互依存之要素巧妙地交融，宏观地把握事物间的联系，寻求最佳组合。

由于农耕是传统聚落的重要产业之一，因此相地择居时应该选择地势平坦、土壤肥沃的地块。《管子·度地》中记载："故圣人之处国者，必于不倾之地，而择地形之肥饶者，乡山，左右经水若泽，内为落渠之泻，因大川而注焉。乃以其天材、地之所生，利养其人，以育六畜"。从中可以看出，平坦的地势、肥沃的土壤，对于农业的发展起到了很大作用。正如《管子·权修》中写到："夫国城大而田野浅狭者，其野不足以养其民；城域大而人民寡者，其民不足以守其城"。除此之外还应靠近溪流：首先，近水之地往往物种丰富、土壤肥沃、利于生长，是聚落发展的一大有利条件。其次，福建地区属亚热带季风性气候，夏季高温多雨，靠近水源主要在于防止夏季水患，倾斜的地势与广阔的溪流大大有助于雨水的排放，避免积水对人们生活造成不便。溪水穿流而过，使商旅间的贸易往来更为便利，发达的水路条件大大加快货物间的运输速度，从而促进乡村聚落经济的发展。无论是从物质层面还是从文化层面，都直接或间接地惠及福建传统村落。

（三）聚落空间的拓展

聚落空间布局受制于多种因素，是地理、气候、文化、经济、政治、技术等多方面力量长期博弈的结果。在上述因素的影响下，乡村聚落与山、水、田、林之间形成和谐的互动关系，并使统一自然环境影响下的乡村聚落呈现相似的风貌。

聚落空间格局是乡村与环境、政策、文化、人口、产业、交通等，经过成百上千年不断试错的结果。

自然环境是聚落格局形成和发展的基础，而地形、地貌、河流分布是自然环境因素中的主导因素。这些因素通过影响该村山、水、田、林的分布，从而影响耕作半径和聚落格局。福建地区聚落分布也在"一公里耕作半径"的规律下，和田园一样呈现"大分散、小集中"的格局。当地特殊地形下的塘堰，为丰富的雨水资源提供了承托的载体，减弱了村民生产生活对河流的依赖，为聚落的分散布局创造了物质基础。而该地区河流曾经的洪涝历史，也使为"趋利避害"的智慧村民在较远处营造聚落。只有少部分以渔业为主要生产方式的村民沿河流近处营造民居。高处山顶的陡峭坡度和稀缺土地为

民居营造和生产展开设置了重重障碍，后来在国家政策的引导下，划归生态保育区，以林木覆盖山顶，聚落寥寥无几。

经济政策因素从上而下引导聚落格局发展，主要包括交通分布、产业经济以及政策引导。其中政策因素影响土地、农业、户籍等管理体制，尤其在乡村规划、宅基地管理和户口迁移方面深刻影响聚落格局。湖北省提出的建设"美丽乡村"和"宜居村庄"，在原有村落的基础上进行迁村并点、整合集中，降低土地浪费，减少基础设施建设成本。聚落呈现从"大分散"向"大集中"转变的趋势。随着时间的推移，弊端显露。部分居民呈现"有新家无新业"的现象。传统的生产生活方式与集中居住后的新环境不相适应，一个突出的表现就是种地需要越走越远。

二、风水理念

（一）风水理念的形成

"风水"一词是由"风"与"水"二字组成的。从字面释义来看，"风"是指流动的空气。静止的空气在阳光的照射下，产生了温差与气压差，从而形成了空气的流动。因此，确切地说，"风"是指在阳光作用下动态的空气循环系统。同样，"水"也应是指在阳光作用下动态的循环系统。可汲的地下水与可取的地表水在阳光的照射下蒸发汽化，升上天空成为积云，在一定的天气条件下，积云从天空降下成为雨水。阳光、空气和水是人类生存、万物生长的根本，缺一不可。

"风水"一词，一般认为源自晋代郭璞的《葬经》。《葬经》中说："气乘风则散，界水则止，古人聚之使不散，行之使有止，故谓之风水"。又说："风水之法，得水为上，藏风次之""深浅得乘，风水自成"，等等。事实上，汉代青乌子的《青乌先生葬经》更早

些就论及风水。书中说："内气萌生，外气成形，内外相乘，风水自成"。此外，对风水的解释，较典型还有明代乔项的《风水辨》和徐善继、徐善述的《地理人子须知》等。乔项认为："所谓风者，取其山势之藏纳，土色之坚厚，不冲冒四面之风与无所谓地风者也。所谓水者，取其地势之高燥，无使水近乎亲肤而已"。二徐认为："地理家以风水二字喝其名，即郭璞氏所谓葬者乘生气也……总而言之，无风则气聚，得水则气融，此所以有之名。循名思义，风水之法无余蕴矣"。

风水理论是一个庞杂的思想体系，各种学派均从关照人与万物的聚居环境与生态环境作为切入点，阐述各自独特的见解，表达各自不同的自然观与宇宙观，同时，这种迥异的观念附会于人生伦理纲纪之上，形成了相应的人生观，从而构成了宇宙观、自然观与人生观同源同构一套完整的思想体系。同时，风水理论又是相地营国（城市规划）、选址建屋（建筑设计）的指导思想与理论基础。各种风水古籍中，均有大量关于择居、营国、立都、建屋的论述。风水别称卜宅、相宅和图宅等，盖出于此因。

风水之法，流派诸多，然以形势宗与理气宗为分野。两大流派比较而言，形势宗更注重自然环境的"辩方正位"，包括对生态与景观诸多因素的讲究，原其所起，即其所止，专注山川形势及其构成要素的配合，少有无稽拘忌，因而其学较盛，成为风水之主流。

理气宗则注重天地人之间的种种感应与附会，落入阴阳、八卦、五行诸说的窠臼，历来受到达者的激烈批判。有感于此，朱光亚先生指出：风水脱胎于中国传统农业文明，其前提是"天人合一"的宇宙观与实用理性的整体思辨，注重人与自然的和谐共生，主张顺应自然、利用自然和有节制地开发与改造自然，包括观照自然、寄情山水、游目骋怀的山水审美情趣，同时也注重人伦的和谐并节制个人的非分欲望。冯建逵先生对风水的释义显得更为简明，他认为：风水理论虽然不乏迷信内容，但同时，"风水理论实际上是地理学、气象学、景观学、生态学和城市建筑学等的一种综合的自然科学"。

（二）风水的科学内核

风水之法所以能够根植于中华文明沃土之中而源远流长、枝繁叶茂，是因为它依托中国传统的文化与风俗，贴近平民百姓的劳动生活，帮助他们认识自然、利用自然和有节制地改造自然。因此，风水理论有其合理的一面，以现代科学的标准来衡量，其科学的内核主要表现在：

1. 天与人同一

天人关系是指天道、地道与人道三者之间互感互动的关系，天道系指自然规律，地道系指自然环境，人道系指人伦纲纪。"天人合一"是中国传统的哲学思想，同时也是风水理论的指导思想。"天人合一"思想认为：人是自然环境中的一个有机组成部分。因此，风水理论强调"大举九州之势以立城郭室舍形"，靡不"以人之意逆山水之意，以人之情逆山水之情"，提出"毋变天之道，毋绝地之理，毋乱人之纪"的人生理想。其最高境界就是天时、地利、人和，即人与自然（天道与地道）的和谐同一。不难看出，"天人合一"的理性判断同辩证思维与现代人文地理学的"和谐论"学术观点十分相似、如出一辙。

2. 技与艺结合

在风水理论中技与艺结合的论述随处可见：在聚落选址与建筑布局上，不仅强调基地"土色之坚厚，地势之高燥"与"用水足，沟防省"等技术要求；而且注重环境"负阴抱阳"与"环抱有情",讲究建筑人文美与环境自然美的有机结合。在建筑单体设计上,不仅强调"治宅极宜壮实",建筑体量讲究"适形而止",而且提出"约定俗成谓之宜"的社会认同要求。由此可见,风水理论兼顾了对建筑技术的合理运用与对建筑审美的准确把握,使技术与艺术在建筑营造活动中得到完美结合。

3. 形与势兼备

风水理论提出"百尺为形,千尺为势"的概念,很好地把握住建筑群体与单体的尺度感。"形"与"势"不是抽象的尺度概念,"形"为百尺,折合现代尺寸为23~35米,"势"则十倍于"形"。因此,我们不难真实地感受到"远以观势,虽略而真;近以认形,虽约而博"所描述的空间尺度。远观其势,强调的是聚落整体与山势地形的配合关系;近察其形,注重的是建筑个体与周围环境的相互协调。大到营邑立城,小至制里割宅,无不遵循风水理论的"形体之法"。"大举九州之势以立城郭室舍形","形者势之积,势者形之崇","聚巧形而展势"等。

4. 礼与乐互补

中国传统社会的定向观念,强调"礼,序也""礼别异,卑尊有分,上下有等,谓之礼"。与提倡平等的西方文化相比,中国传统文化更讲究等级。风水理论十分注重宅居,视舍宫室为"人之本""礼之具也""阴阳之枢纽,人伦之轨模"。具体而微地将社会居住秩序的礼制伦理纲常观念与建筑的空间秩序结合起来形成了居住空间对称严谨、主次分明、尊卑有序的特点。甚至把宅居的重要性上升到"正家,而天下定矣"的高度来看待。而布局自由灵活的"院",则与严肃拘谨的"宅"形成鲜明的对比。把山石水体、花草树木等自然景物引入院子,与亭榭轩阁融为一体,使宅与院交相辉映、互为补充。"宅"为"礼"的表达,"院"是"乐"的体现,一礼一乐,一张一弛,提高了居住空间的艺术品位与审美情趣,体现了儒家礼乐互补的人伦原则。

(三)聚落的空间意象

中国古代的传统哲学,宣扬的是"天人合一"的思想。风水学认为:"人之居处宜以大地山河为主",人类的聚落形态和居住环境必然顺应自然的环境条件和生态要求,就这一观点而论,它与现代的人文地理科学的理论是相通的。鸟择良木而栖,人择吉处而居,便是此番道理。

"人杰地灵"原系风水术语,描述的是一种常见的人地关系。地灵是指良好的聚落环境,表达了"山水有灵"的思想;人杰是指杰出的人才,寄托了人们的一种美好愿望。由于"地灵"与"人杰"之间的互感互动关系,因此,人们总喜欢用"人杰地灵"来盛赞自己的家乡。人杰者必择吉处而居之。人们对自然环境的追求,不外乎是着眼现在、瞻望未来这两个层面。着眼现在,在于趋吉避凶、招财纳福的基本愿望;展望未来,则希冀优美的栖息环境和良好的生活空间能使他们的后代生生不息、人才辈出。

人类以经验、感觉和玄想附会于外部世界,认为"水有罔象,丘有峰,山有夔,野有彷徨,泽有委蛇"。《礼记·祭法》中说:"山林川谷丘陵能出云,为风雨,见怪物,皆曰神",从而逐渐产生了万物有灵的山川自然崇拜的观念。《荀子·大略篇》中说:"王者必居天下之中,礼也";《管子·度地篇》中说:"天子中而处之"。人类的向心心理产生了居中为尊的"择中观"。从聚落环境的竖向布局上看,人类大都选择河流岸边或近水的台地作为聚落点,这样可以兼顾村落对取水和防涝的双重要求，由此构成了人类理想的竖向聚落环境模式。从横向布局上看，既居中，则需四方拱卫，于是地理中就有青龙、白虎、朱雀和玄武的"山水四灵"，由此产生了人类理想的横向聚落环境模式，"山水有灵"的观念无时不有、无处不在。

风水理论毕竟是封建时代的产物，其以中国哲学为其世界观与认识论的基础，在较低层次上展示了当今乃至未来亦有生命的真理。因此，使古老的风水理论与当代的自然科学在许多方面不谋而合、异曲同工。风水之法中的罗盘的运用、指南针的发明与偏磁角的发现，是对全人类的伟大贡献。但是，风水的"幼稚"，使迷信始终与其相伴，真理的光辉常常被迷信的阴影笼罩。因此，风水理论既不是迷信的法术，也不是当代意义上的自然科学，而是在中国传统哲学框架下，集迷信与科学于一身，糟粕与精华共存，合自然与人文为一体的独特的古代中国的前科学学术门类。

三、聚落形态

（一）山势水形

"同质与同构"是指对象之间具有共同的性质或共同的构成方式，就传统聚落而言是指聚落与基地环境之间性质与构成的一致性，这包括聚落各组成部分自身的一致性以及聚落整体与环境的一致性。为了更好地以一个聚落整体与基地环境契合，必须相对淡化聚落内部差异。

在传统聚落的营造过程中就促成了传统聚落的"顺应与原创"。营造中不断综合基地的地形、地势、水源、植被等自然状况，结合地方相应的社会、经济、交通、人文等脉络，通过"顺应"基地环境脉络从而形成适合聚落发展的独特模式；这是各个聚落所固有的东西，没有通用的范式，是一个"原创"的过程，也是聚落个性塑造的过程。

"顺应与原创"主要包括了聚落与基地环境整合结果的创造性程度和处理方式的适宜性程度，也体现了聚落自成一体的协同机制，引导了聚落的有机生长。聚落的个性通过演变中的不断传承得以延续。人们已经熟悉了传统聚落与自然环境融为一体的景观，但这种景观并不是一开始就是如此，看似顺从的自然界其实蕴藏着瞬间毁灭人类的力量，因此人类如果没有自己的创意和营造，也就根本无法与自然共生。

传统聚落空间强调"风水理论"的封闭格局，追求"藏风聚气"的环境，常选址于大自然群山环抱或河水绕流的封闭领域之中。传统聚落环境追求"人之居处，宜以大地山河为生"的境界（据《阳宅十书》）。注重保护自然内在机制和有效地发挥自然的功利，创造人与自然和谐的居住环境。因此，传统聚落环境空间塑造强调顺应自然、因山就势、保土理水、因材施工、培植养气、珍惜土地及水脉等原则，保护自然生态格局与活力。常以因借冈、阜、谷、脊、坎、坡壁等坡地条件，巧用地势分散布局，组织自由开放的环境空间；在山地多依山构建高低错落的多层次的竖向环境空间，充分发挥自然通风、采光、日照、观景及高密度空间效益；在黄土高原多利用黄土层具有的壁立性强的自然力、开挖洞穴而建窑洞式的环境空间；在平原多采用集中式布局的内向型环境空间，以方便生活和节约土地；在滨水地带常以"河澳"为建宅基地，以"顺流"布宅而避水患或顺水布局建造灵活流畅，方便生产、生活的水乡环境。中国不同地域环境的聚落，正是以智慧与创造，构建出了山水交汇、情景交融的理想的居住环境。

（二）道路交通

在聚落环境空间塑造中常以风水树、塔、庙等标志物作为起点（称水口）成为划分外界空间的界定标志。以路、桥、树或纪念建筑（牌坊、亭）延伸空间，以祠堂、庙宇、戏台等公共建筑和广场形成村内的开放空间，供村民聚集活动。

乡村的道路系统，首先是与外界的联系。从交通工具来看，第一种是马车，需要平坦与宽敞的大路；第二种是畜力的骑行（以马、驴、牛为主）；第三种是人力的轿子。而最常见的应是第四种步行。以上四种均在陆路上。福建的水系河流发达，水上交通是重要的组成部分，对应的交通工具有大小船只和竹筏等。与陆路交通相关的建筑有五里短亭和十里长亭，以及逢水搭桥的桥梁。与水路交通相关的构筑物主要是码头，以及作为航标的灯塔和风水塔。

村落内部的道路是内部主要空间节点之间的联系。从村口到祠堂、境庙等公共建筑，是村庄的主干道。稍大一点的村，就会按照分姓、分房来分区，区与区之间设置村次一级的道路，"大户人家"也会另辟道路。设街道的村庄，街道多数设在主干道的某一段。通往各家各户的巷道，大小不一，甚至有时可以穿行邻居的私人前庭。从事农业劳作，田间要有机耕路，上山要有拾级而上的石板路、登山路。

"要致富，先修路"，在传统时期就已经显示出来。伴随经济的发展，汽车的普及，汽车交通变成一个首要的条件。而汽车交通中，公交车拉近了与城市的距离，消防车体现了安全性，私家车反映了便捷性。对村庄的道路现状需要梳理、拓通乃至拓宽，都是传统村落保护与活用的重要手段。

（三）建筑布局

经过总体秩序化的聚落须进行边界划分、空间排列、节点安排等事项，即区域化；区域化使聚落内部进行不同的建筑组合。建筑组合有两种描述，一种表示组合的位置关系，如上下、前后、左右、高低、表里等；另一种表示组合的类型特征，如线形、环形、风车形、"口"字形、"T"形等。前者在划分聚落内部的领域时发挥作用，后者则是在划分了的领域内部作为对聚落部件进行制约的表述。

符号化考虑的是聚落整体构成、单体建筑形态与细部要表象什么的问题，形态通过拥有意义而成为符号。聚落中充满了符号，被符号化了的部件展示了聚落的意识世界。

聚落对外的整体性是以内部的"同质与同构"为背景才得以成立的；为了强调聚落的整体性，除了聚落内部特殊的部件之外，必须是一样或者相近的色彩、材料和构造；当然微差总是存在的，聚落各组成部分的功能不同势必引起单体形态的不同，保持色彩、材料和构造等内容的相同与相近，才能明确其所属。

传统聚落的建筑形态包括社会形态和居住形态。社会形态指聚落的历史、文化、信仰、习俗和观念等社会因素所形成的特征。居住形态指聚落的平面布局、结构方式和内外空间、建筑形象所形成的特征。它不仅受村落本身功能的制约，而且受到宗族礼制、宗法观念、自然环境、民间风俗及文化心理等因素的影响。因此，本书所指的建筑形态不仅涉及建筑本身的形态，而且包含了建筑的外部空间，即聚落的空间形态。

第三节　聚落文化

一、宗法制度

（一）宗法与关系维持

费孝通在《乡土中国》一书中对我国传统的社会结构做了一定的论述："我们的社会结构本身和西洋的格局是不相同的，我们的格局不是一捆一捆的扎清楚的柴，而是好像把一块石头丢在水面上所发生的一圈圈推出去的波纹。每个人都是他社会影响所推出去的圈子的中心。我们社会中最重要的亲属关系就是这种丢石头形成的同心圆波纹的性质。"可以看出，这里所述的亲属关系正是反映出我国传统村落中社会结构与血缘组织、地缘组织的密切关系。社会结构与聚落空间发展的关系同样密不可分，它作为空间分化的内部组织秩序，时刻影响着聚落空间结构与形态的演变。因此，我们探究聚落空间结构的演变机制，需要结合聚落社会结构关系的梳理，进而将其落实到空间上进行观察，才能实现从"社会—空间"视角对聚落空间结构的全面认识（《闽南侨乡传统宗族聚落空间结构研究》）。

余英先生从亲缘关系上来划分，将传统聚落分为四种类型：一是单姓聚落，多由开基创始的父族逐渐发展壮大，村落内部由宗族组织掌管政权；二是联合体聚落，聚落内部呈以各宗祠为核心的块状布局；三是杂姓聚落，村内大部分由无血缘关系的杂姓组成；四是特殊类型聚落，包括官方移民的城堡等。

这种分类方式具有借鉴意义，聚落内的民居分布情况通常与血缘关系密切相关，血缘群体的表现形式小到家庭、家族，大到宗族。通过调查发现，不管从单体建筑的形态结构，还是聚落整体的布局方式，都与血缘关系密不可分，一个家庭经数代繁衍生息，由小单位发展成大家族，最终形成大聚居分布。核心家庭由于人口原因将逐步分散，分散后的小家庭往往形成相互依傍的布局形式。在宗族观念的影响下，各氏族为了纪念祖先，纷纷在开基之地修建祠堂，以增强家族的约束力与凝聚力。同姓民居大多顺应地势，以祠堂为核心，依次起屋，促进家族的发展壮大。

中国古代以等级制度为基础的政治体制与宗法制的核心一脉相承，后者更加强调血脉的继承关系，并根据血脉的纯正与辈分的高低区分贵贱主次，这正与古代儒家思想不谋而合。宗法制对人们的思想影响深刻，血脉相传的家族关系被人们大为重视，这深刻体现在人们对于祖先的崇拜上，诸多宗祠的修建正是民众"饮水思源"的体现。村内的宗祠传达了人们对祖先的崇敬，其存在的意义已不单只作为一个场所空间而存在，更是人们精神上的寄托。

宗法制度是由氏族社会父系家长制演变而来的，是王族贵族按血缘关系分配国家权力，以便建立世袭统治的一种制度。其特点是宗族组织和国家组织合二为一，宗法等级和政治等级完全一致。这种制度确立于夏朝，发展于商朝，完备于周朝，影响于后来的各封建王朝，逐渐建立了由政权、族权、神权、夫权组成的封建宗法制。

中国传统社会强调"礼，序也""卑尊有分，上下有等，谓之礼"，视宅舍宫室为"人之本""礼之具也"。礼制观念体现在传统聚落中，表现为专门的"礼制建筑"和单体建筑中的礼制。"礼制建筑"通常表现为庙和祠堂。庙是祭祀神灵或圣贤的场所，如城隍庙、土地庙以及"关帝庙""孔庙"等。祠堂是用来供奉祖先牌位举行祭祖活动的场所，同时也是处理宗族事物和执行族规家法的地方。单体建筑中的礼制表现在建筑的布局和装饰上。以四合院为代表，我国传统建筑常采用合院式对称布局方式，在各路院落的布局中又以居住者的尊卑序列构建。此外，礼制在建筑的屋顶高度、开间大小上也有着突出的表现。屋脊上的吻兽、木构彩画等建筑装饰的处理也都有着严格的规定。

"伦理"是中国传统思想的主干，它是由社会规范的"礼"与内在道德情感相辅而成的传统文明。既是封建社会统治、治国统天下的基础，也是中国人心理、思维、社会意识、修身、养性、齐家的理想追求。"礼乐文化"是中华民族文化的基础构成要素，"礼"的基本核心是道德情感，"乐"则是人的心理沟通，情感和精神的寓志托情。"礼"与"乐"融不可分，同体现人在心理、情感上对真、善、美的追求和文化与审美的标准。"伦理"与"礼乐文化"推动社会传统文明的发展，也深刻地影响传统聚落环境空间精神文化品质的塑造，成为传统聚落环境构建的指导思想理念。中国几千年封闭的农耕经济和以婚姻血缘关系结成的家族为基础的宗法社会，形成聚族而居的居住模式，多以一族一村和多族一村的聚居结构形成聚落为基本单元的居住环境。常以耕、居一体的形式构建聚落环境的物质空间，以血缘为纽带和祖宗崇拜的传统构建聚落环境的精神文化空间。

宗族制度在我国历史悠久，伴随着乡族制度的变迁，闽南的宗族制度逐步深入民间。在《闽南宗族社会》一书中，作者以闽南传统社会为研究对象展开调查，提出："明后期以后的组织化和制度化宗族，以祠堂、族产、谱牒为三大标志"。祠堂作为传统村落空间的重要组成部分，其分布情况与宗族组织的发展与分化息息相关。据此，我们观察灵水古村落吴氏宗族发展与聚落变迁的关系，宗祠与祖厝的分布便成为重要依据。明清时期的宗族制度，呈现出以祠堂为中心的特点，明代以来民间修建祠堂的情形逐步得到普及。据统计，灵水古村落自明代初立家庙以来，村落发展至今，大小宗祠、祖厝建筑共有46座之多。根据吴氏族谱的解读，我们大体可以将吴氏宗族的发展分为定居阶段、分房阶段、各房发展、宗族聚落形成四个时期。

台湾学者陈其南认为"狭义的宗族团体"形成具备三个条件：（1）血缘关系；（2）设立宗祠，有族产；（3）编著族谱。依据这些条件，我们进一步观察灵水吴氏宗族的发展与聚落空间演变，可以看出十世的灵水吴氏宗族已经具备宗族聚落形成的条件，特别是宗祠的建设在这个时期大量出现，足以看出当时的村落发展对宗族文化的重视。

（二）制度与空间秩序

闽南侨乡传统宗族聚落空间结构演变，与宗族结构的发展变迁直接相关。从灵水古村落早期宗族发展情况可以看出，吴氏宗族经历定居阶段、分房阶段的发展到宗族聚落形成，呈现出"聚族而居"的状态。伴随着宗族的发展与分化，聚落中先后出现家庙、宗祠、祖厝等建筑形式，最终通过"角落"建立与聚落空间的联系，使得宗族的发展直接反映出聚落空间形态的变迁。聚落宗族结构伴随宗族分化，表现出由"族长—房长—支长—家长"的尊卑次序关系，在聚落营建过程中外化为聚落空间中"家庙—房祠—支祠—祖厝—公厅"的层级构成与次序关系。宗族聚落中以血缘关系为基础的族群关系，本身存在着"族—房—户"的"等级子群"，以及不同房份与支派之间的"并列子群"关系，在空间上则表现为"建筑—角落—聚落"逐级构成的"群结构"。传统乡土社会中严格的宗族制度与尊卑次序关系，则表现为聚落不同层级空间构成要素之间的"序结构"。

福建传统民居内到处都能体现宗族观念对建筑内部空间的影响。在宗法礼制观的影响下，建筑呈现较为归整的中轴对称布局，各区域功能较为固定。例如，以"祖宗"为中心——南卓传统民居的厅堂是供奉祖先、举行重大家庭集会的场所，较为庄重严肃。因此，厅堂理应占据中心位置，且装饰较为华丽。全宅的坐向就是厅堂的朝向。

长幼分明的居住概念——遵循长者居上屋，晚辈居厢房，佣仆置侧屋的基本原则，各得其位，不得僭越。天井两侧的厢房、主厅堂两侧次间、梢间大多作为卧室使用。其开间较窄，与厅堂空间的开敞形成巨大反差，卧室的采光也较差，通常朝天井方向开窗采光。两厢的居住顺序遵照我国传统礼教"左为上"的观念，长者居左侧，幼者居右。两廊次之——两厢一侧的走廊，等级更低。宗法制在倡导人们聚族而居的同时，也促进形成了一套尊卑有序、内外有别的空间秩序于宗族建筑中。对于多进民居来说，内外差别特别明显。内厅和内天井是妇女、儿童活动之处，因女子不可登堂露面，故通过建筑上的划分约束女子的行为。在古代，未成年女子居于厅堂一侧的二层卧室，外设走廊，出嫁前活动范围多限于楼上，不得随便外出。

主要建筑空间：堂、厅、长辈住房位于中心主轴线上，其他附属用房位于次轴，房屋布局以"前下后上""前公后私""正高侧低"为原则，即主轴上的房屋檐口高于两旁护屋，首进多为公共区域，越靠内私密性越强。这样虚实相间、阴阳互补、长幼主从有序的空间形态，传达着浓厚的宗法理制意识。

二、乡风习俗

（一）风俗的释义

乡风：乡里的风俗；地方风俗。民俗，即民间风俗，指一个国家或民族中广大民众所创造、享用和传承的生活文化。它起源于人类社会群体生活的需要，在特定的民族、时代和地域中不断形成、扩大和演变，为民众的日常生活服务。民俗就是这样一种来自于人民，传承于人民，规范人民，又深藏在人民的行为、语言和心理中的基本力量。

民俗文化是流动的、发展的，它在社会的每个阶段都会产生变异，并在变异中求得生存和发展。当中国社会处于经济转型的关键时刻，民众思想观念和生活方式的转变必然表现在民俗文化的变化上，这是不以人的意志为转移的客观现实。寻找民俗文物，留下民众生活的历史，已成为一个严肃的课题。中国是一个历史悠久的民俗文化大国，民俗文化不仅是历史的延续，而且还将会继续延续下去。正是这种民俗文化，在它形成和发展过程中，造就了中华民俗的精神传统和人文性格，因此弘扬中国民俗文化传统，对增强中华民族的凝聚力，有着十分重要的意义。

（二）风俗的由来

民俗是人民传承文化中最贴切身心和生活的一种文化——生产劳动时有生产劳动的民俗，日常生活中有日常生活的民俗，传统节日中有传统节日的民俗，社会组织有社会组织的民俗，人生成长的各个阶段也需要民俗进行规范——结婚人们需要有结婚典礼或仪式来求得社会认同，在人的精神意识领域也有民俗——许多生活中的禁忌就是如此：大年三十至正月初二，家中不许扫地，如果进行打扫就会破坏来年的财运，等等。

（三）风俗的属性

模式化的必定不是随意的、临时的、即兴的，而通常是可以跨越时空的，这就是民俗具有传承性、广泛性、稳定性的前提：一次活动在此时此地发生，其活动方式如果不被另外的人再次付诸实施，它就不是民俗；只有活动方式超越了情境，成为多人多次同样实施的内容，它才可能是人人相传、代代相传的民俗。另一方面，民俗又具有变异性。民俗是生活文化，而不是典籍文化，它没有一个文本，主要靠耳濡目染、言传身教的途径在人际和代际之间传承，即使在基本相同的条件下，它也不可能毫发不爽地被重复，在千变万化的生活情境中，活动主体必定要进行适当地调适，民俗也就随即发生了变化。这种差异表现为个人的,也表现为群体的,包括职业群体的、地区群体的、阶级群体的,这就出现了民俗的行业性、地区性、阶级性。如果把时间因素突出一下,一代人或一个时代对以前的民俗都会有所继承,有所改变,有所创新。这种时段之间的变化就是民俗的时代性。

三、耕读文化

(一)耕读的起源

关于耕读关系的认识可追溯到春秋战国时期。孔子把学稼、学圃的樊迟视为"小人",说"君子谋道不谋食,耕也,馁在其中矣;学也,禄在其中矣"。与孔子同时的依杖荷条的"丈人"则讽刺孔子四体不勤,五谷不分。孟子主张劳心劳力分开,"劳心者治人,劳力者治于人"。被孟子批判的农家学派许行则主张"贤者与民并耕而食"。后世形成两种传统,一种标榜"书香门第","万般皆下品,唯有读书高",看不起农业劳动,看不起劳动人民;一种提倡"耕读传家",以耕读为荣,敢于冲破儒家的传统。南北朝以后出现的家教一类书多数都有耕读结合的劝导。《颜氏家训》提出"要当稼而食,桑麻而衣"。张履祥在《训子语》里说"读而废耕,饥寒交至;耕而废读,礼仪遂亡"。

中国的耕读文化孕育了众多的农学家,产生了大量的古农书。中国的古农书,其数量之多,水平之高是其他国家少有的。古代的农书大都出自有过耕读生活的知识分子之手。他们熟悉古代典籍,有写作能力,又参加农业生产,有农业生产知识,具备写作农书的条件。崔寔出自清门望族,少年熟读经吏,青年时经营自己的田庄。他根据自己的经验写成了《四民月令》这一部月令体农书。

陈旉隐居扬州,过耕读生活,他自己说"躬耕西山,心知其故","确乎能其事,乃敢著其说以示人"。他示人的著作就是反映江南农业的《农书》。

张履祥在家既教书又务农,他说"予学稼数年,咨访得失,颇知其端","因以身所经历之处与老农所尝论列者,笔其概",48岁时写成了《补农书》。

(二)耕读的传承

中国历史上动乱时期,反而出现较多的农书。因为在动乱时不少知识分子失去做官的机会,或不愿在动乱时做官,于是在乡间务农。其中有些人将自己的心得写出来,就成了农书。

明清时代,地方性专业性农书开始大量出现,因为这时读书人比较多了,一部分没有做官的知识分子成了经营地主,他们根据自己所处地域和经营内容,写出了地方性、专业性农书。中国的农耕文化对中国古代哲学的天地人相统一的宇宙观和知行统一的知识论的形成起了积极的作用。古代的学者常常从农耕实践中提炼哲学思想,《吕氏春秋·审时》:"夫稼,为之者人也,生之者地也,养之者天也"。《淮南子》:"上因天时,下尽地才,中用人力,是以群生遂长,五谷蕃殖"。贾思勰:"顺天时量地力,用力少而成功多;任情返道,劳而无获"。过耕读生活的知识分子有理论修养,有农业生产经验,有条件完成从农业到农学思想再到哲学思想的提升。张岱年先生在《中国农业文化》序言中说:"中国古代的哲学理论、价值观念、科学思维及艺术传统,大都受到农业文化的影响。例如中国古代哲学有一个重要的理论观点'天人合一',肯定了人与自然的统一关系,事实上这是农活的反映。古代哲人宣扬'参天地、赞化育','先天而天弗违,后天而奉天时',可以说是一种崇高的理想原则,事实上根源于农业生产的实践,也只是在农业生产的活动中有所表现。"

耕读文化也影响了文学艺术。知识分子通过耕读,接近生产实际,接近农民,写出了一定程度上反映农村生活、反映农民喜怒哀乐的作品。中国古代的田园诗就是耕读文化的产物。晋代的陶渊明是典型的田园诗人。他"既耕亦已种，时还读我书"。从41岁辞官，过了20多年的耕读生活。他根据自己的体验，写了《归去来辞》《归田园居》等诗篇。

宋代的辛弃疾在被迫退休的20年内居住在江西农村。他把上饶带湖的新居名之曰"稼轩"，自号稼轩居士，"意他日释位后归，必躬耕于是，故凭高作屋下临之，是为稼轩。田边立亭曰植杖。若将真秉耒之为者"。辛弃疾很重视农业，他说："人生在勤，当以力田为先"。他有耕读的体验，写出了不少反映农村生活的诗词。宋代的范成大，晚年退居石湖，自号石湖居士，他自己可能没参加多少农业劳动，但生活在农村，生活在农民中，他的《四时田园杂兴》（60首），富有乡土气息，一定程度上反映了农民的苦乐。

中国的耕读文化是中国文化的优良传统，它影响了中国农学、中国科学、中国哲学，使知识分子思想接近人民，养成务实的作风。

（三）耕读的分类

中国古代一些知识分子以半耕半读为合理的生活方式，以"耕读传家"、耕读结合为价值取向，形成了一种"耕读文化"。过耕读生活的知识分子主要有三类：

第一类是读过书的农庄主、较富裕的自耕农。他们经济条件好，有读书受教育的机会，又参加农业劳动。汉代的崔寔自幼读书，学识渊博，成年后经营田庄，40岁左右就成为有名的农业经营家。清代的杨秀元早年在乡间执教，40岁后归耕，主张耕读兼营，半耕半读。清代的杨双山，幼年读私塾，青年时对八股文、科举没兴趣，开始读农业、医学等着重实用的书籍，认为"耕桑为治世首务"，他在关中试种棉花，提倡蚕桑。他建立的养素园，既是他耕作和农业试验场所，又是他读书、教书、著书的地方。他的后半生就是在养素园里过着耕读生活。

第二类是隐士，有文化而不愿做官，或不能做官。他们"啸歌弃城市，归来事耕织"，"悠哉不自觉，退耕东皋田"，"借得茅斋岳麓西，拟将身世老锄犁"，他们的生活方式是"日入开我卷，日出把我锄"；"西塾课儿孙，东皋艺黍稷"。宋代的陈翥长期隐居扬州西山，读书、耕作，自称"隐居全真子"。明代的王象，30岁中举，40岁中进士，三年后弃官从农。家有田近百亩，除雇人耕种外，还亲自种植园圃，自称"明农隐士"。

第三类是政府官员，他们中不少人有耕读生活经历，做官后仍关心农业生产，有农业生产知识和实践经验，热心农业技术推广，贾思勰任高阳太守，他《齐民要术》的写作原则是"采捃经传，爰及歌谣，询之老成，验之行事"，他不是脱离实际的官员，而有农业生产的亲身体验。元代的王祯在任县令期间，鼓励农耕，亲自传授植棉、嫁接技术，他在农具方面的知识更丰富。徐光启19岁中秀才后，一边教书，一边下田劳动。43岁中进士后，在朝里官员中因受排挤，在做官29年里，有13年是在进行农业试验与研究。他在上海家里有小块试验地，在天津垦殖，种水稻。清代的包世臣，自幼跟父亲边劳动、边读书。每天很早起床读书，早饭后下地劳动，晚上读书到深夜。30岁中举，在官府当幕僚，仍然关心农业生产，亲自推广农业生产技术。

（四）耕读的文化

以上三类知识分子的共同特点是都有耕读的经历，但价值取向上有区别：

（1）以耕读为荣，认为耕读结合是高尚的事情。杨秀元把自己的住宅命名为"半半山庄"表明他把半耕半读作为世代相传的家风。

（2）认为耕读结合的生活是合理的。张履祥在《补农书》总论中专门论述了耕读的关系，他说："人言耕读不能相兼，非也"。他批评了两种人，一种人"无所事事，闲荡过日，及妄求非分、营营朝夕，看得读书是人事外事"。另一种人"为文字章句之家，穷年累月，不得休息，故以耕为俗末劳苦不可堪之事，患其分心"。这两种人都不可取，而耕读结合才是合理的。从时间安排上也无问题，"农功有时，多则半年，谚云农夫半年闲，况此半年之中，一月未尝无几日之暇，一日未尝无几刻之息，以是开卷诵习，讲求义理，不已多乎。窃谓心逸日休，诚莫过此"。

（3）耕读是治生的需要。贾思勰说："夫治生之道，不士则农"。以农业作为治生之道有两种情况：一种是主动进行农业经营；一种是为生活所迫，以农业为谋生手段。

（4）耕读是锻炼人的方式。颜之推在《颜氏家训》中说，如果只读书，不了解农业，不参加农业劳动，"治官则不了，营家则不办"。通过农业劳动来体味人生，才能当好家，做好官。

（5）以农业为业余爱好，为消闲、陶冶性情、复归自然的手段，这些人多是不愁吃喝的隐士。

第一节 概述

福州别称榕城，是福建省会城市，位于福建省东部沿海、闽江下游平原，北纬25°15′~26°39′，东经118°08′~120°31′，是福建省的政治、经济和文化中心。1986年福州被列为国家历史文化名城，中共十一届三中全会后，列入沿海开放城市。

福州地处鹫峰山脉南段，戴云山脉北段东侧，地势西高东低，倚山面水，濒临东海。福州地貌属典型的河口盆地，盆地四周被群山峻岭所环抱，海拔多在600~1000米之间。闽江是福建最大的河流，在福州境内的干流长达150公里，年均径流量629亿立方米。

福州历史悠久，考古发掘表明早在新石器时代中、晚期闽族先民们已在此以渔猎、采集，或从事原始农耕，使用磨制石锛、石斧、石刀等石器；掌握纺织、制陶等生产技术和相应的装饰艺术。战国至秦汉，福州闽族先民与越王勾践后裔融合形成闽越族地方政权，并在今福州兴建闽越国都冶城。

公元前220年，秦始皇将闽越王无诸降级为君长，在福建地区设闽中郡。汉高祖五年（公元前202年），汉封无诸为闽越王，"王闽中故地，都东冶"，福州成为闽越国的都城，无诸建"冶城"。晋武帝太康三年（公元282年），福州为晋安郡郡城，太守严高筑"子城"并凿西湖、东湖灌溉农田。自闽越王无诸构筑冶城后，历经多次扩建，每次扩城都挖护城河。这些护城河渐次沟通成左右两翼城内河道，再与闽江接，江潮吞吐，江水清澈，既便于交通又利于排污。

南朝、隋唐时，福州曾作为丰州、泉州、闽州、建州的州城。唐开元十三年（公元725年），改设福州都督府，从此福州定名。唐末，河南光州固始人王审知随其兄王潮率兵南下，占领福建全境，创立闽国，定都福州。唐天复元年（公元901年），王审知在子城外环建大城，设八城门、九便门、三水门，称"罗城"，全部用印有"钱纹"图案的城砖砌城，开凿东、南、西三面的大壕沟绕护罗城。罗城内除官吏居住外，还让百姓按规定地段修建住宅，分段围以高墙，称之坊，这便是"三坊七巷"的雏形。天复二年（公元902年），在大城南北增筑月城，大城夹于其中，人称"夹城"。因南门外一带地势低洼，又建城墙以防洪。是时全城略呈圆形，越王山（屏山）、九仙山（于山）、乌山均被圈入城中，奠定"三山鼎峙，一水环流"的独特城市格局，福州因而有"三山"别称。此后，王审知的儿子王延钧立国号"大闽"，将福州改称为"长乐府""东都"。北宋开宝七年（公元974年）福州刺史钱昱在夹城之外增筑外城。南宋末，端宗（1269~1278年）登基于福州，升福州为福安府，作为行都。元至元十五年（1278年），设福建行中书省于泉州，三年后迁返福州。明洪武四年（1371年），在唐代的夹城与宋代的外城基础上砌石城以防倭，是为福州府城。此城沿用至辛亥革命后才陆续被拆除。明末，清兵入关，唐王朱聿键在福州即位，称福州为天兴府，又称"福京"，作为行都。鸦片战争后，福州被辟为五口通商口岸之一，城市日益扩大。城内、南台和仓山连成一片，上杭、下杭、中亭、台江汛成为商贾云集的街市，仓山成为外国领事馆区。

从民国年间至中华人民共和国成立后，福州均为福建省的省会。其间民国22年（1933年）"福建事变"时期，曾一度作为"中华共和国人民革命政府"的国都。1949年8月17日，福州解放，古城获得新生。

优越的地理与经济区位，使福州早在距今1900年前的东汉时期，就有海外贸易，福州港古称东冶港。三国时期，吴国开始在福州沿海建立造船基地。吴建衡元年（公元269年），在福州设"典船校尉"，西晋时改为"典船都尉"。宋代为全国造船业中心及沿海贸易港口，近代更是我国海军的"摇篮"。

第二节　长乐区航城街道琴江（满族）村

一、聚落环境

（一）建置沿革

位于福州市长乐区航城街道的琴江村，地处闽江下游（图3-2-1）。由于流经这一段的闽江宛如一把古琴，故名琴江。琴江村起源于清朝的八旗驻防制度，清雍正年间为有效地控制我国东南沿海，清政府在琴江设立了八旗水师旗营。辛亥革命爆发之后，琴江水师旗营失去了防御与驻军功能，转变为以聚居为主的村落。民国时期琴江被划归长乐管辖，隶属营前洋屿，解放后为第四区营前洋屿村，公社化后更名为城关公社洋屿大队。1981成立琴江满族大队，琴江成为福建省唯一的满族聚居地。1984年更名为琴江满族村，沿用至今。

（二）海防要塞

清统治者在入关后，为了能够有效地控制全国，采用了"驻防"制度。"以存京师者为禁旅，而分镇各省者为驻防"[①]。八旗军分为禁卫八旗、驻防八旗两个部分，禁卫八旗守卫京师，驻防八旗驻扎在全国各地的中心城市、交通枢纽及战略重地。

福州的驻防成型于清康熙十九年（1680年），康熙命驻防杭州的副都统胡启元率汉军八旗驻守福州，在福州城中划定专门的区域作为驻防地。由于福州地处我国东南沿海，战略位置突出，海防至关重要。八旗兵来源陆军，水战非其所长，一旦海上战事起，只能忘海兴叹。因"洋均去海不远，密迩省城，宜设水师"[②]，清雍正七年（1729年），在福州三江交汇之处的琴江增设立了水师旗营（图3-2-2）。

图3-2-1　琴江村地理位置（来源：吴子良　绘）

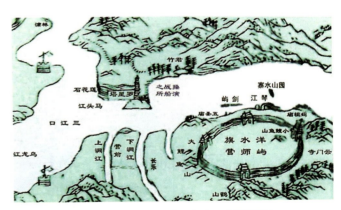

图3-2-2　琴江水师旗营位置（来源：《福州三江口水师旗营》）

---

① 魏源. 圣武记·卷十一.
② 黄曾成. 琴江志：中国地方志集成（乡镇志26）[M]. 南京：江苏古籍出版社，1990.

琴江水师最初设立时只有600人的规模。在旗营中由一名协领、两名佐领、两名防御、六名骁骑校负责管理领导，旗营共计有营房1321间，衙署12处，共建造六艘大战船、八艘小战船。旗营的建立使得八旗的控制范围从陆路拓展至水路。

1911年，辛亥革命爆发，清政府的统治被推翻，琴江褪去了水师旗营的光环，转变为普通的聚落。

（三）聚落选址

琴江水师旗营选址位于白龙江、乌龙江和马江三江交汇处，三面环山，一方瞰江，属于典型的易守难攻的军事阵地。琴江水师旗营不仅军事防御条件绝佳，同时，水陆交通条件也十分优越。旗营上游乘舟溯流而上七十里可直抵福州城，下游为闽江出海口，对驻防八旗水师的物资供给十分有利，八旗官兵出入也可以兼得水陆交通便利，还可与水师营对岸的福州闽安绿营相互瞭望，组成联防。

二、聚落格局

（一）布局特征

作为防御性聚落，旗营功能区划明确，结构严整。仔细研究可以发现聚落有两个"位面"。第一个"位面"是以南部官署区为中心，坐南朝北，以将军行辕为轴线，佐领署按照相应次序排列在将军署两边，其他的一些指挥机构、衙署也分布在将军行辕的两侧或附近；第二个"位面"以位于琴江水师旗营东部的炮山为中心，北倚大鲤鱼山，面向可能来敌的东方。炮山是旗营的最高点，因此也成为御敌眺望的指挥中心。兵营围绕炮山高地构筑，成"回"字形的结构，构成以炮山为中心的旗营防御格局。从整体上来看，此两个位面在聚落可见空间内得以完美展现（图3-2-3～图3-2-5）。

图3-2-3 琴江水师旗营复原图（来源：《福州三江口水师旗营》）

图3-2-4 琴江现状航拍图（来源：福州大学建筑与文化研究所 摄）

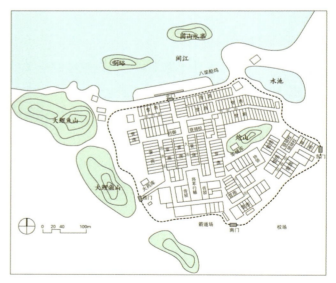

图3-2-5 琴江水师旗营布局图（来源：吴子良 绘）

040

（二）街巷形态

街巷是聚落空间形态的骨架与支撑，是聚落的重要组成部分。琴江水师旗营最初规划12条街巷，特殊的时代和政治背景使得街巷的军事功能远高于生活功能、交通功能和社会功能。旗营的规划有意识地使街巷系统复杂化，街巷蜿蜒转折，犹如迷宫，可以让敌军失去方向感。时至今日，许多第一次进去的人仍容易迷路。

在中国传统的街巷空间中，街巷转折一般依地形自然生成，人为意志较弱。而琴江水师旗营的转折点则是经过事先规划，有意而为之。旗营的转折点可以分为"L"形和"丁"字形，"L"形街巷中直角转折，让人无法认清前方道路，视线不通透。这样一来，巷战就对八旗水师相当有利，大大提高了旗营的军事职能；"丁"字形转折则是一条街巷的尽端与另一条道路的中段相交，也可以理解为是对"十"字相交街巷和死巷的折中考虑。"十"字相交是一种良好的交通组织系统，有利于街巷交通职能的发挥，而死巷虽然对巷战有利但对行军不利。因此"丁"字形转折是街巷转折的主要呈现，是对防御和交通两者因素综合考量的结果（图3-2-6、图3-2-7）。

三、聚落风貌

（一）旗营聚落的隔离性

为了维护八旗官兵的独立，琴江水师旗营通过四周连续的围墙以及东、南、西、北四座城门封闭城池，形成封闭的军事聚落。根据清朝"旗汉分治"的理念，旗人不准种地，不准经商，不准学习除了军事之外的其他技能，一切生活物资由朝廷供给。

（二）旗营聚落的防御性

旗营军事功能强大，内部各设施配套齐全，尤以军事设施为核心。设有火药库、弓房、箭道场、炮厂、校场、哨房、军粮库等设施。这样大大提升了驻防地的军事防御能力，可以有效防御外来侵略，捍卫领土完整。当然对内也可镇压叛乱起义，还能阻挡当地汉人的突袭。

（三）旗营聚落的民族性

水师作为一个独立的旗人社会，旗营中的文化生活设施多为信仰空间。因旗人成员组成多样，所以旗营内往往民间信仰多样复杂。在遥远的他乡，这些信仰

图3-2-6 街巷转折形态1（来源：吴子良 摄）

图3-2-7 街巷转折形态2（来源：吴子良 摄）

活动成为旗人为数不多的文化生活，也是他们的情感寄托。

四、建筑特色

（一）居住建筑

营房住宅数量最大、分布最广、服务对象最多，是旗营居住建筑的典型代表（图3-2-8）。营房住宅一字排开，布列整齐，形成很强的秩序感。由于清朝社会体系中，八旗兵丁政治地位较低，因此，他们的居住质量不高。营房住宅的面积小、品质低、相似的形制、统一的建筑高度和材质，以合院为基本单元的单层住宅，多为两进式合院（图3-2-9）。每个营房的开间数不固定，多为三开间，一般与家庭规模以及士兵的等级有密切联系；堂屋临街，明间的正中设置神龛，作为祭祀空间。堂屋后是院落，穿过院落就到了作为生活空间的后厅。营房住宅均为穿斗式木构架，建筑就地取材，形制小巧、构造简单，也没有过多的装饰与细部，通身木构架，展现出质朴的美。

营房住宅最为突出的特点莫过于临街堂屋的门脸。通常在门扇的正中套上一扇高约4.7尺、宽约3.6尺的"定心门"。"定心门"只在婚丧时才开启，平常都是大门紧闭。定心门上有镂空小窗，镂空设计正好在人眼高度，通过木门上凿出镂空的花纹可在屋里看到外面景象。传说，战争时代，家属就透过这个"窗眼"望向户外，唯有看到家中将士平安归来，心里才能安定，于是就有了这"定心门"的说法。

如今，营房历经沧桑，年久失修，大部分建筑墙身破损，质量下降，房间杂物堆积，庭院私自搭建严重，电线拉接较为混乱。营房格局保存较为完整的只剩下首里街，同样也亟须抢救维修。

（二）衙署建筑

按照清政府的规定，驻防地骁骑校级别以上的官员均要设置衙署，衙署为各级官员处理公务的场所。在琴江水师旗营的规划中，旗营以大街为主轴线，大街的一端是公衙署，也称将军行辕，将军行辕的左右两侧是协领衙门，剩余的衙署也都是以将军行辕为中心依次布置。琴江旗营有公衙门一处，协领衙门一处，佐领衙门二处，防御骁骑校衙门六处，共有十处等级不一的衙门。

目前，琴江村只留下了公衙署，也称将军行辕（图3-2-10）。将军行辕是最高军事指挥所，故为村中最重要的公共建筑。将军行辕在琴江水师旗营建立之始便已设立，目的是作为福州将军视察琴江八旗水师的住所，平日里则作为水师旗营官员商议大事的地方。将军行辕原是三进的合院式建筑，头进为将军大堂，二进

图3-2-8 琴江水师旗营营房现状（来源：福州大学建筑与文化研究所 摄）

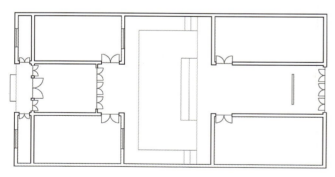

图3-2-9 琴江水师旗营营房典型的平面图（来源：吴子良 绘）

图3-2-10 琴江水师旗营将军行辕现状（来源：吴子良 摄）

是将军的寝室，因此也称"将军楼"，第三进居杂役人等。大堂两侧各有厢房数间。第一进于民国初期已坍塌，第三进在长乐二度沦陷时被日军拆毁当柴烧。第二进于宣统年间改建，现变为二层楼房。近年将军行辕进行了修复，修复过程中仍然保留二层将军楼，同时复建了第一进和第三进。

（三）军事建筑及其设施

琴江旗营总占地不到10000平方米，却规划了类型丰富的军事建筑和军事训练设施，包括校场、军械库、火药库、炮山等。

最重要的军事训练设施就是校场。清以武功定天下，因此统治者十分重视骑射等基础武功的训练以及军事训练设施的建设。琴江水师旗营的校场设置在城外鹤山下，校场的规模较大，还建有三间演武厅。此外，琴江水师旗营在南门的城外设有箭道场，在北门城外江边设有八桨船坞，这些属于专业校场，分别训练射箭和水上作战能力。

驻防八旗还要配备军械库、火药库，军械库储存物资，器械出入频繁，使用率很高。琴江水师旗营的军械库于清雍正八年（1730年）设置在旗营的小鲤鱼山上，建筑现在已经毁坏无存。火药库位于大鲤鱼山的山脊位置，因火药库事关安全，所以单独设立，且和营房保持一定的距离。（图3-2-11、图3-2-12）

图3-2-11 英烈亭碑（来源：福州大学建筑与文化研究所 摄）

图3-2-12 兵房（来源：福州大学建筑与文化研究所 摄）

（四）官庙建筑

古闽越自古就是一个"信巫好鬼"的区域，加之大量的汉人南移入闽，带来了中原的神祇，外来的、原生的各种民间俗神在这样的土壤中发育、成长，并深入民间。

出于对各种自然现象和自然灾害的恐惧与祈求平安的心理，人们将众多的民间神祇充分地予以多元化，塑造多种分工不同的神灵，以应不同的禳灾祈福的需求。

琴江水师旗营亦不例外，旗营的民间信仰呈现多元的特色。从数量上看，琴江水师旗营的寺庙众多，几乎每一个路口都有一座庙宇。从信仰的角度上，琴江水师旗营的民间信仰也呈现出丰富多元的特色，琴江水师旗营官兵来源广泛，习俗各不相同，他们来到这里，也带来原有的信仰。在之后的历史发展进程中，又与地域文化结合，造就交融与共存的文化空间形态。当地居民宗教信仰较杂，除了具有旗人特色的关公崇拜，还有土生土长的，极具福州地区特色的妈祖和临水夫人崇拜。

民间信仰建筑是民间信仰活动的建筑载体，是进行民间信仰的活动场所。建筑大多坐落于地理位置较好的地方。一方面，官庙建筑平面形制与传统的民居比较相似，呈现生活化与世俗化的特点；另一方面，因为带有文化信仰的神圣性质，因此形成独特的仪式空间。官庙建筑通常由供奉神像的内室和拜殿组成，除此以外还常常带有外廊或者广场。

官庙建筑伴随琴江水师旗营的发展而发展，给予居住在此的旗人以精神寄托和心灵慰藉。直到今天，这些民间信仰建筑也是聚落重要的文化活动场所，成为琴江村传统文化的重要组成部分（图3-2-13、图3-2-14）。

图3-2-13　宫庙建筑1（来源：福州大学建筑与文化研究所 摄）

图3-2-14　宫庙建筑2（来源：福州大学建筑与文化研究所 摄）

第三节　永泰县梧桐镇椿阳村

一、聚落环境

（一）建置沿革

福建省福州市永泰县梧桐镇椿阳村位于永泰县的中部地区，大樟溪自村落南岸缓缓流过。村落东距永泰县城34公里，西与坵演村相邻，南岸为梧桐镇镇中心，北靠同安镇。村内主要人口为陈氏族人，约占村内总人口数的90%。根据该家族的族谱记载，明朝时期，因椿阳村大樟溪对岸的春光村地少人多，陈氏先民自对岸的春光村迁自椿阳，落地生根，聚族而居，村落格局初现。椿阳村在清朝时期地属中和乡义仁里二十七都，于民国时期行政划分上曾分别旧属梧桐与春光村。现如今为福州市永泰县梧桐镇的第一大村（图3-3-1、图3-3-2）。

图3-3-1 椿阳村鸟瞰（来源：俞文津 摄）

图3-3-2 椿阳村卫星图（来源：谷歌地图）

（二）聚落选址

福建地区以山脉丘陵众多闻名，其地理环境自古就有"八山一水一分田"之称，而福州永泰县的椿阳村村落正是坐落于福建闽东地区的戴云山脉下。因受戴云山脉影响，其气候、水文等条件较好，聚落选址呈现出背山面水、金带环绕的特点，符合"枕山、环水、面屏"的传统格局，这一风水理论主要成型于中国古代的前科学时期，以"天人合一"为核心目的思辨，虽具有迷信色彩，但也具有一定的科学成分和合理的内核[①]。首先，椿阳村的前元、坂中地区为永泰地区鲜见的河谷冲积平原，平原可耕种面积广、灌溉条件好，且冲积平原泥土营养丰富，具有良好的耕种条件。其次，由于大樟溪在椿阳村之上只可行筏运，椿阳村之下游可行舟，因此椿阳村通常为上下游水运交通工具的转换点，地理位置独特，是重要的水路运输和陆路运输的交通节点，联系着山区和福州沿海等地，形成丰富的交通网络。在上述聚落选址考虑下，椿阳村呈现出"青山—绿水—渡口—田园—居所"的村落自然人文景观特征（图3-3-3）。

图3-3-3 聚落选址（来源：俞文津 摄）

（三）滨水商业

在20世纪60年代前，永泰地区因山多路险，永泰县的交通运输主要依靠水路运输与人工肩挑手扛的联运方式。[②]大樟溪横贯永泰县全境，其始于戴云山脉，流经德化、永泰，最后汇入闽江，组成了德化、永泰至福州乃至海外的航道。但大樟溪在永泰县境内水面多狭窄、水流湍急，因河床多为岩石、较多浅滩，通航能力

---

① 陈力，关瑞明. 风水的辩证思考——科学的内核与迷信的外衣[J]. 南方建筑，2001（2）：3-6.
② 永泰县地方志编纂委员会. 永泰县志（全）[M]. 北京：新华出版社，1992：313-314.

受到雨季的影响极大，并有较多急流险滩。[①]虽然大樟溪在永泰县境内可全线结排筏运，但唯有椿阳村、坂埕村之下游可以通木帆船。因此，全线航道大致可以梧桐椿阳村作为划分点，椿阳村之下游常年通行木帆船，其上游常年结排筏运[②]。椿阳村及其周围地区成为永泰县水运交通工具的转换节点，同时联系多条驿道，椿阳村逐渐从农耕型社会转向商业型社会，依托其地理位置优势，逐渐沿大樟溪旁的道头（渡口）至陆驿形成商业街，现存坂中街一条，为县级文物保护单位，保护情况较为完好（图3-3-4）。

二、聚落布局

（一）布局特征

椿阳村具有福建山区滨水商业聚落的特点，村落整体根据街巷空间格局、传统聚落保护要素的各阶地式建筑分布空间，可将椿阳村大体分为三个层次的结构空间区域，即"两轴三阶"的聚落空间布局。其中，"两轴"为椿阳村内西南向东北横贯村落的两条轴线。其一为坂中街与沿袭古驿道，是20世纪60年代前的交通大动脉，现阶段为椿阳村内的商业观光和溪岸游憩的旅游观光之路。其二为椿阳村前元新街，即乡道098，随着60年代后公路运输的迅猛发展，前元新街依托公路乡道098得到发展，成为现如今贯穿椿阳村的交通大通道。而"三阶"即椿阳村整体可以分为三个阶地空间。三个阶地空间随着河谷逐渐往上抬升，其第一级阶地为天然渡口和滨水河岸；第二级阶地为渡口商铺和水路运输的信仰建筑群，为滨水商业的重点分布地区；第三级阶地为祖宅和伴山民居，以及部分耕地和果林。在二级与三级交接处根据农耕需求和道路分布团聚着不同的聚居节点。聚落整体布局呈现南部发展深水河岸港口经济，北部发展农耕和林业经济，满足当地居民的生产生活和经济贸易发展的需求，同时达到了人与周围环境的高度协调，在村落发展的过程中融入自然，成为自然的一分子，符合传统"天人合一""因地制宜"的建宅聚居中心思想（图3-3-5）。

图3-3-4 滨水商业（来源：俞文津 摄）

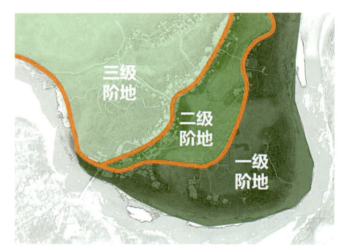

图3-3-5 布局特征（来源：俞文津 绘，底图来源于谷歌地图）

---

① 林开明. 福建航运史[M]. 北京：人民交通出版社，1994.
② 永泰县地方志编纂委员会. 永泰县志（全）[M]. 北京：新华出版社，1992：313-314.

（二）街巷形态

椿阳村的街巷空间符合传统闽东地区"街道狭长、尺度合理"的特点，具有良好应对亚热带季风气候的特点。村内的街巷根据街巷脉络、街巷空间可以分为三个等级：一级街巷为主街，包括椿阳村前元新街和坂中街，两条主街具有街巷宽度不同、业态不同、沿街立面风格不同、街道表层空间不同等特点。椿阳前元新街依托20世纪70~80年代公路运输的发展而逐渐起步，其建造之初多为砖木、砖混结构的二三层街屋，为满足现代居住环境的需求多改建为3~5层的混凝土框架结构，虽保持一层商业、二层以上居住的功能布局，但街道的宽度与两侧建筑的高度比由原来的0.5~1变为0.9~1.5，街道由低楼层、高密度转为高楼层、高密度。坂中街依旧保留原有街巷高宽比，街巷宽度为5~6.8米[1]，街巷立面檐口高度6~6.5米，街道的宽度与两侧建筑的高度比约为1∶0.85~1，但由于建造时多为店库，因此更具有肃穆感，缺少商业气息。二级街巷为次街，包括铁湾古驿道、狮尾寨古驿道。三级街巷为辅街，联系着各条主街和主巷。其中，椿阳村的主街和次街基本顺应河谷至北部山区的等高线，逐级布置。而辅街联系各条主街和次街，通常垂直于山体等高线布置，多有坡度和踏步，宽度较窄。由此主街、次街和辅街共同构成网状将椿阳村中不同的聚居团体联系起来（图3-3-6）。

三、聚落风貌

（一）聚落演变

根据椿阳村的业态发展和村落格局变化，将椿阳村的聚落演变过程大致分为三个阶段：

第一阶段为农耕为主阶段：陈氏族人由于对耕地的

图3-3-6 街巷形态（来源：俞文津 绘，底图来源于谷歌地图）

需求日益增加，至此从溪对岸的春光村迁居至椿阳村"聚族而居"。陈氏族人在此占有土地，开展生产和经济活动。[2]随着新的聚居节点的发展以及沟渠的修建，农耕时期的椿阳村逐渐走向成熟。

第二阶段为商业为主阶段：随着渡口的发展，渡口和古驿道的交点逐渐成为聚落的核心区域，随着商业活动的发展逐渐地形成一条商业街——坂中街。这一时期形成了以商业街道为主的、多个防御结节环绕的聚落形态。

第三阶段为新农村建设阶段：由于交通方式、交通线路的转变，两街的街巷脉络逐渐清晰，而原有的防御性聚落结节因寨、堡的倒塌而不再突显，整体呈现出聚落内部匀质现象，以公路连接零散组团式的聚落格局。

（二）聚落风景

椿阳村依山傍水，建村历史悠久，具有独特的自然环境和人文环境，聚落风景独特。随着新农村和美丽乡村的建设，通过对村落特色资源：大漳溪水、坂中山林、茉莉花田、椿阳油茶、传统建筑、历史街巷、乡土

---

[1] 永泰县建设局. 永泰县建设志. 2002：56.
[2] 周易知. 浙闽风土建筑意匠[M]. 上海：同济大学出版社，2019：33.

生活和历史文化等的提炼，围绕"文化、艺术、自然"三大主题进行项目策划。椿阳村聚落目前有八大聚落风景：寨庐风光、古街巷道、书院遗址、茉莉花田、溪水湖畔、奇石仙位、古树名木、半山果园。

（三）聚落肌理

聚落的构成元素众多且在不同的文化、环境的影响下会呈现出截然不同的组团肌理。聚落的组团肌理构成要素主要可以分为三种：面肌理要素、线肌理要素、点肌理要素。[1]

首先，椿阳村分布着多个居住组团，多个院落以平行或者向心的轴向关系排布，形成面肌理，即多个的"结节"，这一结节内的社会结构联系更加紧密，其中椿阳村的面肌理较为集中和连贯。其次，线肌理是聚落内部的骨骼，它包括街巷道路与河流水系，对比可发现椿阳村的线肌理较为明显，主要为坂中街、前元新街、步行道（含部分古驿道）以及椿阳溪和人工沟渠，这主要是由于椿阳村除山地聚落属性之外，还兼有滨水港口的特性，其交通脉络依靠水系而发达，进而形成成片的商业街。最后，在点肌理的比较上，包括桥梁、广场、公共建筑，椿阳村在数量上、面积上具有点数多且规模大的特点，并具有主次、侧重之分。

四、建筑特色

（一）街屋建筑

《永泰县志》对这一建筑的描述为："亦工亦商的私营小企业，前店后坊，自销产品"。[2]当地人对此称为"街（gie）"。椿阳村内1950年前的街屋留存信息材料较少，仅一两处，主要分布在狮尾寨（渡口古驿道旁）及锦林庄（通往同安古驿道旁），随着时间的推移回归尘土，并于近年危房整治项目时期拆除重建。1950~1970年，这一时期的街屋建造主要集中在坂中街（原称坂当街）上，目前作为文物保护单位，街巷肌理和街屋建筑均受到良好的保护。整体为土木结构，外墙为厚实夯土，沿街立面开设小铁窗，具有一定的防御性，商业街道表层较为封闭，视线可达性较差。"70年代至80年代，农村经济发展较快，掀起了'建房热'"，[3]随着农村经济的发展以及公路和跨溪大桥的通车，水路运输逐渐被公路运输取代，商业重心发生转移，沿公路沿线"纷纷盖起砖木、砖混结构"[4]的二三层街屋，依然保留一层商业、二层以上居住的功能布局，但相较于坂中街街屋，建筑一层的商业街道表层[5]视域较广，视线可达性较高，商业界面更加开放（图3-3-7）。

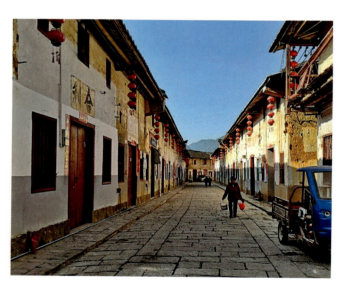

图3-3-7 街屋建筑

---

[1] 汤梦思. 龙岩市竹贯古村传统聚落形态及其保护规划研究[D]. 福建：福州大学，2016：55.
[2] 永泰县地方志编纂委员会. 永泰县志（全）[M]. 北京：新华出版社，1992：268.
[3] 永泰县地方志编纂委员会. 永泰县志（全）[M]. 北京：新华出版社，1992：334.
[4] 永泰县地方志编纂委员会. 永泰县志（全）[M]. 北京：新华出版社，1992：371.
[5] 邹晓霞. 商业街道表层研究[J]. 建筑学报，2006（07）：17-20.

（二）合院民居

椿阳村农耕型合院式民居建筑建造历史悠久，现存最早为明代，有陈氏大宗祠、锦林庄等。《永泰县志》中记载："分为大院式和小院式，以及少数茅寮"[①]，当地人对这类建筑称之为"厝（音"醋"，cù）"，即家里的住宅。农耕型合院式民居建筑随着人口的发展，自半山腰迁至山脚和坂中、前元、锦林庄、狮尾寨等地，形成多个"结节"聚集圈。其建筑形制依照平面类型整理归类为"一"字形平面、合院式平面、围屋式平面三类。[②]"一"字形平面的民居建筑沿着面阔方向"一"字形排开延展，没有形成围合空间，在福建地区通常称之为"一条龙"，主要包括"一明两暗""横厝"和变形式。合院式平面为建筑将院落围合起来，形成较为封闭的内向型院落系统，主要包括三合院和四合院，其中四合院在当地又称八扇平楼，是当地标准的民居建筑完整结构。[③]围屋式平面，是合院式建筑有序扩建的平面形式，即在原有合院式的平面基础上加建左右护厝及后楼。建筑形式多样，随着不同使用需求而变化。椿阳村农耕型民居平面布局具有渐进式的发展特征，其平面布局演化呈现出逐步递进的形式（图3-3-8）。

（三）寨庐建筑

寨庐，古称为寨堡，在《福建史志》《永泰县志》《永福县志》中，均记载了永泰县有防御功能的居住建筑，并定义为"寨堡"。寨从木，是木构防御性建筑；堡从土，是夯土防御性建筑。2014年，关瑞明教授在《中国传统民居类型全集·福建民居》中曾对寨庐作以下定义：寨庐分布于闽东福州地区，明清两朝至民国初年，福州山区居民为抵御匪患战乱，在多进、多排的院落大厝基础上……兼有聚居和防御双重功能的"福州寨庐"建筑。[④]实际上其是永泰的"寨"与闽清的"庐"的合称。2015年永泰县古村落古庄寨保护与开发领导小组办公室为打造永泰旅游品牌，统一命名为"永泰庄寨"。且随着《永泰庄寨》（张培奋，2016）和《福建庄寨》（李建军，2018）等书籍的出版，这一建筑类型以永泰地区、"庄寨"之名引起社会广泛关注（图3-3-9）。

图3-3-8　合院民居

图3-3-9　寨庐建筑

---

① 永泰县地方志编纂委员会. 永泰县志（全）[M]. 北京：新华出版社，1992：371.
② 周易知. 浙闽风土建筑意匠[M]. 上海：同济大学出版社，2019：44.
③ 永泰县地方志编纂委员会. 永泰县志（全）[M]. 北京：新华出版社，1992：798.
④ 中华人民共和国住房和城乡建设部. 中国传统民居类型全集[M]. 北京：中国建筑工业出版社，2014.

椿阳村曾经寨堡林立，从《永福县志》《永泰县志》大事记信息数据整理可知，永泰地区新中国成立前时常发生械斗，为适应这种生活环境，当地以宗族家庭为单位建造了"寨庐"这一建筑。《永泰县志》对此描述为："由于土匪猖獗，大的村落多建有堡垒式土寨……这些寨都建于山坡上，四周砌以高厚的石墙，外墙设有枪眼。村内富户则建土楼（炮楼）居住"[1] 椿阳地区多山林、多耕地、多水能、多温泉、多矿产，物资资源丰富且地势平缓具有易守难攻的特点，因此修筑了大量的防御性建筑。但因社会的发展以及生产力水平的提高，现如今，椿阳地区仅存较为完好的寨庐两座（坂中寨、椿园庄），土楼（炮楼）则大多倒塌，归于田地。

第四节　长乐区梅花镇梅花所城

一、聚落环境

（一）建置沿革

长乐地处海滨，在商代之前属于《禹贡》九州之一的扬州，周代时属于七闽，战国时属于越国，秦代时属于闽中郡，汉初时属于闽越国。唐武德六年（公元623年）置县，始名新宁，县治在敦素里平川（长乐市古槐镇），不久改为长乐。唐天宝元年（公元742年），又改福州都督府为长乐郡，元和三年（公元808年），长乐并入福唐县，两年后又复置长乐县。五代时改长乐县为安昌，后复为长乐，宋元仍旧。[2]

梅花镇于唐武德年间（公元618~626年），因种植梅花而得名，称梅花坊新开里。宋元时有巡检司公署在梅花上街，明初在此设北乡巡检司，治梅江头山上。明洪武十年（1377年），时日本倭寇猖獗，大犯我中华沿海疆土，为抵御倭寇入侵，保护海疆，明太祖朱元璋开始在全国沿海地区构筑卫所城池防御倭寇，江夏侯周德兴奉命前往福建督建海防，委任福州右卫指挥李荣来督造梅花所，并开始在梅花筑城为备。明洪武二十年（1387年）朱元璋命周德兴入闽筑城，周德兴移置了那些原先设置在非要害之处的军卫，其中就包括石梁蕉山巡检司，北乡巡检司被移置到县东三十里十五都的蕉山，原址则增拓为千户所城。明万历年间（1573~1620年），倭寇四处侵扰，唯有梅城拒守独全，明朝灭亡以后，卫所制度逐渐消失。清初海上形势又变得严峻，清廷朝议行清野之计，顺治十八年（1661年）将居民迁内地，康熙二十年（1681年）才下诏回复故土，城因年久失修被沙所压，成为废墟；康熙五十八年（1719年）长乐知县卫良佐对其进行重修，将其改为寨，雍正十一年（1733年）、乾隆十年（1745年）、乾隆二十七年（1762年）又分别对梅花城进行重修，多次修复以后，梅花东门外开始繁荣起来。

清朝以后，随着古城的军事作用开始削弱，城墙也因年久失修开始坍塌和损坏，解放后由于经济发展的需要以及保护意识的缺失，当地居民将城墙部分拆毁来修建房屋，以至于女墙、战楼和大部墙体已倾塌无存。但东门与水门一带保存尚好；东面与北面城墙遗址尚存，可以断续相连，而西面与南面的城墙已经基本不存，或

---

[1] 永泰县地方志编纂委员会. 永泰县志（全）[M]. 北京：新华出版社，1992：371.
[2] 胡捷昭. 明代福建海防长乐梅花所城聚落形态研究[D]. 福州：福州大学，2017.

毁坏于占城搭建，或被荒地乱草和垃圾渣土堆没。东门现为福建省保存较好的城墙之一，被列为长乐市级文物保护单位（图3-4-1）。

（二）区位特征

梅花守御千户所在明代隶属于镇东卫。镇东卫位于福清方民、新安二里间镇东城。同属镇东卫的还有位于福清龙高半岛最南端的东瀚镇的万安千户所。镇东卫负责的防御范围从闽江口南岸到兴化湾北岸，包括平潭岛。梅花所城距离镇东卫的直线距离为40公里，距离万安所城的直线距离为72.8公里。

梅花所城目前行政划分属于梅花镇，地处长乐东北角，闽江口南岸突出部入海口处，东濒台湾海峡，与马祖列岛互望；北侧为闽江入海口，隔着闽江与琅岐岛、连江县壶江岛、黄岐半岛相对；梅花所地处福建省城咽喉，通过闽江往福州的水路只有125公里，属于闽江口海防要津，梅花所与连江定海所隔海相对，有如两颗獠牙，牢牢控制着闽江口海域，沿海可北上江浙，南通广东，明代时琉球国进贡必然经停此处。

（三）聚落选址

梅花所城位于海滨丘陵地带，背负棋山，前临闽江口，隔江为琅岐岛，有寮岭和马筹两丘陵拱护其左右，城池占据高地，控制着北部的整片海域。地域面积5.8平方公里，居住面积1.98平方公里，海岸线长约12公里。梅花镇南侧曾是百流湖的淤积处，棋山山脉位于梅花的南面，山上原设有棋山烟墩，山顶有一块石平台，相传有两个仙人在此下棋，因此命名棋山。所城环龟山

图3-4-1 梅花镇梅花村卫星图（来源：谷歌地图）

而建，山顶有一块巨石，高出地面数丈（图3-4-2）。

梅花所城的选址具有风水意向，根据风水理论所述，梅花所城之地是负阴抱阳的龙穴，南靠山、北依水，处于山水环抱之中，根据梅花志描述："梅花背负棋山，前临巨海，寮岭翼其左，马筹拱其右，隔江则琅岐、北茭叠接，前伏东狮、上下塘，远迎右障，近来立庄洋内，水长沙洲，西自白猴屿起，东至南交、七磐止，潮回如带，诚滨海一巨区也"。南侧棋山山脉是其祖山，寮岭、马筹是其支脉，北侧大海环绕，正对面远处是琅岐作为其朝山，体现了梅花所城背山面水的风水格局。又由于梅花所城特殊的海防需求，其选址也体现出与一般风水格局不同的特色。一般传统聚落选址多位于平地，便于聚落建筑的搭建与聚落居民的生产、生活，但梅花所城更多以战略军需为重，追求的是军事防御性，所以在选址上更多基于战略的需要。由于梅花所城位于闽江口南岸，受地形限制，所城没有坐北朝南。又因军事聚落对地形的要求，所城环龟山而建，居高临下，三面环海，闽江口海域一望无垠，便于观察海上敌情，又利于与其他城堡相互联络，加之近海，便于海上物资运输和渔民海上作业，具有福建海防军事聚落的选址特点。

二、聚落布局

（一）布局特征

梅花所城现今基本保留了明代背山面海的格局，所城整体围绕龟山修筑，依山势呈不规则形状。根据历史文献记载，梅花所城三个方向都面海，南部建于沙岗，所城占据了棋山山脉的一端，整体以龟山为中心修筑，城墙延袤约三里，高约一丈八尺，周长六百八十四丈，城墙上雉堞有1220个，战楼有24个，窝铺有20个；东、西、南三面共辟三门，东门至海边，南门面向棋山，西门为水门，城门外皆有围筑瓮城，占地亩许，在侧面设门；海边涨潮时可以坐舟船直抵城下，城墙内梯岩架屋，全是兵民之居，居高临下，颇为雄峙。

（二）铺境形态

据笔者现场调查和相关文献的考证，所城城墙遗址周长约为2100米，城内南北端最远相距约为700米，东西最远相距约为500米，全城以龟山中心，分为"四境"，调鼗境、侍中境、登隆境、鹏程境。"境"为古代乡镇的行政区划，是以一定范围内居民的共同信仰和祭祀为特征的约定俗成的城乡基层区划单

图3-4-2　梅花所城依山就势（来源：福州大学建筑与文化研究所 摄）

位，此"四境"实际上就是梅花所城明清时期的行政区划。

调羹境，取自《尚书》《诗经》里有关调羹和鼎的掌故来作为境名，以示调和协理，富有"祥睦和亲，团结友爱"之意，乡约所、林位官庙、蔡夫人庙以及"廉明仁断胡公之碑""海楼陈公爱军碑""仁爱碑"等庙宇、古迹均分布和出自此境，是梅花所城的政治、经济、文化中心。

侍中境，取居中环侍之意，为城之中段，俗称"下街"，或水门、朝宗门，古有码头。据《长乐县志》记载，明万历年间长乐县江田人谢杰，曾奉使去琉球册封，就是从此处登船出发的。境内有通济大王庙、世子庙、水仙王庙、太监庙、集亲巷、集亲井以及郑和下西洋有关的传说遗址，后来修复的天后宫也在此境内。侍中境在明清时期又是梅花城马祖乡亲渔民渔货上下水、水产品贸易和南来北往的舟楫避风停靠的所在地，以及伢行、钱庄的集居地，时称梅花市。

登隆境，寓意丰登兴隆，又称上街。明代时是梅花所城的首冲之地，宋代巡检司、明代千户所公署均设在此境，宋兵部侍郎林采题刻"龙东石"及"仙桃岩"石刻，修复后的梅江陈氏宗祠、宝光堂五帝庙、镇夷坊、通津城隍庙、上街泗洲文佛、唐代光禄大夫林巨卿"孝子第"等遗址均在此境，是古时的商贸聚集地，境庙现已不存。

鹏程境，是梅花所城的最后一个境，俗称南门。古时此境视野空旷，海阔天空，故取"鹏程万里"之意寓之。龟山拥其境内，二十四都梅花社坛、斗湖寺、泰山府庙、梅峰寺遗址等均布其境内，马筹山、大王山、王厝山、金鸡山拱其左右，境庙现已不存。

总之，东调和羹、南展鹏程、西登隆庆、北侍中枢是旧梅花区划的总称，随着历史的更替、社会的发展，其下辖范围发生了变迁，但充分体现了古城区划的演变，展示了其一脉相承的历史传统。

三、聚落风貌

（一）聚落演变

梅花所城在修建过程中，结合地形，将龟山环绕在内，占据沿海制高点，因此整体平面布局顺着山势走向呈不规则形状，南北较长，东西较短，所城北部向海凸出，直抵海面，形成良好的观察哨，控制海面；南部占据棋山过脉，控制棋山与龟山之间的交通要道；城中最高点为龟山顶。据《梅花志》记载：所城环绕龟山与城内，山顶有一块巨石，高出地面数丈，占地大约1亩多，上镌刻"龙东石"三字。现今村镇将其修建为公园，山顶建有一亭，名为梅壶友谊楼。梅花所城内部街巷格局按照军事防御聚落的布局原则，路网以顺应山势为主，密集却不规整，街巷尺度及规模均比较小，狭窄的街巷高宽比和连续的街巷界面，体现了以步行为主的交通方式和军事防御的目的。

（二）聚落街巷

梅花所城的街巷是所城军事聚落形态中最主要的因素，是整个军事聚落的骨架和支撑，具有交通、居住、文化、经济以及防御等功能；同时，街巷空间在发展形成过程中具有一定的随机性、适应性和自发性，其形态特征具有自由、复杂、多样等多种属性，构成了聚落空间的特殊个性与魅力，具有闽东地区聚落的人文气质与风貌特征。从街巷空间的结构、构成要素以及尺度与比例来对梅花所城聚落的空间形态进行分析，空间结构包括其组织形式和平面类型，空间要素包括一切可见的物质形态，街巷空间的物质形态构成分为底界面、顶界面和侧界面，虽然这三方面有不同的功能和形式，但其组合方式以及之间的比例关系确定了街巷的尺度和界面的材料、色彩、细部等表层内容。

围绕山势、曲折狭窄的街巷构成了梅花所城独特的空间结构，也是其给人的第一印象，所城整体由主街、巷道划分区域，形成以街巷、民居为主的空间布局（图3-4-3、图3-4-4）。

同时，梅花所城的街巷是以军事防御为最重要功能，卫所城池通常依照惯例在城墙内侧设置环城马道，便于兵力调集、战时防御重点的转移等，然后在内部街巷形成了"丁"字形的总体布局，目的在于阻止外敌入侵，以及城墙被攻破后降低敌人入侵速度，城内街巷通过宽窄的转换，曲直的变化，产生千变万化的道路网络，形成防御系统的最内一道防线。梅花所城在这些方面的运用使得所城内的街巷等级分明，包含有主街道、次街道和支巷等，在街巷的结构上，主街道负责连接次街道，次街道连接支巷，整体结构有序排布，体现所城聚落的街巷等级秩序性。梅花所城的主街道以围绕山势的上街、下街和东门街为主，现村镇将其统称为八一八西路。上街位于龟山西侧，从宝光堂至泗洲文佛处，全长约为240米；下街位于龟山北侧，从泗洲文佛处到西门处，全长约为260米；东门街从西门处至东门处，全长约为200米。八一八中路位于东门外，从东门处至八一八横路处，全长约为270米。八一八横路位于龟山东侧，连接了海滨路与梅峰路，全长约为690米。

（三）聚落肌理

对于梅花所城来说，建筑顶部对街巷空间具有重要的影响：传统的坡屋顶对所城街巷空间具有重要的作用，所城街巷大多较为狭窄，坡屋顶在一定程度上扩

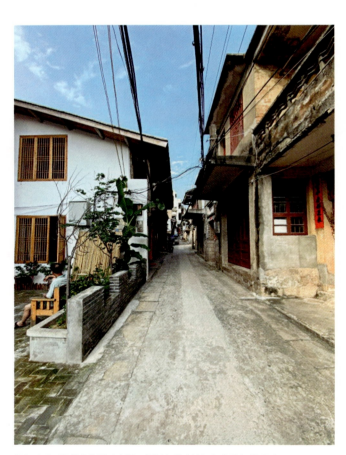

图3-4-3 聚落内街道（来源：福州大学建筑与文化研究所 摄）

图3-4-4 聚落内巷道（来源：福州大学建筑与文化研究所 摄）

展了街巷的天际线，使人产生一种视野慢慢开阔的感觉，减小了空间的压抑感；而平屋顶可以在一些路段加强街巷空间的封闭感，部分骑楼和出挑的走廊还可以丰富街巷的空间，拓展空间的层次，增加街巷的空间感。

街巷两侧的界面可以是建筑立面，也可以是矮墙以及由地势高差产生的界面，具体元素包括大门、山墙、围墙、石埕、台阶等，界面的材料有石块、石条、砖、夯土、木材等，聚落相对一致的建筑尺度和造型使得街巷的基调较为固定，而这些元素的差异性使梅花所城的街巷呈现出缤纷多彩的立面效果。同时，梅花所城中的传统民居、院落、石厝、现代建筑等多种多样的建筑形式丰富了街巷的界面空间，也奠定了梅花所城的街巷空间特征。

根据文献资料记载和笔者的实地调查，梅花所城历史上在主要街巷均采用条石、石板来铺设地面，以及在重要空间节点如城门附近和重要建筑前的场地也是采用这类材料来铺设，但是由于历史的变迁和社会的发展，混凝土材料的兴起，以及聚落道路的行车需要，施工技艺的便捷，聚落的居民越来越喜欢水泥路面的铺设，石板路逐渐被现代水泥路所取代，只有在部分传统民居的石埕前或小巷还保留着传统的石板铺设，所城聚落内部街巷底界面的传统特征逐渐消失。

四、建筑特色

梅花所城属于明代留存下来的军事防御建筑，包括城墙、城门等，其余建筑随聚落的功能转变而发生变化，因聚落军事功能的逐渐丧失，与之相对应的建筑也逐渐消失，军事聚落开始向一般聚落演变，在这一演变过程中，宗庙礼制与民居类建筑开始占据主要地位，它们同时也受到军事聚落的影响，具有一定的防御性作用和特征。军事防御与行政机构建筑属于明代遗存建筑，对其进行研究可以了解明代军事建筑的规模、形制特点，而现存宗庙礼制与民居类建筑虽是建于明代以后，但对其进行研究可以了解聚落的演变过程，以及军事聚落对宗庙礼制类与民居类建筑的影响。

（一）城墙建筑

对于军事聚落来说，城墙至关重要，城墙是所城的最外层防御结构，也是阻挡敌人攻城的第一道防线，为加强城墙的防御性，城墙通常会设置马面、城楼、雉堞等构件，如果地形条件适合还会在城墙外挖城壕来提高防卫能力。根据《梅花志》《长乐县志》的记载，明洪武十年（1377年），江夏侯周德兴奉命造立城池，委福州右卫指挥李荣督造，城墙外还环以壕沟为护城河。根据梅花林位官理事会收藏的一幅清代的《梅花全景图》可以看出梅花所城东门附近的全貌。

城墙内部通过夯土、版筑而成土墙，然后在其外侧用石材砌筑，可以使城墙变得非常的坚固，可以千年不塌，现存的梅花所城城墙遗址上都能看到夯土的遗迹。城墙除了上述的主要组成部分外还有一些细部构造，包括雉堞、马道与敌台。

梅花所城城墙的高度视地形起伏而定，城墙绕龟山而建，依靠山体产生地形高差，从而增强城墙的防御性，各处的宽度也不尽相同，城墙的砌筑并非垂直，而是从下到上逐渐收缩呈现梯形剖面，按照明代的度量衡，一丈约为3.11米，根据记载城高1丈8尺，约为5.6米，周长为六百八十四丈，约为2127.2米，现城墙仅存东门一段，长约200米，水门也有部分城墙遗址，其他均被拆毁或搭建民居于城墙上（图3-4-5）。

（二）公共建筑

行政机构建筑是梅花所城的重要建筑，通常处于城中心地段。梅花所城的行政机构建筑有所城公署、梅花乡约所以及所仓（图3-4-6）。

图3-4-5 梅花所城城墙实景照（来源：福州大学建筑与文化研究所 摄）

图3-4-6 行政机构建筑（来源：福州大学建筑与文化研究所 摄）

图3-4-7 宗教建筑（来源：福州大学建筑与文化研究所 摄）

图3-4-8 民居建筑实景照（来源：福州大学建筑与文化研究所 摄）

宗教礼制建筑分为宗教建筑与礼制建筑，宗教建筑包括了众多庙宇，其建筑用于祭祀神明、圣贤等（图3-4-7）；礼制建筑主要指宗祠，用于祭拜先祖与家族祭祀。

（三）民居建筑

梅花所城如今的民居建筑按形制主要分为传统民居、石屋以及砖混新式民居等，传统民居大多数为清末民国时期建筑，建筑材料以砖、木、石为主，民居主要分布在龟山山脚，山脚地势较为平坦，其中东门与水门附近民居分布较为密集。所城居民为了改善生活条件，拆除了所城内的传统民居，改建为2~4层的砖混新式民居，传统民居多数较为破败（图3-4-8）。

第五节　仓山区城门镇林浦村

一、聚落环境

（一）建置沿革

林浦村属福州市仓山区城门镇管辖，包括狮山、濂江、绍岐、福廉4个自然村，约有699户、3789人，耕地面积约953亩，种柑橘、水稻等农作物。明洪武年间林僖移居琉球国，至清康熙时已在海外发展至12世，至今其后裔大多数在那霸市唐营九米村，改姓为米家山，有几千人。1989年1月，日本九米村"林姓会"会长米家山·广贞等6人组团回林浦村寻根祭祖。1991年7月，绍岐自然村旅美华侨黄国官等7人捐资铺筑村水泥路。此后旅居港、澳、台的林公后裔投资修复"林公祠"等。林浦是郊区一个著名的文物村，有宋代古井、"林公祠"和"平山福地"石刻等。明代有"三代五尚书，七科八进士"的美谈。2019年1月，林浦村被认定为第七批中国历史文化名村（图3-5-1、图3-5-2）。

（二）聚落选址

林浦古村位于福州市南台岛东北隅，北临大闽江，南靠九曲山，隔江与鼓山相望，有内浦环绕成岛。自五代开始，林姓聚族而居，日趋兴盛，故称之为"林

图3-5-1　林浦古村卫星图（来源：谷歌地图）

图3-5-2　林浦古村航拍图（来源：福州大学建筑与文化研究所　摄）

浦",迄今已有千年历史。濂江书院是福州唯一保存下来的宋代朱熹讲学的古书院。书院门口照壁上刻"濂江书院"四个大字，一进大门迎面即可看到一个石栏杆，上刻"文光射斗"四字。书院为二层木结构楼房，楼内后壁竖有一巨碑，上刻"宋朱熹讲学处"。

（三）聚落文化

在秦汉时期，闽越文化在福建地区占据着主要地位。此后的多次人口大迁徙，北方而来的中原住民把中原文化带到了南方地区，与当地文化习俗相互融合，形成了独特的文化体系。

江城文化——繁盛一时的连氏族人。宋代以前林浦村中的居民多是以连氏族人为主，关于这一点的历史源流追溯，已有一些学者进行了研究，这些研究是基于一些族谱、古籍以及遗存下来建筑物而进行的推定。

皇权文化——没落王朝的赵氏皇族。与其他自然村稍显不同的是，林浦村曾作为宋末皇帝的行宫所在地。1276年2月，南宋首都临安被元兵攻陷，益王赵昰、广王赵昺以及杨淑妃被迫率军民南行，陈宜中、陆秀夫、张世杰等奉益王至福州，由绍岐渡登陆进入林浦村，削平临江的山头建"平山堂"驻跸，屯兵九曲山。当年的5月，益王赵昰在福州城内登基。至此，林浦村经历了长达6个月的皇权统治。在宋末君臣驻跸林浦的半年时间里，迫使村落空间发生了悄然的变化。首先，由于宋帝皇室的入驻，村落由普通的自然村跃升为行宫所在地，封建森严的等级制度也体现出来。林浦村东的更楼，是为当时宋兵夜巡的休息之所。楼前以行宫石铺地，楼前挂有告示："乞丐不得入境"，严格划定了皇权驻地的范围，大致在今天的濂江村与狮山村的主体部分。其次，村落聚拢了大量的物资财富，以致后来宋帝南撤之时留下了大量的物资而福泽乡里。据一位旅台的林浦村族老所绘的"林浦古貌略图"，解放以前在濂江村和狮山村的交界处有一粮仓，是封建时期林浦人耕作秋收的屯粮之所。相传南宋兵戈之乱时，丞相陈宜中在此开仓放粮，造福乡里。

尚书文化——强势崛起的林氏宗族。林浦的林氏先祖为河南光州固始人，由于唐末农民起义战乱纷争，林氏为避兵戈之乱而大规模入闽，在福州境遇内主要分为"濂江林""陶江林""控鹤林"和"后安林"等宗脉，"濂江林"即为林浦林氏的先祖。到了明代中叶，林氏宗族在科场的崛起给乡人带来无比的荣耀，"七科八进士、三代五尚书"的佳话至今让人津津乐道。林元美、林瀚、林庭机等相继考取进士，位极人臣，这种科举官僚的辉煌在中国历史上也是少有的。

二、聚落布局

（一）地理环境

林浦村的自然环境由几大要素构成，包括了地理区位、山川河流、田野绿洲等，这些自然环境与村落风貌有着密不可分的联系。

地理区位决定了村落的地域性特征。以林浦村来说，其发达的地理水文条件造就了村落形成的基本条件。村落位于北纬26°01′，东经119°22′，靠近福州南台岛的东北隅。村落位置毗邻闽江，与福州中心城区隔江相望。其便利的航运条件，促使了更多物资的往来，加快了该地区的发展（图3-5-3）。

据《福州府志》记载："平山，在凤山东开化里，城东南三十二里……（平山）旁曰九曲山，有薰风陇、南华峰、蓬莱桥、锦绣谷、逍遥台……南曰甘泉山……东为瑞迹岭……又东曰邵崎，曰翁崎。"其文大致为我们描述了古时林浦村的地势概貌。所谓"藏风聚气"之风水择居，"负阴抱阳"的建筑选址方式形成了村落主体的朝向与构架。除了青山环抱的自然环境，还有着养育了一代代村民的林浦河。林浦河作为村落的护村之浦，形成了抵御外敌的防御体系（图3-5-4）。

田野绿洲为村落外围的生产生活空间创造了良好的条件。林浦河冲刷而成的闽江平原地带地势平缓，土壤肥沃，造就了天然的农耕条件。农田作为农耕时代的重要资本，是为田、园、圃、林、畜牧之财富，为村落田地灌溉与水产提供了便利。

（二）街巷框架

林浦村的主体框架诞生于明代中叶，由南到北的一条贯穿全村的道路串联起村落中进士牌坊、尚书里石牌坊等各个节点，赋予了整个村落完整的灵性。从整体村落形态来看，这条道路是支撑聚落的基本构架。林浦村大致呈现"一纵多横"的"鱼骨状"街面格局，"一纵"即为由南至北的"林浦大街"。它的北侧连接着御道街，沿着御道街由金圣侯（千里眼）亭以北延伸至绍岐渡。"多横"即为纵轴街面两旁分出几条横向的支路，分别为龙角街、太岁街、后街、前街、进士街等。其中，太岁街与前街是划分濂江与狮山两个自然村的分界线（图3-5-5、图3-5-6）。

图3-5-3 古代繁荣的林浦渡口（来源：池志海 绘）

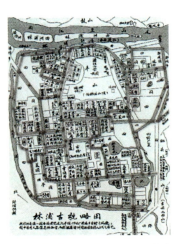

图3-5-4 林浦古貌略图（来源：林浦村民 提供）

图3-5-5 林浦村的街巷实景照（来源：福州大学建筑与文化研究所 摄）

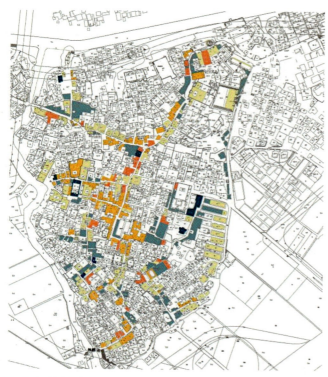

图3-5-6 林浦村古街

三、聚落风貌

寄郑郎中
林瀚（明）
凤台一别四经过，羡子投闲未白头。
为问濂江江上路，几人风雨櫂归舟。

明代尚书林瀚所写这首诗词借郑郎中表达自己的思乡之情，其中后两句写到了濂江。林浦村的整体环境以山水为主，自然的田园风光孕育了一代代的林浦人。从卫星云图上看，林浦村的东西两侧至今仍然为农业耕作用地。但是我们也要认识到，随着濂江工业小区开发，全村土地资源呈下降趋势，田地被占用的情况严重，村里现在农田荒废程度较大。

从居民的居住角度来说，林浦村中虽然有为社区居民活动的公共空间，但村落内部的活动空间仍然狭小，相关配套设施依旧匮乏。村落中大部分民居的通风采光条件不佳，部分建筑结构老化，卫生设施不全。有的建筑甚至是历经几百年的木构老屋，存在着结构歪闪、年久失修的状况，它们的现状大多已不适合现代社区居民居住。在社区当中，20世纪80年代后建的房子已占据了一定的比例数量，但其外观多与村落整体风貌景观不协调，甚至妨碍到了居民的生活，而且村落中的部分排水系统也不够完善，消防安全的问题也无法得到保障，亟待解决的问题众多。

四、建筑特色

林浦村内古建众多，至今仍然保留着宋代以来的多处历史建筑，这些建筑反映了林浦村独特的历史文化底蕴。本书中，按文物保护单位的等级对林浦村现存的特色建筑进行大致分类。

（一）文保建筑

林浦村境内有省级文物保护单位1个：林浦泰山宫。林浦泰山宫又称平山堂，为南宋益王赵昰驻跸林浦村的行宫，后人为避元讳，故改称泰山宫。泰山宫历经数百年，做过几次翻修，现为林浦村规模最大、最为豪华精美的古建筑群（图3-5-7、图3-5-8）。

市级的文物保护单位4个，其中3个为建筑类，分别为濂江书院、林浦断桥、林尚书家庙。

濂江书院为林浦村中唯一的书院，也是为数不多的文化建筑。濂江书院建于唐建中四年（公元783年），起初为鼓山涌泉寺的廨院，直到宋代才改作濂江书院。古人崇尚儒家之道，宋代的理学大家朱熹及其弟子黄干也曾在此讲学（图3-5-9）。

林浦断桥俗称"三门桥"，建于南宋绍兴三年（1133年）。桥梁板的铭刻以"巨宋"冠年号，实属罕见，曰"巨宋"，怀有强烈的民族感情，希望国家强盛，收复失地，平定中原（图3-5-10）。

图3-5-7 林浦泰山宫航拍图（来源：福州大学建筑与文化研究所 摄）

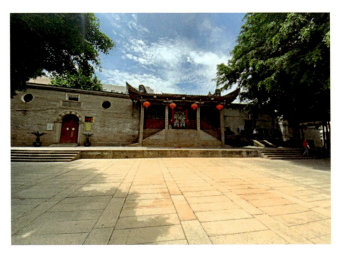
图3-5-8 林浦泰山宫实景照（来源：福州大学建筑与文化研究所 摄）

图3-5-9 濂江书院（来源：福州大学建筑与文化研究所 摄）

图3-5-10 林浦断桥（来源：福州大学建筑与文化研究所 摄）

世官保尚书林公家庙由林氏族人林瀚主持修建，旨在泽福乡里，勤勉子孙，凡考取功名者，皆可入祠，以供后世瞻仰。林公家庙由门楼、戏台、回廊、大厅、天井等组成。庙前有池一口，俗称"唐帽池"。

区级文物保护单位10个，其中建筑类有林济斋家庙、林见泉祠堂、林斯琛故居（林瀚故居）、林桥、进士牌坊。

林济斋家庙俗称"丰房祠"。建筑朝向坐东北朝西南，进深两天井，由门厅、天井、批檐、正殿组成（图3-5-11）。

图3-5-11 林济斋家庙（来源：福州大学建筑与文化研究所 摄）

见泉林公家庙又叫林见泉家庙或林庭㭿家庙，坐北朝南，进深两天井，中轴线上有门厅、正殿。

林斯琛故居即为林瀚故居，最早为明成化年间林瀚的居所。到了民国时期，林斯琛参加中国同盟会，展开革命活动，曾居于此地。

林桥始建于北宋时期，原为陆上进村的必经之处。明、清两朝各修葺一次（图3-5-12）。

进士牌坊位于林浦大街与进士街的交会处，建于明正德元年（1506年），明、清多次重修，坊额书写林瀚家族三代五尚书诰封，记载了村中林氏一族的荣耀（图3-5-13）。

（二）风貌建筑

除了以上这些文物保护单位，林浦村还有许多风貌保存良好的古建筑。在林浦的保护与更新中，也应该受到重点关注。以下分为三类进行介绍。

1. 民居建筑

林浦村留存至今的这些古民居建筑的建造年代一般在清代到民国初期，建筑格局以三进式院落居多，平面方正，空间较为封闭。蝴蝶瓦配上风火山墙，建筑正厅多为双坡悬山顶，入口门厅多为单坡顶，色彩淡雅，外形朴素。建筑结构以穿斗式为主（图3-5-14）。

2. 祭祀建筑

在林浦村的特色风貌建筑中，祭祀建筑主要分为家庙、祠堂和神庙。一般来说，祭祀建筑的细部会处理得比较完善。例如濂江磻溪林家庙和宋丞相祠，建筑檐柱为方柱抹角，整体格局上较为紧凑，彩画和雕饰精美繁杂。而村落中的小型神庙的空间则较为简单，它们多建于明代以后，这些神庙起到了保境安民的作用，诸如西侧的玄帝亭、东北口的金圣侯亭（御风亭）等多个庙亭。换言之，通过这些神庙位置的界定，我们能够相对初步地了解古时的林浦村大概的聚落边界范围（图3-5-15）。

图3-5-12　林桥（来源：福州大学建筑与文化研究所　摄）

图3-5-13　进士牌坊（来源：福州大学建筑与文化研究所　摄）

3. 其他建筑

林浦村中还保存有更楼这样的古代报时建筑。建筑面阔一间，二层硬山顶。神龛居于北侧，亦有保境安民之意。据当地的居民介绍，当时村落各个方向皆设有更楼，以防外敌入侵。不仅如此，村落中还散落着林浦井、狮山石狮里井这样的古井。

图3-5-14　民居建筑（来源：福州大学建筑与文化研究所　摄）

图3-5-15　祭祀建筑（来源：福州大学建筑与文化研究所　摄）

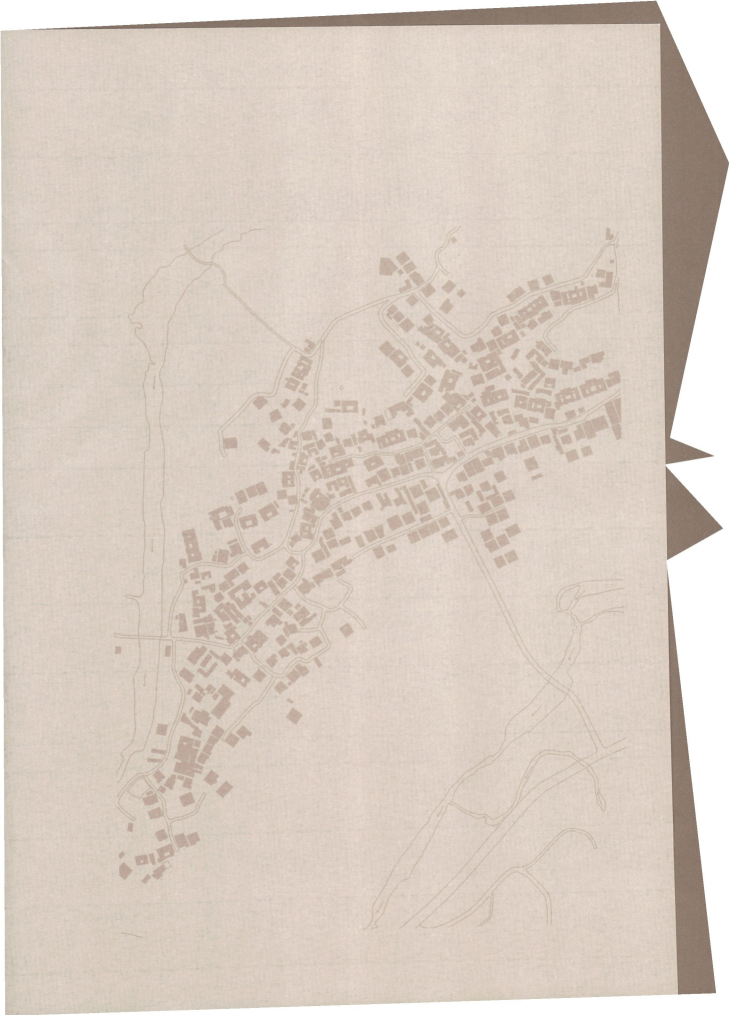

第一节 概述

莆田市地处福建沿海中部,东南濒临台湾海峡,与台湾隔海相望,北依省会福州市,南接泉州并与厦门相近,位于东经118°27′~119°56′,北纬24°59′~25°46′,现辖有四区一县二管委会,分别为荔城区、城厢区、涵江区、秀屿区、仙游县、湄洲岛国家旅游度假区管委会和湄洲湾北岸经济开发区管委会。1999年,莆田被评为福建省人民政府公布的首批历史文化名城之一。

莆田境域地势西北高、东南低,属沿海低山丘陵地区。西北多为海拔600~1500米的山峰,以低山为主,次为中山,中部为平原、盆地。莆田兴化平原(俗称"南北洋")和仙游的东西乡平原是福建的第三大平原。东南部整体海岸线蜿蜒曲折,全段共长22.9公里,占大陆总长的8.6%。其环绕三大海湾:湄洲湾、兴化湾、平海湾,海湾上有埭头、忠门、醴泉三个半岛以及大大小小岛屿共150余个。

莆田,古称"兴化""莆阳",具有1500多年的历史,早在新石器时代就有人类在莆田地区繁衍生息。夏商时期,莆田地区隶属"九州"之一的扬州;西周时期,隶属"七闽"之一;春秋战国,隶属越国;秦代,隶属闽中郡;汉前期,隶属闽越国;汉后期,隶属会稽郡冶县;三国,隶属建安郡侯官县;西晋,隶属晋安郡侯官县;南朝,隶属南安郡。

南朝陈光大二年(公元568年),莆田县设立,至此莆田地区有了独立的行政建制,其所辖面积基本等同于如今的莆田市。唐圣历二年(公元699年),在莆田县西部设立清源县(因与郡治同名,且有何氏兄弟信仰,后更名仙游县),莆田、仙游两县均隶属于清源郡(郡治在今泉州)。宋太平兴国四年(公元979年),析福唐(现福清)、永泰部分地区、莆田县百丈镇及仙游县游洋镇设立兴化县(又称"旧县"),并置太平军。翌年将太平军改名为兴化军,并将平海军(军治在泉州)的莆田、仙游二县划归兴化军管辖。自此起,兴化军管辖莆田、仙游、兴化三县,"兴化"也成为莆仙地区的统称。元时的行政名称为兴化路,仍管辖莆田、仙游、兴化三县;明时的行政名称为兴化府,明后期撤销兴化县,所辖地分别并入莆田、仙游两县;清时的行政名称为兴化府,下辖莆田、仙游两县;民国2年(1913年)撤销"兴化府"。

新中国成立后,从1950年至1970年,莆田、仙游两县隶属晋江专区(泉州)。1970年6月莆田专区成立,管辖莆田、仙游、永泰、闽清、福清、平潭、长乐和闽侯8个县,这也是莆田历史上管辖范围最大的时期。1983年4月,国务院批准撤销莆田地区,将莆田、仙游2县划拨回晋江地区(泉州),福清、闽清、平潭、长乐和永泰5县划归福州市管辖。同年9月,国务院批准成立地级莆田市,将晋江地区的莆田、仙游二县划归莆田市管辖。2002年2月1日,国务院批准调整莆田市部分行政区划,撤销莆田县,成立荔城区、秀屿区,市辖有城厢区、涵江区、荔城区、秀屿区和仙游县。[①]

莆田素有"文献名邦"与"海滨邹鲁"之称。莆田历来文教昌盛,从唐代至清代,官学(指官办的府学、县学、卫学)、书院、家庭私塾构成一个完备的教育体系。自唐代以后,莆田地区诞生了近2500名进士、21名状元和17名宰辅,可谓科甲鼎盛,人才荟萃,是莆田教育史上的一大奇观。

---

① 谢如明. 莆田发展简史 [M]. 厦门:厦门大学出版社, 2008:1-2.

莆田市是福建省重点侨乡之一。旅居海外的华侨、华人分布在世界五大洲40多个国家和地区，其中95%以上在东南亚，以印度尼西亚、马来西亚、新加坡、泰国、菲律宾等国居多。[①]

第二节　涵江区江口镇园下村

园下村地处莆田市涵江区江口镇蒲坂。蒲坂俗称下坂，包括园下、园顶、顶坡三个自然村。园下村东经118°48′，北纬25°45′。东与福清新厝乡交界，南临兴化湾。此处背山面海，北高南低。东北有大帽山系，发自奥岭，主峰标高678米，是江口镇的最高峰；西北为古囊山系，源自九华，主峰标高639米。川流主要有双霞溪（旧莆田县志称"蒜水"）和萩芦溪，汇聚于龙津，注入大海。园下村是一个典型单姓的血源型聚落（图4-2-1）。

图4-2-1　园下村建筑群（来源：陈静 摄）

一、聚落环境

（一）建置沿革

蒲坂地区历史悠久，其最早的历史可以追溯到5000多年前的新石器时代，这点已经为考古所证实。1984年，莆田蒲坂华侨中学建新校舍清基时，挖掘出一批新石器时代遗留的陶片、石斧、石簇等，说明当时已经有人生活在这一区域。由于是在蒲坂华侨中学发掘，故取名为江口蒲坂山新石器时代遗址。

"蒲坂"名称的最终确立源于关氏祖先的迁入定居。蒲坂地区关氏始祖本籍山西省蒲州（永济，今属运城），约在宋末元初，避胡南迁，滞留在江南一带。元中叶，传到关宋奎公，生六子。元末，当朝暴政，民不聊生，各地义军纷起揭竿。为避战乱，其时，六兄弟即以六十命名，即用六十四、六十五、六十六、六十七、六十八、六十九这六个带有"六十"的名字作为隐名，分三支赴往江西、福建和广东。为了将来同宗得以相认，三支分别起了堂号为"蒲源""蒲渚"和"蒲清"。"蒲源"留在江西，"蒲渚"来到福建，"蒲清"去往广东。福建"蒲渚"这一支将定居地取名为"蒲坂"，以示不忘山西蒲州之本。"蒲坂"的地域范围主要包括今天的园下村、园顶村和顶坡村。

（二）关公文化

园下村主要以关公信仰为主。关公，名羽，本字长生，后改字云长，河东解（今山西运城）人。关羽是中

---

① 方维. 莆仙地区传统民居谱系框架及其典例研究[D]. 福州：福州大学，2016.

国东汉末年的著名将领，自刘备于乡里聚众起兵开始追随刘备，是刘备最为信任的将领之一。在关羽去世后，其形象逐渐被后人神化，历来是民间祭祀的对象，被尊称为"关公"。经历代朝廷褒封，清代时关公被奉为"忠义神武灵佑仁勇威显关圣大帝"。同时，他也是儒、释、道三教崇拜之神。儒（家）称之为"武圣人"，与"文圣人"孔子齐名。佛教尊拜他为"伽蓝神"，道教则封他为"关帝圣君""协天大帝"。关公文化主要体现的是其"忠、义、信、智、仁、勇"等精神，这不仅是当前各个国家、民族、企业、社团都在普遍弘扬的先进文化，也是亘古不变的社会道德标杆。如今，关公文化已成为中华民族优秀传统文化的一部分，在全世界都有着巨大的影响力。

（三）聚落选址

园下村坐落于蒲坂地区的南端，背山面水，风景优美。西北与园顶村交界，东北与顶坡村相连，地势从北向南倾斜，但整体上较为平坦。东北有源自大帽山系的顶坡山，西北为属于古囊山系的林墩山和溪东山，山势较低，近乎丘陵山地。村子西南有萩芦溪下游的迎仙溪、太平溪（亦名子鱼潭，俗称门前溪、南溪）经过，村东有双霞溪（旧莆田县志曰蒜水，新县志及福州百科全书曰三叉河，俗称北溪），两条溪流在龙津口交汇，注入兴化湾。村内一条小河贯穿南北，曲折流淌，与南溪相连。

园下村正好处于山水环抱的中央，地势平坦而具有一定的坡度，由外部进入村落的水口左右有被称为水口山的山峦相夹峙，具有防卫的意义。至于水口则忌宽而求窄，有"水口不通舟"的说法，这样就形成了一个背山面水的基本格局。园下村的聚落选址体现了这一传统的风水理念，东北与西北方向的顶坡山林墩山和溪东山连绵于村后，西南方向和东方萩芦溪和双霞溪交汇于村前，形成对村子的三面环绕之势，"山水相交，阴阳融凝"，园下村正好坐落于其中，即风水的限曲（汭位）部位。因为水流中携带的泥沙会不断地冲击凹岸，而凸岸则会堆积成滩，逐渐扩延，有利于村落的发展和安全。这恰是风水理论重"水法"的具体表现。村内的小河贯穿南北，连接村前的溪流，将水引入村内，再疏导流出，为村民的生产生活带来了极大的便利。①

二、聚落布局

园下村以同一个宗族聚居的形式，形成典型的单姓氏血缘型聚落，宗法和礼制左右着人们对村子整体的布局及建筑空间的营造，并且在建筑的规格、等级秩序、方位、形态等方面也都有广泛的影响。聚落结合地势、水流等自然环境，建立起了以宗法制度为背景的生活秩序，并形成了与礼制相对应的空间结构——以宗祠祠堂为聚落中心，以支祠祠堂为组团核心，形成内向型的聚落空间（图4-2-2）。

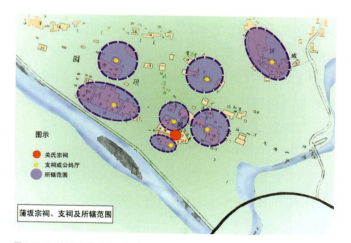

图4-2-2 以宗祠为中心、以支祠为核心的聚落布局（来源：吕俊杰 绘）

---

① 吕俊杰. 莆田园下村传统聚落的形态研究[D]. 泉州：华侨大学，2010.

（一）以宗祠祠堂为中心的整体布局

园下村内的布局是以宗祠为中心，"前利""东厝""后厝""九祖""欧刘何"等一个个片区围绕宗祠而展开形成自然村，每个片区又分为若干个"角头"，这样，在平面上形成一种依照宗族关系而展开的层级结构，即"区域（蒲坂）→自然村（园下）→片→角头"系统。这种以血缘为特点的聚落表现出的是"宗"与"支"的扩展关系，是同姓氏、同血脉繁衍关系的具体反映。

（二）以支祠祠堂为核心的居住组团

在以宗祠为整个聚落中心的基础上，聚落在低一级的组织形态上呈现出以支（房）关系划分聚落分区，形成组团，每一组团以支祠祠堂为核心的布局。

支祠主要供奉着支房祖先的牌位。公妈厅也是支祠形式的一种，是由民居建筑演变而来的，主要供奉各支房系中十代以内的祖先。园下村的支祠主要有智房的德馨祠、器房的上厝支祠；公妈厅有智房的泰道纪念堂、永清纪念堂、灵兴堂、资晖茂圣厅、元一资议厅等。每一组团的布局与聚落整体布局具有同构关系。在组团内，村内住宅以支祠或公妈厅为核心，按照血缘关系的远近分布在其周围，形成一组居住建筑群，并以支祠或公妈厅作为同一房系的集合点。每逢年节或红白喜事，各房族人都要在此进行祭祀等活动。

在园下村传统聚落中，各家各户根据血缘关系"簇拥"支祠形成组团，各个"组团"再根据支系的发展情况"簇拥"宗祠。以宗祠作为聚落中心，以各房支祠为"组团"核心，聚落的发展就是在这样的结构系统下如细胞分裂般生长。①

三、聚落风貌

园下村传统聚落因受沿海的地理环境、闽南的地域特色、中原的耕读文化影响，加之宗族文化、关公文化、移民文化、侨乡文化的共同作用，形成了特色鲜明的聚落风貌。村内现有建筑主要分三类，分别为具有传统特色的古建筑、近代民居建筑和新式建筑。其中最能体现传统特色的是第一类，主要表现在建筑的屋顶、墙体、材质、布局等方面；近代民居建筑多为回乡华侨兴建，建筑风格受南洋文化影响又不失当地特色；新式建筑的形式反映了当今社会的发展。三者相结合，使聚落呈现出古今结合、较为杂糅的风貌，这也正体现了发展中的聚落特点。②

四、建筑特色

（一）民居建筑

对于园下村的传统民居建筑而言，能够表现其外部特征的主要有屋顶、墙体、结构、细部特征等（图4-2-3）。这些外部特征主要源自当地的地域条件、文化传承、民俗信仰、审美习惯等。主厝的屋顶多为悬山式；厢房、护厝等次要建筑的屋顶则多为普通双坡式、卷棚式。墙面多是以红砖、石材、夯土相结合的三段式构图。墙面以条状石材砌筑为基座，上铺一定厚度的红砖，再上面为外刷白灰的夯土墙，墙面的最上部用红砖压边，整个墙面红白灰三种颜色相协调，具有明显的地域建筑风格特征。园下村的传统民居建筑也多采用木结构，构架多为穿斗式。

---

① 李晓峰. 乡土建筑——跨学科研究理论与方法 [M]. 北京：中国建筑工业出版社，2005.
② 吕俊杰. 莆田园下村传统聚落的形态研究 [D]. 泉州：华侨大学，2010.

（二）祠堂建筑

园下村的祠堂建筑与民居建筑同源，都属于传统建筑的遗存，因此，在外部特征上有很多相似之处。民居建筑中的典型外部特征在祠堂建筑中基本都有所体现。但是相对于传统民居而言，祠堂建筑的等级规格更高，细部的造型也更加精美。屋脊上装饰有镂空的红砖砖雕，雕刻精致；屋脊末端也装饰灰塑"燕尾脊"；在建筑立面上，祠堂区别于传统民居的部分主要是院墙上的砖砌影壁、建筑墙面上的浮雕彩绘及墙体的通风处理等。祠堂建筑的结构体系与民居类似，也多为木结构，但由于近代的重修，为了使其长久保存，祠堂建筑除主厅内的空间还保留木柱，其他位置如前厅、檐廊等外部空间均改为石柱，有方形的和圆形的，有的石柱上面直接雕刻了对联（图4-2-4）。

（三）关庙建筑

园下村祖先自山西迁徙至此定居，一并带来了关公文化，加之其本身就是关氏后裔，因此，关公信仰是园下村最主要的民间信仰。信徒多通过建立膜拜之所以供奉神明，即神庙建筑。神庙建筑的建造、装饰等级要比一般建筑略高，关帝庙就是这类神庙建筑中的一种。园下村的关帝庙仅有一座，称为"武圣庙"（图4-2-5）。武圣庙的屋顶形式、做法与民居相同，但由于其等级高，屋脊"升起"的程度更高，而且屋脊的装饰、端头

图4-2-3 园下村"九主"民居（来源：陈静 摄）

（a）关氏宗祠

（b）德馨祠

图4-2-4 祠堂建筑（来源：吕俊杰 摄）

处理和精致程度也与民居大不相同。武圣庙下厅的三个开间均装门扇，顶厅的中开间设门，两侧开窗。下、顶两厅的正立面均为石砌墙体，山墙墙身下部为石材基座，上部为红砖。在石墙上运用线雕、浅浮雕等手法进行雕刻，部分施彩绘，题材也为象征"福禄寿"的图案。武圣庙的原结构体系为木作，但由于1985年5月初的火灾，旧殿被毁，1986~1988年，新庙按原址原貌复建。为了使其长久保存，建筑内部的柱子全部采用石柱，部分石柱上面雕刻了对联。柱础也采用石质，形状以方斗形和圆形为主。柱础上施以简单的雕刻。

图4-2-5 武圣庙（来源：吕俊杰 摄）

第三节 秀屿区山亭镇港里村

港里村位于莆田市秀屿区山亭镇，地处忠门半岛北岸管委会山亭乡南面偏西的滨海处，南面与湄洲岛隔海相望，北靠山亭，东接莆禧村，西连山柄村，总面积2.6平方公里，现有住户1285户，居民7030人，共有10个自然村，18个村民小组（图4-3-1）。港里村，古称黄螺港（因其突出海湾的山峦状似海螺、质地黄赤

图4-3-1 港里村聚落风貌（来源：陈静 摄）

而得名）、贤良港。港里村，是妈祖的故里、妈祖信仰文化之村，在1974年文甲新码头建成之前，港里村的贤良港一直是通往湄洲岛的必经之地，后文甲码头取而代之，港道也因围海造田荒废了。港里还是涉台文化之村，仍保存有清代复界后沿海古村落的乡土建筑特征的村落。因其存有重要的历史文化风貌，港里村于2007年被评为福建省第三批历史文化名村。

一、聚落环境

（一）建置沿革

港里村是原南朝陈光大二年（公元568年）置莆田县的辖地，村里有创建于后周时的福慧寺，原村落地名黄螺港，后因唐代林蕴复应贤良方正科，其后裔于五代时部分聚居于此，遂改地名为贤良港。

港里村的隶属一如原莆田县的隶属沿革。到宋、元时属崇福乡武盛里、新安里、崇福里；明清时属六区武盛里，七区新安里、崇福里；民国时属忠门区，度属成立的忠门镇；解放后先后属忠门区、甘一区；1958年后先后属原莆田县的忠门人民公社、忠门乡、忠门镇；1983年建市后属原莆田县忠门镇，1998年属北岸管委会的山亭乡，2002年至2007年4月属秀屿区山亭乡，今又属北岸管委会的山亭乡。

（二）天然港湾

港里村环山面海，风景优雅：东有文甲（古称门夹）笔架山，俗称羊角山，连着浮曦仙洞山、西沙凤凰山，逶迤环绕莆禧古城；西南面有狗头山柄山，郁郁葱葱，曲折起伏；正南面的湄洲岛，旧称湄屿，又名山，状如海中浮龙横隔其中，把文甲笔架山、狗头山柄山拢为一体，构成一天然屏障，围绕着一片几千公顷的汪洋港湾。黄螺港在此港湾中突出自成一澳。

（三）妈祖故里

港里是妈祖的故里，妈祖显圣的事迹在这里流传极为广泛，几乎家喻户晓，深入人心，也因此诞生了很多与妈祖有关的民俗文化活动。仅妈祖信仰集中的、物化的体现地——天后宫在港里就有六座，分别是港里天后祖祠（图4-3-2）、灵慈东宫、灵慈西宫、新兴宫、昊羲宫和开元宫，这几座宫庙均主祀妈祖，其余还有许多官庙配祀妈祖，比如开山官、钱楼官等。此外，港里保留有妈祖"窥井得符"的南宋古井（图4-3-3），以及传说中妈祖父母祈求观音赐子的接水亭等。这些都构成了当地宗教信仰的主体——妈祖信仰。①

（四）聚落选址

港里环山面海，村落坐落于黄螺山上，坐西北面东南。港里以洞山为后靠，狗头山柄山为朝案，拢螺山湄屿为左砂青龙，象山为右砂白虎，收大门入港的海潮水为明堂之水，构成山清水秀的理想的安居之所。正符合

图4-3-2 天后祖祠（来源：陈静 摄）

---

① 张钰. 莆田港里古村传统聚落建筑形态研究[D]. 泉州：华侨大学，2010.

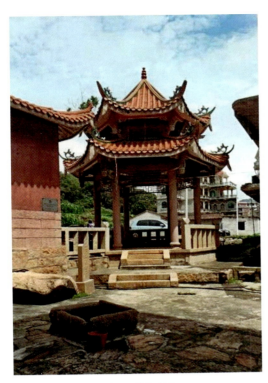

图4-3-3 南宋古井（来源：陈静 摄）

二、聚落布局

（一）布局特征

港里村由10个自然村组成，目前古建筑、古文物保留比较多的自然村有三个，分别为上后厝、宫兜与港尾，这三个自然村集中分布形成一大片聚落，以道路联通，组成一个有机的整体（图4-3-4）。港里传统民居先分布在贤良港天然澳口方便渔业往返处，以后逐渐往山坡上发展，多集中在低山腰高程在海拔20～100米之间，根据自然地形，依山就势，组合建筑群体；村内道路随坡起伏，就势曲折，路的宽度在2～5米不等，路面铺设有条石、海边杂石或带路阶的山坡路几种，形成独具特色的步道；建筑单体顺应地形，鳞次栉比地相连；布局自由灵活，构成了步移景异的空间景观，有机形成集市街、居住街；房屋的朝向，以面海为主。由于山高坡陡，基地进深较浅，无法建成多进院落的群组布局，多为"一颗印"式的单体建筑，依循山坡等高线错落比邻布置。由于用地不易得，多为二层楼房，不超过三层。

上后厝自然村集中了众多有价值的文物与自然景观，有省级文物保护单位天后祖祠、妈祖故居、涉台文物福慧寺和五帝庙、宋代航标石塔、故居路、祠前路明

古代"风水"讲究的后有靠山，前有流水，侧有护山，远有秀峰，住基宽坦，水口紧锁的原则，实为"发福发贵之地"。

港里村的选址体现了传统"负阴抱阳，背山面水"的风水理论，乃是一"山水相交，阴阳融凝"的风水宝地。沿海而驻提供了便利的海陆交通，方便了南北两地文化、经济、建筑技术等诸方面的交流。这恰是风水理论重"水法"的具体表现。而且港里古村没有选择在海域的凹入口，而是选择了水流环抱之位，即风水的限曲（汭位）部位。这里形成流水的三面环抱，有稳定感，更重要的是十分符合科学道理。在水流中携带的泥沙会不断地冲积凹岸，而凸岸则会堆积成滩，逐渐扩延，有利于村落的发展和安全，是一种科学的扬长避短的选择。村后则是连绵不断、秀丽葱绿的群山，在村落对面形成绝妙对景，为港里古村提供了一处良好的自然景观，更加适宜居住。

图4-3-4 港里古村聚落布局图（来源：张钰 绘）

代摩崖石刻、受符井、三炷香礁石和黄螺山，还有一些保存状况较好的古民居。上后厝是林氏的聚居地，其布局以天后祖祠（即林氏宗祠）为主，其余民居以其为中心，结合地形、地势展开布局。虽然祖祠不是位于正中心的位置，但却是聚落进出的主要地段，交通便捷，是庙宇仪典的中心，也是村民公共活动宗族议事中心和聚会场所。

宫兜自然村原为黄氏的聚居区，原以黄氏宗祠为中心，结合贤良港的地形展开布局。但随着黄氏大量迁往"小港里"居住，黄氏宗祠也被迁建，宫兜成为徐姓的聚居地。今天的宫兜最主要的标志建筑为灵慈东宫。该宫位于贤良港东侧交通便利的地方，便于村民的聚会、议事与祭祀。

港尾的布局与宫兜有异曲同工之妙，以位于贤良港西侧灵慈西宫为标志建筑展开布局。

港里村的布局体现了以地缘为主，辅以血缘、宗教信仰体系影响的村落布局特点。聚落中屋舍鳞次栉比，路阶高低曲直，背靠洞山，面向宽阔的海域与湄洲岛，阳光照在斑驳的墙面上，映照出迷人的光泽，营造出优美祥和的渔村意境，整个村落远远望去，古朴宁静又气势恢宏。[①]

（二）街巷形态

街巷是聚落形态的骨架和支撑，是联系各节点的纽带。街巷系统包括街和巷两种形式，街较宽，可以容纳许多人在其中进行社交活动，而巷较窄，仅起分散人流的交通联系作用。港里村的街巷是以宗祠为中心，结合贤良港的地形展开布局，重要的建筑群都分散布置。街道两旁时而是参差不齐、高低错落的民居和店铺，时而是植被茂盛的坡地，时而露出一些空隙将海景和对岸葱郁的山丘纳入视野中。曲折的道路和空间视景的转换打破了街道单调的立面，构成了富有层次的街道景观。

三、聚落风貌

港里村传统聚落因受沿海的地理环境、妈祖文化的影响形成了特色鲜明的聚落风貌。根据古村落不同地段的历史文化特征和建筑遗产分布，该聚落可以分为宗教朝圣区、特色民居区、滨海景观区。其中，宗教朝圣区位于上后厝自然村以妈祖祖祠、妈祖故居为中心的区域。这一区域是港里宗教建筑最密集的区域，有妈祖祖祠、新兴宫、昊曦宫、福慧寺、阿育王塔等，集中体现了港里以妈祖信仰为中心的多元化的信仰体系；同时，这里也是妈祖林氏宗族的聚居地，保留了许多跟妈祖有关的建筑、文物与民俗文化，比如，妈祖故居、妈祖诞生地与受符井等充满了文化内涵。特色民居区基本上分布在上后厝自然村南面与港尾自然村相连、民居分布比较集中的区域。港里现存数量不少的清代古民居，建筑用材以青石为主，集中表现了沿海民居的特色，充满了传统文化内涵，具有较高的历史文化与建筑价值。滨海景观区位于宫兜自然村靠近古码头的区域。这里原来有天然的避风港，还有宋古码头的遗迹保留，曾是通往湄洲岛的唯一港口。后避风港由于围海造田被填，变成陆地。这片的建筑基本上是20世纪80年代以后新建的砖瓦水泥建筑，高度3~5层不等，严重破坏了古村的风貌，影响了视线通廊。

四、建筑特色

港里10个自然村都保存有或在旧址上复建有宫庙，以奉祀妈祖的庙宇为主。村里布局保留着原有的道路系统与空间格局，还有妈祖故居及几十座具有乡土特

---

① 张钰. 莆田港里古村传统聚落建筑形态研究[D]. 泉州：华侨大学，2010.

色的民居建筑，能反映宋至清妈祖信仰的历史风貌和清康熙复界后的民居特色风貌。港里现存的建筑类型比较丰富，主要可以分为宫庙与祠堂、民居等。

（一）宫庙与祠堂

港里的宫庙繁多，据不完全统计有16座之多，其中以奉祀妈祖的最多，比较著名的有天后宫祖祠、灵慈西宫、灵慈东宫、福慧寺和五帝庙等，以下以灵慈西宫为例。

灵慈西宫（图4-3-5）位于港里村港尾自然村，主祀妈祖，创建于宋代，元代毁，清复界时重建，1998年整修清基时，从宫门下掘得一对宋瓷小瓶，内装12个宋代铜钱。灵慈西宫坐东北向西南，占地688平方米。建筑保持清代风格，为三进三开间布局，带两天井、连廊。

该宫细部装饰比较讲究。木梁架精雕细刻，神、斗栱、垂柱等部位木雕精细，浓墨重彩，鎏金沥粉。该建筑正立面石雕突出，门前双狮耸立，灵动俏皮。墙上大理石雕贴面，松鹤延年、禄竹争春、福禄寿等题材的石雕丰富多彩，表现手法多样。石雕盘龙双柱，采用浮雕、镂雕等手法相结合。屋顶装饰也极为出众，不仅飞檐翘角，燕尾脊灵动飘逸，而且使用嵌瓷、灰塑等装饰形式，凤凰、仙鹤、风师爷等题材的装饰均造型逼真生动，富有艺术表现力。

（二）居住建筑

港里现存数量最多的是民居建筑，基本上都是清复界以后的建筑。其中大多保存状况良好、建筑布局完整，具有较高的建筑价值。

港里村居住建筑具有沿海乡土建筑的典型特点。其传统民居院落可分为双合院、三合院、四合院等类型。其中，双合院依围墙的建造方式又可分为曲尺型、单翼型和双条型。三合院一般是三开间或五开间、带两伸手前加围墙围合天井的形式，这种形式在港里最为常见。四合院是三开间或五开间、带两伸手前加门厅围合天井的形式。由于坡地进深有限，无法建成大庭院、内天井、几进院落的形式，故主要是短进深的布局。

港里的民居为防台风，一般高度都不高，二层的高度尤其低矮，有的仅有一人的高度。门前小院既是邻里交往的空间，也是晒鱼晒衣的场所，院前设照壁，多以形制不一的红砖拼成不同的纹理或图案。为了方便避难逃生，二层背面设后门，用天桥通往后侧横巷。建筑平面朝向以面海为主，异于中国传统的以方位为主的朝向。

港里民居（图4-3-6）虽然体量不大，但屋顶通常分成几段，做高低错落处理，屋面顶部高耸，两端翘起，同时曲线屋脊再加以强调，形成大弧度曲线组合成的丰富的天际轮廓。屋脊生起的曲线也不相同，有的较为挺直而显得厚重，有的较为弯曲而显得轻巧。港里民居最大特色是为防台风民居屋面均用砖石压瓦，或特制厚瓦，少出檐或不出檐，以女儿墙压檐或密封檐口。屋顶的处理多为露明造，或有望板砌口密铺。这种做法也使得当地的屋顶有了更多的变化，成为当地的一种独特景观。[①]

（a）灵慈西宫内部　　（b）灵慈西宫外观

图4-3-5　灵慈西宫（来源：张钰 摄）

---

① 张钰. 莆田港里古村传统聚落建筑形态研究［D］. 泉州：华侨大学，2010.

图4-3-6 港里民居风貌（来源：陈静 摄）

第四节 荔城区华亭镇园头村

园头村位于华亭镇西部，邻近仙游（图4-4-1），被莆田市列为幸福家园试点村和第二批城乡一体化试点村。距华亭镇区约4公里，对外交通便利快捷。园头村多元文化并存，是城厢区第一侨村，文化古迹众多、名人辈出，素有"文化绿洲"的美誉（图4-4-2）。[①]

一、聚落环境

（一）自然生态环境

1. 地形地貌

园头村地形特点为南部山体、中部冲积小平原、北部河流，主要山体名为仰天山和鲎山，河流为木兰溪。依山地势整体由南向北边的木兰溪倾斜，呈逐渐降低之势，以低山丘陵地貌为主。

2. 水文条件

莆田市的母亲河——木兰溪过境园头村。木兰溪是

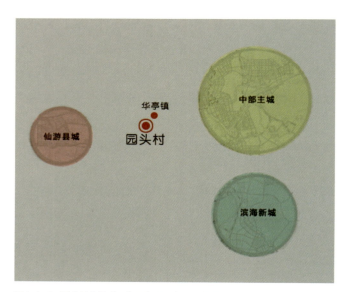

图4-4-1 园头村的地理区位示意图（来源：杨晓慧 绘）

---

① 杨晓慧. 基于人文生态理念的美丽乡村规划策略研究——以莆田园头村为例[D]. 福州：福州大学，2018.

图4-4-2 园头村的聚落风貌（来源：陈静 摄）

闽中最大河流，河道较宽阔，水流也较平缓，水文历年的水量、水位相差悬殊，每年的6～9月木兰溪达到年最高水位和最大流量。

3. 植被森林

园头村生态植被多样性较好、种类丰富。植被主要集中分布在居民点西北侧的鲎山、北面的林地和南面的仰天山，山体森林密布、植被覆盖率高。现状植被树种主要有乔木16种，灌木、藤本17种，草本18种。乔木以龙眼、枇杷、小叶榕为主，灌木、藤本以山茶花、月季、三角梅为主，草本以一串红、芭蕉、芦苇为主。

4. 生态基质

园头村南依仰天山，北伴木兰溪，溪水半环抱着村落，其自然生态基质主要由河流、耕地和山体林地构成。园头村境内木兰溪呈带状分布，水量大、流动性强，水质良好。田畴平整，面积较大，从居民点南面围合村落，并与仰天山相接。山体连续性强，植被覆盖率高，生态系统较为健康（图4-4-3）。

图4-4-3 园头村现状自然环境（来源：杨晓慧 摄）

（二）历史人文环境

1. 建置沿革

园头村曾名"云庄"，古属闽中郡，中晚唐时期划归清源（今仙游县）管辖，唐末后隶属于莆田县文赋里管辖。1983年莆田设立地级市后归莆田县管辖，现属莆田市城厢区华亭镇管治。园头村距今有一千多年历史，境内聚集陈、黄、曾、许、张、林、卢、杨、詹等各姓氏。1864年木兰溪上游山洪暴发，洪水涌入园头时，被溪心小山峦鲎山挡住，形成了现在的园头村。

2. 文化绿洲

园头村自古以来文化教育发达，素有"文化绿洲"的美誉。科举时代，曾有流传祖孙父子兄弟叔侄"一门四贡元"（即龚愧仁、龚紫山、龚紫峰、龚辉光）的风流佳话。在《莆田县志》里载有清道光年间拔进士龚继昌（字紫山）的诗句："西风飒飒吹冷衣，帽影鞭丝过客稀，溪水秋来流欲断，山林霜后叶争飞"。20世纪60年代，龚氏旧祠堂里藏有南宋参知政事龚茂良裔孙天铨喜题一扇"参政堂"木雕匾额和一尊龚茂良木雕像等古文物，在"文革"中均被烧毁，还有紫气轩中有清代武举人龚大受用过的一把青铜战刀，净重百余公斤，也在"文革"中被人偷窃，以烂铜废铁变卖，至今仍无踪影。

3. 民俗风情

园头村具有独特而浓郁的民俗风情，保留着诸多特色民俗活动和传统手工技艺，主要的民俗节庆包括元宵节、头牙、清明节、乞巧节、尾牙等。元宵节期间村内宫社张灯结彩，摆斋菜、设宴桌、糊纸样、"摆棕轿"（跳傩火），还有舞龙舞狮、莆仙戏等文艺演出，具有广泛的参与性。园头村留存手工线面制作的传统工艺，选用优质面粉，经过串面、拉面、日晒等若干道工序而成，是莆田地区的传统特色美食。

4. 民间信仰

园头村的民间信仰种类丰富、多神并存，包括祖宗神、行业神、保护神等，除了信奉佛教、三一教诸神之外，还有许多具有本地特色的神祇。村民为他们所信奉的神祇专门建造了供奉祭拜的场所，例如闻香寺、观音亭、存养堂、三一堂、新兴社、土地庙等。

二、聚落布局

（一）布局特征

园头村由"母亲河"木兰溪赋予其独特的地貌。自西向东流经该村的木兰溪，绕仰天山和万板村山麓，环抱村里两座小石山，构成半圆形依山傍水的半岛，如同"兰溪绿洲"。村庄占地面积450亩，由前社、后社、过湖三个自然村组成。由于村落总体地势北部低南部高，南部田野纵横，整个村落自北向南呈现出"水系—村落—农田—丘陵"的村落空间格局（图4-4-4）。园头村的建筑主要围绕着南北向的街巷空间布置。经过上千年的发展与演变，最终形成了独具地域特色的空间格局和肌理。中部的主街将聚落切割为东西两个片区，东区的建筑除了外围近现代的建筑以南北朝向为主，内核

图4-4-4　园头村聚落的整体布局

传统民居多以东西向为主，是该村落发展的起点（图4-4-5）。西区的民居分布较零散，建筑主要为南北朝向（图4-4-6）。但新中国成立后，尤其改革开放以来，由于社会形态的变化，园头村村落逐渐受到不同程度的人为或自然破坏，传统风貌破坏严重。

（二）街巷形态

宽敞的主街道、横纵交错的小道及传统大厝之间的巷道构成村落的交通空间（图4-4-7）。园头村现有的交通空间分为三个层次：一级道路系统（7米宽）、二级道路系统（5米宽）及三级道路系统（3米宽）。一级道路是村庄主干道，主要为村庄外环路。二级道路是指旧街、新街、学府路，其道路两旁建筑多是3~4层高的现代砖混建筑，道路较为宽敞，也是对外交通的主要道路，连接村落内外；三级道路是指原来村落大厝前后左右之间的宅间巷道，也是园头村最有价值的巷道空间。

图4-4-5　东区民居的整体布局（来源：陈静　摄）

图4-4-6　西区民居的整体布局（来源：陈静　摄）

图4-4-7　村落街巷（来源：陈静　摄）

三、聚落风貌

（一）建筑风貌不协调

园头村地处莆田，在长远的历史发展中，受地理位置这一决定性因素的影响，形成了众多富有莆仙地域风格的民居建筑。村庄居住用地多为自发形成，较为零乱，村容村貌景观不佳，建筑连片，间距过窄，村庄支路、巷路不够完善，断头路严重制约村庄发展。村内部分住宅结构和户型较差，急需改建。将住宅建筑质量大体分为四类（表4-4-1）。

建筑类型统计一览表　　表4-4-1

建筑等级	建筑结构	基地面积（m²）	比例	备注
1	砖混、石混	47106	42.27%	不包含附属建筑
2	砌体（砖、石）	5571	5.0%	
3	土木、砖木	39174	35.16%	
4	简、牲口棚	17646	15.84%	
特殊建筑	祠堂、古庙	1933	1.73%	
总计		111430	100.00%	

1. 质量好建筑：近几年新建建筑，以多层混合结构为主，主要分布于沿街两侧，以及村庄外围。

2. 质量较好建筑：主要是低层混合结构建筑为主，部分砖混结构建筑由于资金问题搁置的；部分由于用地紧张，建筑占地面积小。主要零散分布于旧村内。

3. 质量一般建筑：主要为土、木、砖、石结构建筑，主要分布于南部旧村内。此类建筑基本属于危房建筑，规划将逐步拆除、改造。

4. 质量较差建筑：为建设年代较久的已破损建筑，以及随意搭盖的简、破、棚建筑，近期已将此类建筑拆除。

（二）市政基础设施系统不完善，人居环境改善滞后

现状村庄公共活动空间单调、缺乏丰富的开敞空间，例如活动广场、停车场等，市政配套设施不完善，不能满足居民多种文化生活的需求。近期亟待改善人居环境，增强公共服务设施的配置。

四、建筑特色

园头村历史悠久，历史文化遗存丰富。村内文化古迹众多，现有闻香寺、观音亭、存养堂、畏所岩、静本堂、新兴社等6处市级文物保护单位（表4-4-2）。另外，村内目前还有多处古民居，而且大多保存着原有的建筑

古建筑统计一览表　　表4-4-2

序号	名称	类别	建筑规模（m²）	始建	备注
1	闻香寺	市级	670（其中342m²为新建）	明万历	寺庙
2	观音亭	市级	973.8	明代	寺庙
3	存养堂	市级	603.5	明末	寺庙
4	畏所岩	市级	209.5	明代	寺庙
5	静本堂	市级	331.44	明嘉靖	寺庙
6	新兴社	市级	360	清宣统	寺庙
7	三一堂	正在申报市级	159	清初	寺庙
8	芳乐庙	正在申报市级	164	明代	寺庙
9	参政堂	正在申报市级	328	清代	古建筑
10	明心祠	正在申报市级	250	清代	寺庙

格局，如陈寿松故居、龚民凯故居、龚云祥故居等。

（一）闻香寺

闻香寺俗称"下寺"，始建于明万历年间（1573~1619年），位于园头村东南部，坐落在宋钱四娘选筑木兰陂的将军岩山脉和仰天山脉交接处的云山风岚山麓，东依万坂山，西邀木兰水，南迎大蛇嘴，北临龟石潭。整个建筑以大雄宝殿为中轴线，左下为钟楼，右下为鼓楼，附有斋堂僧舍，两侧有石阶与通道，两边偏门可通各处。殿堂内供奉释迦牟尼、观音大士、关公和韦陀，呈现出"紫林竹间观自在，金莲座上现真如"的鼎盛气象。

随后，闻香寺几经兴衰，到20世纪20年代香火式微，僧侣散尽，仅一"菜公"维持至40年代初，后由释月莲主持，尼姑日增。原寺受白蚁之灾和山洪袭击，大殿部分受损，后重建，改上下结构并列双进格式，左右双层厢间，全部用白岩石建筑，保留原有风格增加大殿视野，并重塑金身。

步出闻香寺可看到，东向钱四娘建陂遗址，南向仰天山的"假生碑石""母子情石""十八狮"等奇岩怪石和林氏古屋遗址。

（二）观音亭

观音亭前身名普山堂。相传古时，此地乱石堆积如山，顶上有一个天然石洞，宋时船人在洞中供奉一尊观音菩萨圣像，及至明清，又有人在此增奉三教圣像。20世纪初叶，由当时本村行善清修的龚姓女士（法名普珠）主持开山创建，初名普山堂，后称观音亭。1984年11月，真琦主持将原有旧屋拆除，改建新殿宇，于1992年6月落成，并于当年10月正式举行开光大典，将后座命名为"定光楼"，前座则为观音亭（图4-4-8）。

（三）存养堂

该堂于明末由功德主黄南七五舍地创建。相传村内一乡绅黄公，常年出海经商贸易，一夜遭遇飓风，黄公掉落海中，心中默念观音菩萨救苦救难，并仰首发愿，此番若能获救，平安返回故里，愿舍地创建庵堂供人礼佛。黄公心念随愿，霎时风平浪静，游来一头神龟，驮着黄公平安靠岸。心诚则灵，回家后即创本堂，号称存养，告诫世代修行礼佛者"存心为善一尘不染，养德修行六字恒持"。即存养堂由来。后厥有清代乃至民国期间，几番兴废，史迹不详，现有建筑物为20世纪80年代甲午主尼禅音修建。2007年，信众募资增建堂后住舍。现今主持释宽辉，存养堂每逢圣诞佛事，十方信众较多，为宗教活动聚集场所（图4-4-9）。

图4-4-8 观音亭（来源：陈静 摄）

图4-4-9 存养堂（来源：陈静 摄）

（四）畏所岩九座寺

九座寺位于园头村中社。早年园头村是木兰溪中的一块沙洲，沙洲上有座小石山，俗名"石头顶"。西面是前社，东面属后社。石头顶下的石阶边有一碑曰："畏所岩"。岩顶上有株大榕树，在石头顶北面，则是"云庄书院"。书院石壁上刻有"与木石居"至今清晰可见（"畏所岩""与木石居"均为明代光禄寺少卿马思聪所书）。穿过书院小池塘，沿小路东行即是九座寺的遗址——佛厅。

九座寺建于何年代，现已无从查考。据当地老乡介绍：后社陈姓迁始祖实岩公，在明嘉靖年间（1522～1566年），因避倭乱投身九座寺打工，后娶妻生子，繁衍后社陈氏宗族。昔日九座寺殿宇堂寮，错落有序，庄严别致。九座寺有可能是寺堂多达九座而得名。可惜由于年代久远，仅存"佛厅"已是该寺唯一遗址。

（五）三一堂

古时村中部有一条面积只有七八家铺子的路角商业街，这里是园头村有名望的黄氏文山派族居聚点，约在1550年，由黄石金尊黄维宗迁徙泉州铺，创立文山派，后经常行货莆田经商，看这里风景秀丽，遂卜居下来。于清初期，择"涸头"，始建三一堂（图4-4-10）。

图4-4-10 三一堂（来源：陈静 摄）

该堂坐北朝南，有一个敞口厅，上有楣额，一根灯梁，二房间双角头，一口天井，五柱落地，穿扇加嵌肚，外加防护墙，设有一个宽敞的外大埕，用于举办祭典活动，墙上有石刻"小草"，厅堂里祀奉林龙江坐像。

三一堂多神并存，除林龙江诞辰、忌日、普渡等祭典外，"天地生""观音生""土地公生"等祭典都在这里举行。该堂活动内容丰富多彩，有草台戏、排宴戏、斋菜、放鞭炮、烧贡元、上香跪叩。

（六）新兴社

清宣统年间，在中社陈已废的祠堂遗址筹建村社，社名为新兴社。社内厅堂供奉社公，头戴状元帽，插有金花，文静自然。社妈慈祥仁爱，左边文昌帝君，右边司马圣王，厅堂高悬"新兴社"大匾。

据传，园头村的村民是自明代倭寇侵莆，由黄石、阔口、许厝等地先后迁入，他们见这里风景秀丽，遂卜居之。由于人口不断增加，来自不同地区的风俗习惯和文化渊源免不了产生摩擦，由摩擦到整合，便形成了和谐共处的共识；他们有一个共同愿望，家庭兴旺、家族振兴、家乡复兴。在这个大背景下，"新兴社"诞生了。

（七）静本堂

静本堂始建于明嘉靖年间，由本村车氏家族出资兴建，原专为供奉夏教创始人林龙江先生。后因后社村没有其他宫庙，便把本村"社公"及其夫人"后土夫人"、田公元帅等神像都放在改堂内。清光绪八年（1882年），由本村陈氏、车氏、詹居士等捐资兴建，规模在原基础上有所扩大，现为"四合院"式中厅有"天井"的建筑，仍保留着当年的风格（图4-4-11）。

图4-4-11 静本堂（来源：陈静 摄）

第五节 仙游县盖尾镇前连村

前连村系属福建省莆田市仙游县盖尾镇一大行政村，位于仙游县东部，莆田市第一大河木兰溪畔，距县城约15公里，东与湖坂村接壤，西与盖尾村毗邻，南与郊尾镇西山村交界，北隔木兰溪与昌山村遥对。前连村于南宋隆兴年间（1163～1190年）开族至今有八百多年历史，世代耕读，科甲联芳，英才辈出，素有"笔杆村""文化村"盛誉。前连村聚落是清代民居群（图4-5-1），保存原有布局与历史风貌，建筑为清代原构。2012年前连村聚落入选福建省人民政府公布的第四批省级文化名镇名村。

一、聚落环境

（一）建置沿革

据载连氏开族于南宋年间，明代由连治丞（俗称阿头）率领其子应祖公及长孙钺公从连坂（原仙游县云顶山北面山脚，以姓氏为地名，所以称连坂）移居仙游前连，次孙钊公迁往惠安坝头（今泉州市泉港区前港镇坝头），三孙锡公迁往延平府（今南平）转入尤溪魁城（今属大田），定居德化甲头（今），形成"三凤"鼎立之势。三地连氏裔孙亲如一家，世称"凤阿"连氏。

从唐朝以后前连村所属行政区域的划分上，经历了很多次变革。前连村明至清时期属香田里。民国时期属香田镇、香北乡。中华人民共和国成立后属四区、石马公社、盖尾区，1984年12月，改称盖尾乡。1992年改盖尾镇。盖尾镇全镇管辖有岭头村、义店村、星庄村、新窑村、斜尾村、仙溪村、仙华村、连井村、后井村、盖尾村、东许村、仙谭村、石马村、杉尾村、琼峰村、芹林村、前连村、南宝峰村、聚仙村、后山村、盖南村、东井宫村、昌山村等25个行政村（表4-5-1）。[①]

---

① 徐骏. 仙游前连村聚落与建筑研究［D］. 泉州：华侨大学，2015.

图4-5-1 前连村聚落（来源：陈静 摄）

前连村所属行政区变革　　表4-5-1

时间	行政区名称
唐至清时期	香田里
民国25年（1936年）	香田镇
民国36年（1947年）	香北乡
中华人民共和国成立后（1949年）	第四区
1955年	盖尾区
1958年	石马公社
1961年	盖尾公社
1984年	盖尾乡
1992年	盖尾镇

（二）聚落选址

前连村地区位于木兰溪下游河谷地区，与木兰溪相依，木兰溪支流穿流而过，丰富的水资源提供了便利的生活与农业供水。聚落范围内有大小数座水塘，具有调节旱涝、蓄水灌溉的作用，为农业提供了有利条件。古时讲究地形地势时，更多的是与堪舆学有关，前连村聚落选址上，主要在平缓地带建筑，利于农业耕种、交通便利等。建筑群北面与昌山对峙，东靠云顶山，形成堪舆学上的后有靠山环绕。南面地形开阔平缓，形成一片平原空地，上有若干个规模不一的水塘，木兰溪支流环绕而过，形成所谓玉带环腰，对于古人对堪舆布局的讲究，前连村地理上属于"风水宝地"。

二、聚落布局

（一）布局特征

从整体布局看，前连古民居群的16座大厝连成一片，总体坐北朝南偏西，布局为一个反的"丁"字形结构，纵横达2.5公里。最早的阿头祖厝及顶厝等6座营建在"丁"字形大厝的横笔画上；旗杆厝、旧厝、中厝、新厝、仙公厝、下张厝和阿五亭、阿六亭等8座，均建在"丁"字形的竖笔画上。最晚建造的下过溪厝、顶过溪厝2座建造在"丁"字形的勾笔画上（图4-5-2）。从当地耆老口中得知，以"丁"字形结构布局的连氏古厝群，寓意人丁兴旺、子孙发达，所以连氏家族得以不断发展壮大。前连古民居能够完整地保护是与其姓氏的单一性和家风的传承性有关。前连村九成以上姓连，村规民约风俗习惯都与"连"氏家族的祖训族规有关，自明朝第一座阿头祖厝开始，至民国"顶过溪厝"的落成，其前后几百年间大家形成建筑风水的共识，有一条全族人共同遵守的法则，不在大厝前盖新房。这样，"丁"字形古民居群才能够鲜活地存在。因此，前连村聚落在空间架构上随着自然、人为因素，呈现出线性延伸。

（二）街巷形态

在特殊的"丁"形布局上，各座大厝左右相依，中间留出一条巷子，巷子狭长，在山墙的三角形底边线做一披檐，底下形成一条可以避雨防霜的廊道，中有水沟，用于排放生活用水和雨水，左右留出供人行走巷道，巷道主要串联大厝群南北两侧公路的行人通行，有效果解决了因大厝体量大，阻断南北通行需要绕行的问题。巷到左右大厝也会有开门，族人通过巷子在相依大厝之间相互串门行走。所以就有了从第一座大厝到最后一座大厝下雨不湿身的说法。依靠这种紧密的建筑布局，也对连氏族人之间的相互团结也起到了一定的作用。

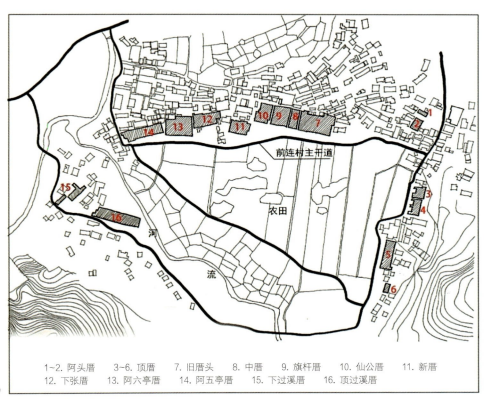

图4-5-2　前连村聚落布局（来源：陈静 绘）

1~2. 阿头厝　3~6. 顶厝　7. 旧厝头　8. 中厝　9. 旗杆厝　10. 仙公厝　11. 新厝
12. 下张厝　13. 阿六亭厝　14. 阿五亭厝　15. 下过溪厝　16. 顶过溪厝

三、聚落风貌

前连村东靠云顶山,东面地势因与云顶山衔接,地势较高且平缓,视野开阔。最早的"阿头祖厝"等6座古厝,沿云顶山衔接坡地坐东向西并排而建,房屋所处地势较高。地势高有利于保护房屋不受水灾破坏,也有利于组织生活排水。这是古人长期的建房实践经验。从传统的建屋朝向以坐北朝南为标准看,这个时期连氏家族所建造的大厝与其有所违背,但从对自然环境灾害的规避上却是最有利的。前连村地势自东向西而下趋平缓,聚落内有三处地势较为低洼的平原地带,地势高地以条形状将三处低洼地带相互区隔。从平面可以看到,前连村聚落内的房屋都以带状布局在"工"字形地带上。连氏家族而后所建8座大厝以坐北朝南左右相接形成带状厝群。

前连村地理位置优越,交通便利,境内宝杉公路横贯东西,东侧仙港大道南北贯穿。聚落内村道环绕,入村口与宝山公路相交。两条村路在位于带状厝群前后东西平行横贯,在厝与厝之间留下供居民行走的过道连接两边村路。一条村路从厝群面前的平原斜对与木兰溪支流平行贯穿将其围合形成一块三角形的平地,这条村路除了方便农务劳作的交通运输,还起到防洪堤坝的作用。低洼平原地虽然对于农业的生产有利,但是易于受洪涝灾害对农作物产生破坏,特别与木兰溪支流衔接,自古就因木兰溪洪涝灾害频繁,经常对农作物造成破坏,所以村民想到此法既造路又改造水利。

四、建筑特色

(一)居住建筑

前连村聚落居住建筑的最大特色在于建筑规模宏大,气势恢宏。从平面格局来看,大厝通常是以传统的四目房和五开间作为基础单元,向横向扩大开间形成七间张、九间张、十一间张,再加一重或多重护厝,或再向纵深方向重叠为三座厝发展而来。大厝的普遍特征是进深窄,横向宽。此外,大厝还有一种"连体"组合方式,即由多个四目房扩大规模后再通过封闭的巷道组合而来。其中,聚落内横向规模最大的连体大厝是顶过溪厝,面宽19开间,总宽度达到90余米(图4-5-3)。

(a)顶厝

图4-5-3 连体大厝(来源:陈静 摄)

（b）旗杆厝

（c）阿六亭厝

（d）旧厝头

（e）阿五亭厝

（f）顶过溪厝

图4-5-3 连体大厝（来源：陈静 摄）（续）

居住建筑的屋顶造型都是悬山顶、双坡面以及燕尾脊,四面出檐深(图4-5-4)。结构基本保持清代原构,且结构完整清晰。从装饰特征来看,前连村流传下来的明代宅第,均比较朴素,虽有装饰,但工艺较为简洁。清代以后,一些雕饰开始出现在不同构件上,而后开始慢慢追求精雕细琢。装饰上主要为砖雕、木雕、石雕,其中,砖雕的雕刻手法呈现多样化,出现了线雕、浮雕等雕刻手法,装饰题材以花卉、人物故事为主;木雕的装饰题材有花卉,还有人物、动物等;石雕有线雕和透雕等雕刻手法(图4-5-5)。

(二)祠堂建筑

连氏大宗祠又称凤阿祖祠,始建于南宋末年,悬山顶土木结构(图4-5-6)。明、清均有重修,最近一次重修为2013年,由台湾国民党荣誉主席连战先生题敬"凤阿连氏大宗祠""世泽堂",举行隆重致辞揭匾庆典。祠内奉祀始祖右丞相治公等列祖列宗及连氏先贤。入口柱联曰:"春秋祭祀彰先德,科甲联芳起后贤。"

大殿内绘有连氏祖先彩色肖像壁画,神台上祀奉有连氏先祖。祠堂装饰图案丰富,从各种石雕、木刻、门柱、窗格上,可以看到连氏族人在用料上、师傅在制作上所花的心思,现为县级文物保护单位。

(三)宫庙建筑

前连村聚落内的村庙主要集中分布在最早建筑大厝的位置旁,所处位置地势高不易受洪涝影响。一到祭祀节庆,各家都需要到庙内敬拜神明,借由祭祀活动表达

图4-5-4 屋顶造型(来源:陈静 摄)

图4-5-5 石雕、砖雕、木雕(来源:陈静 摄)

对神的感激之情，并希望能继续庇佑他们，所以村庙在很大程度上成为聚落的主要空间节点。平时村庙也是老人们聚集的地方，成为老人喝茶聊天、听戏等休闲聚会的场所。

前连村的主要宫庙建筑有捷元宣（图4-5-7）、昭灵宫（图4-5-8）等。屋顶形式、做法与民居相同，但由于其等级高，屋脊的装饰、端头处理和精致程度会高于居住建筑。建筑保持清代格局，后仿清代风格重修，为悬山顶土木结构。大殿内绘有表现神话故事题材的肖像壁画，教祠装饰图案丰富，多以雕刻呈现在斗栱、檩、枋上。昭灵宫宫前有对雕龙石柱，活灵活现，巧夺天工，宫内天井有"莲花汲水"之奇迹，虽大雨倾盆，满而不溢，厅堂古匾"感应甚神"系武官王邦达用杉木片书写，笔力遒劲，堪称一绝，现为县级文物保护单位。

图4-5-6　凤阿连氏大宗祠（来源：陈静 摄）

图4-5-7　捷元宣（来源：陈静 摄）

图4-5-8　昭灵宫（来源：陈静 摄）

第一节 概述

位于福建省东北翼的宁德地区旧称闽东,地处闽浙交界。宁德背山面海,东临东海,南连福州市,西接南平,北邻浙江省温州市和丽水,地势自西向东呈阶梯状下降,地形以丘陵山地为主,沿海为小平原,区内水系发达,河流密布,属中亚热带海洋性季风气候。目前,宁德市下辖蕉城区、福安市、福鼎市及6县,土地面积1.34万平方公里,直接相邻的海域面积4.46万平方公里。

宁德境内最早建立的县级政区是西晋太康三年(公元282年)建立的温麻县。唐武德六年(公元623年)建立长溪县,其辖境已接近今宁德地区境域范围。元至元二十三年(1286年)升设福宁州,为散州;明洪武二年(1369年)降福宁州为福宁县。明成化九年(1473年)复设福宁州,为直隶州。清雍正十二年(1734年)升福宁州为福宁府。民国初,闽东各县属东路道、闽海道。民国23年(1934年)起,先后设第二、第一、第八、第一行政督察区。[1]1949年,宁德解放,属福建省第三行政督察区(1950年3月改称福安专区)。1970年福安专区革命委员会驻地迁来宁德,次年遂改称宁德地区革命委员会(1971年6月改称宁德地区行政公署),宁德县属之。[2]1988年宁德撤县建市,设立县级市。1999年宁德撤地设市。[3]

第二节 屏南县屏城乡厦地村

屏南县屏城乡厦地村位于福建省屏南县屏城乡东南部,距屏城乡8公里,东邻甘棠乡洋头寨村,南同后井、材头村接壤,西临南湾村,北与上凤溪村交界,全村就一个自然村,划4个村民小组,全村105户475人。划为行政村,设有村委会。厦地村,古称二十二都八保华地境,村民纯为郑姓,始祖郑宗安是浙入闽始祖郑昭后裔,在后周任相位,自河南入闽定居汾阳,是前汾溪村郑氏的开宗始祖,繁衍三支,第二支派郑均志公迁厦地,为厦地村始祖。

一、聚落环境

对厦地村背山面水的村落环境来说,本身就是一个典型的具有生态学意义的好例子(图5-2-1)。在位处北半球且季风气候占主导地位的中国大部分地区,村落和房屋多选择坐北朝南、依山面水之势,此种选址

---

[1] 宁德地区地方志编纂委员会. 宁德地区志 [M]. 北京:方志出版社,1998:102.
[2] 宁德市地方志编纂委员会. 宁德市志 [M]. 北京:中华书局,1995:1.
[3] 中华人民共和国成立后,宁德地区辖区发生多次变化。1949年9月闽东设省第三行政督察专员公署,辖福安、宁德、福鼎、霞浦、寿宁、周宁、柘荣7县,专员公署驻地福安县。1956年3月长乐、连江、罗源3县划入福安专区,同年3月撤销柘荣县并入福安县。1959年3月松溪、政和2县划入福安专区,长乐、连江2县划归闽侯专区,1962年罗源县划归福州市,恢复柘荣县,松政县分设松溪、政和2县。1970年2月,撤销柘荣县并入福安、福鼎县,撤销松溪、政和县设松政县并划归南平专区;古田、屏南、连江、罗源4县划归福安专区管辖。专区驻地1971年6月迁往宁德县并改称宁德地区。1974年12月又恢复柘荣县。1983年4月,连江、罗源2县划归福州市,宁德地区辖宁德、福安、福鼎、霞浦、古田、屏南、寿宁、周宁、柘荣9县(市)。

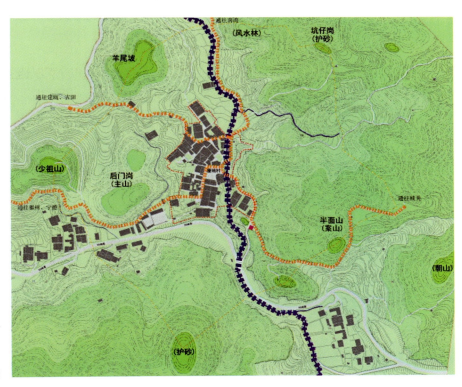

图5-2-1 厦地村平面图

的生态学价值是：背后的靠山，有利于抵挡冬季北来的寒风；面朝流水，既有利于迎接夏日掠过水面的南来凉风，还能享舟楫、灌溉、养殖之便；朝阳之势，便于获得良好日照；缓坡阶地，既可避免淹涝之灾，又可使村落中的民居获得开阔视野；周围植被，既可涵养水源，保持水土，又能调节小气候，还可获得部分薪柴。这些整体的环境因素综合在一起，便造就了一个有机的生态环境图。这是一种富有生态意象的村落环境。这里山水相宜，溪水清澈，非常符合古代关于风水的定位，这也是厦地村选址在此的一个重要因素（图5-2-2）。

二、聚落布局

聚落的功能结构分布指的是在一个相对完整的地域范围内，由不同功能类型、不同发展水平、不同规模，联系密切、相互依存、互为补充的建筑或者设施。聚落的功能是聚落发展到一定阶段的产物，也是区域经济社会发展到一定阶段的产物。在社会整体生产力发展水平还比较低下的时期，广大的农村地区都以农业生产为主，聚落区域内的聚落功能单一，缺乏相互联系，未能形成一个有机整体，因此构不成真正意义上的聚落体系，功能也残缺不全。随着社会经济发展，农村受到来自经济、社会文化、国家政策制度等因素的影响，区域内的各个聚落由于自身自然资源条件、交通区位等要素的不同，其社会结构、产业结构、文化结构等出现不同的发展，各个建筑设施开始拥有不同的功能，从而形成了一个完整的功能结构体系。从厦地村当前的功能结构布局来看（图5-2-3），可以称得上是"麻雀虽小，五脏俱全"，建筑、道路、水系、古墓葬、古寨门（遗址）、坊门（遗址）、古桥、宗祠、民间信仰、幡杆、水槽等，非常符合聚落的功能结构体系，完全可以满足厦地村居民的日常生活所需。

聚落不单是房屋建筑的集合体，还包括与居住直接

图5-2-2 厦地村鸟瞰

图5-2-3 厦地村航拍图

有关的其他生活设施和生产设施。聚落既是人们居住、生活、休息和进行各种社会活动的场所，也是人们进行生产的场所。聚落有它的发展过程。世界上许多聚落正在成长，也有许多聚落正在衰落。聚落作为人类适应、利用自然的产物，是人类文明的结晶。聚落的外部形态、组合类型无不深深打上了当地地理环境的烙印。同时，聚落又是重要的文化景观，在很大程度上反映了区域的经济发展水平和风土民情等。当然，聚落也对地理环境和人类的经济活动发生作用，城市聚落对经济的发展和分布更有着巨大的影响。

建筑的功能问题包括以下几个主要方面：空间构成、功能分区、人流组织与疏散以及空间的量度、形状和物理环境（量、形、质）。各种建筑的使用性质和类型尽管不同，但都可以分成主要使用部分、次要使用部分（或称辅助部分）和交通联系部分三大部分。屏南县厦地村的建筑功能布局，除了有道路、水系、古墓葬、古寨门这些特殊的建筑外，其他的建筑功能区分都比较明确，包括居住建筑、商业建筑、祠堂建筑、宗教建筑以及教育区域、办公区域。此外，有临时搭建的建筑，所占面积虽然不多，但分布比较广泛；还有已坍塌的建筑，已坍塌的建筑区域面积相当大，仅次于居住区域。厦地村存在着比较多的临时搭建建筑和已坍塌建筑，亟须进一步的修缮和完善。

三、聚落风貌

（一）厦地村古村墙垣体系

古建筑墙体根据部位、作用、建筑等级等情况分为很多种，如比较讲究的干摆、丝缝，不太讲究的淌白墙、糙砖墙（暂称之为第一类）以及简陋的碎砖墙、混水墙、石墙（暂称之为第二类）。第一类墙体常见的问题主要是酥碱剥落、轻微破碎等情况，一般为风化、潮湿或是外力破坏导致。第二类墙体常见的问题是，由于墙体比较简陋也不结实，酥碱剥落和破碎也时常发生，此外该类墙体的主要损坏情况是空鼓、鼓胀、"两层皮"现象。其余的损坏情况如裂缝、倾斜等，原因也有很多，如屋架倾斜、基础沉降、外力破坏等。当墙体出现空鼓、鼓胀、破损时，就有可能对结构安全产生威胁，则必须对墙体采取局部或是整体拆除重砌。厦地村当前的墙面图片，从内部墙壁和外部墙壁的现状来看，裂缝比较多，而且脱落严重，还有很多受潮的地方。从山墙的正面和背面来看，墙体发霉都十分严重，而且出现很多脱落的部分，感觉非常不稳定，随时都有倒塌的可能，危险性比较高。

（二）厦地村的道路系统

聚落的路网系统主要由道路和交叉口组成。聚落的道路可以分为快速路、主干路、次干路和支路。快速路和主干路是聚落交通的骨架，保证聚落各区域的连通性，次干路和支路的功能则是辅助主干路，保证区域路网的可达性。在厦地村的古建筑聚落中，则是主要分为官道、主巷、支巷。

通过对道路材质的进一步分析和研究，我们可以看到厦地村的道路主要是由水泥路、石板路、土路组成的，其中石板路占了大部分的道路，然后还有部分水泥路是后来新修的，还有一些偏远的地方，仍然是用的土路。由此可以看出，当前厦地村的道路种类繁多，而且新旧不一，缺乏统一的规范性。

四、建筑特色

（一）传统民居的构成元素

1. 房屋

福建省屏南县屏城乡厦地村是具有800多年历史的传统村落，至今保留着明清时期的村落格局和建筑风貌，其主要特点为夯土墙与木构楼的结合。福建建筑多为宗庙、民居，屋顶样式以硬山顶与悬山顶居多，尤其是民居。正脊，是指建筑前后面屋顶面相交接而形成的屋脊。厦地村建筑的正脊都相对较细窄、狭长，装饰有细腻精巧的图案，宗庙类的建筑，其正脊会显得大气一些。屋脊的主要作用在于压住瓦片与抵挡风压。燕尾脊，是厦地村特有的弯曲屋脊，处在正脊之位，两端分叉上翘，状似燕子的尾端，因此得名。屋面与屋脊的形状，状似轻巧升腾，与天相接，与北方建筑的屋顶传递给人们的负重感、压迫感相当不同，也表现了闽地民众仍守旧着老祖宗坚持的"天地人和合"民俗风情。庙宇与官宅多用，脊端上扬得越长越高，代表门第越旺越高。福建的房屋垂脊，大致分为尖脊、圆脊两种。尖脊呈"人"字形；圆脊采用卷曲形状，视觉上看起来较为柔和，也被俗称作"马背脊"。马背脊的形状与闽地民俗中的风水五行形制相挂钩，出现了"金木水火土"五种象形的山墙造型，别具一格。

2. 门廊

福建传统文化中注重"门面""门脸"，不论是官邸、宗教、祠堂还是民宅，户主对门头的装饰与形式都极其重视，因为它代表着主人家的声望地位以及权势的轻重。从功能角度阐述，门和窗都是划分建筑室内空间的重要构件，老子曰："凿户牖以为室，当其无，有室之用，故有之以为利，无之以为用。"门、窗的大小、形状、朝向在厦地村建筑中反映了风水和礼制等社会民俗文化。与门相关的建筑构件还包括门板、门楣、门罩、门枕石。门板也叫作门扇、门扉，例如厦地村杨家祠堂的门板彩画；又如厦地村承天寺的木雕花格栅的装饰纹样门扇，此种门扇也称作"笼扇"，在厦地村民居建筑中，它们大多是开向天井方向的门扇。笼扇结构轻巧，门板较薄，便于启闭。门枕石，以一个整体低矮石块的造型蹲卧在大门两侧的边框之下，与地连接，主要作用在于承接门面的开合启闭。石台的上半部分大多为圆形带有雕花装饰的石鼓，下半部分多为花叶草树、飞禽走兽，甚至以人物图案为装饰，形态有趣多样。门罩一般是与大门的梁与柱相交接，悬挂于廊柱之间，门罩在闽地建筑的做法并不多见，大多出现在梁枋上，以整块木料雕饰成的落挂进行体现，其上雕刻有花纹植物、飞禽走兽等精妙绝伦的图案。门框上的横向装饰称作门楣，可有木作，可有石制。厦地村淮通关岳庙内的附庙侧门上的石刻门楣，其绘画内容大致是体现历史文化故事，有宣教意义。

3. 墙面

闽系建筑以语言分布为根据可以划分出传统建筑的大致类型，被誉为"红砖文化区"的厦地村民居群，独有大面积的红砖墙面反映其地域的风格特性，正身墙面称作"镜面墙"，侧面称作"大壁"，极其对称有序、庄严规整，体现厦地村的封闭、主次尊卑、风水理念等民俗文化特征。窗在墙体上有取景、采光、通风、装饰的功能，厦地村古建筑的窗体以方形、圆形、矩形等规矩形态居多，木作、石作居多。

(二) 传统民居的装饰分析

1. 装饰的类型

厦地村的装饰以秩序化、规律化、程式化、理想化为要求，改变和美化事物，形成合乎人类需要、与人类审美理想相统一相和谐的美的形态。建筑无不例外地也需要装饰艺术的处理与表达，以此更贴近人们对"美的追求"的精神层面，达到人的审美理想。"海上丝绸之路"的传播对厦地村多地带来了极大的影响，厦地村古建筑中的门窗、梁柱、墙面、屋顶及其细致的装饰部件都充满了社会人文、宗教文化、民俗习惯等方面浓郁的异域气息。

2. 装饰的特色分析

厦地村古建筑广泛的题材与内容、丰富多彩的建筑色彩形态、精彩绝伦的装饰纹样同中国传统文化特征与居住观念相结合，多维创造出来人居环境，极大程度地美化了人们的视觉与心理，深刻彰显了厦地村独特的地域文化，较之中国其他省市的古建筑，区别甚大，研究价值也颇为丰富。研究厦地村古建筑独有的建筑装饰样式，也可以将其运用在现代艺术设计的诸多方面中，丰富现代设计观念，古新结合，古物新用，新物古做，上升现代设计的高度。

第三节 寿宁县下党乡下党村

下党村位于宁德市寿宁县下党乡南部、闽浙边界之处，距寿宁县城约42公里。下党村旧称党川，因溪水川流不息而得名。元大德二年（1298年），王姓先民迁居于此，此后七百余年繁衍生息，逐渐演变成现在的村落，是一个单一姓氏的古村落。位于下党村水口的鸾峰桥是已知单拱跨度最大的古代贯木拱廊屋桥，为全国重点文物保护单位，也是世界遗产预备名单"闽浙木拱廊桥"中的一座。2014年，下党村列入第三批中国传统村落。

由于交通不便，下党村的古村落格局与古民居得到较完整的保存，又由于地处山地且场地坡度大、用地局促，古建聚落不仅具备山地建筑的形态，在用地高差、院落格局、入口处理等方面经过巧妙设计，反映出先民对复杂情况下山地型古建聚落的处理方式，提供了深入研究闽东北山地型古建聚落的案例。

一、聚落环境

福建素有"八山一水一分田"之称，曾巩有《道山亭记》一文，描写福建之地理："闽故隶周者七，至秦开其地，列于中国，始并为闽中郡……其路在闽者，陆出则扼于两山之间，山相属无间断，累数驿乃一得平地。小为县，大为州，然其四顾亦山也"。择群山间近水之平地，实属不易，县、州为之，村落则不必强求。在闽东北，这样的一处地方——坡度不宜过大、近水且就近能开垦出一块基本满足家族延续所需粮食之农田，即可建设村庄，定居于此，下党村就选址于这样的一处地方（图5-3-1）。

图5-3-1 下党村航拍图

下党村择居于山水之间的狭长地带，海拔500～700米之间，山体平均坡度大于25度。古村落坐西向东，其南北向长约300米，东西方向依山势进深50～140米不等，村落形态呈月牙状。古民居与背后山体之间约70米范围的窄长状山间平坝辟为农田，面积约110亩。古村落东侧与山体间西溪自北向南穿过，河床平均宽度约50米。山上郁郁葱葱的杉树、竹林与缓缓流淌的溪水，营造出闽东北"小桥流水人家"的人居环境（图5-3-2）。

　　下党村古村落三面环山，以后门山为主山、面前山为案山、稻谷垅山为护沙，玉带水西溪绕古村落而过。古村落的水口之处建设廊桥，水岸岭头建设楼阁——鸾峰桥与文昌阁。面前山、西溪与古村落形成的"反弓形"，是由方圆数里范围均山势陡峭的自然环境所形成的，仅可作建设用地。因此，坡度是下党村选址的关键因素。

二、聚落布局

　　下党村反映了闽东北山地聚落的普遍特征，依次跌落的古民居形成了丰富的层次，土墙青瓦映衬在青山绿水之中。从整体来看，下党村古建筑聚落的布局特征可概括为"顺应山势、一字排列、并列布局"（图5-3-3）。下党村的古民居建设，根据山体高差划分出若干南北走向的狭长状平台，平台长度从40～70米不等，进深约25米，平台之上并列布置类型、规模相似的古民居，古民居多为坐西向东、背山面水。这样的布局反映出古代先民在解决依山建筑的问题时，会采用最为便捷、直接的方式。由于建设的先后与用地的局限，少量平台与平台在衔接部位出现交错现象，以及小部分民居坐南向北现象，虽然这些现象让下党村整体聚落不能全部呈现出并列式的布局特征，但是整个村落除

图5-3-2　下党村平面图

图5-3-3　下党村各地块建筑地形展开图

重复的韵律外，增加了变化，起到了较好地丰富视觉效果的作用。同时，该现象进一步说明了该村落在建设之初并未进行统一的规划布局。

三、聚落风貌

（一）下党村的街巷空间

下党村的古街巷可分为两个等级——主巷与支巷，与福建其他地势平缓的古村落采取的三级街巷体系相比，下党村的街巷体系缺少一个等级，这主要是由地形特征决定的，也反映了闽东北山地聚落的街巷体系特征。古村落的主巷多顺应山体等高线而建，而支巷则多垂直于山体等高线。五条南北向的主巷与六条东西向的支巷像一张张开的网将整个村落编织成一体。五条主巷中居中的一条位于王氏宗祠前，是古村落中最早建设的一条巷道，也是经古官道穿行村落的主要通道，王氏宗祠前至今保留一座商铺，见证了这里曾经发生过的古代贸易活动。最东侧滨水的主巷于20世纪90年代改为县道。支巷起到主巷之间联系的作用，由于垂直山体等高线建设，支巷多为台阶（图5-3-4）。

（二）下党村的历史环境要素

下党村的历史环境要素主要有鸾峰桥、龙坑桥、虎墓、古井、七步钉以及三处自然景观——饭甑岩、天坠石、馒头岩，众多历史环境要素中，最引人注目的是鸾峰桥。鸾峰桥始建于明代，清嘉庆五年（1800年）重建，1964年，由国家级非遗传承人、廊桥孤匠郑多金进行修缮。鸾峰桥横跨水尾峡谷，是平溪、上党、下党与曹坑、峡头、托溪一带人们往来的必经之路，桥身南北走向，桥长47.6米，桥面宽4.9米，拱跨37.6米，是目前史料所记载的中国现存单拱桥中跨径最大的木拱桥。木拱的支撑体系采用中国木拱廊桥的主要结构类型之一——"八字撑+五节苗"。险要的地势让鸾峰桥成

图5-3-4 下党村街巷等级

为神圣化的空间所在，村民以桥上的廊屋作为与神灵相连之处，鸾峰桥于廊屋当心间设置神龛，面向西溪来水的方向供奉临水夫人。每年的正月，村民们汇聚廊桥，举行祭祀活动，祈求来年风调雨顺、合家团圆；每月初一、十五也常有村民前来许愿、祈福。廊屋内设有宽大的凉凳，古时作为古道上来往行人的驿站，现在成为村民纳凉、休憩之所。旧时水尾的鸾峰桥，随着时代的变迁，现已成为进入下党村的标志建筑（图5-3-5）。

四、建筑特色

（一）下党村的民间信仰建筑

1. 文昌阁

文昌阁位于下党村南约100米的古道旁、水尾岭头之上，建于清道光年间，是旧时王氏子弟寒窗苦读之所。文昌阁为三层高的八边形楼阁建筑，坐南朝北、土

图5-3-5 下党村历史环境要素

图5-3-6 王氏宗祠位置

木结构、穿斗式梁架、攒尖葫芦顶。文昌阁一层为夯土台，边长为2.5米，占地面积约50平方米，建筑总高度12.5米，一层高3.4米，二层高3.7米，三层高2.9米，刹顶2.5米。文昌阁一层供奉文昌公，三层藻井做八仙彩绘。1992年12月文昌阁公布为县级文物保护单位，修缮过程中一层夯土台外立面变为白灰墙面。

2. 王氏宗祠

王氏宗祠位于下党村中心，五条主巷居中的一条旁（图5-3-6）。始建于明，于新中国成立后重建。建筑占地面积约200平方米，高8.3米，面阔三间，从门口直入依次是前厅、天井与后厅，前后厅高差5步台阶。前后厅进深当心间用3柱，次间用5柱。王氏宗祠原为土木结构，四面夯土墙围合而成，现夯土墙为后期修复。

清道光初年，国学生王国桢儿孙至玄孙五代人健在，福宁知府郑家麟闻知此事，于道光六年（1826年）到下党村王宅视察，见五代同堂、百口同居，遂"举报申详各宪大人，咨部汇题奉旨表，钦赐给匾建坊，名登省志，千载扬芳"。现王氏宗祠内尚存牌匾四块。

（二）下党村的古民居

1. 下党村古民居的空间形态

闽东北山地古民居依山筑厝，多为两至三层土木结构的小天井院落式建筑。这些古民居方正对称，外观朴实，以正房为中心，建筑的规模一般都不大，正房多为三开间或五开间。正房前为前天井，并于前天井两侧设前天井两厢房，正房后设狭长形后天井，两侧为后天井两厢房。大门一般位于前天井正中，进入大门经前天井可直入正房。正房、前天井两厢房与后天井两厢房均采用双坡屋顶形式。这种规模有限、布局紧促的空间布局，成为适宜闽东北山地地形与当地气候的经济实用型古民居的主要空间形态（图5-3-7）。

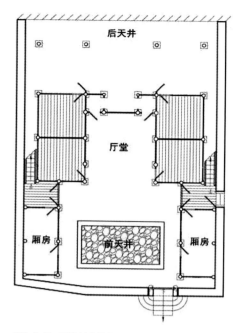

图5-3-7 下党村古民居平面图

下党村古民居的空间形态较为统一,多数古民居与上述闽东北古民居的特征一致。下党村正房古民居多为三开间楼式建筑,也有少数民居做成五开间,明间厅堂向前后天井敞开,作为日常接待客人或农忙时期劳作使用,开间多为3~5米,进深一般用3柱或5柱,厅堂的照壁前放置案几以供奉先人牌位。照壁后部为灶、就餐空间或储藏间。厅堂两侧的次间为卧房,面向厅堂开门,开间多为2~3米,每间进深依情况而定,多数房间仅能放置一张床铺。每座古民居一般有两个楼梯,或均设于正房次间前方或一梯设于次间前,而另一梯设于次间与山墙之间。前天井两厢房的进深与正房次间相当,多用三柱,通常作为卧室或储藏室使用。前后厢房一般为两层高建筑,正房则以三层居多。正房和厢房皆为双坡屋顶悬山屋面,厢房屋脊与正房垂直,正房屋面两坡长短相当,厢房屋面分为长短破,长坡向内,短坡向外。整个古民居向心感较强,前后厢房短坡屋面下封闭的两山墙高于长坡端开放的木板墙,同时也给居民带来安全感。

2. 下党村古民居的建造体系

下党村的古民居以土木结构为主,在建造体系上反映了穿斗式木构架的营造技术与夯土版筑技术的结合。古民居的主体梁架为穿斗结构,起承重作用,四面夯土墙为围护结构,亦起到防卫作用,这种木框架承重土墙围护的结构类型广泛使用于闽东北建筑。建筑正房部分沿进深方向立柱,每根柱上架一檩(除个别柱子不通高),屋面荷载直接由檩条传至柱子。每排柱子由穿透柱身的穿枋贯穿连通,成为一榀构架,穿枋穿出檐柱,承托挑檐。构架间靠斗枋连接,由木板分隔成各间房间。正房采用减柱造,通常两步架立一根柱子(每步架大约为90厘米),故正房进深一般为5柱7步架。前檐廊尺寸不一,根据使用情况而定,照壁后面柱子进深一般为两步架。天井两侧厢房的步架尺寸较为灵活。由于受该地地形气候的影响,建筑主要呈半封闭状态,正房山墙部分屋檐以上不夯墙体,裸露出木结构,使夏季空气得以对流。

下党村的房屋建造流程与典型的闽东北山区民居一致,一般先夯筑外围的土墙,而后搭建内部木构架,支撑结构与维护结构的分离使得"墙倒屋不倒",下党村古民居的山墙均是版筑夯土墙,其建造流程主要分为墙基的垒砌、前期准备与墙体夯筑三步。墙基的垒砌是夯土墙的基础,受山地地形与土方工程量等因素影响,墙基一般用卵石垒砌0.7~1.2米。夯筑土墙前的准备工作包括选择吉日、材料与工具的准备以及工人的召集。闽东北土墙夯筑技术工序因地区略有差异,但贯穿全过程的核心环节基本一致:搭设支架、捆扎模板、夯筑泥土、拆卸模板。下党村土墙一般夯筑二到四堵,每夯完一堵墙需重复以上四道工序,按先水平后竖向的顺序错峰夯筑。每堵墙高约3米(标高略低于楼板),长约3米,按版为单位夯筑,一般每堵墙筑7~10版,每版高约30~40厘米,土墙厚度约50~60厘米,受版长的限制,水平方向的每两堵墙之间留缝30~40毫米,在垂直方向,墙体错缝搭接,缝不贯通。

第四节　福安县溪柄镇楼下村

楼下村位于福建省福安县溪柄镇，距离溪柄镇镇中心约12.5公里，距离福安市市区约40公里，村东北面的一条水泥路是目前与外界联系的交通要道，该村已开通了到溪柄镇的班车，交通通达性较好，人们的出行需要基本得到满足。

一、聚落环境

楼下村位于一个叫柏柱洋的四面环山的盆地里，比较封闭，距离其最近的海岸约有三十几公里。柏柱洋平面接近一个斜置的正方形，缺口在北端，楼下村在南端偏东的位置。村落的整体海拔在87～120米之间，南高北低。盆地东北方的马上山最高，主峰海拔约845米，被楼下人称为"前笔架山"，是楼下村的第三层案山。西南方的山叫"后笔架山"，主峰海拔575米，它成为楼下村的靠山（祖山）。西北方的山较低，东南方的山与后笔架山差不多高。

柏柱洋盆地中央有一座走向为东偏南、西偏北的带状山，海拔相对较低，山体高低起伏呈现出丘岗的式样。这座山被楼下人称为"鸿雁山"。而山体中起伏的几个丘岗被视为鸿雁身体的不同部位。第一层案山，位于村东北部一个被山体包围在最里层的孤立小山包——鲤屿，海拔仅有100米左右，南北长而东西窄，因其与鲤鱼形似而得名。村中第二层案山，位于带状山中段——雁身，楼下人称之为青牛山。从村落的整体环境上来看，楼下村"枕山、环水、面屏"的格局保留完整，气候宜人，山清水秀，田园风光显著。在有山有水的地形优势下，村民将后笔架山开辟为茶园，而村前的大片农田，将其开辟为种植葡萄，视觉景观良好。

二、聚落布局

（一）村落选址

楼下村坐落于柏柱洋的东南端，背靠祖山后笔架山，连绵起伏；前临三层案山：鲤屿、青牛山（雁身）与前笔架山；两侧还有海拔较低的层层叠叠的叫不出名的山作为护砂；村前又不乏广阔的田野。这样的地理环境比较封闭，又能自给自足，在传统农业社会中确是避世的世外桃源，又深合传统的风水理念，被村人形容为"东托莲花，西耸笔架，南飞双凤，北横青澎，中卧青牛，锦鲤数点"。

楼下村，整体上是沿着山路布局民居，坐西南朝东北，前高后低的形式。既有利于纳阳、通风，同时也有利于排污，还不占用耕地，特别适合农业社会的生活与生产方式。

（二）空间布局

楼下村的东南面还有一个叫南山村的自然村，与楼下村仅隔一条曲曲折折的山水沟，两村基本上是合为一体的，从西北到东南，总长约530米，最宽处在楼下村，大约350米。作为分界线的山水沟只有1米左右的宽度，现两旁已被茂密的树丛遮住。先是由西向东流，下了陡坡后，改向北流，穿过洋田，到鲤屿西北角跟东面洋头村来的另一条大沟汇合，成为一条溪流。

楼下村有三条主要村路从西北到东南贯穿全村，大体循等高线走。最高的山路位于东西向的山水沟旁边，它与中间一条村路之间以纵向的陡路相连，有些地方还有台阶逐级登高，东西向与南北向的道路相围合，形成了回环往复的路线。村路随着山势高低起伏剧烈，左拐右弯，其间还有一些小巷子跟它们以不同角度交接，通往村落各处。两侧的房屋稀稀落落，间隔较大，村中大多种植着冠幅不大但挺拔清秀的椿树和棕榈树，地形高差带来的层次感与村中寥廓景观的配合，使得村中多数建筑能完整地展现出轮廓优美的山墙面。

中间处的村路位于村西端，地形平坦，道路平直，几乎没有起伏，街道两侧从古至今大大小小的建了些一开间至三开间的铺面，分别是一些杂货店、鱼店和染布坊等，形成了楼下村中的"商业中心"，也是柏柱洋盆地中唯一的"商业街"。现如今，这些店面的风貌都不大好，甚至破坏了周边民居的风貌，要进行改造。自20世纪50年代初社会大变革以后，只保留了一家供销合作社。但现在，这些店面基本上或被拆除或被更新了，很多店面都迁往了西端的新区三条道路交会的地方。但商业街上及其两侧的小巷子的路面还保留着卵石铺砌的道路，古色古香。

楼下村这条商业街的东南口是三条道路的交会点，形成了一个相对开阔的空坪。空坪的西北端有一座土地庙，供奉土地公与泗洲文佛；坪的东南端有一座商店，是属于南山村的；坪的东北端则是通往村中最低处的那条路。这里也是楼下村民日常活动的主要空间，经常聚着一帮人在这里聊天、打牌，成为村落的一个公共活动的空间。

村落最低处的一条路位于楼下洋中厝与农田之间，比较宽敞，是近些年新建的水泥路，直接通往村落对外的过境路。古村的东北面建造了新区，也开辟了一条新的水泥路，作为过境交通的主要道路，与古村原有的路网相接，但基本上没有破坏原有的道路体系。

三、聚落风貌

传统聚落中的建筑是该地域文化及生活习惯的完整映射，或生动活泼，或严谨庄重，令人些许遗憾的是，由于人们对于居住环境要求的提高，很多老建筑在古村落的发展进程中"寿终正寝"，传统文化也因信息爆炸时代的到来而逐步被忽略，村中的新建建筑不论在尺度、形式还是布局上都与传统村落的内在肌理格格不入，传统的生活习惯、生产方式、邻里交往等多种功能合一的完整聚落形象已不复存在。

建筑现状方面，村中的核心古民居建筑群能够成群成片，形成一个完整的特色组团，而且建筑质量风貌都较好，只有个别的建筑被改造或者更新，比较容易整治。村中原有的街巷体系、道路铺设基本保留原状，只是道路两边的建筑肌理局部被破坏。

清代建筑是楼下村现存民居的主要类型。按照这些民居建筑保存状态与楼下古村落传统风貌的关系，将其划分为四大类，分别为：一类风貌建筑、二类风貌建筑、三类风貌建筑和四类风貌建筑。

建筑实体空间与村落整体环境空间，是在物质层面上构成聚落的两大要素。实体与环境的关系，与格式塔心理学中"图形与背景"的关系基本相似。埃德加·罗宾著名的"杯图"，在将杯子视作"图"时，白色部分的非图形空间成了"底"。两者交换，若将白色部分看作两人相对的侧面时，黑色部分则为非图形空间。同样，在村落环境中，建筑与街巷建立了一种大小尺度不同、彼此独立又相互关联的空间层次，两者互为"图形与背景"。传统聚落中的道，通过线性的形式有机地串联起各个节点，形成一种具有随机性、自发性、空间变化张弛有度的巷道空间，在调整村落空间的同时，还保护了村落的整体环境。

楼下村现存古老街巷两侧已建有损坏古村风貌的建筑，虽然大部分路面铺设保留了原来卵石铺地的特色，但是街巷边水沟里杂草丛生。街旁新建了大量牲畜棚与附属用房，绿化相对较差，电线杆、空架线等纵横交错在古村上空。诸如此类的现象损坏了古村原有风貌。

道路主要由两侧界面构成，对于两侧界面的保护，应当加强原有界面的保护工作，在保护原有街巷尺度的同时，尽量恢复其原貌。对于街巷两侧损坏古村风貌的建筑，必须改造和整治。

对于街巷环境，尽量将暴露在外的电线杆、空架线以埋地线的方式处理；为恢复古村风貌，街道小品应具有地方特色。门头、墙界石、树木及反映民居生活之特色庭院、特色空间予以恢复、保留，街巷旁随意设置的牲畜棚与附属用房，予以拆除，净化街道景观。

当道路扩展成25～30米时的机动车道时，行人之间已失去了交往的可能性。这些表明：楼下村中，狭窄的街巷空间为邻里之间交往提供了一个舒适的场所。而大街小巷的网络又是构成聚落内部空间的生长骨架。这些巷道空间都是由民居聚合而成，并在村落的自然生长过程中获得，自然而然地将村落连接为整体，是地方认同感和归属感的重要组成部分。其促进了步行交通和人在户外的停留，是居住环境的扩展和延伸，充满了人情味，又体现了"场所感"，是种人性的空间。

从路面铺砌方面来看，应保留古村原有的步行道路系统。目前古村内的街巷系统保留比较完整，但环境稍差。须清除明沟中的杂草并进行积极地疏导，在适当的条件下，可在明沟下铺设管道进行排污，改善排污设施，优化古街风貌。同时，拒绝修整成宽度一样且为直线型的街巷形式，应符合原有街巷路面及宽度。

四、建筑特色

（一）祠堂

楼下村现存建筑中，祠堂是其重要代表，是最主要的一个礼制建筑类型。它是中国村落中主要也是最重要的礼制建筑，既是供设祖先神主牌位、举行祭祖活动的场所，也是宗族宣传、执行族规家法、议事宴饮的地点。同族内部，无论是考取功名举行的仪式，或是族内同宗人的婚丧嫁娶等，以及一些日常娱乐活动，祠堂都是这些活动的中心，同时，也是一个能够在宗祠内部悬挂本族杰出人牌匾的纪念堂。

楼下村现存有刘氏宗祠与王氏宗祠。刘氏宗祠在楼下村属于较有代表性的建筑，保存完好，王氏宗祠是后来新建的。

刘氏宗祠的选址和环境都很好，位于全村的中心，地势高，前望全村的两座案山——鲤屿和前笔架山，后靠后笔架山，前有400平方米左右的大埕。该祠中轴建筑由照墙、前院、戏台、中院、享殿与后天井组成。一进厅堂五开间，中间三间门后设戏台，大门平时不开，只有祖先牌位出入时才会拆去戏台台板，打开大门；稍间开放式，供出入。戏台二层，与两侧看台相连通，保留完整。享殿进深12.1米，11檩，空间高敞。在后檐柱前设神橱，供奉始祖、迁基祖和各房共同的祖先，从后檐柱又接出一个3.35米宽的披檐。明间面阔5米，与戏台一样。享殿次间与稍间之间造墙，两边墙上并肩各造三个神橱，供奉各房祖先。天井至享殿中间不设台阶，设很陡的坡道，当地叫作"金阶"；两侧设台阶上下。

该祠穿斗式构架简洁，戏台与享殿中心屋顶上做藻井，十分简洁；两进厅堂前廊施卷棚顶，其下驼峰木雕花草。戏台与享殿的隔架上施连续的人字栱，室内隔墙的上槛之上与檩条之下，雕刻一排"对树花"，使得建筑内部的构架在朴素中不失雅致。祠堂正面照墙前面额书"中山世裔"，背面额书"彝伦攸叙"，匾额周边施以淡雅的彩绘；后天井照墙额书"仅言燕私"。

祠堂屋顶三段式，施清水脊，翼角飞翘，比较美观；屋顶侧面悬山加披檐，富有层次感；背面墙体隔天井照墙做两个马背形封火墙，线条流畅，极富表现力。祠内台阶、铺地与照壁均铺上三合土，结实耐用。

（二）宫庙

楼下村人有着丰富多元的信仰体系，所以其宫庙建筑也十分的繁杂，有狮峰寺、紫竹湖宫、五显地官、土地庙等，其中现存形式与风貌最好的是狮峰寺与紫竹湖宫。

1. 狮峰寺

又名广化禅寺，始建于唐景福元年（公元892年），明代、清代几次重建、重修。该庙中轴建筑由山门、弥勒殿、大雄宝殿与般若堂组成，两侧还有几座偏殿、斋堂、僧房等建筑。山门后上四十九级台阶是五开间的弥勒殿，歇山顶，施斗栱；供奉弥勒与韦陀。再上11级台阶为大雄宝殿，该殿为明代遗物，面阔五开间，宽11.8米，深16.3米；殿内供奉三世佛。殿后再上16级台阶，便是般若堂，该堂为大型住宅性质，面阔七开间，前堂三间连通，为念经之处。

稍间面向两侧，成为厦间与书房，与后院一起成为客房。堂后还有观音堂与禅室。中轴两侧原有一些幽静雅致的小院，但现在都改成仿大雄宝殿的偏殿，华丽有余却破坏了原有的雅致。寺院主持还在致力于寺院的扩建，其规划偏离建筑原有的意境甚远，应予以制止。寺中还有"聪明泉"、千年古柏、鱼池、峰石等景观。

在大殿内部，明间的顶上还有三个藻井，并用三跳斗栱撑托这前后两个长方形的藻井。正中为斗八藻井，由两层斗栱承托，下层四边形，两跳斗栱承托，上层八角形，以三跳斗栱承托；藻井底部彩绘"凤舞牡丹""双龙戏珠"等图案，十分华丽。殿内八边形石柱应该为宋代遗物，较粗壮，下大上小，有明显的收分与抹角的做法。屋顶飞檐翘角，轮廓线十分优美。该寺曾为福安的八大丛林之一。建筑造型、风貌与质量都很好，代表了福安市寺庙建筑的典型风格，大雄宝殿的构架有唐宋遗风，对于研究福安的历史人文、宗教文化以及建筑形制有重要的科学、文化价值，是国家级文物保护单位。

2. 紫竹湖宫

始建于明代（约400多年前），清光绪六年（1880年）重建。该宫所处地势较高，四周视野开阔，正对前笔架山，背后一条小路直通后笔架山顶峰。紫竹湖宫小巧玲珑，只有单开间，进深5檩。屋顶悬山式，其上升起一个歇山顶，以致其屋顶近似重檐歇山顶。屋顶深挑，翼角高翘，插栱重叠，木构轻快，十分优美。两侧悬鱼木雕精美，穿斗式构架简洁，屋顶内部有一个八角藻井，满是彩画，正中绘"双凤朝阳"图案，其余八个斜面上绘与刘备有关的三国故事。宫内有对联："单枪扶社稷，匹马镇乾坤"。宫内主要供奉林四相公与玄天上帝。上层歇山顶的柱础是一对石雕的小肥猪，天真可爱，反映了该宫主要的庇佑功能。

（三）民居

楼下村现存有30多幢古民居，基本上都是清代的建筑。其中保存状况良好、建筑布局完整、具有较高建筑技术与艺术价值的民居有二十来座。除了具有相当的历史价值与建筑研究价值以外，还充分反映了当地独具特色的典型布局。当地还有一座比较朴素，但具有较高的历史文化价值的民居——李佬同故居。李佬同曾是福安市中农社、贫农社的发起人，曾为革委会主任。该宅位于村南半山坡几十级台阶上，进大门右拐才见大堂，是一个三合院，建筑朴素。现主体格局尚存，但因无人居住，缺乏维护，天井左厢已经破损，右厢尚存，主体厅堂仅存局部，屋顶漏水，亟待维修与保护。

第五节 古田县卓洋乡前洋村

卓洋乡地处古田县东部，与古田鹤塘、大桥、吉巷、闽侯廷坪毗邻，到古田城关42公里，到宁德市区66公里。全乡面积97.9平方公里，全乡下辖16个行政村，58个自然村。全乡拥有林地9.06万亩，耕地2.08万亩，属于山多耕地多的农业乡。地形以低中山为主，部分为中低山地貌，一般海拔标高在850～1100米左右，区内最高峰海拔148米。境内山峰耸峙，沟壑纵深，地势由北向南逐渐升高，多山地、盆地，相对高差较大，山坡坡度较陡，乡政府所在地卓洋村地势相对平坦，其他行政村多分布在各山间凹地或山间河谷阶地之处。

一、聚落环境

前洋村位于闽东北戴云山余脉，属山区丘陵地貌，海拔680米，以中山、丘陵为主。东门山、金牌山、马仙岗、虎门山等山体分布于周边，境内山岭起伏，村庄溪流相对比较丰富。村域内有金狮公溪与佛殿溪两条溪流，并相汇于村东南区域，村内还有一个半月形的风水池，称为"月潮塘"。前洋村近300年基本没有发生过洪涝灾害。

前洋村属中亚热带海洋性季风气候，四季分明、冬长夏短、气候温和、雨量充沛。雾重、雨日多，相对湿度大。立体小气候明显、灾害性天气多，四季划分比天文季节迟1～2个月。

前洋村以农业为主，周边山体广布水蜜桃、油柰等果林；村东为风水林，村口建有樱花园，村内沿溪栽植有红枫、桃、柿子等景观树，并分布有雷击木等古树名木资源。村域内植被景观丰富。

二、聚落布局

前洋村历史悠久，"五朝齐列一村落，一眼望穿千百年"概括了前洋村的古民居。前洋村贯穿5个历史时期，历经宋、元、明、清、民国，可惜宋、元时期的民居只存遗址，明、清、民国时期的民居保存较为完整（图5-5-1）。

早期前洋先祖在地势较高的地方奠定了基址，并以此为基点，向地势比较平坦的地方发展，前洋村落整体依山而建，古民居都是坐西北朝东南，按西北东南向以朝代先后从远到近有序排列，村子最上面一整排是明朝的建筑，中间大部分是清朝的典型建筑，再往村子下面的一排是民国建筑。前洋古民居总共有六七十栋，明朝古居有十几栋，清朝约50栋，民国5栋。整个村子集中有三个时期的建筑群在全县是仅有的（图5-5-2）。

不同时期的建筑分布在山坡台地之上，高低错落，具有丰富的外轮廓线变化，极富层次感。现在，前洋村村民注重保留先前遗留下来的古建筑，村落新房屋在古建

图5-5-1 前洋村平面图

图5-5-2 前洋村鸟瞰

宋
清乾隆版的《古田县志》考证，隆兴寺建于北宋太祖乾德三年，即公元965年，南宋庆元三年（1197）朱熹避伪学之谤，到杉洋蓝田书院讲学，途经前洋，小憩隆兴寺，为隆兴寺题写了"鸢飞、鱼跃"。

元、明
前洋宋代建村，曾有36姓居住，明朝末年，余、李、魏三姓陆续聚居，现存明代李氏祖厝、余氏祖厝。

清、民国
清康乾时期，余家慢慢兴盛，达到顶峰，余作铭故居建于清朝初期，余家大院建于清朝道光年间。

新中国成立后至今
1949年至今建筑的砖混、砖结构建筑较多，接近一半。

图5-5-3 前洋村的历史发展

筑群东南侧沿着乡道建设，更进一步丰富了前洋村的空间格局（图5-5-3）。

三、聚落风貌

前洋村历史悠久，建于宋代，繁荣于明清。虽历经数百年发展，前洋仍保存完整的传统风貌特色，留下了十分丰富的历史文化遗存。民谚有："前洋开基，历史悠久，名胜古迹，遍地皆有，物华天宝，山清水秀，前桂金牌，背倚翠岬，左伏虾蟆，右蹲石鸟，双杉古韵，洞天战友，虹桥丽日，金钗舞袖，王鲤游洋中，双龟把水口。"

前洋村重要历史环境要素遗存数量较多。村落留存有古井，井台周边的空间是村民日常打水、洗涤、交流的场所，由此形成一个亲切宜人的活动场所。前洋村拥有多条完整、连续的传统街巷（图5-5-4）。由于地处山地，街巷空间蜿蜒曲折且还有高程变化，将整个古建筑群贯穿成一个整体。所有街巷路面都以卵石或青石路铺砌，富有韵味。一条保存完好的古驿道从北向南穿村而过，水圳、石桥、廊桥、风水池、风水林均保存完好。此外，村落中还有宋时期的隆兴寺遗址和不同时代的古墓葬，抗战时期留下的众多红色文化遗迹。

前洋村现保存完好的明清及民国时期的传统建筑70余幢，且集中连片分布，占地面积近300亩，其规模之大、保护之完好，为县内乃至全市少有（图5-5-5）。前洋村传统建筑多为土木结构，曲线封火山墙是其最为突出的外部特征。土墙多裸露本色，或以刷白处理，与封火山墙、炮楼组合在一起，别具地域风格。前洋传统建筑均讲究装饰，特别是木雕、石雕和砖雕极为精美，与整座建筑有机地融为一体。其中门窗处多为镂空悬雕，有拼字、几何形等图案，厅堂斗拱、走廊花门、屋宇梁托、檐下等构架都刻有精美的花卉、人物、鸟兽等，所雕刻的形象大多鲜明生动，立体起伏，层次清楚，极具观赏和研究价值。

四、建筑特色

1. 余家大院

余家大院建于清朝道光年间，由余家三兄弟一起

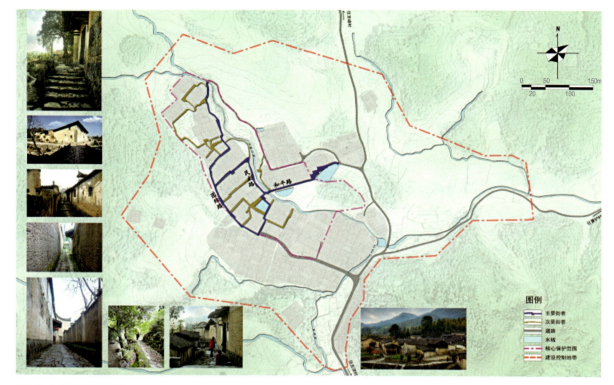

图5-5-4 前洋村街巷现状

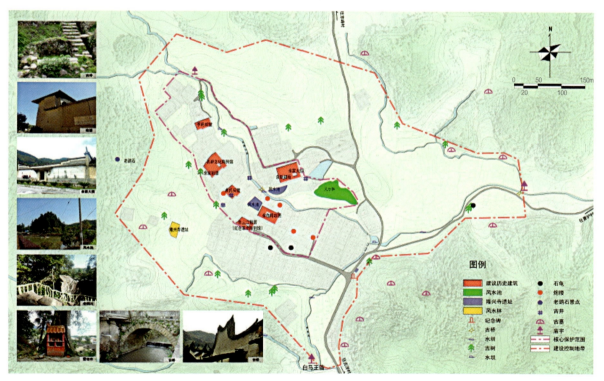

图5-5-5 前洋村历史遗存分布

建造的三栋民居组合而成。三栋相通，占地约3000平方米，整栋建筑前、中、后三进布局严谨，开合有序，厝前有巨大跑马场（现月湖生辉），气势恢宏（图5-5-6）。

余家大院选址十分讲究风水。正如其门上对联所说："祥光凌北斗，瑞气接南山"，大院偏左方是金牌山，正前方是文笔山，后面北斗山，左边鲤鱼山，右边纱帽峰。院内名人辈出，在清朝时出过文魁和武魁，是个风水宝地。余家大院建筑细部装饰精美气派，其正门用整块的石板条搭建而成，并且门上的浮雕对联跟后面的石条是一体的，挂钩和托都是在同一条石块上雕刻而成，非常大气。门旁边两侧砖雕亦十分精美。建筑内构件不论梁枋、撑拱，还是门窗、扇门、屏风几乎都是用精雕细镂的木雕构件组合而成。柱础上的石雕、屋宇上的泥塑、门楼上的木雕，有飞禽走兽、奇花异草等形象，均栩栩如生，惟妙惟肖，表现了主人的品位和财力，也表达了传统农业中人们向往吉利祥瑞的美好愿望。

2. 余作铭故居

余作铭故居建于清朝初期，前洋村现存规模最大的古民居，全厝面宽23.4米，纵深约44米。该宅旧为官员府邸，门上的两个户对显示屋主的官阶在5~7品，从大门到前落厝，进深不到6米，中间还设置个中门，主厅堂前面台阶旁边设置了两条长条形的石条——"祀石"，普通古民居是没有的，只在有品级的官员宅院才允许设置。余作铭故居建筑细部装饰精美，文化底蕴深厚。天井两边书房窗棂上的木雕主要以"福禄寿喜"四字为中心，辅以花鸟虫鱼，上面还刻有象征福禄的蝙蝠、马等图案。泥雕则集中在屋顶、门楼和两侧滴水沿上，以人物造型为主。主厅堂顶上的雕梁画栋、墙面原有的八仙雕塑，在"文革"时已被破坏。太师壁旁的几桌，上面一般供奉着神主牌，中间有的挂祖先画像，几桌上雕刻的花瓶，意味着平安。太师壁左右两侧各有一道屏风，其主要作用是遮挡视线，以免在前厅的客人视线直抵后厅。屏风的装饰风格、题材内容多与门窗一致，并板书"学武侯谨事，法司马存心"的祖训家规。在院外两侧山墙墙面上，各有一幅浮雕和诗词，这在古田古民居中较为少见。左面浮雕为麒麟送子，下方为刘禹锡诗句："清光门外一渠水，秋色墙头数点山。疏种碧松通月朗，多栽红药待春还。"右面浮雕为麒麟戏珠，下方为唐代诗人项斯的《山行》："山当日午回峰影，草带泥痕过鹿群。蒸茗气从茅舍出，缲丝声隔竹篱闻。"凸显出建筑浓郁的人文气息。

3. 余氏祖厝

余氏祖厝建于明朝中期，是前洋村最古老的民居建

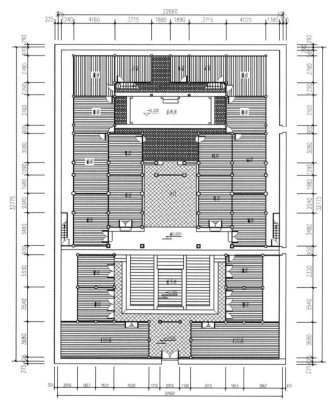

图5-5-6 余家大院平面图

筑之一。该厝坐西北朝东南，呈长方形，面宽22.3米，进深34.5米，呈三进六扇结构。与明代民居建筑大多内部装饰较为简单不同，这栋余氏明代的落堂祖厝斗栱众多，装饰精美，显得相当豪华，这既透露出当年屋主的富贵与权势，也使其成为不可多见的明代古民居代表性建筑。余氏祖厝正门木制，仿显贵府邸的将军门建制，宽约4米，高约3米，门板厚而硬实，左右两侧为隔屏，中间对开式门扇，县内少见，堪称古田明代将军门样式的标本。门前上方有遮雨檐，其两侧悬梁下有三层斗栱接精雕卷草花牙子雀替。门上框有八瓣花形门簪2个，表示屋主5～7品官阶。仪门两侧墙上装饰有类似龙的图案的木构件极为罕见，是龙生九子之一的负屃，用来固定书画使用。余氏祖厝屋内天井统铺条石，大厅地板则由青砖铺设而成。大厅正中上方的主堂梁做工极为精美，上绘丹凤、牡丹、竹、鹿等图案，分别象征吉祥、富贵、平安、财禄，色彩斑斓，灵动逼真，其着色历经数百年而不褪。正厅后两侧屏风上还用花鸟字刻着"文章华国，诗礼传家"，彰显了屋主崇尚理学、耕读传家的理想。

第一节 概述

一、历史沿革

远古时为白鹭栖息之地,故又称"鹭岛"。先秦时期,厦门属百越之地。《汉书·地理志》记载,百越的分布"自交趾至会稽七八千里,百越杂处,各有种姓"。

厦门最早建立的县级政区是西晋太康三年建立的同安县,属晋安郡,但不久后裁撤,并入南安县;闽国龙启元年(公元933年),再次设县,属泉州。元朝,厦门属泉州路同安县;"三都"属漳州路龙溪县。明朝,实行里都图制,厦门为嘉禾里,下设四个都,每个都下辖两个图。洪武二十七年(1394年),永宁卫的中、左两个千户所移驻嘉禾屿,并筑厦门城,此后遂以中左所作为厦门岛的代称。永历九年(清顺治十二年,1655年),郑成功改中左所为思明州,所辖境域包括厦门岛、鼓浪屿、浯洲(大金门)、烈屿(小金门)等岛屿。康熙二十二年(1683年),福建水师提督移驻厦门,翌年设立台厦兵备道(雍正五年,1727年改为台湾道),管理台湾、厦门两地政务。康熙二十五年(1686年)泉州府海防同知移驻厦门;"三都"地区属漳州府海澄县。

鸦片战争之后,清政府被迫与英国签订《南京条约》,厦门成为《南京条约》中规定的五个通商口岸之一。道光二十三年九月十一日(1843年11月2日),厦门正式开埠。光绪二十八年十月二十二日(1902年11月21日),清政府正式批准《厦门鼓浪屿租界土地章程》,鼓浪屿成为"万国租界"。

1949年9月,同安县、厦门市分别解放。1994年2月,国务院批准厦门市行政级别升格为副省级。经过区级调整后,目前厦门下辖思明区、海沧区、湖里区、集美区、同安区、翔安区六区。

二、地理条件

厦门位于中国东南沿海,福建省的东南部,与漳州、泉州相连,地处闽南金三角中部。厦门地形以滨海平原、台地和丘陵为主。地势由西北向东南倾斜,地势地貌构成类型多样,有中山、低山、高丘、低丘、台地、平原、滩涂等。从西北往东南,依次分布着高丘、低丘、阶地、海积平原和滩涂,南面是厦门岛和鼓浪屿。厦门由岛内(厦门本岛)、离岛鼓浪屿、西岸海沧半岛、北岸集美半岛、东岸翔安半岛、大嶝岛、小嶝岛、内陆同安、九龙江等组成,陆地面积1699.39平方公里,海域面积390多平方公里。厦门属于亚热带海洋性季风气候(图6-1-1),温和多雨。

图6-1-1 厦门全域卫星图

三、文化特色

厦门与泉州、漳州，以及龙岩、莆田、三明、宁德、潮汕等部分地区和台湾的大部分地区共同组成了闽南文化这一我国重要的文化支系。厦门自秦始皇统一中国后，在福建设闽中郡，开启了中原文化与厦门土著文化的交流与融合。汉晋时期，大批中原汉民迁入厦门地区，推动了厦门文化的形成。晋唐时期，厦门地区汉民人口剧增，经济迅速发展，政教管理体系日臻完善，厦门文化得到发展。宋元时期，泉州成为"海上丝绸之路"启航点和东方大港，阿拉伯人与波斯人到泉州经商，给"厦漳泉金三角"带来了伊斯兰文化，厦门文化得到丰富。明清时期，欧洲商人和传教士的到来，使西方文化得以传入，厦门文化进一步繁荣。厦门市的南音、高甲戏、歌仔戏、答嘴鼓、漆线雕等入选国务院国家级非物质文化遗产保护项目名录。

第二节　翔安区新店镇蔡厝村（宗族型聚落）

一、历史沿革

（一）蔡厝村基本概况

蔡厝村位于福建省厦门市翔安区新店镇东南部。与大嶝岛、金门岛隔海相望。为蔡姓居住地，故名蔡厝。全村共有居民652户，2567人，多蔡姓。村落周边地势较为平坦，多为农田与鱼塘。村落整体地势东高西低，北高南低（图6-2-1）。属亚热带季风气候，温和多雨，主导风向为东北风。

人类学与社会学者对于宗族聚落有过不同的分类。台湾学者林美容在研究台湾汉人社会时，将台湾汉人聚落归类为一姓村、主姓村或杂姓村。此种分类的目的在

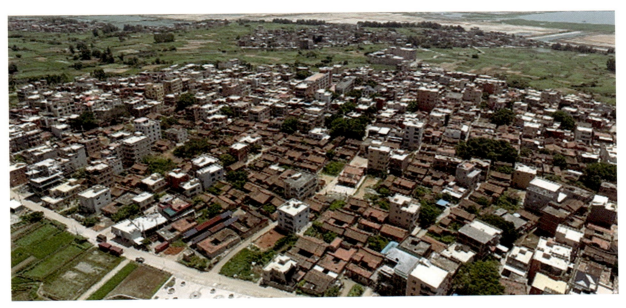

图6-2-1　蔡厝村航拍图

于概括聚落血缘性的高低。所谓一姓村，是指部落中有一姓所占比例大于50%；而主姓村，指部落内无一姓的比例在50%以上，但前五大姓合计大于50%，且其中有一姓的比例比下一姓多出一倍以上；不符合上述条件者则称为杂姓村。林美容也为血缘聚落下了一个比较宽广的定义，即"聚落的住民大半可以在同一聚落中找到其同族之人"。

就聚落形态而言，不同宗族类型的宗族聚落有着不同的发展历程。单姓宗族聚落又可分为自由生长型、整饬规划型和集合防卫型三种。蔡厝村属于整饬规划型宗族聚落。

（二）蔡厝村历史沿革

据《蔡氏族谱》载，先秦时，蔡氏繁衍于河南、安徽一带，"秦相蔡泽卒葬陈留，子孙因家焉"。西晋时陈留圉是蔡氏繁衍中心，惠帝时分陈留郡置济阳郡（今河南兰考县东北），故百家姓列蔡氏郡望为"济阳衍派"。新店蔡厝蔡氏为金门琼林村蔡氏迁居而来，故现在仍尊崇金门琼林人中宪大夫蔡景仁为始祖，景仁后裔于元末明初六世祖大田由琼林迁入同安蔡厝村拓垦开基。

厦门新店蔡厝（古名"大庭"）蔡氏聚落位于厦门市翔安区南端的海边，与金门琼林隔海相望。新店蔡厝村蔡氏从金门琼林蔡氏分衍而来，从现存宗祠楹联曰："济水长流直驾龙舟奔下蔡，阳山永固遥驱天马赴琼林"，冠头字为堂号"济阳"，联尾为祖籍地金门琼林，也可以看出宗族血缘的渊源。然而，琼林族谱并无中宪大夫蔡景仁的记载，但是，从金门的谱系可以看出，琼林蔡氏第五世的名字皆带"景"字，其中景实和景迪均有"开别族"的记载，故可以推测，新店蔡厝的开基祖大田为其中一个的儿子，只是因历史久远而讹传。

从时间上看，金门琼林蔡氏聚落与新店蔡厝基本是同时发展起来的。大田生二子，长子太荣的后裔一支分衍大嶝嶝崎村坪兜角落，还有一支迁澎湖。次子蔡太保，传二子，长子蔡靖权，衍顶长房份；次子蔡靖节，生二子，次子蔡毅田过继金门琼林堂亲。长子蔡毅斋生四子，长子延龄衍下长房份；次子延茂衍二房份；三子延芳，无嗣；四子延森衍四房份。另外，蔡厝围仔内、新厝角、小坪角等区域的蔡姓则是从同安莲花镇小坪村迁来，两个支派的蔡氏后裔形成类似合同式宗族的族群，共分七个房份。新店蔡厝村蔡氏的昭穆为："景……太、靖、毅、延、汝、士、夫、用、启、齐。复根炷基铨淑梁熙，培铸洪材耀墨鋌淇，历昭埕鉴涌树炽喜，镇海棠荣远钮源利。"现已传至"墨"字辈。蔡厝另创分堂号大庭。蔡厝大部分村民均为蔡姓，小部分为梁姓，亦系金门后浦山后社梁姓迁入繁衍。但因人数较少，可以认为蔡厝仍是个单姓的宗族聚落。

二、聚落布局

（一）聚落选址及总体布局

蔡厝村村庄总面积约34.10公顷，邻接后村村与后坑村，保存较为完整的传统闽南"官式大厝"200余座，有序地分布在南北长约500米，东西宽约200米的长方形地块中，平均每个宅基地约17.5米×13.75米。[①] 位于中央的干道将蔡厝村分为东西两区，西侧为旧区，面积约13.78公顷；东侧为新区，面积约20.32公顷。

从整个村落范围来看，村落呈线性发展，主轴线三条，为南北走向；次轴线为四条，为东西走向。从发展方向来看，新区延续着旧区的主要发展轴线，在形态上与之呼应，其轮廓线也较光滑；而次轴的连续也反映了村落在发展过程当中新区与旧区的联系。整体聚落形态呈现出"线性发展"的趋势。

---

① 林志森. 厦金两地宗族聚落形态比较研究——以整饬规划型宗族聚落为例［J］. 新建筑，2011（05）：128.

（二）街巷空间

蔡厝村的街道系统可分为对外交通道路、主要街巷、次要街巷、支巷四个层级，村落主要的交通干道呈南北走向，东部通往大嶝岛的县道424为村落的唯一对外交通要道，路段的南北两端分别有两个公交停靠站点。对比新旧两区路网结构，新区网路相对规整、密集、平直，主次分明；而旧区路网相对杂乱无章，尽端路口较多，形态不规则，且布置松散，主次不分明（图6-2-2）。

蔡厝村的道路交叉口作为村落街巷主要的节点空间，其形态大致可分为6类，为A~F型（图6-2-3）。通过统计村落交叉口形态数量统计表（表6-2-1）初步得出：新区与旧区在交叉口类型方面以十字路口和丁字路口居多；新区的十字路口与丁字路口明显比旧区的多；D型交叉口空间（错位空间）多集中在新旧区的交界道路处。通过蔡厝村新旧区道路交叉口数量统计进一步得出：旧区在道路交汇处相对于新区会有比较不规则和较为开阔的空间，所占比重较大（即B型、D型与E型比重大）；而新区的交叉口类型较为规整、平直，识别性相比较于旧区弱一些。

蔡厝村道路交叉口形态数量统计表　　　表6-2-1

编号	A型	B型	C型	D型	E型	F型	合计	百分比
示意图	✚	╋	┣	╝	┗	┐	—	—
新区	48	1	54	3	2	3	111	58.7%
旧区	26	4	34	7	3	4	78	41.3%
合计	74	5	88	10	5	7	189	100%
百分比	39.2%	2.6%	46.6%	5.3%	2.6%	3.7%	100%	—

根据街巷空间节点绘制的街巷系统连通性示意图（图6-2-4），从整体来看，蔡厝村的道路系统连通性较好，街巷空间呈现网络化，道路交织发展，从而增强了街巷空间的公共性，更多地表现为村落内向性。

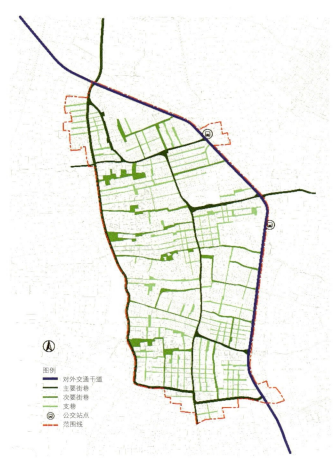

图6-2-2　蔡厝村道路系统分析图

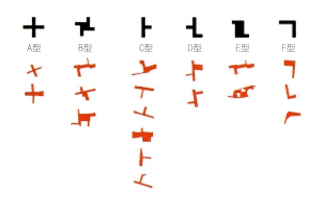

图6-2-3　蔡厝村道路交叉口分类图

(三)空间界面及标志物

就物质构成而言,空间是由界面围合而成的,其界面的属性是这一空间形态的重要内容。[①]通过对村落的整体高度界面分析可知:旧区建筑层数多为一二层,呈组团式分布,少量新盖民房为三四层,点状分布;新区建筑多为新盖混凝土民房,且呈组团式布局(图6-2-5)。新旧区在高度界面的差异,给人带来的直接影响是对村落整体风貌的不同判定。

蔡厝村新旧两区的入口标识各不相同。新区的主要入口靠近两个对外公交车站点,分别为蔡厝北站和蔡厝南站;其中北站邻接村部中心,作为入口比较重要的标识。通过访问当地村民得知,旧区的主要入口位于旧区北部,靠近龙头宫。

三、建筑风貌

蔡厝村内保存了较多的闽南传统的红砖建筑,是民居建筑的主要形式。公共建筑以宗祠家庙为主,以蔡氏家庙为代表,是村里历史最"年长"的建筑,已经历经风雨数百年。而新区的公共建筑主要为村部、村活动中心、蔡厝小学等。

图6-2-4 蔡厝村街巷连通性分析图

图6-2-5 蔡厝村建筑层数分析图

---

① 段进. 世界文化遗产宏村古村落空间解析[M]. 南京:东南大学出版社,2009:18.

（一）平面空间布局

受闽南地区特定的自然条件、气候环境、建房习俗等因素的影响，基本格局呈合院式布局形式，形成明显的中轴线，左右对称，体现着较为严谨的内在秩序。建筑以一层或局部二层为主，二层则布置在主厅的上方，多以阁楼的形式存在。内部结构多为七架至十一架木构架结构，从入口开始，经过门槛、前庭、天井、过廊、主厅、内屋，形成完整的空间秩序。

这种"厅井合院"的格局，主次分明、虚实相生、秩序井然。在物质功能方面满足了居住的各项需求，如宽敞的厅堂为日常生活与生产提供了充足的活动空间；隐秘的卧室提供了极具私密性的居住空间；高狭的天井兼具采光、通风、遮阳、拔气、排泄雨水、种植花卉等多种功能，营造出良好的小气候环境，等等。从精神内涵方面来探究，它隐含着中国千百年来所传承的若干传统礼教观念与等级意识。

（二）建筑外观风貌

闽南独特的"红砖、赤瓦、白石基"建筑用材，是因地制宜、就地取材的结果。据调查，闽南土壤中的三氧化二铁含量极高，所以若烧成青砖则颜色发土黄，十分难看；而烧成红砖，色彩却显得纯正艳丽（俗称"胭脂红"），并具有坚固耐磨、防潮性能好等优点，因此，受土壤条件所限只能用红砖赤瓦。再者，由于闽南地区盛产花岗岩这种上等的建筑用材，石材便被普遍地运用到房屋建设中。

建筑外观风貌重点体现在屋顶、屋身、台基、大木作、门窗隔断、铺地、建筑小品等。屋顶的建筑装饰涉及屋脊的多种曲线、"燕尾"脊饰、瓦当滴水的多种图案；屋身的建筑装饰包括正、背、侧立面的构图与图案。石基的建筑装饰集中在虎脚、地伏、柱珠、磉石等部位；大木作的装饰涵盖柱子、狮座、桁木、梁枋、斗栱、托木等构件。不同构件不同部位的装饰，都能契合构件形状，合理利用和充分发挥各类建筑材料优越的物理品性、条件和质素，在不影响房屋使用安全和牢固原则的前提下，取得建筑装饰与建筑结构构件的和谐统一（图6-2-6～图6-2-8）。

图6-2-6　蔡氏家庙

图6-2-7　蔡厝村古民居

图6-2-8　蔡厝村土地庙

"雕彩结合"是闽南建筑先雕后彩,有雕必彩的构筑特色。这种营建技艺使闽南民居的装饰细部与色彩构成显得异常繁复与华丽,如泥塑的花鸟灵兽、彩绘的人物故事、堆剪的卷草花等,尤其是集各式雕刻技法与多种题材内容为一体的院落大门,作为屋主身份、地位、财力的象征,更是金碧辉煌、色彩斑斓,成为整个建筑立面的视觉焦点。

(三)建筑装饰特色

丰富多彩的建筑装饰,不仅以优美的形象美化着人居空间的微观环境,而且以精湛的工艺技术、广泛的装饰题材,成为闽南建筑文化最具代表性的"全息性"反映对象。按照工艺技法不同进行分类,大致分木雕、石雕、砖雕、陶塑、灰(泥)塑、嵌瓷、彩绘彩描、书法绘画、砖砌纹样等多个部类。虽各类型建筑装饰的制作工艺、营造程序、从事工匠与所用器具都有很大的差别,但都能在深入了解和把握材料性能的前提下,充分利用当地传统建筑材料,选用各类适宜的工具,对建筑构件直接施行设计与艺术加工,体现出闽南传统建筑装饰的基本工艺特征,即因地制宜、因材施用的科学性与合理性。

装饰题材大致有几何纹样、人物故事、祥禽瑞兽、花鸟虫鱼、植物果实、宝物器物、文字文辞等类别。形式各异的装饰造型、美轮美奂的艺术形象、丰富多彩的题材内容,不仅美化着建筑构件和人居环境,展示着传统观念中"儒""道""释"的互补机制与雅俗共赏的文化特征,而且还凸现着闽南地区中西合璧、多元文化交融的新的地域文化特征(图6-2-9)。

四、景观特色

村落的景观空间形态作为聚落空间形态不可缺少的一部分,包括自然景观与人文景观,对村落的整体环境塑造与人文价值构建起到重要作用。其空间形态通过景观构成要素加以体现。蔡厝村整体景观环境良好,依托西侧的水系形成宜人的主要景观带。景观要素相对丰富,西侧有天然的水塘,内部有古树、古井,并且分散布有宗祠庙宇,还有古塔等景观小品,传统的闽南民居建筑本身也是蔡厝村特有的景观要素之一。

村落活动空间是一个村落的活力体现和精神所在,是人类行为活动的载体,是生产生活、政治经济生活、自然环境保护与延续等诸多因素的直接反映。这些场所多集中在西侧邻水边或庙宇附近的广场;行为类型也较为丰富,除了日常生活交流外,还有垂钓、广场舞、锻炼、唱戏等活动,形成较多积极空间。

蔡厝村有祖厝1座、家庙1座、祠堂1座、庙宇3

(a)建筑梁柱状况

(b)建筑屋顶装饰

(c)浮雕壁画

图6-2-9 建筑装饰特色

处，它们大部分已建成100～600多年。其中，蔡厝上头宫大约已有660年历史，100多个分炉遍布在台湾等地，每年"上头宫"庙会，前来上香祈福的民众达到数万之多。传统的民间信仰和闽南文化造就了蔡厝村独特的人文景观。

第三节　集美区后溪镇城内村

一、历史沿革

（一）城内村基本概况

厦门市后溪镇城内村位于集美区东北部，呈南北长条形，东西较窄（图6-3-1）。东西两面结尾农业用地，紧邻后溪镇政府，北面以天马山、大帽山、岩内山与同安为界，南临孙坂北路，是集美工业区、文教区、新城区的重要组成部分。城内村气候宜人，位于东经118°2′，北纬24°4′，属南亚热带海洋性气候，年平均气温21℃，1月均温12.4℃，7月均温28℃。年平均降雨量1100毫米左右。

城内村处在后溪北岸的小平原上，地势平坦，受后溪溪水冲击灌溉。土壤以灰土、水稻土为主，较肥沃。城址内地势平缓，村子东、西两侧皆为田地，村东南有一水池。在明末清初是重要的港口，海水可直达城南门外。

村落居民姓氏较多，主要姓氏为叶姓，村域面积约13公顷，村庄占地面积约750亩，户籍人口约1190人，常住人口约1500人，主要为汉族，主要产业是农业和租赁业，由于地处城市边缘，是典型的城郊村。村庄外部周边工商业发达，是厦门市城乡一体化建设的重点区域。

（二）城内村历史沿革

城内村始建于清朝，又称霞城，关于其历史主要为城内城的历史，这座古城的城垣呈长方形，南北长约200米，东西宽为150米，设4门，4个城门内各有1座庙宇，总面积达30000平方米。古城建于清康熙元年（1662年）8月，由当时的福建总督李率泰和同安总兵施琅共同督造，至今约有360年历史了，古城残存的城墙于1982年被公布为第二批市级文物保护单位。

明末清初，自从郑成功于1646年在南澳岛（今广东省南澳县）起兵后，厦金两岛与同安城（包括现今集美区境内后溪、灌口一代均属于同安管辖）就成为郑成功反清复明的战斗根据地。以后的数十年间，郑成功军队与清军在此轮番恶战，互相占领同安城达五次，战况惨烈。城内村所属的同安县当时作为郑成功后方根据地厦门、金门的屏障，一直是清军的主要进攻对象。康熙十六年（1677年）郑成功北伐失败，往后以此为据点

图6-3-1　城内村全域航拍图

收复台湾；康熙十七年（1678年），清朝大学士李光地率军攻打同安，当时的城内村前捉守芒溪，背倚靠南山岭和诸葛岭，是同安城西面的兵家必争之地，城内城成为清军与郑军反复争夺的古战场。

康熙十八年（1679年），清政府审时度势，基于台湾郑军逐渐衰落，偏安一隅，再无力量进攻大陆，开始解除海禁；康熙二十三年（1684年），清政府收复台湾，后溪城内村失去了它的防御价值，逐渐被废弃在风沙和荒草之中，百姓所建的田宅将其包围、淹没。1958年，由于政府政策路线上的失误，加上村民的愚昧无知，城内城墙遭到了严重的破坏，外围城墙大部分被拆除，整个城墙几乎被彻底肢解。如今的城内村，仅存北城门"拱辰门"一段约30米长的断壁，除了在1993年被发掘出土的南城门的"临海门"门额石匾等少数遗迹、遗物。

目前城内有居民1500多人，较为完整的闽南古厝100多幢（图6-3-2），其中有较为罕见的五落大厝，村中有9棵百年老榕树，还有烽火台遗迹。更有300多年历史的涉台文物点城隍庙，自1821年分炉到台湾后，香火继续传播，现台湾有霞城隍庙分炉100多座，每年都有大量台胞前来祭祖谒拜。城内村的历史沿革是研究明末清初厦门历史的重要文物资料。

二、聚落布局

（一）聚落选址及总体布局

城内村外部边界清晰，在民国以前，城内村南面直通大海，背靠南山岭和诸葛岭，是典型的依山傍海的格局。现今由于地貌变迁，东、南、西三面均变成区域道路，北面是南山岭，空间结构完整（图6-3-3）。

（二）街巷空间

村庄内部街巷体系具有典型闽南传统聚落特征，主要街道方向性明确而又蜿蜒，次要巷弄随机而富有灵气。主要道路为霞城老街，从南向北贯穿整个村落，空间肌理清晰明了（图6-3-4）。村中心遗存较完整的闽南古厝百余栋，其中清末时期的古民居有26座，呈连片状分布，保留状况良好，部分建筑已由当地居民进行修缮。

（三）空间节点及标志物

城内村的空间结构完整还体现在标志物上，城内的

图6-3-2　城内村古建筑群落航拍图

图6-3-3　城内村航拍图

北门是1958年城内城墙拆除中保留下来的，现存的城墙除东门局部的小段残壁外，仅存位于城内村中间的城内城北门拱辰门。左右两侧城墙，长11米，厚3.4米，高约5米。建成于1662年8月的拱辰门高3.2米，宽2.1米。北门额石匾上镌刻"拱辰门"三字。

城内村建成时各门均有小庙对应，以供奉不同神祇，分别为佛祖、王爷、城隍爷及玄天上帝，只有北门的上帝宫保留至今，其余各庙均是后期翻修，北门内上帝宫仍保留较多清代石雕文物，包括德联门框、石狮、麒麟纹石雕墙堵等。

三、建筑风貌

（一）平面空间布局

城内村现存的民居大部分是20世纪四五十年代的建筑，少数清末的建筑。其平面布局以传统的"三间起"形式（"一条龙"）为基本单元，进行排列组合。

图6-3-4　城内村街巷

建筑布局为中间厅堂，两侧各一次间，左为大房，右为二房。除非用地局促，正房前一般两边有"伸手"（厢房），使整个建筑呈一面敞开的"凹"字形，中间为"深井"，用于纳凉，大部分人家前面再筑上围墙，安上大门，则成矩形三合院，即"三合天井"；如果在前面筑上的是门厅与房间，则成四合院，即"四合中庭"。

早期的古厝大多以单层"四合中庭"为主。下落明间为门厅，中设屏门，增加了居住空间的隐私性。后期城内所建民居多采用"三合天井"的形式布局，宅院后部"三间起"多盖一层，并天井前设围墙，与街巷空间进行分割。有一些民居则不设院落，直接以"一条龙"的三间住房面对街巷，"一明两暗"，格局十分简单。

整个建筑形体和空间是高度结合的，因为这种"厅—井"的空间形式与闽南的地理、气候条件有很大关系。首先，屋前屋后大量地设置了进深较大的半围合式的灰空间，既能遮阳避雨，又能与天井形成对流，起到通风、散热的作用。其次，大厝的天井比较狭长，出于闽南地区日照充裕、太阳照射角高，这种狭长的空间不仅可以避免暴晒，还能形成烟囱效应，避免潮湿，适用于闽南闷热的气候条件。

（二）建筑外观风貌

城内村建筑主要以红砖和石头这两种闽南常见的传统建筑材料为主。红砖色彩鲜亮，质地缜密光洁，能起到很好的装饰作用。石材坚硬，易广泛用于建筑基座部分。墙体一般使用红砖石，壁脚抹白灰居多，早期墙体多为土坯墙外抹灰，后期则多以红砖墙抹灰为主。红砖石壁脚的墙体，一般以条石砌基，离地面约有1米高，墙外立面再抹上白灰，简洁大气。

由于城内民居多为三开间，开间较小，所以屋脊一般只有一段，同时为强调曲线，在正脊两端翘起高高的燕尾脊，形成弧度较大的丰富外轮廓，是闽南传统的建筑特色。城内村早期民居的屋顶多为悬山式，屋脊弧度较小，屋顶悬出山墙外，以保护其下的土坯墙；后期民居屋顶则多为硬山式，外墙用红砖包裹，外部两侧护厝的屋顶则多采用"马背"式的硬山封火墙。屋脊升起的曲线也不相同，早期的较为挺直而显得厚重，后期较为弯曲而显得轻巧，使得整个村落的天际线极富有生气与活力。各个民居平屋顶和坡屋面的组合也使得其界面在高度和形式上显得极为丰富，是城内村最重要的特色之一。

（三）建筑装饰特色

建筑形体简单、完整，色彩及装饰丰富，红砖和条石的组合使得建筑上暖色调和冷色调形成对比，在入口和山墙处，用闽南传统的"木雕""砖雕""石雕"和拼花等装饰手法进行重点的处理，突出建筑的精致和秀美。窗户较小，源于防卫和散热的需要。此外，城内村作为集美侨乡之一，受早期居民下南洋的影响，建筑上一些西方的装饰符号也被运用到内部建筑中。民居上的水车堵以及院前的门牌坊都隐含着西式的建筑风格。

四、景观特色

城内村内部清代古民居与后期新建的居民小楼杂处，原城址东、西、南门均已不存，仅存有重新修建的小宫庙和原南门旁城隍庙（即后溪城隍庙）。城内村现散布百年老榕树9棵，为重要的景观节点。霞城城隍庙旁设有池塘，对面建戏台，与城隍庙间形成天然的广场，是村民天然的公共活动空间，也是霞城城隍庙庙会习俗的重要活动地点。据说原来庙前即为海边，在后溪城内村南端和城内77号前，庙前是宽敞的水泥埕，也是村内举办大型活动的场所。

城内村最富特色的当属城内的城隍庙庙会，城隍庙已有350多年的历史。每年农历十一月二十二城隍爷祈安日前后，后溪城内村都会举办隆重而盛大的庙会。首先由公选出的八位德高望重的长老和道士领头做敬和进香请天公，朝拜城隍爷等众神明，祈求一年五谷丰登，四季平安。随后，各种闽台民间文艺表演随即展开，布袋戏、舞龙舞狮、宋江阵、扭秧歌、耍杂技、歌仔戏、腰鼓队等。台湾等地的城隍庙主事及信众都会组团前来进香朝拜，广大人民借此机会进行广泛的交流，极大促进了民俗文化活动的发展，城隍信仰文化也成为城内村独具特色的人文景观。

第四节　同安区汀溪镇古坑村

一、历史沿革

（一）古坑村基本概况

古坑村位于福建省厦门市同安区汀溪镇南部，距离同安城区约10公里。村庄周边群山环抱，西源溪自北向南从村庄中缓缓流过，与褒美村隔溪相望。西源溪是同安主要河流西溪的上游，作为古代交通运输要道，流经古县城不远后即抵达出海口[①]。在村庄的东侧，相隔

---
① 洪卜仁，靳维柏. 厦门传统村落[M]. 厦门：厦门大学出版社，2015.

约1公里,便是汀溪水库。古坑下辖寨下、美岐山、石狮、周厝洋、殿前5个自然村,11个村民小组,500户居民,人口1681人[①]。

在乡村聚落形态的分类中,"山—水—田"的聚落形式,较好地保存了农村的田园风貌,延续和保持了农村农耕的生活方式,是中国农村较为典型的村庄形态。聚落的建设发展依当地的山势、溪流的走向以及农田的位置选择适宜的区域,从而形成依山、伴水、近田的天然聚落风光,与自然和谐发展。古坑村的发展格局正符合了这种聚落形式。

(二)古坑村历史沿革

明清时期,古坑村在地籍上隶属于永丰乡感化里泽芦保,北衔御史岭。御史岭因其常年受到雨水冲刷,形成众多沟壑,又因山地的山泉水汇流成涧,方言称"坑沟"。村民的民房最早主要聚集在坑沟边,进而逐渐形成了村落,故村名"古坑"。现在的古坑已由古时的小聚落发展成为包含寨下、美岐山等5个自然村的行政村,但在村庄姓氏宗族发展中,隶属同一源流。

古坑村以叶姓为主,姓氏同属佛岭郡马府二房伍派。但古时古坑村的姓氏较为复杂,有周、许、廖、吕、罗、杨、翦(jiǎn)等姓氏,现叶若渊的祖厝即原翦姓的聚居地,后洋村为杨姓聚居地,周姓聚居在蔡坝。在2008年的文物普查中,记录的宋代章厝窑,也因其为章姓的聚居地而命名。元明期间,叶姓族群从褒美村搬迁古坑村后,便在此不断壮大族群,落地生根。其他姓氏家族因自然天灾、朝代更替等不同因素逐渐向外迁徙,进而形成了如今古坑村以叶为主要姓氏的局面。

古坑村的叶姓开基祖分为两大支系,分别源于叶郭祖和叶若渊两个同胞兄弟,因御史岭中的一条清流小涧将古坑分为上古坑和下古坑。上古坑的开基祖为叶郭祖,下古坑的开基祖为叶若渊。原两地的祖祠前的埕上,都树立着许多旗杆石,以示家族子孙后裔的科举功名,但世事变迁,均已无从实考。

古坑村自古以来,人杰地灵,民间习武蔚然成风。古坑村之所以民间习武盛行,与其山区地理位置、家族发展和当时的社会背景是有不可分割的关系。清代以来,自康乾盛世后,王朝逐渐走向衰败,内忧外患,特别是鸦片战争、太平天国运动,极大动摇了清王朝的统治。清王朝通过大力扩充武备人才来维持其封建统治,以应对战时之需,其中一个主要的途径便是科举。仅据清《同安县志》记载,于清代道光年至同治年的58年期间,古坑籍登第者中,武进士6人,武举人14人,武进士人数占同安武进士35位中的近六分之一,可见习武风气之盛。

二、聚落布局

(一)聚落选址及总体布局

古坑村与褒美村和西源村相邻,村庄总面积约39.77公顷,散落地分布在南北长近4公里的西源溪东西两侧,968亩农田主要分布于溪岸的东西两侧,村庄居住点之间。与面积4000多亩山果林地在东西断面上形成"山—村—田—水"的自然聚落形态。

从整个村落范围来看,村落呈线性发展,以西源溪为骨干,形成一条南北走向的主轴线;次轴线为沿溪向四周放射发展。以田园耕地为中心,各个居民点围绕耕地,依山势变化,向周边发展(图6-4-1)。整体聚落形态呈现出"线性发展"的趋势。古坑村传统建筑占地面积占村庄建设面积的比例从2003年的23.4%下降至2018年的10.6%,现代建筑占地面积的比例从10.5%上

[①] 厦门市同安区人民政府网站. 2017-05-28.

图6-4-1 古坑村航拍图

升至24.2%，现代建筑的样式风格也有较大差异。村庄正处于快速更新建设时期，村庄的总体建筑风貌因此受到较大破坏。

（二）街巷空间

西源溪东侧有一条421县道从村庄中自南向北穿过，作为对外交通道路。南边通往汀溪镇区和同安城区，向北通往西源村。村庄次要道路与县道平行，作为村庄内的分流道路，主次分明，带动村庄向道路两侧进一步扩张发展。西源溪西侧作为村庄的另一条次要道路，连接美岐山和周厝洋自然村。村庄东西两条道路从村口分岔，连接古坑村分布于溪水东西两侧的各个自然村后，最后在周厝洋汇聚，形成一个完成的闭合环路。村庄内部，主要以步行道路连接各主、次道路，通达性和便捷性好（图6-4-2）。主次道路及内部道路构成了古坑村的完整道路网络，在村庄长期发展中，较好地保持了村庄原始的总体布局特点。

三、建筑风貌

古坑村内保存了许多闽南传统的红砖建筑（图6-4-3），是民居建筑的主要形式，其中武魁第是古坑村目前保存建筑规模最大的传统建筑，形制为一列三座并排的红砖古大厝，始建于清道光年间，这是清道光年间武举人叶春魁六兄弟合建，三座古厝建筑面积2162平方米，相当宏伟，样貌保存至今。公共建筑以宗祠家庙为主。

（一）平面空间布局

古坑村的传统建筑，吸取闽南传统建筑的特点，又因其特定的地理环境、气候条件和民俗习惯等因素的影响，平面基本形制呈合院式布局形式，且有明显的中轴线，左右对称，建筑布局秩序较为严谨（图6-4-4）。传统建筑多为一层，个别栋数局部有二层。由于当地古时民间习武成风，在埕上多有布置旗杆石用以竖立旗杆，以显家族功名威望。

图6-4-2 古坑村街巷

图6-4-3 古坑村传统民居

图6-4-4 古坑村合院古建筑

（二）建筑外观风貌

古坑村的传统建筑风格，与同安平原地区的闽南建筑风格有所不同。前落和后落屋顶上的燕尾脊向两侧翘起，与一般闽南传统建筑做法相近，但前落两侧的两坡屋顶上，燕尾脊向正面翘起，迎面而立，犹如老虎的利爪，俗称"虎下山"。此做法与安溪地区的"虎头厝"较为相似。

建筑的外墙材料上，主要使用的是大型的卵石堆砌成墙裙，夯土墙体，砌筑高度约为90厘米，使用当地的卵石材料，就地取材，减少了建造的成本（图6-4-5）。墙基以上改用红砖砌筑，窗框多用条石砌筑。下厅多为"凹"字形，下厅的外墙也多用白色抹灰。屋面多数采用了闽南传统的红瓦，整体建筑外观朴素又不失闽南大厝气势。

（三）建筑装饰特色

古坑村距离省级文物保护单位汀溪窑址的直线距离约2公里，窑址位于汀溪水库库区的西侧，是宋代"珠光瓷"的主要产地，规模浩大，遗物堆积超过6万平方米，主要堆积于汀溪水库大坝旁的山坡上。在烧瓷的过程中，遗留大量废旧匣钵。由于匣钵以黏土制成，在窑内历经高温烤制，材料本身的坚硬程度胜于普通的砖瓦，具有抗风雨、耐腐蚀的良好特性，因此附近的居民在建造房屋的过程中，将废物充分地再利用，主要将匣钵用于建筑的外墙面上。匣钵装饰的形式看似随意又构图严谨，有一定的排列秩序，此类建筑也被俗称为"匣钵厝"（图6-4-6）。

四、景观特色

村落的总体景观环境良好，西源溪常年充沛的水量，为村庄提供了充分的水资源用于生活和农田生产灌溉，溪水两岸的自然生态泊岸，能够净化水体，也为村庄构建了一条生态景观带。在西源溪的两边是广袤的农

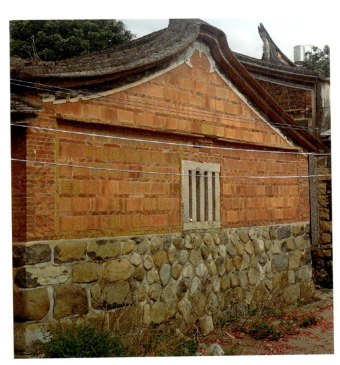

图6-4-5 古坑村建筑装饰

图6-4-6 古坑村匣钵厝墙体

田，水稻、芋头等各类传统农作物，形成了一片开阔的田野景观面，并向村庄内部逐步渗透。

三角梅种植也是古坑的一大特点，古坑共种植三角梅近9万株，面积约200亩，"同安红"三角梅品牌作为该村的"一村一品"项目。村民通过种植三角梅来装饰庭院和村庄内的道路，在三角梅盛开的季节，绽放的三角梅将整个村庄装点得格外红艳。

村庄四周群山环抱，作为村庄的远景，北侧山峰最高海拔254米，形成了四周向内辐射的绿带，与村庄形成约200米高差，为村庄提供了丰富的负氧离子，作为村庄乃至汀溪镇的绿肺，净化周边的空气。村庄位于群山的谷地之间，降水顺着山势，汇流至西源溪中，增加了西源溪的水流量，也同时灌溉了谷地的农田。

第五节　厦门岛鼓浪屿

一、历史沿革

鼓浪屿的形成与发展，以1842年鸦片战争失败、1902年成为公共租界、1945年太平洋战争胜利，这三个时间节点将鼓浪屿历史发展分为以下四个阶段：原住民文化时期（初始~1842年）、外来文化传播期（1842~1902年）、多元文化融合期（1903~1945年），以及多元文化复苏期（1945年至今）。

（一）原住民文化时期（初始~1842年）

宋之前，鼓浪屿还是一个荒岛，是附近渔民海上暂避风浪的地角。相传，因此岛边缘轮廓呈圆弧状，便起名"圆沙洲"，俗称圆洲仔。到了宋元年间，岛屿地区人口、渔业、耕种农业都发展到一定水平。随后位于海沧嵩屿的李姓人家、角尾锦宅的黄姓人家，眼看着圆洲仔这么一处好地方还空无着，便携家带口，定居岛上。从此人烟渐稠，农事渔业发展，鼓浪屿逐渐形成一些具有闽南地方传统特色的村落民居（图6-5-1）。这些房子基本上都是采用红砖白石建造的闽南传统的民居院落式民居建筑，如留存至今的四落大厝、大夫第、种德宫、黄氏小宗。

（二）外来文化传播期（1842~1902年）

1842年9月，鸦片战争失败，清政府被迫与英国签署了第一个不平等条约《南京条约》，厦门被划为"五口通商"口岸之一，同时承认鼓浪屿任由英国占据，这使得西方列强得以名正言顺地进驻厦门并从事各种活动。如此这般，使鼓浪屿成为向闽南及中国内地传播基督教和西方文化的基地。

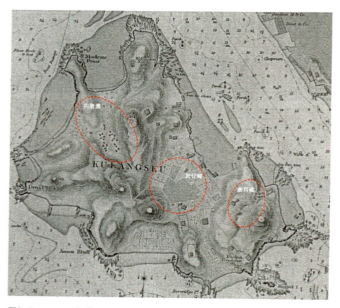

图6-5-1　1863年鼓浪屿原住民分布图（底图来源：大英图书馆）

厦门开埠以后，鼓浪屿由于本身独特的天然环境，成为西方人居住的理想居所，成为外来文化传入中国的前沿和各国势力的交汇点。陆续来岛上居住的外国人建造了各类西式建筑和现代化社区公共设施。并以鼓浪屿为基地，向闽南地区乃至中国内陆传播近代西方的文化、技术与生活方式。这些传入的外来文化与本地文化碰撞、交流，并在之后的历史进程中融合、发展。

当时西方人所居住的住宅群，多选址在山顶、山坡或临海视野朝向和景观较好的位置，围绕着教堂、医院、学校等公共建筑，形成了建筑密度较低的住宅区，建筑形式为殖民地文化的外廊式建筑为主，材料多为洋灰。

（三）多元文化融合期（1902～1945年）

鼓浪屿建设的高潮期从1903年鼓浪屿工部局正式成立至1941年太平洋战争爆发近40年间，是鼓浪屿岛上多元文化碰撞、交流与融合最广泛、深入的时期，是鼓浪屿近代建筑发展的成熟期，是鼓浪屿作为近代国际社区发展完善的时期。

1903年工部局成立，促使了鼓浪屿发展建设，完善了道路系统、码头及服务设施规划建设，建设了一大批近代化医院、学校、通信设施、银行、邮局、领事馆等，形成了国际化的居住性公共社区。20世纪20年代末、30年代初，世界范围的经济危机重创了东南亚地区经济及社会秩序，大批闽南籍华侨返乡，选择了具有良好自然及社会环境的鼓浪屿定居，投身到鼓浪屿社区建设，鼓浪屿城市建设的主要驱动力由外国人逐渐转为返乡华侨。华侨及闽南富绅的洋楼、宅园，以及现代化基础设施和商贸设施在鼓浪屿全岛范围全面建设。

20世纪30年代，鼓浪屿社区建设空前繁荣，形成了具有完善功能结构的近代化国际社区，设施的建造质量和服务水平在当时是罕见的，相关的物质遗产也以较高的真实性和完整性保留至今，成为当时岛上社区生活状况的见证。

成为公共租界后，鼓浪屿在洋人、台商、本土原住民、华侨等各类主体建设者主导下，受国际多元文化以及结合本土文化影响下，建筑风格逐渐完成了多元文化的融合。殖民地外廊式建筑也逐渐本土化，到30年代，已形成独具个性的鼓浪屿建筑风格。建筑主要有如美国传教士建造的西方新古典主义风格的八卦楼、西方现代主义风格如博爱医院等，以及具有厦门装饰艺术风格的洋楼，这类洋楼以红砖和水刷墙墙面为主要特征，细部装饰以南洋题材纹样，以及西方的设计构图元素。

（四）多元文化复苏期（1945年至今）

1938年，太平洋战争全面爆发后，日军占领鼓浪屿，实行暴力统治，扩建警察以及监狱等设施，驱逐华人等。政治局势动荡不安，迫使西方人离开，大批华人、华裔被迫出走，大量建设基金和先进的设备被带走，鼓浪屿建设进入停滞期。直到1945年日本战败开始，鼓浪屿再次进入了多元文化的复苏期。

鼓浪屿1950年进入全面建设时期。特别是1980年后，党的十一届三中全会以后，鼓浪屿建筑进入新的振兴时期，岛上兴建了各类公共建筑，其中包括公园建筑，如皓月园、毓园、延平公园、海底世界等；包括演出、纪念、展览馆等场馆建筑，如鼓浪屿音乐厅、鼓浪屿钢琴博物馆等；包括商业、服务业等场所建筑，如海上花园、鼓浪屿别墅酒店、三友假日旅游城等。这类建筑风貌富有特色，是鼓浪屿历史风貌建筑某种程度的延续（图6-5-2）。

二、聚落布局

（一）聚落地形

从地形上看，整个鼓浪屿的中部与东南部地势偏高。其中，笔架山、鸡母山、英雄山及龙头山等构成了

图6-5-2 鼓浪屿全域航拍图

中部山系，东山和升旗山组成了东南山系。此外，燕尾山、兆和山（大石尾山）、浪荡山和石瓁顶也有较高的地势。而鼓浪屿中东部及西北部的地势相对平缓，利于开发建设（图6-5-3）。

（二）聚落形成与分布

"鼓浪屿及夹屿，旧皆有民居。明洪武二十年（1387年），悉迁入内地。成化以后，渐复旧土。"据统计，至19世纪中叶岛上共有原住民629户，2835人，其中男性1588人，女性1247人。他们多聚居在岩仔脚、内厝澳和鹿耳礁等村落，采用着半渔半耕的经济模式。

鸦片战争以后，作为外国人居留地，鼓浪屿开始出现各国的领事机构及配套居住设施。该阶段华人村落与西人住区相互区隔发展，洋人的建设活动主要位于靠近

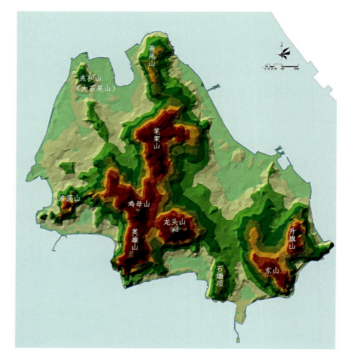

图6-5-3 鼓浪屿数字地形信息（底图来源：鼓浪屿风貌保护规划）

厦门本岛的东南岸线，而岩仔脚及内厝澳片区仍保持闽南传统村落的格局。

1902年，清政府和英、美、德、法等9国签署了《鼓浪屿公共地界章程》（Land Regulations for the Settlement of Kualangsu Amoy）。鼓浪屿公共租界工部局（Kulangsu Municipal Council）于次年1月成立，其制度设计参仿上海租界。在1903年的鼓浪屿历史地图中可发现，洋人住宅多分布于东南的"鹿耳礁—田尾"，西南的"内厝澳—旧河庵"外围及东北的三明路、鼓新路，公共建筑则沿东部、东南岸线以及复兴路、田尾路分布，包含学校、俱乐部、医院和教堂等多种类型。

第一次世界大战后的20世纪20~30年代，国际局势发生了变化，鼓浪屿相对稳定的环境吸引了大批海外华侨及闽台富绅前来定居，并逐渐成为鼓浪屿建设的主力。1926年，随着工部局中华人董事数量的提升，华人正式参与到工部局的行政管理之中。"其时岛上居民剧增，仅20~30年代十几年间，华侨就在岛上兴建楼房1014座。"在这些华侨建造的屋宇中，以内厝澳片区最多。结合统计数据，在工部局1924~1936年颁发的970份建筑执照中，华侨和侨眷占到了75%。

（三）路网结构

鼓浪屿的路网结构是由多年历史演化而成，早期受制于地形因素，产生围绕笔架山、龙头山和升旗山，连接各个村落的环状道路；随后在环线基础上不断细化，出现沿海、码头连接线等；并最终跨越笔架山和鸡母山，形成了今天的路网格局。

三、聚落风貌

鼓浪屿自开埠以来的100多年里，原住民、洋人、海外华侨、闽台富绅等在此共生，以佛教、民间信仰为代表的本土信仰与以天主教、基督教为代表的外来宗教在此并存，随之产生了丰富多彩的建筑，这些都是鼓浪屿多元文化生态密不可分的组成部分。鼓浪屿现有建筑2000多栋，包括领事馆、银行、别墅、学校、医院等，这些建筑风格迥异、特色鲜明，具有较高的历史价值，体现了19世纪到20世纪中期本土建筑文化与外来建筑文化的碰撞与融合（图6-5-4）。

（一）历史风貌建筑的数量和分布状况

鼓浪屿现已认定第一、二批历史风貌建筑共390处（389个编号），主要集中在龙头路、鹿耳礁和田尾等片区，包括117处（116个编号）重点保护建筑以及273处一般保护建筑。第三批初步拟定的历史风貌建筑有466栋，多位于龙头路和内厝澳片区，其中，重点保护建筑337栋，一般保护建筑129栋。相对于第一、二批，第三批拟定历史风貌建筑中重点保护建筑的占比增加明显，由30%提升至72%。

（二）历史风貌建筑建造年代

结合前期资料搜集和实地探访，鼓浪屿历史风貌建筑的建造年代可划分为明代、清代、民国、新中国成立

图6-5-4　鼓浪屿古建筑群落

初期、1965年以后和1986年以后6个时间段,并主要集中于民国时期。

从19世纪中叶起,随着西方势力的介入,鼓浪屿开始出现由洋人建造的西式建筑,如大北电报公司等,打破了原有的闽南传统村落格局。随着《厦门鼓浪屿公共地界章程》的颁布以及工部局(Municipal Council)的成立,洋人开始对鼓浪屿进行各项设施的建设。根据1903年的鼓浪屿历史地图标记,建有厦门俱乐部、福音堂、日本领事馆、美国领事馆等35栋历史风貌建筑。

第一次世界大战后,国际环境的变化使大批闽台华侨富绅回到鼓浪屿。从1927年的历史地图来看,该阶段在鼓浪屿历史风貌建筑中又新出现了20世纪10年代和20年代两种建造年代,建筑总量从1903年的35栋变为378栋,增长了9.8倍。10年代,洋人加强了对鼓浪屿各项公共设施的建设,于该时期建造的历史风貌建筑有31栋,如宣记写字楼、协和礼拜堂(图6-5-5)等。结合地形来看,它们多位于地势较高的山顶、山麓等位置,与地势相对平坦的岩仔脚片区形成鲜明对比,可见在建筑选址问题上中西方存在的差异。建于20年代的建筑达312栋,占新增历史风貌建筑总数的82.5%,主要集中在岩仔脚和鹿耳礁片区,尤其是龙头路、泉州路、福建路和福州路等街道,如西林别墅(图6-5-6)。20年代历史风貌建筑的快速发展,也从侧面反映出华侨在该阶段对鼓浪屿建设活动的影响力。

在华侨的持续影响下,20世纪30年代鼓浪屿的历史风貌建筑数量继续保持快速增长的态势。相比于1927年,1935年的鼓浪屿历史地图里新增了272栋建于30年代的历史风貌建筑,建筑总量达到650栋,增加了72%,如三一堂、秋瑾故居(图6-5-7)等。抗日战争爆发后,鼓浪屿渐渐被日本人控制,各项建设活动被迫中止,进入发展停滞期。由1951年的历史地图可知,鼓浪屿历史风貌建筑数量开始趋于稳定,仅增加了3栋建于40年代以及15栋建于新中国成立初期的建筑。

(三)历史风貌建筑功能

建筑类别即建筑的原功能,鼓浪屿历史风貌建筑共有宅第民居、商贸建筑、商住建筑、文化教育建筑、行政办公建筑、金融建筑、医疗卫生建筑、坛庙祠堂、宗教建筑、工业建筑、领事馆,以及其他古建筑和其他建筑13类。

原功能为宅第民居的建筑几乎遍布全岛,商住建筑

图6-5-5 协和礼拜堂

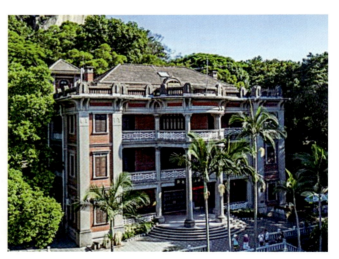

图6-5-6 鼓浪屿西林别墅

集中在龙头路片区，而行政办公建筑则主要位于岛屿外围。在数量上，宅第民居达到695栋，占81.9%；其次是商住建筑和行政办公，分别有41栋（占4.8%）和24栋（占2.8%）；医疗卫生建筑、商贸建筑、商贸建筑+文化教育建筑、坛庙祠堂、宗教建筑、工业建筑、文化教育建筑、行政办公建筑+商贸建筑、金融建筑、领事馆，以及其他古建筑和其他建筑有一定数量。

四、建筑特色

鼓浪屿历史风貌建筑的风格样式主要有厦门装饰、折中、早期现代、殖民地外廊式、艺术装饰、西方古典复兴、哥特、巴洛克、近代中国传统复兴、闽南传统和其他风格11种类型，其中较具有代表性的是厦门装饰风格与殖民地外廊式建筑。

（一）殖民地外廊式建筑

随着1843年厦门开埠，作为西方人居留地，英国等国家相继在鼓浪屿开设领事馆，美英传教士也开始在鼓浪屿传教，部分西式建筑也随之在鼓浪屿星星点点地被建造起来，这些建筑的形式主要是殖民地外廊式（Colonial Veranda Style）。殖民地外廊式建筑作为一种具有与热带、亚热带地方气候相适应的外廊空间的建筑样式，最初在南亚殖民地地区形成后，于18世纪末、19世纪初期传回欧洲，并转化为富裕阶层的郊野别墅（Bungalow）形式。接着又被作为西方各国驻殖民地领事馆或外交官公馆建筑的常用形式，形成一种象征西方高贵、休闲生活方式的标志，成为常见的早期殖民地建筑样式。鸦片战争前后，殖民地外廊式建筑经英国在东南亚的殖民地传入中国，成为中国近代建筑最初主要的建筑样式。西方人进入鼓浪屿后，即大量采用这种建筑样式建设领事馆、公馆、洋行和住宅。

至今鼓浪屿地区仍有大量19世纪中期以来建造的殖民地外廊式建筑遗存，这些建筑主要受当时来自英国本土的维多利亚时期建筑风格影响，数量最多的是建筑立面上有连续拱券造型的新文艺复兴（Neo-Renaissance）风格的殖民地外廊式建筑。如建于1897年的原日本领事馆建筑，采用木屋架、清水红砖外墙、新文艺复兴风格的双层连续圆拱券廊，建筑首层以下设有半层防潮层（图6-5-8）。据考证，该建筑由中国人王添司承建，据推测他也是该工程的设计者。根据日本外务省史料馆中所藏当时设计图纸中的剖面图可以看出

图6-5-7 鼓浪屿秋瑾故居

图6-5-8 鼓浪屿原日本领事馆

该建筑屋架采用的是西洋的双柱架析架（Queen Post Truss）同中国传统屋架的折中，可能与它由学习过西方建筑的中国工匠设计有关。

此外也有采用尖券的维多利亚哥特（Victorian Gothic）风格的实例，如建于20世纪10~20年代的原美孚石油公司办公楼、林巧稚故居等（图6-5-9、图6-5-10）。1873年修建的英商怡记洋行的闲乐居（Anathema Cottage），这是一座珍贵的三叶草形平面的殖民地外廊式建筑（图6-5-11）。日本学者藤森照信先生认为这种特殊的平面，来自于维多利亚女王时代喜好多彩多变之妙的造型精神，并同时受到喜好在设计中多有变化的图画派（Picturesque）的影响。殖民地外廊式建筑从40年代初开始在鼓浪屿出现，其建设一直持续到20世纪。

（二）厦门装饰风格建筑

20世纪二三十年代，由于当时鼓浪屿相对稳定的社会环境与良好的自然环境，大批来自闽、台的富绅、文化精英及闽籍海外归侨到鼓浪屿定居，鼓浪屿华人洋楼的建设达到高峰。一种华美的新风格华人洋楼由此前作为鼓浪屿近代建筑主流的殖民地外廊样式中脱胎而出，发展成一种注重现代装饰表现与民族性、地方性装饰题材结合的独特的外廊建筑风格，由此形成了厦门装饰风格（Amoy Deco Style）。

厦门装饰风格外廊建筑采用结合西方历史主义建筑装饰元素、现代的装饰艺术风格以及具有民族性、地方性特色的装饰手法及题材。相对早期的殖民地外廊式增加了外廊的进深和高度，厦门装饰风格外廊建筑的屋顶也大多由殖民地外廊式建筑多用的坡屋顶增设了屋顶平台，给建筑带来更多凉爽适宜的空间。

厦门装饰风格外廊建筑突破殖民地外廊式建筑以矩形平面为主的较呆板的平面形式，在早期华人所建外廊

图6-5-9　鼓浪屿原美孚石油公司办公楼

图6-5-10　林巧稚故居

图6-5-11　鼓浪屿闲乐居

建筑"塌帕""出龟"几种空间形式的基础上更加大胆创新。平面布局因地制宜，也使其建筑造型更加活泼丰富，如现永春路16号建筑，位于临斜街一侧平面做数次转折，形成建筑生动的轮廓线。

厦门装饰风格外廊建筑在建造过程中采用大量近代化与地方化的建筑工艺。其中包括具有闽南本地特色的红砖砌筑技术，是延续了数百年的红砖砌筑技术与近代红砖施工技术的结合；还包括20世纪初开始在鼓浪屿被广泛使用的洗石子、磨石子装修技术，与本地传统的"剪粘"等装修工艺相结合。因其施工便利，经济美观，在鼓浪屿华人洋房，特别是厦门装饰风格建筑的外装饰工程中，结合现代的装饰艺术风格及西方古典风格、闽南地方风格的表现方式被广泛运用。

第一节　概述

漳州位于福建省东南部，东临厦门、南与广东交界，东与台湾隔海相望，陆域南北长187公里，东西宽127公里，面积12607平方公里。博平岭横亘于西北，戴云山余脉深入北部境内。平和县的大芹山主峰海拔1544.5米，为漳州市第一高峰。九龙江全长1923公里，为福建第二大河。流域面积14741平方公里，在漳州境内流域面积7586平方公里。此外还有鹿溪、漳江、东溪等主要河流。九龙江中下游平原面积720平方公里，是省内最大平原。海域面积略大于陆域面积。大陆岸线519公里，岛屿岸线112公里，正面宽约128公里，呈北东走向。零米高程以上滩涂面积285.5平方公里，可利用水产养殖面积117.2平方公里。同时，漳州是著名的"鱼米花果之乡"，生态城市竞争力位居福建第一，为福建省生态先行示范区、国家级闽南文化生态保护区，境内有东山岛、漳州滨海火山公园、南靖土楼、云洞岩等景点。

漳州年平均温度21℃，无霜期达330天以上，年日照2000～2300小时，年积温7701.5℃。年降雨量1000～1700毫米，雨季集中在每年3～6月，年平均风力二级。漳州每年6～9月常有台风袭来，最大风力达12级，台风常伴有暴雨或大暴雨，造成洪涝灾害。但在高温季节，台风也有助于降低气温和解除旱象。

漳州境域，约1万年前已有先民在这里生息劳作。在夏、商时期华夏分为九州，此地隶属于扬州；在西周时期，《周职方》将此地称为七闽之地；春秋战国属于越国领土；到了秦国时期，全国范围内推行郡县制，此时归属于闽中郡；西汉时期归属于闽越国；东汉时期为会稽郡所辖地；三国时期属于吴国的建安郡；两晋时期属于晋安郡；南北朝时期，宋、齐沿用旧制，梁朝开始置龙溪、兰水两县，属南安郡；隋朝将兰水县并入龙溪县，隶属于泉州，州治为今福州。唐初析龙溪县南部置漳州，管辖漳浦、怀恩2县，州治在今漳浦县城，属岭南道；开元二十九年（公元741年），怀恩并入漳浦县，并划泉州龙溪县归入漳州；大历十二年（公元777年），析汀州、龙岩县归入漳州，漳州辖漳浦、龙溪、龙岩3县；五代南唐时改漳州为南州；宋乾德四年（公元966年），又改南州为漳州；太平兴国五年（公元980年），析泉州、长泰县并入漳州；元至元十六年（1279年），改漳州为漳州路，至治二年（1322年）析龙溪、漳浦、龙岩3县边境地设置南靖县；明洪武元年（1368年），改为漳州府；成化三年（1467年），析龙岩县地设置漳平县；正德十四年（1519年），析南靖县地设置平和县；正德四十四年（1549年），析龙岩地及割延平府大田、永安二县地设置宁洋县；隆庆元年（1567年），析龙溪、漳浦县地设置海澄县，此时至明末漳州府行政区划未曾更改，共辖龙溪、漳浦、龙岩、长泰、漳平南靖、南靖、宁洋、诏安、海澄、平和10县；雍正十二年（1734年），将龙岩、漳平、宁洋三县合一升为龙岩州；民国2年（1913年），废漳州府设汀漳道；此后民国23年（1934年）设督察区后，漳州基本上稳定为同一区域。

第二节　南靖县书洋镇田螺坑村

一、历史沿革

（一）田螺坑村基本概况

田螺坑村位于南靖县书洋镇上坂村，由田螺坑土楼群及村落内散落的夯土建筑组成。田螺坑土楼群包括五栋土楼，分别为方楼步云楼、圆楼振昌楼、和昌楼、瑞云楼以及椭圆形土楼文昌楼，有"四菜一汤"之称。五座土楼依照地势交错布置，与周边山势隐隐呼应，形成了建筑艺术与空间环境的巧妙结合，最能体现客家土楼群落丰富的组合形态。2001年5月，田螺坑被列入全国重点文物保护单位；2003年11月，国家住房和城乡建设部专门审批完成了南靖县作为中国历史文化名村的授予；2008年7月，南靖、华安、永定三地土楼集群联合申报世遗成功，田螺坑土楼群最终成为世界文化遗产之一（图7-2-1）。

田螺坑自然村隶属南靖县上板寮行政村，其与南靖县中心相距60公里，与漳州市区相距90公里，地处北纬24°35′、东经117°4′、海拔787.8米，坐落于坡度约20°且东北西南走向的斜坡上。坡地东西向较宽，约145米，南北向较窄，仅为95米，地处博平岭峡谷之中。村落除南面外，其余三面环山，南侧为梯田平台，九龙江从坡地前侧环绕流过。田螺坑村为热带海洋性季风气候，据县志记载的气象数据，南靖县土楼年平均气温18.4℃，年降水量1780毫米，在不同的时间，不同的气候，田螺坑土楼群在不同光线角度和山雾变化下构成不同形式的美，使其变得非常有观赏价值。

（二）田螺坑村历史沿革

从明代中叶开始，田螺坑黄氏祖先即来上坂寮村定居开基。据族谱记载，黄姓是古姓，在虞舜时期曾"因国赐姓"。楚国名相春申君黄歇被奉为十一世祖；至南朝宋孝武帝时期，第四十一世祖黄峭召集子孙，以"地僻田狭，难以生度"为由，命十八个儿子去福建谋生，这是黄家进入福建的开始[①]。在宁化县客家研究会编印整理的《宁化部分客家姓氏流迁略述》中有黄氏的记载，"宋初，一百一十九世峭山，娶官、吴、郑三氏，各生七子。吴氏所生宁自邵武迁石壁村。宋末，裔孙大源、大本，分赴上杭胜运里与永定"。此外，《客家流迁中徙居宁化播衍各地的部分姓氏》中记载，"黄氏：宁化黄氏还有一支流传自黄宁，他是黄氏传世之祖——黄峭的儿子，从邵武到宁化龙上里开基。黄宁传至第四世时有大源、大本二兄弟，大源徙居上杭县胜运里，大本移居永定。"

元朝末年，黄氏世祖黄希贵，从福建永定县奥杳出发，择地迁居，经过下坂村、上坂村，最终在田螺坑定居。田螺坑当时亦有陈、江、杨三姓居住，黄氏祖先在农业劳动过程中，发现田螺坑四周群山环抱，风水尚佳，并具有较长的日照时间，适宜长久居住。明洪武初年，黄百三郎经风水先生指导，在其搭建草棚处定基建楼，同时为其宅基定线、打桩修建方形步云楼，楼高三层，二十开间。从黄氏十二世至1966年，前后跨越六百年，田螺坑不断新建圆形的和昌楼、振昌楼、瑞云楼和椭圆形文昌楼及其他村落夯土建筑。之后，田螺坑内其他三姓搬迁外移，黄氏家族趁势发展，目前田螺坑内仅为黄姓居民。

---

① 席文. 福建土楼社区参与旅游发展实证研究——以田螺坑土楼群为例 [D]. 福州：福建师范大学，2010.

图7-2-1 田螺坑村航拍图

二、聚落布局

田螺坑土楼群位于坡度20°以上的山坡上，自东北向西南倾斜。在基地选址上，遵循着中国传统的"风水"观念，讲究因地制宜。村中土楼及夯土建筑分别布置于不同高度的平台，不同平台建筑通过坡度不同的山道相互连接，村落街巷空间多为坡道，村落东侧部分平台高差较大，利用台阶作为联系，多以青石铺置路面（图7-2-2）。

村落南侧为山谷农田，北侧有三条道路连接村外国道。村内除五栋典型形制土楼外，其余皆为夯土建筑。五栋土楼由高往低分别为和昌楼（圆）、步云楼（方）、瑞云楼（圆）、振昌楼（圆）、文昌楼（椭圆），其中，方楼步云楼位于平面形象中心，引导其余四栋圆楼形成空间整体，空间序列完整。村落南侧、东侧大部分为村内夯土建筑，空间形态较为散乱，平台高差较大，与典型土楼在空间的布置和空间形态上形成对比鲜明的两部分。

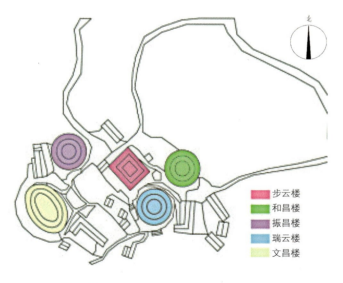

图7-2-2 田螺坑村平面图

三、聚落风貌

田螺坑东、北、西三面环有大狐崠山和大科崠山山脉，南面为大片梯田。田螺坑土楼依山而建，高低错落，疏密有致，在群山环抱之中居高俯瞰，像一朵盛开的梅花点缀大地，土楼之间点缀少量绿化，构成人与自然环境和谐共存的绝佳景色。位于"梅花"花心位置的是方形土楼步云楼，步云楼右上方的一座圆楼为和昌楼，左上方是振昌楼，右下方为瑞云楼，左下方为文昌楼。这四座圆楼的建造者以顺地势增减一层高度的方法，成功地在第二层取得了理想的平面。

四、建筑特色

步云楼位于土楼群的中间，是该建筑群中唯一的方形土楼，高3层，内廊式，每层26间，设4部楼梯，1个大门；和昌楼、振昌楼及瑞云楼均为3层建筑，内廊式，设两部楼梯，1个大门。文昌楼建造最晚，位于土楼群中最低的台地，呈椭圆形，不仅很好地适应了狭长台地的局限，而且从视觉上看，在后山的高点俯瞰建筑群，椭圆形巧妙地矫正了远处的透视变形，从而形成四圆一方的群体组合。

土楼内院空间是全楼居民日常交往和户外活动的公共空间。传统土楼中，内院中的公用水井是全楼行为活动的中心，居民不仅在此进行饮食、卫生等多种行为活动的清洁，在水井周边亦经常围坐聚集，形成空间行为活动的聚集。田螺坑土楼内，不同时期的生活方式对于内院空间的利用不同，传统时期，多在内院进行农作物的整理、晾晒。在非农忙季节，内院曾放养鸡、鸭等家畜，由于楼内人口的增加，少数居民在内院加建厨房，与自家单元厨房相对，现多已拆除，目前仅振昌楼、和昌楼中仍保留（图7-2-3）。

图7-2-3 文昌楼内院

第三节 龙海市东园镇埭尾村（水乡型聚落）

一、历史沿革

（一）埭尾村基本概况

埭尾村位于福建漳州龙海市东园镇西部、福建省第二大江九龙江的支流南溪下游，距厦门约50公里、距龙海市区约10公里、距漳州港约12公里，区位交通便捷。处在福建省东南部，地势较为平坦；又紧靠北回归线，气候较为湿热。聚落环抱于鸡笼山、洪炉山、鹅浪山之中，且四周环水，古榕遍村，古时有繁华的港口码头，船只直通厦门、台湾。埭尾村曾是一个一度被世人遗忘的闽南古村落，现为龙海市现存最大、保存最完整的古民居建筑群（图7-3-1）。

（二）埭尾村历史沿革

埭尾村以陈氏宗族为主，其开基始祖为唐代漳州圣王陈元光二十世孙陈淳（北溪支系始祖）的五世孙陈均惠（埭尾陈姓开基始祖），于南宋祥兴二年（1279年）为避乱而肇居峨山之阳埭尾。明景泰五年（1454年），

图7-3-1 埭尾村全域航拍图

图7-3-2 埭尾村航拍图

陈均惠七世孙陈仕进来埭尾开基立业。整个村落有560余年历史。

埭尾聚落祖先原籍河南光州固始，即黄河流域，位于今河南省东南部。埭尾村在清朝属龙溪县四、五都。民国29年（1940年）属海澄县第一区陂内乡，分为地尾保、后柯保；民国36年（1947年）隶属峨山乡。1956年7月改属城关区，1958年改属东园乡，时与过田、枫林、新林合并为新林营，1960年改属浮宫公社，1961年改属东园公社。

埭尾传统民居离不开故乡的影响，又由于其地理位置及气候条件，直接或间接地影响了其建筑形制。此外，埭尾从奠基以来，就流传着不成文的专制性族规，族规规定：禁改建筑格局，全村所有房屋的形式、规模、朝向、高低和建筑材料，都由族里统一规划设计，各家建屋不可侵占街巷，大小形态布局等均有限制。也正因此族规，埭尾形成了自己独具特色的聚落与建筑风格。

二、聚落布局

（一）聚落选址及总体布局

埭尾聚落依山傍水，布局小巧紧凑，与环境协调融洽。它位于南溪下游，四面环水，周山环绕，遵循背山面水的选址原则。此外，防御因素对埭尾的选址也起到一定作用。其防御性布局有着独到之处。30多米宽的"绕城河"既是聚落范围的界定边线，也是对外防御的重要设施。河道的围绕造就了埭尾聚落对外仅一个出入口，故易进不易出，且易于防守。

埭尾聚落最初呈现出与水岸相平行的带状布局，古厝区民居环绕着宗祠依次建筑，形成了以民居拱卫祠堂的村落布局特点（图7-3-2）。而随着人口的增加和基地的限制，民居逐渐往腹地纵深发展。首先是从临水而建的前祠堂带状古厝区，往基地西侧及南侧发展，出现一部分朝向与前祠堂片区一致的大厝片区，其建筑形制多为两进建筑。随着人口的增加以及东西两侧基地的限制，进而往基地南面发展，占用了原有耕地，发展出块状新厝片区。新厝片区均为一进制大厝。而随着社会发展，当代建筑形制的引入，发展出当代多层建筑片区，最终发展成块状的平面。

古厝群均坐南朝北，位于基地的东北部，整体为统一有序的建筑群。这一早期的聚落形态为埭尾聚落整体的发展奠定了基础，其后的民居建设都是按照这一规则的布局形态规整布局。由于基地平面上有一定纵深回旋余地，聚落建筑自北向南发展，同时向东西两侧拓展，从而形成纵横交织的棋盘式布局形式。古厝一律向北，新厝一律向南，这一截然不同的朝向造就了古厝与新厝之间鲜明的界限，古厝新厝之间，泾渭分明，整齐划一。在规则的村落空间形态中，还散布着妈祖庙、三王公庙、祖师公庙及祠堂等民间信仰性建筑，这为村民提供了朝拜、祭祀、休闲娱乐等场所。

（二）街巷空间

埭尾聚落整体尺度不大，且地理位置特殊，四周几乎都被水系或虾塘农田环绕，进出村落的线路便十分有限。埭尾的入村方式有两种即由通往外界的南溪支流和环绕村庄的内河共同构成的入村水路，以及新修的村级水泥公路形成的入村公路，入村的水泥公路是20世纪80年代新修建的，是现在埭尾人出入村落的唯一公路。以前通往村外的出入口在基地东侧的古榕旁，为田间小路，聚落入口在80年代左右改建到基地南侧，入口结合榕树广场形成当地居民的主要活动场所。

埭尾内部街巷空间形态随着村落的发展而逐渐成形。街巷形态十分规整，呈现互相垂直的纵横向肌理。即由东西向的埭与南北向的巷以垂直相交的形式组成的棋盘式路网。由于埭尾建筑群在平面组织上采用建筑形制重复的群体布局方式，建筑与建筑之间作行列式的排列，因此一连串的建筑前埭与前院就形成了巷道。

埭尾的古厝前有一块空地，为宽6~15米不等的埭，闽南话中"埭"是指大门外的平地。埭又称"前埭""门口埭"或"石埭"，均为矩形，是以正方形红地砖"丁"字纹规则地纵横交错铺砌。埭面分成三个区块，与主体建筑三开间相呼应。埭尾建筑的前埭均不设围墙，它是居民为农事之用（如打谷、晒场等）而遗留的布局，此外也为公众活动场地，兼作交通道路。数条南北向的小巷与东西向串联起来的埭垂直相交，共同构成规整的棋盘式格局，村民穿行其间，四通八达（图7-3-3）。

图7-3-3　埭尾村街巷

埭尾聚落内起到纵向连接交通作用的为南北向的小巷，巷宽1.2~2.5米。有的小巷窄至令山墙上的燕尾脊相触。小巷两侧是高耸的山墙，这种布局可使建筑减少日晒，保持阴凉。每家均有边门出入巷道。埭尾的街巷空间主要功能是交通联系和交往，村民大多的活动也是在街巷空间完成的。因为埭尾聚落的形成过程带有很大的限制性，所以从街巷空间的限定方面看，类似于城市街道那样的严整、规则、明确。

（三）空间节点及标志物

在埭尾，村民的活动范围主要集中在住宅的入口以及自家的合院、门口埭与街巷。住宅的入口以及由主厝及东西两厢所围合形成的合院就是院落空间序列的开端,是内外空间联系交流的点空间。

无论是哪一种相交形式,街道相交处或转折处都是人流较为集中的地方,各种社会交往或宗教、礼仪活动等都在这里进行。埭尾聚落中巷道较狭长,巷道交叉口的空间形态丰富,有"丁"字形空间、"十"字形空间,也有两条巷道错位相交,形成的风车形空间,相对开场,人们得以在此驻足、停留。

埭尾民众主要社交的聚集点为聚落内部的各个广场,其广场大多依附于祠堂、庙宇,除用来满足宗教祭祀以外,其功能主要是用来进行公共交往活动,如民众日常活动及其他庆典活动的需要(图7-3-4)。其中具有活动中心意义的点状空间主要有聚落入口节点、滨水街道、榕树广场、天后宫前广场、后祠堂前广场、前祠堂前广场,这些节点空间是相互串联的,广场的有无以及在聚落中发挥作用的大小,事实上也反映出人们生活习俗中所表现的差异性。每逢重要祭典节庆时,更以庙埕为节点,进行环绕大街小巷的游行活动。

埭尾的聚落入口是其与外界的边界,它是与入村的水泥公路及其滨水街道、榕树广场、天后宫前广场连为一体的,一同构成了一定容量的公共活动空间。聚落入口节点于20世纪80年代改建,是民众进出的必经之地。新修的水泥公路其末端止于妈祖庙,因此这段短短的入村公路结合各个广场便成了埭尾的重要活动场所。

三、建筑风貌

(一)平面空间布局

埭尾民居均为院落式平面布局,平面类型以四点金四合院式、下山虎三合院式(又称三间起),以及单正身大厝为主。埭尾古厝的建筑多是南北稍长的矩形院落式建筑,建筑布局具有按中轴线对称排列和有着明确的南北轴线的特点。建筑与院落合二为一紧密组合,构成了虚实相结合的整体,也体现了建筑理性的秩序。其开间数均取奇数,均作三开间,进深有一进、两进。古厝按照单体建筑形态又可分为单正身大厝、一进三开间双伸手大厝、两进三开间大厝,其中又以两进三开间大厝为主(图7-3-5)。埭尾的两进三开间大厝是由下落、天井及两厢、顶落三大部分共同组成。漳州地区将这种形式的建筑称为"四点金"或"一落"。顶落、下落以及左右榉头间围合形成基本的四合院形态,属于"四合中庭"型建筑。其空间结构的特点是以天井为中心,下厅、正厅两厅相向,从而达到空间宽敞、日照充分、气流通畅、冬暖夏凉的效果。

埭尾的新厝多建于改革开放之后,按照单体建筑形态可以分为单正身三开间大厝、一进三开间双伸手大厝、一进三开间左伸手大厝、单正身五手大厝。其建筑

图7-3-4 埭尾村天后宫

图7-3-5 埭尾村合院建筑

布局均秉承中国传统民居对称、严整的特征，体现了中国传统"礼制"的思想。同时，注重与环境相协调，充分考虑当地的气候特点、地理环境、风水观念等因素，从而形成了一套适合自己的方式方法。埭尾新厝区民居因地理环境限制、人员变动等因素影响，也有一些建筑是在四点金、三间起的建筑形式基础上做了不同程度的改动和旋转，形成了新厝群特有的面貌。

古厝民居多用穿斗式的屋架与高大的山墙来支撑屋顶，即当中的一间用穿斗式木架，同时利用两侧的山墙作为承重支撑体，替代立柱的功能。其木构架的搭接方法是：穿枋与立柱卯榫连接形成一榀构架，然后每榀木架纵向立于台基之上，在每个柱头搁置檩木，檩木之间再垂直布置椽子。

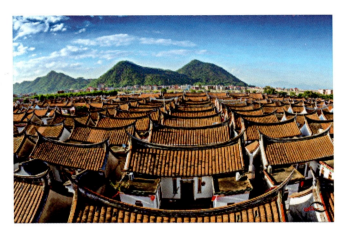

图7-3-6　埭尾村古建筑群落航拍图

（二）建筑外观风貌

从建筑特征来看，埭尾的民居建筑均为闽南红砖大厝。

从装饰装修来看，虽然单体建筑装饰装修都较为简单但细节之处仍值得欣赏。几乎每栋大厝均有着优美曲线的屋脊以及红艳的外墙与屋面，祠堂建筑则辅以青石的圆雕、浮雕图饰和精美的木雕等工艺特色。

建筑外墙分为纵向的山墙与横向的檐墙。古厝民居勒脚均精心制作，以条石码砌的，砌高1米左右，其形大且长条。有的以雕凿方整的条石码砌，因此墙面严丝合缝；还有部分古厝民居勒脚则以灰白色花岗石和红砖进行组合砌筑，构成独特的做法，这种手法既能节省建筑材料，也形成坚固的建筑结构（图7-3-6）。

建筑正立面砖墙上每一个完整块面的几何中心一般都设窗。窗的位置选择在块面的中心是对砖墙块面完整性的承认。窗的设置使单元墙面有了中心，构图因此更加完整。窗框的用材常与屋身基石相同，通常为四根石条搭接而成，与屋身下部石材相呼应。也有的两进民居中的榉头间窗框为砖砌圆形窗，形成独特的外墙景观。

埭尾大厝群以严整对称的主体建筑与整齐划一的屋顶结合，共同构成优美整齐的整体视觉效果。它的主要特点之一就在于独特的屋顶造型。埭尾大厝正厝屋顶多为悬山式，而次要房屋厢房则多为马头山墙，还有的新厝厢房为平屋顶。其悬山式、硬山屋顶均为"人"字形屋顶。两者最大的区别在于悬山式山墙上部的檩木是挑出于山墙之外，而非硬山式那样的包砌在山墙之内。屋脊是埭尾民居的一个亮点，埭尾民居的屋顶均是双向曲线屋顶，即屋面是曲线，屋脊也是曲线。平缓而舒展的曲线屋脊向两端的燕尾自然衔接，屋脊飞翘，首尾相接，交错叠映。其屋脊的构造分为正脊和垂脊，正脊由窑烧瓦砌成龙骨，然后用灰泥修饰线脚，最后用瓷片塑像贴面。脊吻则均为双尾燕尾式（图7-3-7）。

（三）建筑装饰特色

埭尾民居建筑的装饰艺术也是其建筑特色之一。装饰简繁有度，因地制宜，就地取材。其装饰内容广泛，多为吉祥的文字与图案，其表现技法则富于变化，集木雕、石雕、彩绘、剪粘于一身。前后祠堂的装饰则以木雕居多，用于雕饰门楣、梁架、托木、垂莲、门窗等地方。埭尾民居的石雕多位于基座构件，如台阶石、门鼓石等。

图7-3-7 埭尾村古民居

埭尾民居中，木材大多呈现本色，不作油漆彩绘。少数大厝木作稍施黑色油漆，或在隔扇、门楣、门框、窗框的部位稍作彩绘。当地公共建筑则保存着较为精美的彩绘。彩绘的主要位置是梁枋、门楣、山墙、内墙、屋脊等部分。如埭尾前祠堂的檐下彩绘，内容为山水风景与人物故事等写实图案（图7-3-8）。

四、景观特色

（一）山水相映

埭尾位于一处依山傍水的好地方，聚落好似漂浮于河面之上，古厝群美丽而祥和。村落北面鹿石山，西面岱帽山，东面鹅浪山环绕着埭尾聚落，庇佑着这一方水土。埭尾前祠堂面朝鹿石山的两座山峰，相传古时风水先生称这两座山峰形似两根熊熊燃烧着的蜡烛，因担心民居为火势所迫，故让人们于祠堂与鹿山之间开挖七重港水来破解此难。又有传说鹿山的两座山峰形似笔架山，而祠堂对面的七重港水中有个水塘，名为镜塘，其形好似个砚盘，此"文房两宝"寓意着埭尾子孙人才辈出（图7-3-9）。埭尾祠堂前面的河道与镜塘也满足了中国传统建筑风水中要求的藏风得水。现在，环绕村子的小河上添置了几艘小木船，供游客乘坐，以享受"环村游"的乐趣。

（二）百年古榕

榕树是埭尾聚落内的主要植被。埭尾聚落的东侧临水有一排树冠巨大的古榕树，关于这排古榕树还有个典故。据埭尾理事长描述，由于埭尾的东西南北方都有山体护着，唯独东边山中间留有一个缺口，为了挡住从这个缺口中入侵的"白"，所以在埭尾基地的东边种植一排榕树以"挡白"，从而保护古村人民。百年古榕给古村不仅增添了几分神秘也美化了古村环境，大榕树下设置的石桌、石凳，为古村人们提供了一个休闲娱乐的场所。每天早晨，商贩在此经商。夏天，人们都爱坐在古榕树下纳凉，围坐在石桌旁泡茶聊天，好不轻松。逢年过节，都会在榕树边搭台唱戏，十分热闹。这一列整齐的古榕树成了埭尾重要的景观，丰富了村落的轮廓（图7-3-10）。

图7-3-8 埭尾村建筑装饰

图7-3-9 埭尾村七重港水镜塘

图7-3-10　埭尾村百年古榕树

家的边门，就形成了数条东西向的直线通道。埭尾的房屋建设不仅风格、形制保持高度的一致，就连建筑上的装饰图案和题字，都如出一辙，大都有"太极"的图案和"鸿禧"的字样。因此，阡陌交通、屋舍俨然便成了埭尾最好的"名片"。

埭尾古村由陈氏聚族而居，经历了相当长的分房过程，形成现在这个典型的棋盘式布局聚落。据现存的建筑特色看，建筑虽不是同一年落成，且有风格上的差异，但很明显地在贯彻棋盘式布置。除了30余座明朝遗留的古厝外，后来的大厝都是于20世纪六七十年代依照古厝风格修建的。埭尾的屋舍俨然得益于其开基之后定下的村规民约：村民要建房，都由族里统一规划，统一布局，且不得擅自破坏这个规矩。

（三）屋舍俨然

走进埭尾，人们都会被它朝向、形态、大小都近乎一致的建筑群所吸引。一排排一列列整齐的大厝之间仅隔一米多宽，边门对着边门。有趣的是，当打开所有人

第四节　漳浦县湖西畲族乡赵家堡

一、历史沿革

（一）家族渊源

在我国福建省漳浦县东的湖西畲族乡硕高山下，至今有一座与宋宗室有确切而神秘关系的明代城堡。据资料记述，为宋太祖之弟越光美第十世孙闽冲郡王赵若和及其子孙聚族而居之地，故名"赵家堡"或"赵家城"。

《漳浦县志》与堡中现存族谱中有关于堡内赵氏家族渊源的详细记载。县志曰："赵家堡，在县东四十里，宋闽冲郡王（赵若和）之后居之，副使赵范重建。"论及赵若和，《宋史》中即有记载，而县志记载更详："赵若和，宋太祖弟魏王匡美九世孙宜亭候时啼子也……退授闽冲郡王，随少帝入闽，少帝溺海，同黄侍臣、许达甫等……抵浦（今漳浦县），遂与侍臣晦居积美乡。"族谱中亦有"赵若和，啼次子，闽冲郡王，生于嘉熙丁酉（1237年）二月二十七日，卒于元至顺（公元1330~1332年）正月初十，葬于漳浦湖西东林安德桥"的记载。赵范也见诸族谱于地方志记载中，县志云："赵范字范之，其先故宋宗室也，隆庆五年登进士。"

（二）赵家堡建造历史

南宋末年，宋朝覆灭，闽冲郡王赵若和逃亡隐居至漳州漳浦县佛昙积美，并在此定居。明万历二十八年（1600年）冬，因为积美地处海滨，常遭受"海寇"侵袭，宋闽冲郡王赵若和九世孙赵范迁往漳浦县硕高山下湖西盆地，建造赵家堡。在现在的赵家堡的正东侧建造了"完璧楼"，取"完璧归赵"之意。在完璧楼的正对面建造了一座二层小楼，小楼与完璧楼之间是天井，两边建两列小平房。又于万历三十二年（1604年）夏，建造了城墙（就是现在的内城墙），内城墙全长230米，

沿堡墙内侧建造内向坡顶的小平房。

万历四十七年（1619年）在现赵家堡的中心地带建造完成了四座同式的府第和三组厢房组成的建筑群，俗称官厅。"次第经营就绪，拮据垂二十年"之久。赵范主要完成了赵家堡内城的建造及官厅。赵家堡内城设于赵家堡城内的正东侧，呈不规则的长方形体。至楼堡宅舍都建造完成，赵范欣喜地撰写了《硕高筑堡记》。

建堡十余年之后，赵范的儿子赵义觉得城堡太小，只有二百多丈，"仅容数舍，聊防窃盗"，不够使用，并且城墙经历风雨漂泊已经倒塌，附近沿海的倭寇登陆抢掠，"堡外四民村居星散"，堡内的老百姓居住散乱，赵义担心倭寇要是来抢夺，堡难以进行防御，堡内百姓人身安全得不到照顾，就向当地的府县上书批文要求扩建城堡。"义议照旧堡开扩地址。更砌石基，增设马路女墙，平居则守望相助，遇急则身家各保，有备无患"。

在批文中赵义决定把旧堡扩大，重新砌石基，增加女儿墙和马面，在有敌入侵时可以相互照应，堡内居民及家庭财产都能得到保全。官府认为这是为乡里安全考虑，是好事，给予批准。明崇祯七年（1634年），赵义开始了浩大的赵家堡扩建工程。赵义建造了更为宏大的长1040米外城墙，设有东、西、南、北四城门，将赵家堡扩大到占地173亩。在府第的北侧建造了六座同式堂屋（惠堂、忠堂、志堂、孝堂、史堂、守堂）以及相应的厢房，并且在赵家堡内建造了一大片园林，荷花池、汴派桥、垂纶楼，以及武庙、佛庙、禹庙、关帝庙、土地庙、聚佛宝塔、石坊等等。扩建后的赵家堡城规模宏大，建筑类型丰富。

二、聚落风貌

全堡占地173亩，平面基本呈方形。其城墙是根据

图7-4-1 赵家堡全域航拍图

地形进行建造的，呈现为六座马脸形，还筑有墩台、藏兵洞等（图7-4-1）。在城内东南处是专门为赵范建造的，它的中心建成一座楼堡，当时把它称为"完璧楼"，是取"完璧归赵"之意。楼前建对向的二层小楼，小楼后墙即为内城墙。府第前有内外两个莲花池，被一道长堤分开。池的西侧为小山，于山上建造了佛庙、文庙、"硕高庵"（已毁，系漳浦六大古庵之一）、聚佛宝塔、禹碑等，其中"墨池"石碑系宋代大书法家米芾的手迹拓刻，属稀世珍品。在这一小山上周围都还保存着一批原始状态的岩石，岩石上留有十几处石刻，从而构成了一个优雅别致的园林区。在赵家堡的城堡之外还有八大景。赵家堡拥有具备军事防御功能的城池，其中完璧楼则体现了闽南民居的防寇建筑特色。这一处赵宋皇族后裔聚居地，它的城堡是效仿了当时开封城的规划布局，这主要是要反映出当时主人的贵胄身份和败落王朝子遗的心迹。城内的建筑充分考虑到当时社会生活的各种需求，例如文武二庙、读书处等公共建筑，大致形成了生活区、礼仪区和风景园林区的格局。最为宝贵的是，在一个民间城堡里却聚居着一个没落皇族且历经四百年，这是人类历史上的一大奇迹。它对研究赵宋家族史、明清军事史、倭患史、建筑史都有着一定的特殊意义。

三、聚落布局

（一）聚落空间布局

赵家堡有内外两道城墙，是堡中堡的形制。赵家堡聚落内部空间分为内城和外城两个片区。内城位于整个赵家堡的东南区，内城墙长230米，高6.2米，厚0.8米，高约1.4米（图7-4-2）。在正北和正西设有内城门，其中北门为正门。内城墙南侧内建内向坡顶平房一列八间，城中建主要建筑——具有军事防御作用的完璧楼，完璧楼是闽南地区典型的三合土方楼建筑。完璧楼前建平行于完璧楼的二层小楼，连接完璧楼与小楼的是两组平房。完璧楼、两组平房与二层小楼组成了一组多重封闭的四合院式空间（图7-4-3）。

图7-4-2　赵家堡总平面

图7-4-3　赵家堡完璧楼

外城城墙长1040米，共设有四个门，北门（方向上的北门）"硕高居胜"设有瓮城，是赵家堡的正门，东门"东方钜障"（方向上的东门）和西门"丹鼎钟祥"（方向上的西门）建有城楼，相比于其他三门，南门（方向上的南门）规格较小，建成后就被条石封死。赵家堡城门的命名方式也比较特别，除了东门外，其他的三城门与当地村民的叫法不同，方向上的北门，传统习惯上叫西门，方向上的西门，传统习惯上叫南门，方向上的南门，传统习惯叫北门。

外城的中心地带是四座并列的府第、府第边的两组厢房，以及南面的一座同式府第和右厢房，统称为官厅。主座赵范府第面向北偏西45°，依地形前敌后高而建。整个官厅建筑群共有房舍120间，组成了一个宏大的居住空间。官厅前依次是大广场、莲花池、北城墙、官塘溪直至天马山。

在外城门的东门、北门建有府第的附属建筑，南三堂（志堂、忠堂、惠堂），北堂（史堂、守堂、孝堂）以及辑卿小院。南三堂是三座并列的堂屋式建筑，由三合土夯筑而成，每座宽14.5米，进深33米，占地478.5平方米。南三堂左右两侧各建有一组厢房，使三堂形成一个独立的建筑群体。北三堂形式与南三堂相同，也是三座并列的堂屋式建筑，但是规模稍小，每座面宽13米，进深29.5米，现存仅史堂保存较好，孝堂与守堂破坏严重。辑卿小院位于南三堂与北三堂之间，是一座园林式建筑（图7-4-4）。

在赵家堡西南侧的小山包上形成以佛庙、聚佛宝塔为中心的丘岗园园林区，石碑、石刻也主要集中在这一带。正南的小山坡上，布满树木，称为松竹村，是赵家堡的另一园林区。位于北门的武庙，东门、西门的土地庙、城隍庙以及丘岗园园林区的佛庙、禹庙、聚佛宝塔等，构成了赵家堡内一个松散的宗教区域。

赵家堡中有三条主要的干道，分别是连接西城门和北城门两城门干道、北门与内城之间的连接干道，以及

图7-4-4 赵家堡古建筑群落航拍图

由东门经府第再与汴派桥相连的干道。这三条干道构成了以四座官式府第前的广场为中心的向心关系，以"正穴"四座官式府第为中央区域，在此为中心的基础上向外辐射布置有完璧楼、南三堂、北三堂、宝纶楼以及丘岗园景区、松竹村等园林，总体上呈现出赵家堡空间布局上明显的拓扑向心关系。

赵家堡的轮廓是一个不规则的方形，总平面没有明确的中心、轴线和对称关系，但是通过对赵家堡内城和外城的分别抽取分析和结合空间构成要素中的相互间的位置关系，可以找到一条中轴线和空间上的拓扑关系。

（二）街巷空间

赵家堡内街巷大都结合自然地形而设，与赵家堡聚落的自然形态保持一致，具有形式多样、结构复杂的特点。为了防御外敌的入侵，往往通过街巷宽窄变化、设置台阶坡道、"丁"字形路口交接、街口设置城门等方式造成丰富多样的景观和扑朔迷离的氛围。赵家堡的内部街巷从整体上看，采用了"三横两纵"的棋盘式格局，但是这些街巷的主干道并不是完全笔直延伸的，而是顺着地势的走向蜿蜒转折，甚至有些是弯曲转折成一定的角度，有些街道甚至会出现90°的拐弯，形成拐口，具有突出的军事防御功能。赵家堡内设有很多"丁"字形路口交接，并且这些岔道弯弯曲曲，看不到尽头，从而使敌人产生迷惑，捉摸不定，进而分散注意力和兵力。

赵家堡内的街道或弯曲，或宽窄不一，同一条街道也会出现不同的宽度变化，多设有分岔口，不能直通，并且岔道多处设有台阶，显然车马不能顺利通过，这种路尽管交通不便捷，但是从防御方面来看，可以增加敌人进城的困难，诱敌深入，从而达到一举围剿并控制敌人的目的。

（三）园林景观

赵家堡在造园上拥有宽敞的空间，创造了一个浓郁的具有本土田园气息的私家园林。将民居建筑、宗教建筑、园林小品与自然环境有机结合，构筑了有主有次、有聚有散、有松有密，且具有自己独特风格的园林景观。

莲花池位于赵范府第前面大广场的下方。该水面原来属于官塘溪的一个水潭，在赵义扩建赵家堡时将这一水潭围入城内，不仅为赵家堡的生活居住提供了大面积的水资源，而且也为赵家堡的造园创造了有利条件。下派桥既起到联系东面府第区通向长堤和丘岗园的交通枢纽作用，又是湖池中的观赏性建筑。并于拱桥与直桥交界面南面，隶刻"汴派桥"三字，表达与思念皇族后裔迁流与思慕之情。

丘岗园位于赵家堡的西南面，园林中设有建筑小品、道路、山石、花草树木等等。共设有三条路通往丘岗园，一是西门经莲花池长堤进入；二是由汴派桥进入；三是经赵家堡的南门直接进入。丘岗园区内主要设有墨池、聚佛宝塔、仙人足迹、禹碑等（图7-4-5、图7-4-6）。

图7-4-5　赵家堡丘岗园平面

图7-4-6　赵家堡丘岗园园景

四、建筑特色

（一）城堡

赵家堡所处的地理位置为南高北低，城建于小山与小溪之间，在防御方面北面比南面重要，为此城南角的堡墙建筑规格明显高于北面平缓的地区，并集中地建造了多组敌台。赵家堡聚落的堡墙分内外两层。内城位于赵家堡城的正东侧，呈不规则的长方形，沿内城一圈建有周长约230米的城墙（建于1604年），城墙以条石砌筑，中间填土，厚0.8米，高6.2米，在内城墙的背面和西面设有城门，其中北门为正门，全部以条石砌成，厚2米，设二层门，门洞宽1.2米。门两侧各开一个楔形小窗，用来窥视门外动静。外堡墙是赵义于1619年扩建的，周长约1040米，城墙的外层全部以石板砌筑，石板厚0.15米，长1~2米不等，条石采用平竖纵横交错砌筑，又于墙体中填土，土充分夯实，墙厚2.5米左右，高4~5米不等，墙顶上铺石板，供人行走，外侧夯三合土城垛（也称垛墙），墙垛厚0.4米，高1米左右。城垛与城墙之间形成垛口，排列如齿状，便于架设弓箭等武器对入侵者进行防御。利用城墙的高度优势，防守方可以获得弓箭射程上的优势，并且结合护城河的优势，就可以获得不对称打击的能力（图7-4-7）。

图7-4-7　赵家堡城墙

赵家堡共建有四座城门，大致按照东南西北的方位建造（图7-4-8）。东门面对着狮头山，城门匾刻：东方钜障，点明了作为城池的基本功能和建城的主要目的。西门，被赵家堡内的人称为南门，横批镌刻"丹鼎钟祥"，形制同东门。南门建成后马上被条石封死，没有人从南门进出过，门的规制也小于其他三门，其中门洞只有1.2米宽，因为赵宋王朝建都北方，而后自汴京、杭州、福州、泉州节节败退，最终亡于广东的崖山，族人忌南，城门完工后，就封闭起来。

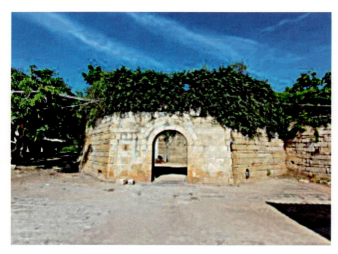

图7-4-8 赵家堡城门

图7-4-9 赵家堡古民居

（二）防御性建筑

完璧楼是漳浦赵家堡堡寨聚落建筑群中最具有军事防御能力的建筑，同时是赵家堡最早建造的建筑之一。楼平面呈正方形，边长22米，高三层，通高13.6米，底层以条石纵横交错砌筑，厚1米，二、三层以三合土夯筑，厚度分别为0.8和0.6米，一、二层前后各分隔为三开间，两侧中部各隔二间，平面共十间。完璧楼前建平台，平台宽7.4米，深6米，楼前又建平行相对的五间二层小楼，两侧建两组平房，组成了一组四合式的小院，院中开凿水井，小楼的后墙利用内城墙北侧的墙体，使完璧楼成为一个多重封闭的空间，加强了安全防御的能力。

完璧楼是明代闽南地区典型的三合土方楼建筑，根据整体设置，此楼平时闲置不用，危急时可供全城居民进入暂避，第三层为供壮丁集中守夜的大通间，楼的墙体、楼门的厚度、窗孔，以及暗道的设置、小院内开井等，都具备了较高的防御能力，这是赵家堡作为城的基本功能。

（三）民居

赵家堡聚落内的民居较为集中，形成较为集中的居住区，整个建筑群分为内城和外城两个片区，分三个阶段建造完成，根据地形形成了"⊣"形布局。赵家堡内的用房主要为大房、六房、七房所使用（图7-4-9）。

由于赵家堡建造时期正处于倭寇侵袭、社会动荡不安的时局下，民居的建造形式充分体现了其防御性的功能。住宅的外形方方正正，如同一座座堡垒，外墙高大、厚实，具有极强的内向性防御力。赵家堡内的居住建筑形式主要采用三合院或四合院的形式，院落的面积并不大，采用多进院落的形式增加院落，从而增加房间的采光量。房屋的外墙是保证住户安全的第一防御元素，为了防止外敌的入侵，外墙采用坚固、厚实的条石砌筑，外墙高及屋脊常常高达六七米。外墙的山墙面不开窗，其他两面开较小的窗，建筑主要依靠天井采光。赵家堡内的建筑在分布上主要分为三个组团，赵家堡中心地带的四座同式府第的山墙和三组厢房的后墙几乎在同一水平面上，同样的组合方式如南三堂的孝堂、史堂、守堂和左右护厝，北三堂的惠堂、忠堂、志堂和左右护厝在布局上整齐比肩，这些墙体组合在一起形成坚固的堡垒，增强了建筑的防御能力。

（四）宗祠

赵家堡宗祠建筑穿插在居住生活片区内，是赵家堡建筑中的重要代表，是礼制教化的中心，主要用于祭祀祖先（图7-4-10）。总祖祠堂赵范府第，根据赵家堡族谱记载，"五落官厅中进祀叔宽公，范之公，公瑞公三代，后一进中祀始祖闽冲郡王及文官配享，左边祀德聪公（赵若和五代孙），承均公（赵若和六代孙），右边祀克纯公（赵若和七代孙）"。并规定始祖春秋二祭，其余忌日致祭，五日节祭，冬节致祭，每岁致祭，自始祖至祖祢以异若玉蝶十八帝神像正月十五日致祭。按规定奉祀赵叔宽、赵范、赵公瑞的正堂，近年设置了一座神龛，供奉历代祖先的牌位，上至漳浦始祖赵若和，下至近年新逝的父辈。

图7-4-10 赵家堡宗祠

志堂，也称七房祖厅，供七房祖级祖先赵匡胤、赵光义、赵光美三兄弟的神位。志堂是每年正月十五元宵节合族裔孙聚吃"丁棹"的地方。忠堂，供七房再分系韩公祠堂。惠堂，供明祖房系支祠堂。

第五节　长泰县陈巷镇山重村

一、历史沿革

（一）山重村基本概况

山重村位于福建省漳州市长泰县陈巷镇东部的群山峻岭中，与厦门集美区仅一山之隔。原名"三重"，因其背三山（大坛山、小坛山、狮头山），面三山，村内又有三条溪流（马洋溪、乌石溪、山后溪）穿过而得名（图7-5-1）。村面积52平方公里，人口4000余人，下辖11个自然村，13个村民小组。山重村地形属于山原盆地，四周重峦叠嶂，树木茂密，郁郁葱葱，中心盆地辽阔，且有河流从盆地穿过，蜿蜒流淌，整体自然环境

图7-5-1 山重村全域航拍图

优越。2012年被评为"全国特色景观旅游名村"。

（二）山重村历史沿革

据《长泰县志》记载，公元669年，"行军总管使"薛武惠奉命率军进驻山重，山重地势险要，且为漳州腹地，故驻守于此。宋中叶，薛氏宋四世祖卜筑大宗祠，开荒垦地五千余亩，背山面水，筑宅建居。村域规划以八卦为原型，以大宗祠为核心，四邻由圳仔墘、前厝、后厝、菜园内、禀仔内、赤土埕合围，四面溪流向中心交汇，由北向南注入大溪。东有土楼社，西设乌石社，南建山后楼，北筑孟宁堡，东北立北墘，西南布大坊，东南后壁山，西北后园社，四面八方皆对称。于是薛氏聚落呈现"九宫分布图"的形态[①]。

薛氏在大宗祠下分四大房系：大坊、后厝；后园、乌石；上洋、厝后、北墘、土楼、吴厝、圳墘、赤土埕；前厝、菜园内、禀仔内、后壁山。其中乌石厅和后园社厅位于大溪西部，其余社厅集中于大溪东部聚落。后园社厅如今多林氏子弟衍居。迁居台湾的薛玉晋成为台湾南部薛姓开基一世祖，至今已传15世，有薛氏后裔3万余人，居高雄、台北等地。为表血脉之本源，便在自家门口悬挂"河东""长泰""山重"字样的堂号。

林氏开基祖林汝华于明正统十四年（1449年）率众由长泰县积山村迁居而来，长泰状元林震便是林汝华堂兄弟之后。乡村社会是血缘社会，山重村作为山村内向且封闭，对宗族内部的凝聚力化为对外来宗族的排斥力。薛氏聚落在马洋溪东部占有大部分土地，林氏一族便在溪西岸回笼院（即如今院内社）依山择址，开垦耕地。至清代人口鼎盛期，林氏一族人口近3000人，沿马洋溪分布于院内、大坝、后山等自然村。薛氏一族约1000人，主要衍居于院内、大坝、溪头、红岩、内溪等社。从此，林薛两氏各占一方的格局基本形成。

两氏村民因争夺资源结怨已久，甚至禁止两氏通婚。但当山重村面对共同的威胁时，两氏便同仇敌忾。明嘉靖年间，东南海疆倭患频繁，倭寇从同安入侵山重村，而后两氏联合开始长达5年的抗倭。孟宁堡正是因此应时而生的，是民间义军高安军抗倭遗址中保存得最为完整的一个，同时见证了历史上两族的团结（图7-5-2）。

二、聚落布局

作为农耕文明的物质载体，传统村落的形成与发展离不开山、水、田、塘等生产要素。山重村的聚落呈现出植物蔓延生长的空间特征，以一种逻辑有序的生长方式，遵循有机共生、文化传承、延续脉络的理念，与自然环境形成良好的共生格局（图7-5-3）。

（一）山体要素对空间形态的影响

山重村以山为界，传统聚落空间置于盆地，围绕马洋溪及其众多支流，形成数个组团并各自占据一方，每

图7-5-2 山重村孟宁堡

---

① 院内林氏续修谱志组. 长泰院内林氏谱志. 2008.

个组团以宗庙祠堂等公共建筑为核心组织分布。聚落组团多以血缘宗族为纽带，在空间上呈现规律的分布状态。

山重村四面环山，最高海拔达963米，属"瓮底"状的盆地村庄。古时少数自然村散落在山腰上，随着时间推移和地理条件的限制，逐步融入盆地聚落。聚落四周被大山阻隔，只有一条直达厦门灌口的古驿道与外界沟通。封闭的山村格局和自给自足的生产模式使得村庄内部的信息和物质都处于稳态，从而形成独特的营造方式。古时建造一座砖材、石材民居时耗数年，且需至山下购置材料并凭人力搬运。

迫于经济，大多村民就地取材建造房屋，取马洋溪内源源不断从上游冲下的鹅卵石垒砌民宅，形成独特的古民居群（图7-5-4）。虽砌筑的结构不甚稳定，且只能开小窗，但确实解决了大部分村民的住房问题。此外，鹅卵石还用于乡间巷道的铺设，巷道纵横交错，极似迷宫，全村共有20多条鹅卵石古巷道，其中清朝古巷道保存最为完整。

（二）水对空间形态的影响

水作为稻作农业的必要生产要素，是村落选址与营造的重要考量因素。山重村聚落较分散，除盆地内两氏较大聚落外，沿水源最北至水源部的红岩水库，最南至村口临溪的大坂都属山重村地界，跨度达6公里。马洋溪是灌溉稻田的主要水源，西面流经林氏聚落的乌石溪和东面流经薛氏聚落的山后溪自北向南汇入马洋溪。马洋溪作为主溪划分了两个族群的耕地权属，旱季时两氏村民各自拦溪为私，争端不断。这条潺潺溪水俨然成为两个宗族的边界，象征着两氏无法消弭的隔阂。

源于对水利生产要素的依赖，薛林两氏各自形成有针对性的民间信仰。薛氏聚落临村口溪边建有一座由鹅卵石垒成的圆锥形台阶式宋代石塔，名曰石佛塔（图7-5-5）。按民间习俗，在村口溪边按风水建塔"把水尾"，能使肥水不流外人田。林氏聚落中的子龙庙建于明

图7-5-4 山重村古建筑群落

图7-5-3 山重村总平面

图7-5-5 山重村石佛塔

嘉靖年间，因林氏在争水中寡不敌众，故取子龙常胜之意建子龙庙，而后便在争水中偶有获胜（图7-5-6）。

两氏除祭祀庇佑水源的神明之外，也常为争水纷争不断，院内田间的一座枪楼为林氏子弟于清朝嘉庆年间修建，用来抵御薛氏人的进攻。据县志记载，清乾隆五十九年（1794年）两氏因天旱争水发生大规模械斗，以薛玉晋为首的薛氏子弟杀入林氏聚落，致使林氏17人身亡。林氏一族无法从武力上给以薛氏有效反击，便一路申冤至京城。薛玉晋为避祸只身入台，其子孙后代衍居台湾。

（三）田对空间形态的影响

农业是乡村赖以为生的产业，田地是生产的根基。山重村的盆地中有肥沃良田，自前人肇居山重八百余载，皆事农桑，以稻谷、小麦为主体经济作物。随着人口扩张，盆地内田地供应不足，村民便沿山势开垦田地，形成独特的梯田景观。

根据山重村山、水、村、田的空间关系，可归纳出五种典型的传统聚落格局。格局一：背山临路面田；格局二：背山面田临水；格局三：临水面田；格局四：背山面水；格局五：环田绕水。这种山、水、村、田有机结合的聚落形态是山重村民传统观念的高度体现（图7-5-7）。

三、建筑风貌

村落的建筑风貌是在漫长的历史演变过程中，通过自然环境与人文环境的相互渗透、变化而形成的具有鲜明地域特色的文化表现形式。山重村地处群峦环抱的大山深处，千百年来，重重叠叠的大山阻碍了山重与外界的交通，经济发展相对迟缓，村落历史风貌却因此得以较为完整的保留。村内建筑形式各异，大小不一的建筑鳞次栉比，彼此依托却又各具特色。通过对村落建筑风貌的影响因素解读，能使我们发现现象背后的逻辑秩序，进一步了解山重村建筑特色的由来与成因。

（一）自然地理因素的影响

马洋溪发源于陈巷乡红岩虎头山，山重村恰好位于溪流的发源处，在没有建设红岩水库（1984年建成）之前，马洋溪水流湍急，河床内卵石遍布，在早期时代，由于村落交通闭塞，外来建筑材料不易运往村落，

图7-5-6　山重村子龙庙

（a）背山临路面田　　（b）背山面田临水　　（c）临水面田　　（d）背山面水　　（e）环田绕水

图7-5-7　五种典型的传统聚落格局

因此，卵石成为村民的主要建筑材料。许多卵石被运到村中建设房屋，河床就会下降，河水变深，而大雨过后，上游的卵石就会被冲落下来，再次聚集增多，周而复始，千百年来，村民一直使用卵石作为房屋的主要建筑材料，形成千变万化的卵石建筑风貌。在山重村内，大面积的自然村都建设在地形平坦的盆地内，如大社村、上洋村、乌石村，而少数村落建设在山脚下的坡地上，如大坊村、后园村、溪头村、院内村、大坝村、北墘村。在平坦的盆地内建设的村落受到较少的自然条件的约束，一般院落比较规整呈方形，只有建设在河道附近的院落为适应河道的走势而做出各种变化，其余的院落变化大多存在于邻里间的相互协商；而建设在山脚下的院落，由于犬牙交错的坡地高差与高大乔木的限制使得院落为适应地形而产生了丰富的变化，例如修整台地创造条件建设规整房屋，依照地势房屋逐层跌落建设，为了适应山势建设二层住宅等（图7-5-8）。

（二）气候温度因素的影响

闽南地区，地处福建省南部，属于亚热带热湿季风气候带，夏季防热、防台风至关重要，冬季温暖，1月沿海地区平均气温7~10℃，山区6~8℃，夏季炎热，平均气温20~39℃，年降水量1400~2000毫米，年日照时数为1700~2300小时，太阳辐射量大。

由于夏季高温持续时间长，房屋建造时，首先，要考虑到通风与散热问题，因此，房屋建设普遍采用"回"字形，外围房屋采用围合式封闭建设，窗子开窗少且较小，减少热量的吸收，中间由于天井的存在，使得房屋内向开敞，通风性良好；其次，为应对遮阳防雨，房屋的屋檐出挑较大，同时可以减少雨水对外墙泥土的冲刷；再次，道路的建设十分狭窄，村民穿梭于道路之间，可以借助房屋起到很好的遮阳效果，同时也可以减少台风对房屋的破坏；最后，由于村落位于台风多发地带，且台风强度高，危害大，加之在封建社会时期，原始的建筑材料及建筑结构对台风的抵抗能力较差，因此在清朝末年之前，村落内的房屋一直以单层为主，直至清末民初才出现了二层房屋结构（图7-5-9）。

（三）历史人文因素的影响

山重村在地区划分上隶属于闽南，民居形式符合闽南民居特色，而闽南民居从地域上可以分为泉州、漳州两大匠派，其平面格局大多是以"三合天井"型或"四合中庭"型为核心，向纵、横或纵横结合演变出不同形式[①]。在村落中，从宋朝末年到民国时期，近九百年的沧桑变迁，使得在每一个时期的建筑群落上都留下了各自朝代的烙印，加之村民们的经济能力、社会地位、家族人口等各种因素的相互影响，使得村落内的建筑形态千变万化。

村落建筑基本布局形式有"一条龙"式、三合院式、四合院式、多护龙式及前后多进式等，然而，在村落内部，各个的家庭所处地势不尽相同，因此在基本布局的基础上因地制宜，创造出了其他形式多样的平面布局（图7-5-10）。"一条龙"式的布局风格，顾名思义，即房屋为"一"字形横向排列，小到三间，大到五间，中间为稍大的厅堂，两侧为住房，对称排列；在"一条

图7-5-8　山重村二层民居

图7-5-9　山重村街巷

---
① 戴志坚. 闽文化及其对福建传统民居的影响[J]. 南方建筑，2011（06）：24-28.

图7-5-10 山重村合院民居

龙"式的布局之上稍作拓展,即在卧房左右两端向前加盖一到两间低矮的榉头,作为杂物间等,这样使得整个建筑平面呈现"凹"字形,即"深井",在前部建立围墙、院门,便形成了闽南古厝的基本形式——"三合院式";在"三合院式"的基础上将深井前的院墙改成大厝,形成前后相互呼应的两落大厝与左右两侧榉头合围的形式,"两落大厝"因为建筑方式不同,形成两种不同风格;在"两落大厝"的基础上,再在正后方加建一落,形成"三落大厝"(村中最大规模),或者在"两落大厝"左右加建护龙,以及其他不同形式的变化。在基本布局的基础上,因为屋主的需要,还会在院落左右、前后加建房屋以满足存储等其他用途。

(四)匠师工艺因素的影响

村落中民居的基本建设步骤分为如下几点,屋主提供建设地点,风水师占卜选好民居范围与朝向,屋主与工匠师傅确定建筑形制,准备好建设材料卵石与木材,祭拜神明后,木匠与泥水工匠就开始动工建设,民居完工后再次祭拜神明。屋主的经济能力与工匠师傅的技艺决定了民居的最后风貌。

泥水工匠主要负责墙体的建设,由于人力的逐渐富足,卵石的搬运能力大大提高,而泥水工匠技艺的逐步提高、工具的不断改善,使得大量的卵石可以得到很好的整修,平整的卵石有利于堆叠,形成更加美观、整齐的外墙,随着各方面技术的不断进步,使得墙体形态也在发生着不断的演变。墙体从宋末到改革开放前的演变历程大致分5阶段:(1)墙体下部直接由卵石砌筑,墙体上部由泥土夯筑而成。在定居的初期,由于先民人口稀少,搬运能力差,从河道运回的卵石就异常珍贵,主要用作基部建设,不但可以防止雨水冲刷而且又可以防潮。(2)墙体下部直接由卵石砌筑,墙体上部用模具制成泥土砌块拼筑而成。由于泥土砌块可以提前制作而且更容易搬运和砌筑,大大提高建设速度。(3)整个墙体全部由卵石砌筑。由于族群大量繁衍,人口的增加,搬运能力加强,使得大量的卵石得以运输,同时又因为石砌房屋整体结实耐用,可以减少后期维修。(4)整个墙体由修整过的大块卵石砌筑,拼接出不同的纹饰。劳动力的不断增加,铁器的广泛使用,使得村民可以大量修整石块,墙体更加平整光滑。(5)墙体下部用修整过的大块卵石砌筑,墙体上部由红砖砌筑。建筑材料的不断普及与改善,使得墙体有了更进一步的发展(图7-5-11)。在整个墙体的演变过程中,因为卵石的丰富与易得,使得卵石始终占据建筑材料的主要地位,这样不仅保持了村落整体风貌的统一性,而且增加了风貌的丰富性。木工匠人主要负责屋顶的建设。匠人对于屋与堂的面宽控制主要依据屋主要求的椽数来决定。屋选择的椽数一般为14根、16根、20根,堂选择的椽数一般为20根、22根、26根、28根,而椽数依据风水讲究不能为3的倍数。如果屋的大小选择16根椽,需要盖15片瓦,在当地俗称"七笑八盖",堂的大小选择26根椽,每间屋由于瓦间距的不同,最大可造成1米左右的差距,从而导则整个院落之间面积的差距(图7-5-12)。所以,木工匠人的经验以及在建设过程中对于房屋的把控,这些对于院落最后成形的大小起着关键性作用。

图7-5-11 山重村建筑装饰

图7-5-12 山重村建筑屋顶橼数

四、景观特色

村落的景观空间形态作为聚落空间形态不可缺少的一部分,包括自然景观与人文景观,对村落的整体环境塑造与人文价值构建起到重要作用,其空间形态通过景观构成要素加以体现。

山重村自然风景资源十分丰富。这里地处海拔高,空气负离子含量高,空气清新;纬度低,是亚热带海洋性季风气候,夏无酷暑,冬无严寒,气候宜人,四季如春。森林覆盖率高,植被种类丰富,如马尾松、杉树、楠木、柯木、桉树、树藤、竹林等等;地质地貌结构特殊,由中生代火成岩和燕山时期花岗岩组成。由于历史曾有过强烈断裂作用,表现在山形奇特、石景众多、神秘洞穴、峭壁悬崖、飞瀑甘泉等奇观和充足的水资源,给打造乡村旅游创造了十分有利的条件。山重村周边山坡上种有万亩的果树,是漳州面积最大的桃、李、梅种植地区。水田根据不同季节种有水稻、玉米、油菜和各种蔬菜。每年春季,万亩桃花、李花、梅花、油菜花盛开,漫山遍野春色无边,色彩斑斓,成群的白鹭在此栖息,造就了山重村如世外桃源般的山野风情。

人文景观方面,村内最负盛名的有宋代石佛塔、昭灵宫(图7-5-13)、孟宁堡。同时,村落中保存完好的村落整体格局和深厚的宗祠文化也充分体现了"闽南人

图7-5-13 山重村昭灵宫

家"的民居传统和民居文化。此外,山重村还保留了许多古朴的民风民俗。受地形的影响,林氏和薛氏在地理位置上隔离的同时,以己为核心的差序格局将村落割据成两个片区,马洋溪两岸自然而然形成独具特色的民俗文化,成为凝聚族群的精神力量。

两族有各自的民间信仰所对应的民俗活动。每年正月初九薛氏都会举办"赛大猪"活动以祭拜天公。该民俗活动已列入福建省"省级非物质文化遗产"名录。每年农历三月十一日,由薛氏值年甲头负责迎香请火,奉载保生大帝金身在薛氏聚落中"游神",后前往厦门青礁东宫迎取圣火,农历三月十三在山重举行迎香仪式。林氏家庙则在元宵节举行"办大碗"宗事活动。祭祀活动由新婚夫妇点香、祭拜福德正神、祭祀祖先、新婚夫妇整妆扦花串灯脚组成。特殊的地理环境与宗族关系,使山重村的人文景观更加别具一格。

第一节 概述

泉州，简称"鲤"，别名"鲤城""刺桐城""温陵"，地处福建省东南部，北纬24°22′~25°56′，东经117°34′~119°05′，北承福州，南接厦门，东望台湾宝岛，辖4个区，3个县级市，5个县和泉州经济技术开发区、泉州台商投资区，是福建省三大中心城市之一。

泉州境内山峦起伏，丘陵、河谷、盆地错落其间，地势西北高东南低，西部为戴云山脉主体部分，山地1000多万亩，耕地217万亩，山地、丘陵占土地总面积的五分之四。泉州地处低纬度，东临海洋，属亚热带海洋性季风气候，气候条件优越，气候资源丰富，为人民生活和经济发展提供了良好的环境。

泉州历史，源远流长。《八闽通志（弘治版）》中写道："本府（泉州府），汉建安初为侯官县地"。《泉州府志（乾隆版）》则追溯得更早，书中说："泉州府……在周为七闽地。"然而，本书为了问题讨论上的简便，对泉州的沿革以及相关历史的表述，概从隋开皇九年说起。[1]泉州古城区因形似鲤鱼得名"鲤城"，古属闽越地区，是唐（公元700年）武荣州治所在地，公元711年改称泉州后属南安县，公元718年成为晋江县治所在地。自此1300多年来一直是晋江流域的政治、经济、文化和交通中心。1950年11月起隶属晋江地区，1958年9月划入南安县及晋江县部分自然村，1971年又划入晋江县北部3个公社等，1985年撤销晋江地区行政公署，将泉州市升为地级市，原泉州市所辖区改设鲤城区，1997年6月，原鲤城区行政区划调整为鲤城、丰泽、洛江3个市辖区。[2]

泉州古称"刺桐"，距今已有1700多年的历史。早在周秦两汉时期，古泉州便已得到开发。公元260年，吴地于丰州始置东安县治，成为泉州本地设县置治的标志。西晋永嘉之乱，大量中原人口南迁，沿晋江而居，即今泉州古城所在区域。隋开皇九年（公元589年），设丰州为泉州，历史上首次出现"泉州"之名。唐朝时刺桐港成为世界四大口岸之一，意大利旅行家马可·波罗（Marco Polo）誉为"光明之城"。宋元时期，泉州成为"东方第一大港"。宋建炎二年（1128年），设置福建（泉州）提举市舶司，管理海上对外贸易。元至元十五年（1278年），升泉州为泉州路总管府，属福建行省，领南安、晋江、同安、安溪、德化、永春、惠安七县。明清海禁政策阻碍了泉州港的继续发展，直到改革开放之后，泉州才重现古港雄风。

泉州全市人口844万人（不含金门县），汉族占人口总数的98.20%，少数民族占1.80%。少数民族有48个，以回族、畲族、苗族和蒙古族居多。儒、释、道三教并盛，多种宗教共存，并互为融合，被誉为"世界多元化展示中心"。泉州是著名侨乡和港澳台同胞的主要祖籍地。目前，分布在世界各地129个国家和地区、祖籍泉州的华侨、华人750多万人，港澳同胞76万人。全市归侨、侨眷250多万人。在台湾，有44.80%的汉族同胞（约900万人）祖籍泉州，全市台属16万人。全市外资企业1万多家，侨资占75%以上。

泉州是国务院首批公布的24个历史文化名城之一，是联合国教科文组织唯一认定的海上丝绸之路起点、全国首个东亚文化之都。泉州有"宗教博物馆"的美誉，境内道教、佛教、伊斯兰教、基督教、摩尼教共

---

[1] 关瑞明. 泉州多元文化与泉州传统民居[D]. 天津：天津大学，2002.
[2] 刘晓榕. 泉州城市规划中闽南建筑保护与传承研究[D]. 泉州：华侨大学，2016.

融，古城内外尚保留有多处宗教活动场所，如开元寺、承天寺、清净寺、天后宫、草庵等。泉州方言为闽南语，民居建筑传承闽南文化风韵。传统泉州古民居多是"红砖白石为墙、双坡曲为檐、燕尾脊为饰"的闽南古大厝，或是中西合璧小洋楼、番仔楼。沿街多为商住合一的骑楼式建筑。中山路、西街、五店市是泉州传统街区的代表，蔡氏古民居、靖海侯府则是泉州古民居的典型。①

第二节 惠安崇武古城

崇武古城隶属于福建省泉州市惠安县，地处福建省东南沿海突出部，中国东海与南海的分界线，三面环海。崇武古镇地处县域东南部沿海，东临台湾海峡，西与山霞乡接连，南隔海与石狮市祥芝镇相望，北隔海与净峰乡、小岞乡遥对。

一、聚落环境

（一）建置沿革

四千年前，曾有氏族部落聚居崇武大岞山。禹贡时，大岞山是当时九州之一扬州的一部分。周属于七闽地界，春秋战国时是越国的辖地，秦归阁中郡所辖，汉高帝五年（公元前202年），崇武属闽越国辖地，直至献帝建安初（公元196年），崇武改为侯官辖地。自此，崇武属地逐渐得到重视，后来分别属晋的晋安郡、五代的南安辖地、隋的泉州和唐的晋江辖地。

宋太平兴国六年（公元981年）在晋江县东北16里设置惠安设县，全县分设3乡领18里领34都，崇武划分25、26、27三都，属崇武乡守节里。北宋元丰二年（1079年）先拨禁军100人设置小兜巡检寨，管辖晋江、南安、同安、惠安沿海防线，南宋嘉定十二年（1219年）立巡警界限，军士增加至330人，建造营房62间，南自岱屿，北至击蓼。元朝初期，改为小兜巡检司。

明初，倭寇侵扰，沿海患之。"洪武二十年丁卯，江夏侯周德兴奉命经略海棋，置卫所以备防御，遂将小兜巡检司移于小岞，乃置崇武千户所。因地为崇武乡，故名城其地。周围七百三十丈，计四里零六步。"由此可见，崇武古城是从宋时的滨海水寨，逐步发展为巡检司，到明代在周德兴的经略中发展演变为古城。而古城的建设，特别是防御设施，也经历了由水寨简单的防御设施到卫所的城墙、城门、军营、官署、庙宇等复杂设施的转变。在明朝，崇武古城进入了鼎盛的发展阶段。

明朝灭亡后，卫所军官的制度就被废除。清顺治十八年（1661年），清廷下令禁海迁界，令沿海三十里的居民内迁，百姓流离失所，古城城摧屋毁，崇武古城进入了衰败的阶段，整个古城变为废弃地，无人居住，但整个古城格局尚存，特别是整体布局、道路系统等保存相对完整。清康熙十九年（1680年），复界修治，居民重新迁入古城生活，道光年间也重新整修过。清朝以后，海防卫所制度逐渐被瓦解，崇武古城在军事上的防御作用逐年削弱，对城墙的保护也逐渐弱化，城墙因年久失修开始坍塌和损坏。新中国成立后，政府加强了对文物建筑的保护，崇武古城的珍贵性受到政府的重视，从1980年起，国家在此后的7年时间三次拨款对其

---

① 万培纯. 泉州历史文化名城保护中的政府行为研究［D］. 泉州：华侨大学，2017.

全面整修，始起南城脚，途径水关门，终至北城门，于1987年9月全部整修完成，恢复了古城昔日的雄姿英发，保留了我国军事建筑的一份宝贵的遗产。

（二）聚落选址

崇武古城作为明代泉州海防的军事聚落，其最主要特性就是军事防御性，海防聚落的选址也主要体现在以防御性为主，防御性体现在海防聚落防御功能的整体性、选址的灵活性和传统风水观念对军事聚落选址的影响性等几个方面。

1. 防御性选址特点

海防军事聚落选址的基本原则在于利用地形的险要制造防御。海防聚落的选址首先考虑其军事防御的需求而非环境是否有利于人类的生产生活。海防聚落的选址灵活利用自然地貌，通过对地形地貌的分析，了解对军事活动有重要影响的山脉、水系等多种自然因素的影响。崇武古城作为海防的军事据点，其选址的先决条件是防御性，主要体现在依高、据险、控海、通达这几个方面。

依高是指卫所的选址居高临下，利用地形的险要，夺取防御的优势。《孙子兵法·行军篇》记载："凡军好高而恶下，贵阳而贱阴，养生而处实，军无百疾，是谓必胜。丘陵堤防，必处其阳，而右背之，此兵之利，地之助也。"指出在军事防御上要巧妙地利用自然地形，高屋建瓴之势方便墩台烽火相传，利于情报的传递，利于兵马的调动，在敌人入侵时能提前进行防御。崇武古城选址于南部临海又与大岞山遥遥相对的莲花山上，居于高处，有利于瞭望敌情，便于防御。

据险是指卫所的选址占据险要的地势，背山面水，利用腹背的高山和险要的海域进行战略防御。崇武古城选址在三面临海的莲花山上，地理位置十分险要。"明永乐间有岛夷患，乃造沿海五城，东南有警，辄备虎窟，而最要莫若崇武大岞，孤悬海外，上与莆之南日湄洲，下与晋之永宁祥芝互为犄角。邑北之沙格、峰尾，东北之黄崎、小岞，南之獭窟，皆缩居内地，籍崇武、大岞为声援。善制险者当筹以防……"

控海是卫所的选址靠近大海。首先，靠近海洋入海口有利于监督敌情，停泊战舰，预警出兵。其次，靠近海边气候宜人，适于居住，崇武古城选址于泉州湾的入海口，进可攻、退可守，是海防聚落的最佳选址（图8-2-1）。再次，入海口能够停放大量的战船，便于海上巡防和作战。

通达是指卫所选址于重要的战略要地，保证通畅的战略交通，不宜设于堵塞的地方。崇武古城不仅水路便捷，陆路也通达，西连陆地，可以北去大港，南下泉州湾，东渡海峡，交通异常便利，与福全、金门、中左、高浦四个古城构成防御泉州的海防体系。

2. 风水选址特点

军事防御并不是海防聚落选址的唯一原则，传统风水理论在明代城池的选址中应用十分广泛，因此，明代海防聚落的选址也体现出很强的风水学影响。风水学，古时又称堪舆。风水理论主要是考察自然景观与生态环境的组成，选址适宜两者协调发展的生存环境，打造适于人居的理想家园。理想的聚落环境大体应具备一些特点：以山脉为依托，背山面水，山脉即风水学中的"龙脉"，其在选址中起到关键的作用，山水是气的生成之源。如郭璞的《葬书》记载："气乘风而散，界水而止，古人聚之使不散，行之使有止，谓之风水。风水之法，得水为上，藏风次之。"在山脉之前选择一块既平坦又有点坡度的土地，平坦是建造房屋所需的平整性，坡度是居民生活污水的排放，这块地我们称为明堂，即拟建聚落的基地位置。明堂后面要有依靠的高山，称为祖山，山上植被要保持绿树成荫，从祖山向左右分出呈环抱的两条支脉，怀抱明堂作为聚落的空间，形成一个

图8-2-1 崇武古城临海

向心的空间,而两条山脉作为聚落的护卫。明堂前要有弯曲的水流弯流而过,这样能够使气流动并止于此,也为聚落的生产生活提供用水。明堂正对的远方也须有山为屏障,称为朝山。聚落的朝向最好坐北朝南。总的来说,聚落选址的最佳方位大都符合负阴抱阳、山水环绕、藏风纳气的自然环境。崇武古城的选址体现出强烈的风水特色。古城的龙脉地势以大帽山为祖山,直至盘龙、岭头、始青山一带蜿蜒至此。而大山头折两支分古雷三峰,三峰山由北入为崇武,余支为东赤山大岞,则古雷、大岞皆崇武护卫,古城大海环绕,上一水插入辋川而止,下一水插入洛阳江,直至陈三坝为止。中夹一大支伏至崇武而尽。其势甚微,而脉甚旺,可谓是"金水行龙",体现了崇武古城背山面水的风水格局。又由于古城特殊的海防要求,其选址也体现出不一样的特色,传统聚落多选址于平地,便于居民的生产和生活,但崇武古城最重要的作用是军事防御性,所以是以满足军事防御为其首要的选址条件。在明朝,倭寇主要通过东南沿海入侵内陆,所以崇武古城选址在莲花山上,东南一侧居高临下,又临近海边,踞于城上东南海域一望无垠,利于观察海上敌情,并与其他堡寨联络,控制敌人,也便于海上贸易、海上作业。崇武古城选址于最佳的地理环境,在军事防御需求的作用下,营造出极具闽南沿海特色的聚落空间。

二、聚落格局

(一)布局特征

崇武古城现今基本保留了明代的格局,平面呈莲花形,据记载:"城周围七百三十七丈,城基广一丈三尺,高连女儿墙二丈一尺;为窝铺二十有六,城四方各辟四门,并建楼其上。明永乐十五年(1417年),都指挥谷祥等增高旧城四尺,及砌东西二月城,各高二丈五尺"。①经笔者现场实测和地方志的考证，古城周长约2600米，城内南北城门相距约700米，东西城门相距约600米，全城以原有古城公署为中心，四条街道直通四个城门，总占地面积约52公顷；城墙四面的南城角、庵山顶、北城门、西城门四处各压一座小山丘，使城墙蜿蜒起伏，婉若花瓣。②

（二）街巷形态

众所周知，街巷空间是最能体现聚落空间的形式之一，蜿蜒曲折的街巷构成了崇武古城独特的空间结构。主街、巷道划分了街坊，限定了住宅的用地范围，形成了以街道、民居为主的空间布局。街巷的组织形式反映着聚落的肌理，崇武古城的街巷空间主要包含建筑、街道和景观三要素，呈现出生产、生活和休闲的复合型空间形态特征（图8-2-2）。

崇武古城内街巷的最重要功能是以军事防御需求为主，由此形成了"丁"字形的总体街巷布局，不仅如此，亦承担着生活、交通功能。这两方面的结合使得崇武古城的街巷秩序井然，等级分明，包含有主干道、次干道和支路等。在街巷的结构上，主干道接次干道，次干道接支路，结构清晰明了，体现古城聚落的等级秩序性。崇武古城的主街道有东门街、西门街、南门街、北门街、中亭街；次街道有刘厝街、莲花路、文化路、下张路、新村路等；主巷有宫内巷、海潮巷、陈厝巷等；以及众多的次巷。

（三）规划特点

我国古代的城市规划始于周朝初年，在《尚书》和《史记》等很多古籍中均有记载。其精髓是讲究城池完整的布局和功能的合理。《周礼·考工记》为较早一部体现城市规划思想的书籍，其记载一种体现世界上最严整"礼制"的城市规划思想："匠人营国，方九里，

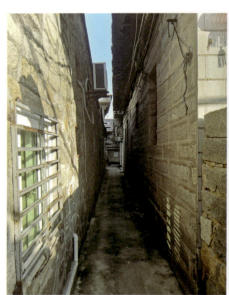

图8-2-2 崇武古城街巷现状图

---

① 杜唐. 惠安乡土志. 惠安：惠安社印陶编，民国二十三年（1934年）铅印本：3.
② 杨祖福. 明代泉州海防卫所的聚落形态探究[D]. 福州：福州大学，2016.

旁三门，国中九经九纬，经涂九轨，左祖右社，面朝后市，市朝一夫。"而同时代管子却提出不同的理论，其更关注的是顺应天时地利的"城郭"的规划思想："天子中而处，此谓因天之固，归地之利。内为之城，城外为之郭，郭外为之土阆。地高则沟之，下则堤之。""凡立国都，非于大山之下，必于广川之上。高毋近旱而水而足，下毋近水而沟防省。故城郭不必中规矩，道路不必中准绳。"受以上两种规划思想的熏陶，历朝历代筑城营国都遵守"立城郭，设守备，实仓廪，治兵库"的准则。

中国古代城池规划思想还受到儒家、道家、佛家哲学思想的启示，这几种哲学思想相互影响，形成了尊重自然环境、遵循礼制制度和综合整体规划的整体规划思想。尊重自然环境的思想源自于朴素的古代生态观，既运用到城池的规划，也应用于卫所的选址，在卫所的规划上，因地制宜规划道路和划分街坊，保留地形原有的自然水流及周围山体的树木植被，建筑选址于宽阔的平地，减少土方的开挖。

遵循礼制制度的思想是古代城池规划思想的基础，包含遵循等级秩序和尊重国家一统的思想等，如《周易》的"立天之道曰阴与阳，立地之道曰柔与刚"等道出了方位、阴阳、对称、轴线等对城池规划的重要意义。

综合整体规划的思想是古代匠人追求城池规划的整体自然、和谐统一的体现。对城池土地的利用、河道和山体的利用、自然的改造等，使其各司其职，追求整体性和统一性。

总的来说，古代哲学的思想启示了古代的城池规划。统治者在利用宗教思想维护其统治地位的同时，在城池的规划上也蕴含宗教的哲学思想，使其有礼有节、有情有理。崇武古城在规划思想上或多或少地受到当时这些规划理论的启示。在城市规划上，吸取了管子的"城郭"规划思想，依据地理、地势而建，打破正南正北的固定格局，灵活自由布置平面，由此形成了崇武古城不规则的莲花形总体平面布局，城内道路自由曲折，依照地势，道路忽高忽低，空间感十足。在顺应天时和尊重自然环境方面，崇武古城地处五座小山丘之上，城内绝少平地，建设者因地制宜，根据地形、地势，顺应地形进行道路规划及街坊划分，房屋的建设也尽量减少土方量的开挖，讲究天人合一，协调发展。在遵循礼制方面，崇武古城四条主要的街道汇聚于明代的所公署，体现了其礼制建筑的等级性，也侧面反映了当时朝代的封建等级思想。

三、聚落风貌

崇武古城因地制宜，顺势而建。古城外有青山、五峰山、大岞山三面环抱，城墙四面的南城角、庵山顶、北城门、西城门各压一座小山丘，使城墙起伏蜿蜒如花瓣。古城外部空间水关一带地势尤为低矮，使西城门、南城脚视觉效果极为高耸。南城脚为崇武江口山所在地，高度30.6米。西门到北门相对平缓，北门到东门经历了先上坡到下坡的过程，也就是说北门比东门的地势要高，东门到庵山呈直线向上，庵山高度29.7米，占据一个视觉的制高点，庵山上建有灯塔。庵山往南门顺势而下，而南门往南城角又依势而上，整个古城外观看起来高低起伏，蜿蜒不已。登高处眺望远处大海，有"一夫当关，万夫莫开"的气势（图8-2-3）。

崇武古城城中有高突的莲花峰（又称莲花石），形似花蒂。莲花峰在明隆庆元年（1567年）由戚继光建立中军台，台上派军日夜瞭望东、南、北三面往来的船只，如遇有警，掌印官在中军台上指挥，且西连内陆附近墩台的举动也一目了然。可见莲花峰为古城内部的制高点。整个古城剖面呈"凹"字形，田地和军营房布置在凹下的位置，像只火锅，四周高可作屏，中间低可避风。从西门到庵山剖面看，从西门进来，一路向上，

图8-2-3 崇武古城鸟瞰

途经莲花峰，高度为23.88米，为古城最高点，然后下坡，地势平缓，到庵山再起势，形成两个波峰的起伏。而南北向却相对来说比较平坦，没有较大的起伏，只有北城门海拔相对较高，从古城的中心影剧院（原所公署）往北门街呈现向上态势，而南门街就相对平缓得多，没有太大的起伏（图8-2-4）。

四、建筑特色

（一）军事防御建筑

崇武古城的军事防御建筑主要包括城墙、城门、瓮城、敌台、演武厅、教场、军营房等军事建筑设施。

崇武古城的城墙兴建之初，缺乏人力物力，只能以抵御城墙外围攻击为首要条件，所以仅在城墙外墙以石头砌筑增强防御强度，而内墙仅以夯土构造为主，马路狭窄内边无石墙，嘉靖年间，朱工紫上书兴泉道盛公唐望修筑城墙，后募得资金，由古城杨若愚等人招集匠人修筑成石头内墙，但内外墙间仍以夯土为基础，高六尺（约2米），马路修阔一丈二尺（约4米），窝铺二十五座（图8-2-5）。

城门平时是供卫所居民进出的交通通道，战时是防御敌人入侵卫所的重要关口（图8-2-6）。崇武古城有四座城门，外加一个水关门。水关门是由于崇武古城地势西南较低，每遇暴雨在此积水，为排水需要，在此处开口疏导水流，后来由于方便城内外交通，排水口成居民进出的交通道路，也就有了水关门。古城四座城门的尺寸稍有些许差异，共分两道，"四内门每扇高九尺五寸，阔三尺八寸，用铁板包钉。该铁板并钉重一百四十六斤，以生铁二斤炼熟一片版，厚实难坏，阔大省钉，必擦桐油，方耐海雾。前有附板函，如警急则下板重闸，坚壁而守可固。外门每扇高七尺七寸，阔二尺六寸，俱包铁钉擦油。"

城楼是城门上的主建筑物，城楼的建造能够清晰地表明城门的区位（图8-2-7）。崇武古城四城门上皆建有城楼，现为祭祀各路神明的庙宇，香火旺盛。除北门楼为单开间的形制外，其余皆为前卷棚、后燕尾的三开间、二进式的庙宇建筑。古城的北门楼近年重修，增设

图8-2-4 崇武古城西门到庵山剖面示意图（来源：《明代泉州海防卫所的聚落形态探究》）

图8-2-5 城墙现状

图8-2-6 城门现状

图8-2-7 城楼现状

了两旁的边房。庙宇背朝城外，以花岗石砌筑而不开窗，以利于防御，面朝城内，四门楼所祀奉的神祇皆不同，东门玄天上帝、西门关帝爷、南门观音佛祖、北门赵公元帅。城楼平日多为信佛者念经诵佛，作为城内保佑苍生的信仰空间。

瓮城是指在城池城门的外侧添设一道围合的城墙，形成一定大小的防御面积，其功能在于既增强了城门的防御性，又增大了城门的防御纵深（图8-2-8）。崇武古城的瓮城为半圆形制，东、西两瓮城尺度较大，北门较小，三座瓮城出入口外层形式都为圆拱门，而内层为方形，南门无瓮城，因南门处于南城角和庵顶山中间，

图8-2-8 瓮城现状

地势较低,城外有护城河,面对龟屿,中间是天然的水港,战舰多停泊于此,倭寇不宜入侵,仅在南城门外筑一照壁,作为屏障。

敌台是在距离城门一段距离城墙外侧突出的方形城墙,因外观狭长如马面,马面墙角都做整齐的棱角,约成90°方形,又称马面(图8-2-9)。其功能为防敌台一座,"防贼舟随潮内证,便于观察",后于明万历二年(1573年),令胡公熊于西、南、北三面补建敌台四座,"其制上下四旁,俱有大小穴孔,可以安铳。台内可容数十人,遇贼群至城下,台内铳炮一时齐发攻击,我军无虞,彼贼立毙。此临急退敌之上策,最宜预备以待,切不可废弛不修"。由此可见,敌台虽不大,但却在古城的防御体系中占据重要的位置,如遇战争,既可屯驻兵力,又可交叉火力,攻击入侵者。崇武古城的敌台皆距城门约50~100米,现均保持完整。

(二) 军事机构建筑

军事机构建筑,顾名思义,是军事和行政机关的建筑。崇武古城的军事行政建筑主要包括演武厅、校场、军营房和所公署。

演武厅功能就是表现演习武艺的场所,有的城池又把它称为演武场、演武馆等,与校场有异曲同工之处。校场又称教场,为普通士兵操练和检阅军队的场所。教场地势宽阔且平坦,通常来讲,教场的两侧要建造供办公和休息辅助建筑,教场的中心建设供阅兵用的主席台。同时在教场的大门外或附件设置旗杆台,将旗杆竖立其中。据《崇武古城志》记载,教场原设在西门外,离城三里,地名叫西埔,后教场改在东门外。"嘉靖二十五年,朱公肜重建官厅一座,并筑露台居中,操时总旗在此大旗下驻扎。官厅两旁另盖小厂两间。上司按临阅操,则下各官俱在此中居处,便于伺候。"但在明末已被居民强占作为耕地,现已无存。

明代建城后驻兵于城内守御古城,建设军营房987间,按军制编10个伍,每个伍112人,每伍由百户带领,军营房建筑形制为一厅两房,接以后厨舍一落,总旗两间,小旗一间,或二军共居一间,都是官建。后因每伍各拨军往该地方屯种及逃移,故被附居者混冒占住,更易起盖。军营房现已荡然无存。

公署,指中国古代官吏办理公务的场所,是古城池的中枢,具有行政管理和军事指挥的双重职能,带有明显的军事色彩。公署是卫所中的主要建筑,大多位于城池的中心或十字大街的一侧。公署坐北朝南,采用前堂后寝的布局方式,建筑规模视其等第而定,卫和所的公署的形制基本相同,只在建筑的规模上有所区别。崇武古城的公署建于明洪武二十年(1387年),"中为正堂,后为燕堂,又后面为旗蠹庙。正堂前左右列为廊庑共十间。前为仪门,外为大门,上盖谯楼,观音堂即其地也"。崇武古城的公署早已不存在,现今的人民影剧院就是明代所公署的旧址所在。

(三) 宗教礼制建筑

宗教礼制建筑是用于祭祀神明或先祖的场所,包括庙宇和祠堂等。崇武古城是海防卫所,其祭祀的自然是具有军事色彩的神明,如关帝庙、城隍庙和上帝宫等。

图8-2-9 敌台现状

祠堂建筑属于礼制建筑，它的形制从住宅演变而来，形成了自己独有的建筑风格（图8-2-10）。崇武古城的祠堂在平面布局上也包括门房、拜殿和寝室三个部分。其建筑的形制来源于传统的官式大厝，即合院的平面、红砖和花岗石的墙面、曲面的屋顶和精美的装饰。

（四）民居建筑

现有崇武古城的民居建筑主要包括传统民居、石屋、番仔楼和当代样式的新建筑等，传统民居以清末民国为主，兼有明末及清中晚期的特色，而绝大多数的建筑为石屋，遍布古城的各个地方，为名副其实的石头城。

崇武古城的传统民居是指古厝或官式大厝，是泉州传统民居最主要的一种类型，体现了强烈的闽南地域建筑的特色，其特色主要表现在立面的墙体、建筑的屋顶和细部的装饰（图8-2-11）。官式大厝的平面形制采用的是传统的向心围合式布局，是传统的闽南大厝的布局，这些建筑开间多为三间张或五间张，进深为两进，或三进，或五进不等的合院式住宅，以厅为主体，组织院落单元，廊和厢房环绕全宅，是闽南典型的合院式建筑。官式大厝的屋顶多采用硬山式屋顶，屋顶的正脊呈弧形曲线，向屋脊两端起翘成燕尾，高低错落，曲线丰富，形成了高低起伏的天际轮廓线，丰富了崇武古城的空间特色。

崇武古城石厝的形制大都采用传统石厝的布局形式，从底层至顶层，均以厅为中轴，左右设置厢房，石屋后落作为后厅，在底层一般设有正大门、后门及左右两个便门，屋内大都以走廊作为交通要道和通风口。

图8-2-10　崇武古城的祠堂建筑

图8-2-11　崇武古城的传统民居

番仔楼的平面形制为典型的四房看厅的空间格局。建筑中心为厅堂，左右设置房间。而最有特色的在于其山花的造型。山花即女儿墙中间高起的部分，与墙体同厚。番仔楼的山花形式多样，有西方巴洛克形式，也有中国传统的书卷形式，更多的是中西建筑语汇的交融。

第三节　泉港区涂岭镇樟脚村

樟脚村地处惠安、泉港、仙游交界处，位于泉港区涂岭镇西北部山区。村落背靠观音山，面向大雾山和陈国寨山，自然环境优美，村中有一棵700多年的大樟树，村落如同坐落在樟树脚下，依山就势，一些平整地块被用于耕种，梯田有着不同季节的自然景观，村野相互交融，村外山谷间还有一处状如倒扣金钟的碧水潭——金钟潭，形成和谐共生的山水格局。

一、聚落环境

（一）建置沿革

涂岭镇古称"桃岭"，自商周时期，古闽越人先民便开始在这里繁衍生息，民国改为"涂岭乡"，1996年更为涂岭镇。樟脚村共有八大姓氏，其中陈氏家族最为兴盛，根据樟脚村陈氏族谱记载，樟脚村的始祖太邱衍派陈氏于宋代因战乱迁入闽，定居漳州城南，繁衍子孙至泉州、漳州、潮汕和台湾。而樟脚村的陈氏先祖——朴行公于清康熙三十七年（1698年），住在惠安东园埭村，因倭寇叛乱，为了躲避战乱，迁往惠安北的涂岭镇的十三都樟柿铺东坑，同时先祖也将玄天上帝公和田都元帅二仙一并请入了十三都樟柿铺东坑。陈氏先祖为了谋生经营鸦片生意，投靠了一个大宅，并获得了一些产业，居住于下祖厝，现为樟脚村的古民居处，陈氏先祖便在此繁衍发家。由于村子里有大片的樟树林，并且有一株年龄为700多年的大樟树，人爬到树上整个村子宛如在脚下一样，村子美景尽收眼底，因此取名为樟脚村，陈氏先祖便在此开荒，300多年来樟脚村村民，勤勤恳恳，通过自己的智慧和劳动建造了具有地域特色的传统村落。

（二）聚落选址

1. 对气候的适应

闽南樟脚村处于低纬度地区，太阳高度角较大，日照时间长，此外又因其濒临海洋，亚热带海洋性季风气候特征明显，造成该地区夏季高温多雨。为了避免夏季高温曝晒，在两座或是多座山之间的区域成为村落选址的最佳选择。樟脚村村民在充分考虑了日照与山之间的关系后，将村子置于盆地中，其中村子的东北方向为大林山和观音山，西南方向为寨尾山，这三座山峰形成了天然的屏障可以遮挡部分光照，避免阳光的直晒，并且有效地调节了村子的小气候。此外，樟脚村位于沿海地区，在6月至8月盛行西南风，5月与9月为东北风或西南风，而其他时间则为东北风，从以上可以看出樟脚村的冬季盛行的是东北风，由于东北风发源于中高纬度的陆地，会带来较为干燥寒冷的气候，而处于樟脚村东北向的大林山和观音山恰好可以有效地阻挡东北风。西南风相对温柔，在夏季可以带来大量的温湿空气，同时樟脚村在7月至9月台风活动又较为频繁，而位于樟脚村西南方向的寨尾山相对矮小，这既能将西南风引入村落，又能有效地阻挡部分台风的侵袭。

2. 对资源的利用

在农耕社会，自给自足的小农经济决定了古人需要寻找自然资源丰富的风水宝地建造村落以满足人类的生存，例如村子水源充足，便有利于田地的灌溉，有利于发展农业，如果村子临海，那么丰富的海洋资源便有利于渔业发展。樟脚村将大部分中心地带作为田地，一方面原因是中心部分因充足的雨量形成的冲积平原地势平坦、土壤肥沃，另一方面原因是因为西北高东南低的地势形成了一条由西北向东南方向的溪水穿过田地，便于农田的灌溉。

3. 选址的风水表达

传统村落的选址深受风水观的影响，古人运用风水理论的目的是为了选一块鸟语花香、树木葱郁、田地肥沃、溪水萦绕、资源丰富的"风水宝地"建造村落，追求物质世界和精神世界相协调的理想居所，以求达到人、自然、村落三者的和谐统一。在风水学中讲究村落背后要有连绵不断的山脉作为天然的屏障，村落的前面要有流水经过，即"背山面水"，根据风水理论，村落建筑的最佳方位为北子、南午，即坐北朝南，能够最大限度地面迎阳光，然而在传统村落的建设中，古人也会根据当地的地形地貌、气候条件等现实条件进行适当的调整。在樟脚村的村落选址中其东北—西南方向有绵延不断的山脉，可以阻挡冬季凛冽的东北风侵袭，西北方向也有连绵山脉，这些山体在风水学中被称为"龙脉"，流水从西北流至东南最终汇入台湾海峡，符合风水学中的背山面水。樟脚村的村落及建筑的朝向整体为坐北朝南，局部根据山势走向，依山就势，调整为西偏南与东偏南的建筑，符合了风水理论的"负阴抱阳"。

二、聚落布局

（一）布局特征

樟脚村的地貌可分为低山、高丘、中低丘、台地和平原等类型，其周边除了少数的低山和沿海平原外，绝大多数为丘陵台地，中西部和西北部多为低山丘陵地貌，东部、东南部为滨海台地、低丘地貌。中部由台地或平原地貌组合而成，因此村落将中部的较为平坦的台地与平原用于耕地，而将建筑依山就势地建造在东北与西南两侧的低丘缓坡和低矮的台地上，最大限度地利用了土地资源。由于村落的地形总趋势西北高东南低，自西部、西北部向东部、东南部呈明显的阶梯状下降，构成向东部、东南部开口的马蹄形地貌，加之樟脚村的东南面是台湾海峡，海风经过其东面低矮的丘陵阻挡与过渡后进入村落后变为静风，可以使田地上方的空气流动，两侧低丘缓坡上的建筑与风向平行，此时静风类似于穿堂风，不仅可以在闷热的夏天给村子带来一丝凉爽，也可以在潮湿的春季有效地对建筑进行通风（图8-3-1）。

（二）街巷形态

樟脚村的街巷由于受到了地形地貌的影响，街巷布局较为灵活自由，街巷分为两种，一种是平行于等高线的道路也就是樟脚村的主巷，另一种次巷则是基本垂直于等高线排布。樟脚村街巷空间较为幽静，街巷中的树木、井台、石凳、石桌与石栏等构成了丰富的空间节点，斑驳墙面上的青苔、石缝里冒尖的小草、石墙上攀援的植物均成了丰富空间的语言，共同构筑了樟脚村独特的街巷空间。

樟脚村的街巷多为一条条蜿蜒曲折、起伏变化的鹅卵石铺就的道路结合一条条蜿蜒崎岖而上的台阶。樟脚村的先祖在建造村落时，将当地盛产的彩色鹅卵石或是建筑余下的碎石块散落在土路中，可以防止雨水将土路

图8-3-1 樟脚村鸟瞰

冲毁，长久以往便形成了一条条鹅卵石铺就的道路，毫无矫揉造作之感，使得街巷的空间肌理、色彩和质感相互协调统一，具有很强的艺术美感（图8-3-2）。

三、聚落风貌

樟脚村是一座五彩的村庄，村里的屋子都是用大小鹅卵石砌成。整个村庄的布局似乎没什么讲究，但顺山而建，错落有致。房屋之间小道、岔道彼此相连，曲径通幽。

穿行在卵石砌成的石巷里，两边的墙壁伸手可及。石头建成的房屋层层叠叠、错落有致。卵石砌成的狭窄、幽静的石巷，经过雨水的冲刷，石梁上留下古老的印记。缠在石墙上的老藤，给石屋增添了一份沧桑。历经岁月的洗礼，石墙已是一片斑驳，但其呈现出来的红褐、灰白、藏青的色泽，在阳光的照射下，那么绚丽、缤纷，俨然一幅油彩画，因而被誉为"油画村"。石墙的缝隙里泛出青绿的苔斑，使得巷道的空间阴仄而清幽。阳光只能打在高高的屋脊上，少许的光线漏在墙垣上，与幽暗的巷道对比，形成上下截然不同的空间。这里巷道连着巷道，岔道连着岔道，曲径通幽，颇有迷宫的神秘（图8-3-3）。

图8-3-2 樟脚村街巷现状

图8-3-3 樟脚村聚落风貌

四、建筑特色

（一）传统民居

闽南樟脚村为了适应当地的自然气候，利用当地丰富的自然材料依山就势建造石头房屋，其空间布局与形态流露出了当地风俗习惯的痕迹，因此形成了平面布局灵活、变化有序、层次分明的传统民居建筑。樟脚村建筑可以分为天井式民居建筑以及楼廊式民居建筑两种，这两种民居建筑各具特色但都是樟脚村几百年孕育的智慧结晶。

闽南樟脚村夏季炎热，雨量充沛，小天井能够增加室内的采光，有效地排泄雨水并通过调节室内小气候达到通风散热的作用，能够有效地适应当地自然气候，但是天井式传统民居建筑由于占地面积相对较多，对地势平坦性的要求较高，因此多为闽南樟脚村大户人家所有。樟脚村建筑入口的台阶数越高说明这座房子的主人地位越高，因此大型"天井式"传统民居一般会对整个建筑抬高处理。一般在主入口处设立3至5级的台阶，而有的小型"天井式"传统民居在主建筑入口设立一个台阶甚至没有台阶，这些台阶的设立可以防止雨水进入室内，能够很好地保护建筑。建筑主入口处凹入的门廊形成了向建筑内部伸入的过渡空间被称为"凹寿"，起到遮阳避雨的作用，"凹寿"空间会饰以砖雕和灰塑，这些是闽南建筑常见的一种做法，赋予了樟脚村以闽南建筑的韵味。

闽南樟脚村"楼廊式"传统民居源于场地不足而出现的一种民居形式，人们根据地形的变化，自由地建造房屋，通常为两层的一间房屋或是二至三间组合排布（图8-3-4）。二层出挑阳台由二至四根立柱支撑作为晒谷坪，底部为闽南一带特色的骑楼，创造了室内与室外的过渡灰空间，可以防止雨水侵蚀墙体，起到隔绝潮湿空气的作用，也成为夏季纳凉的好场所，同时避免了阳光直射，大大地降低了室内温度。此外人们也会在巷子顶部建造悬挑阳台，不仅满足功能要求，也起到了遮阳避雨的作用。

（二）公共建筑

闽南樟脚村多元的宗教信仰使得人们建起了种类繁多的寺庙，包括真武庙、关帝庙、悟空庙、观音寺和相公宫等。这些大小不一的寺庙分布在村落的各个角落以祈保村落平安。每逢初一、十五村民便会去寺庙烧香拜佛，而相公宫是逢年过节必去的寺庙，其规模相对更

图8-3-4 樟脚村传统民居现状

大。相公宫寺庙为石木结构，左右对称，在大门前有闽南地区特色的骑楼式结构的门廊，两侧有"牌楼面"用于遮挡风雨。相公宫庙的"凹寿"空间的墙面被分为上中下三个部分，上部为闽南泉州特色线刻装饰，中部的束腰部分为闽南泉州特色的红砖装饰，下部为泉州特色的浮雕，入口的两个门柱上盘绕着两个浮雕的蟠龙，与入口的两个栩栩如生的石狮共同构成了极具闽南地域特色的"凹寿"空间。

樟脚村的每个宗祠会在各自固定的时间举行祭祖，由于樟脚村村民敬重祖先，为了活跃气氛和孝敬祖先，樟脚村村民便将戏台搭建于祠堂外面的空地上，但是由于村子祠堂众多，人们便选用了移动式戏台，即用木构架搭建戏台上覆幕布，戏台演出结束后便可拆卸，简易方便。祠堂一般分为两种形式，第一种为石木结构，第二种为砖木结构。

樟脚村的基督教堂建立于1869年，占地面积120平方米，整体为木石结构的一层建筑。建筑建立在丘陵缓坡上，藏身于樟脚村的民居建筑之中。教堂背靠山坡，右侧种植着一棵大樟树，能够遮阳避雨，前方有一小块空地用于集散人群，空地前下方即为农田。由于用地面积较为紧张，樟脚村的教堂没有遵循传统教堂的平面布置形式，而是利用有限的面积满足礼拜、宣讲和布道的功能需求。教堂坐北朝南，其平面为长方形，根据屋顶轮廓的形式变化，将建筑分为东西两间，东间为主厅，占据了三分之二的面积且层高高于西间，为每周的礼拜所用，西间则为附属用房可用于布道和宣讲。建筑长边为南北走向，东间北侧的墙壁以十字架为中心，左右各有两个传统木框窗户，十字架正下方为传教的讲台，前方整齐地摆放着两列木制长椅，形成严整的序列感。建筑两侧的山墙有四根石头立柱支撑并用石材砌筑墙体，选用当地的杉木柱做成三角形木构架支撑具有当地特色的红瓦坡屋顶，构造朴实稳重。

第四节　泉港区后龙镇土坑村

土坑村位于泉州市泉港区后龙镇中部，古村落东邻碧霞湾，南毗福炼聚落，北与南铺镇接壤，村域内有祥云北路与西海路交错穿过，区位交通较为便捷。土坑村为刘氏家族聚落，自刘氏祖先刘宗孔于明永乐二年（1404年）从莆田迁居土坑村始，已有600多年的发展历史，村域总人口达3900余人。古村落人文荟萃，人才辈出，据清代文字记载，中榜进士、晋升仕者高达70多人，历史上较有影响的人物有刘端弘、刘端瑜和刘开泰等。2003年土坑村被福建省人民政府批准确定为省级历史文化名村，也是泉港区革命老区据点村之一，2014年入围第6批中国历史文化名村。[①]

一、聚落环境

（一）建置沿革

据土坑村谱载："宗孔公生长秀屿，而更远谋燕贻。爱渡海而南，览此地之形胜；奎岫拥护，状如凤凰展翼，翁山朝拱，势若驰马缭环。勃然兴曰：'此真可为聚族区也'。时明永乐二年，实遂肇居之。"此后，刘宗孔在此繁衍生息，注重教育，发展海上贸易，促进

---

① 张杰，孙晓琪. 海丝港市聚落：泉州土坑国家历史文化名村空间解析[J]. 规划师，2018，34（01）：145-146.

经济文化发展。《惠安政书》中也记载:"涂坑府(土坑村古称'涂坑'),会得入,不得出。居住稠密,人丁兴旺……居螺北甲。"土坑村民风纯朴、山川毓秀、文脉悠远、人杰地灵,至今保留有古民居、祠堂、宫庙、书院、戏台、亭、古井、古墓、鱼池拱桥等文物古迹。其中古民居最多,现保存比较完整的仍有27座。[①]

(二)聚落选址

土坑村落选址极具风水特色,村落周边自然环境较好,位于泉港名山之一的岩山南麓,东、西、北被柳山、奎秀山、割山围绕,南临泉州湾,处于环山面海的环境中,有着典型的"枕山、面屏、临水"的空间格局,是宜居的典范(图8-4-1)。

图8-4-1 土坑村周边环境

二、聚落格局

(一)布局特征

土坑村所处地域地势相对平坦开阔,是适宜建设的低丘地面,整个聚落西北为丘陵山地,东南为海域,呈现由西北向东南倾斜的形态。聚落周围北有岩山,南有柳山,西对奎秀山,东临割山,四山相环的平原中有一处南北走向、坑沟纵横的山坡即徐山,其顶端有一堆天然形成的白晶石,土坑村便坐落在此地势相对低的丘陵坡地上。涂山上数条不同流向的坑沟汇集雨水后合流汇入后田溪。而聚落古民居群集中分布于中央核心区内,民居群四周围绕有坑沟。由于土坑古时有"建房不过沟"之说,而这个不成文的规定一直到新中国成立后方被打破,因而在聚落中央集中有古民居片(图8-4-2)。土坑村东南方向为土坑海,是湄洲湾与肖盾港的重要组成部分。湄洲湾和肖盾港

图8-4-2 土坑村古民居群鸟瞰

[①] 陈国珠. 浅析传统古村落土坑村的历史文化价值[J]. 福建文博,2018(04):65-69.

为土坑村提供了天然的港口优势。[①]

（二）街巷特征

1. 规则有序的空间形态

土坑村内结合北高南低的地形，形成了"井"字形的道路网络系统，加之有始建于明代万历年间的"白石宫"、村东的古戏台与数棵百年古榕树等历史遗存节点相互串联，由此形成了相对规则有序的"团状"村落空间形态。

2. 宛若迷宫的街巷交通

土坑村内不论古厝、番仔楼或是石屋，都不是完全并列建造的，建筑之间交叉错落，加上商业空间的出现，街巷随建筑发展呈现出折线形，街巷交汇处往往形成"丁"字形或错开的"十"字形，大大小小的街巷回环往复，加之聚落中地势不平，形成了宛若迷宫的复杂街巷交通体系。街巷道路中主街宽2~3米，其余街巷宽1~2米（图8-4-3）。

三、聚落风貌

土坑村兴起于唐宋，发展于明代，鼎盛于清代，村落发展受到了海洋文化、宗法文化、闽南文化和莆仙文化等众多文化的影响。其中，海洋文化尤为突出。土坑村作为海上丝绸之路的起点，泉州港的重要组成部分，它见证了明清时期及其之后海上贸易的辉煌，并且通过大海，铸就了土坑人开放、外向、兼容、冒险、开拓、原创和进取的精神，塑造了土坑村落文化，形成了极具海丝港市聚落特征的空间特色。清代随着海上贸易的发展，逐步在村落内形成由"一港、两街、一码头""八大当铺"和"两院"组成的功能结构。"一港"即位于村落南端的屿仔壁港；"两街"即祠堂口商贸街与施布口商贸街；"一码头"即厦门口码头；"八大当铺"即施布

图8-4-3　土坑村街巷现状

[①] 沈姝君. 文化变迁视野下闽南传统聚落空间解析——以福建泉州市土坑村为例[D]. 上海：华东理工大学，2016.

当铺、德源当铺、仁来当铺、来铺当铺、涌源当铺、宜兴当铺、振铺当铺和振义当铺；"两院"即分布于村落南北的选青斋、凌云宅两大书院。土坑村功能上的多样，见证了土坑村因海上贸易而鼎盛发展的历程。

土坑村属于海丝港市，港市即是在与海外进行经济贸易往来时，因港口而形成的市场、聚落。港市既是起点，又是终点。土坑港市聚落的发展契合了村落自身的兴起、发展、消亡、重生的过程，其"始于唐五代，兴于宋元，盛于明清"的历史脉络清晰可见。[①]

四、建筑特色

明清"复界"以后，受海洋文化影响，土坑村的刘氏一族把握商机，投入商贸活动中，土坑村经济迅速发展，一时富甲一方，尤其是四房的刘端瑜经济实力颇为强盛，而从事海运商业及典当行业的长房刘端弘的经济实力居全村之首，被称为"刘百万"。经济实力逐渐发达后，刘氏族人大片购置土地，修建、扩建祖祠，兴建家宅。刘氏兄弟分居祖祠南北两侧繁衍八支后裔，他们重视儒家礼制规范和道德伦理，住宅以祖祠为中心分南北侧依次平行排列，共8排。发展到清末，土坑村内共建有4座平行排列的三进古厝，33座二进的古厝，其中每2座到4座不等并排建造，总共建有8排40多座。其中仅刘端弘父子建造的大厝便有18座（图8-4-4）。

这些大厝多以前堤后厝、坐北朝南、三或五开间或加护厝、红砖白石墙体、硬山式屋顶及双翘燕尾脊为主要特征，具有闽南红砖大厝的特点又结合了明显的莆仙民居风格；平面类型丰富，除了闽南古厝的平面形制，也有三间张带单护厝番仔楼式大厝，五间张三落带回向、角楼、丁字楼的大厝，五间张二落等突破闽南传统古厝形式的变异形制；民居顶落脊檩到地坪的距离与其到顶落檐柱的距离比超过1.6，其顶落高宽比相比闽南传统民居更大，接近莆仙民居的比值，顶落厅堂更幽深；立面造型继承了红砖白石镜面墙加燕尾脊的大形制，又因平面的多元而丰富多彩。

在闽南移民海外的浪潮中，土坑村的刘氏族人或前往南洋经商，或侨居海外，或开垦台湾，也发生较大规模移民，在这个过程中，刘氏南洋建筑风格传入土坑村，因而清代末年至民国时期，聚落中建起一些二层的番仔楼及大量石屋，民居排列秩序井然且富于变化。

其次，除了进行海上贸易，土坑村内还发展当铺生意。端弘公的时铺是土坑村中第一间当铺，之后接着有顺裕、德源、建珍公的来铺、仁来，建藻公的宜兴，博鹤公的振铺及振义。振铺、振义两铺开得较晚，但延续

图8-4-4 土坑村建筑现状

[①] 张杰，孙晓琪. 海丝港市聚落：泉州土坑国家历史文化名村空间解析[J]. 规划师，2018，34（01）：145-146.

至义字辈，是土坑最后的当铺。另外，万捷公的下代开打银店，端耳公的下代开布店及染坊。当铺、商铺的发展丰富了土坑村的建筑空间并形成了祠堂前、时铺口、下门口铺等商业街①。

第五节　永春县岵山镇茂霞村

茂霞村位于福建省泉州市永春县岵山镇北部，是岵山镇政府机关所在地，距泉州市约63公里，距厦门市约135公里，与泉南高速、莆永高速及S206公路相邻，交通便利。茂霞村属亚热带季风气候，平均气温20℃，四季分明，湿润多雨，夏长无酷暑，冬短无严寒。森林覆盖率高达75%，村内主要建筑群落位于平原地带，四面环山，金溪河穿流而过，生态环境良好。②

一、聚落环境

（一）建置沿革

具有千年历史的茂霞村自后周显德三年（公元956年）就有陈氏族人在此居住，直至今日陈氏依旧为第一大姓。明朝时期茂霞村属永春十三都。新中国成立初期，后头寨与霞奏合并为岵山区茂霞乡，1984年改为茂霞村委会。2012年茂霞村成功入选中国首批传统村落，成为永春县第一个国家级的古村落。2015年又被农业部推介为中国最美休闲乡村之一，同年还被评选为福建省十大最美村落，是典型的传统古村落与美丽乡村的结合体。③茂霞村海内外华侨众多，乡绅乡贤热心家乡建设，回乡自建住宅的不在少数，异国文化被带入传统村庄或多或少影响村内建筑风格。华侨文化对传统民居影响深远，外来建筑样式的骑楼、洋楼等被融入传统大厝之中，极大促进了茂霞村民居多样化。④

（二）聚落选址

茂霞村在选址上考虑宏观山水格局，村中建筑顺应地形，组团式布局。村中心为集市，久而久之演变为1条骑楼街，汇集了村内主要商业，村庄被其分割为2个相对较小的聚落，自然融合成"半乡村—半集镇"两态一体的乡村聚落。随着时间推移，茂霞村传统民居逐渐形成了带状和团状结合的聚落形态（图8-5-1、图8-5-2）。

图8-5-1　茂霞村聚落形态

---

① 成丽，顾煌杰. 闽南沿海传统民居平面尺度规律研究——以泉州市泉港土坑村为例［J］. 建筑遗产，2019（01）：35-42.
② 梁楚虞. 基于传统民居视角下茂霞村人居环境研究［J］. 城市住宅，2018，25（06）：43-46.
③ 张杰，陈维安. 福建泉州岵山镇茂霞村国家历史文化名城研究中心历史街区调研［J］. 城市规划，2018，42（05）：71-72.
④ 梁楚虞. 基于传统民居视角下茂霞村人居环境研究［J］. 城市住宅，2018，25（06）：43-46.

图8-5-2　茂墩村鸟瞰

二、聚落格局

茂霞村整体呈现1条主街加3个小聚落的格局，整个村落呈现"屋在林中，林在园中"式的盆地聚落景观风貌（图8-5-3）。村内建筑呈枝状排布。在大厝的分布上则以各家族或各支系的祠堂或祖屋为中心，逐渐壮大形成各个组团形态，反映出闽南人深受宗族血缘关系影响聚族而居的特点。主街和塘街是重要的交通干道，联系着和林、茂霞、塘溪3个自然村。和塘街经历了民国初年、民国19年（1930年）、新中国成立后至20世纪90年代3个阶段的建设，现今全街长约2.4公里，呈东西走向。街道商业骑楼林立，依稀可见"车水马龙、商旅如缕"的繁盛景象。

三、聚落风貌

村内现存两处距今400多年的明朝防御型石砌古寨——福茂寨与石城寨。始建于明朝嘉靖年间的福茂寨被誉为闽南聚落的宝寨，自泉州户良司员渠公建寨筑祠后至今，是村域内重要的标志性建筑。全寨占地1.3公顷（约20亩），环寨筑有高约7~10米（约2~3丈）、长达2公里（即4里）的寨墙，现保存完好。石城寨位于村内五峰岩之上，又名石城盛景，是绝佳的远眺点。寨围用石头垒砌而成，寨内建有庙祠、亭台、姿态各异的十八罗汉雕像等。①

四、建筑特色

茂霞村的传统建筑是泉州红砖文化区的典型代表。现存的茂霞古厝有69座，建筑类型以传统古厝，中西合璧的祠堂、骑楼等为主，包括民居、商业、古墓葬、古遗址、古碑刻等建筑（图8-5-4）。其中，下灶古民居群为面积最大、密集度最高、质量较好的古民居群，共有7组，多始建于明正德年间（1506~1521年），后历经多次重修，为陈氏的崇德、敦庸和南石3个支系族人所有，群体为"住宅围田式"的组团布局，以祖屋为中心集中而居，屋前开垦农田，形成宅、田相间的群落。单体民居平面多为五间张二落双护厝形态，建筑造型较闽南古厝简洁，基础为方石块呈45°砌筑，外墙主体正立面采用红砖，护厝立面则为灰砖，部分采用铜钱漏窗的形式以增加正立面的造型，屋顶采用灰瓦与燕尾脊结合的方式，与闽南红瓦有明显的差异，屋顶出檐深远，为悬山顶，整个建筑采用搁檩式结构，护厝山花与室内梁柱装饰较为丰富，特别是石雕工艺精湛，多为透雕，建筑天井采用鹅卵石铺设，图案多为铜钱纹，简洁大方。其他建筑多兴建于20世纪30年代，为华侨侨汇所建，因此，建筑平面为传统合院式，但建筑造型较为简洁，在阳台栏杆、山花、门廊、地板等处留存着典型的南洋建筑特色，建筑材料多为水泥钢筋与砖木结合，较为典型的有金角厝、金谷堂、联兴堂、霞溪堂、玉溪

图8-5-3 茂霞村聚落格局

---

① 张延安. 建筑类型学下闽南古厝民居二维空间量化研究［D］. 上海：华东理工大学，2017.

图8-5-4 茂霞村建筑现状

堂、金溪堂、敦福堂、明德堂等。①

在传统礼制约束下，民居组团以宗祠为中心布局，以点拓面，呈逐渐壮大态势，如下灶社区居民主要包括陈氏的3个支系，即崇德、敦庸和南石。聚落扩张初期，各支系独自拥有一片农田，围绕田地集中而居，形成多个相对聚集的小组团。此外，茂霞村传统民居布局受防御思想影响，形成寨堡式民居组团，福茂寨为其中典型。

《明会典》记载"庶民所居房舍不过三间五架"，茂霞村传统民居布局基本遵从古训。据调研，古厝平面格局多以"三间张榉头止"为基本形并增加了开间、后落或护厝。硬山屋顶结合双翘燕尾脊、红砖白石墙体结合灰瓦屋顶皆为茂霞民居典型特征。随着历史发展及人民实际需求变化，茂霞民居平面形制在基本形基础上不断扩展，功能也随之丰富，横向加横屋形成护厝，纵向加厅堂增加进深。当地风水师认为，北面煞气需靠建筑后包遮挡，民居正面可加建前埕、门或半月池来迎山接水。早在封建社会，茂霞村民就意识到"耕虽可致富，读方可荣身"。在耕读文化的影响下，村民十分注重教育，宗祠大都兼具私塾功能，不少大型古厝均设有私塾并请名师教育族中子弟。②

---

① 张杰，陈维安. 福建泉州岵山镇茂霞村国家历史文化名城研究中心历史街区调研[J]. 城市规划，2018，42（05）：71-72.
② 同上.

第一节　概述

一、南平地区概况

南平市位于福建省北部，俗称闽北。地理上介于东经117°00′~119°25′，北纬26°30′~28°20′之间。东北与浙江省江山、龙泉、庆元等县（市）相邻，西北与江西省资溪、铅山、广丰等县（市）接壤，东南与福州市闽清县及宁德市古田、屏南、周宁、寿宁等县交界，西南与三明市泰宁、将乐、沙县、尤溪等县毗邻。东西最大间距约230公里，南北最大间距约230.4公里。最北端为浦城县官路乡际洋，最南端为延平区漳湖镇马林坑，最东端为政和县镇前镇峰岔，最西端为光泽县李坊乡头坑隘。辖区土地总面积为2.63万平方公里，是福建省面积最大的一个设区市政区域，又是福建省往北的咽喉要塞之一[1]。

境内有武夷山、杉岭、仙霞岭、鹫峰山四大山脉，组成福建省北部第一大山带。境内千米以上山峰绵亘不断，1300米以上山峰就有209座，其中浦城65座，武夷山41座，政和36座，建瓯22座，光泽17座，邵武16座，建阳7座，南平2座，顺昌2座，松溪1座。武夷山位于南平市的西北部，北接仙霞岭，向西南延伸，为闽赣边境。其主峰黄岗山海拔2158米，不仅是全省最高峰，也是中国大陆东南部的最高峰。杉岭系武夷山脉的支脉，从武夷山北向的桐木关向西南展布，至背岗、诸母岗折向南延伸至延平。武夷山和杉岭组成南平市第一大山带。仙霞岭处于南平市的西北部，其山脉呈南北走向，沿闽、浙边界延伸。鹫峰山处于南平市东南部，山脉呈北走向，沿政和、建瓯与闽东交界处展布。

境内河流都是外流河，河水来源于降水，受地形、气候和植被的影响，具有源短流急、暴涨暴落、水量充足、季节性变化大、河道坡降陡、含沙量少、山绿水清等特点。境内主要河流有"一江八溪"，即闽江、建溪、富屯溪、崇阳溪、南浦溪、松溪、麻溪、沙溪和金溪。其中闽江作为福建省第一大江，发源于海拔千米以上的武夷山，干支流水力资源十分丰富。

南平下辖2个市辖区、3个县级市、5个县，有44个乡、71个镇、24个街道、218个社区、1630个村。包括2区：延平区、建阳区；3市：邵武市、武夷山市、建瓯市；5县：顺昌县、浦城县、光泽县、松溪县、政和县。

二、南平历史沿革

汉建安初年（公元196~205年）境内始置汉兴（浦城）、南平、建安（建瓯）、建平（建阳）4县，属会稽郡。三国吴永安三年（公元260年）置建安郡，治所建安（今建瓯）。晋元康元年（公元291年）属江州。南朝陈永定初（约公元557年）属闽州，后属丰州。隋开皇九年（公元589年）废郡为县，属泉州（州治今福州），大业三年（公元607年）属建安郡（郡治今福州）。唐武德元年（公元618年）以原建安郡地置建州，天宝元年（公元742年）复置建安郡，乾元元年（公元758年）改为建州，属江南东道。

明代境内并置建宁、延平、邵武3府。清亦同。清末为延建邵道（驻南平），领3府。延平府领南平、顺昌、将乐、沙县、尤溪、永安6县和上洋厅，建宁府领建安、瓯宁、建阳、崇安、浦城、政和、松溪7县，邵

---
[1] 南平年鉴2018.

武府领邵武、光泽、泰宁、建宁4县。1913年废府制，为北路道（驻南平，领16县）。1914年为建安道。1925年废道，直属福建省。1933年11月为"中华共和国人民革命政府"（即"福建人民政府"）延建（闽上）省，1934年境内为第三、第九、第十行政督察区，1935年改为第二、第三行政督察区。1940年改水吉特区为县。

1949年5月至1950年2月各县相继解放，为第一、第二专区，1950年3月第一专区改建瓯专区（9月改建阳专区），第二专区改南平专区。1956年建阳专区并入南平专区，划入闽清、三明2县，增设南平市，撤销水吉县，共辖南平市和南平、顺昌、建阳、建瓯、沙县、邵武、浦城、崇安、光泽、松溪、政和、建宁、将乐、古田、尤溪、泰宁、屏南、闽清、三明19县。1959年划出闽清、松溪、政和3县，1960年南平县并入南平市，三明县划归三明市，松溪、政和县合并为松政县，1962年撤销松政县恢复松溪、政和县。1963年划出古田、屏南2县，1964年增设建西县。

1970年划出尤溪、沙县、将乐、泰宁、建宁5县，增入松溪、政和合并的松政县，撤销建西县，南平专区迁驻建阳，改为南平地区，1971年改为建阳地区，1975年松政县复为松溪、政和2县，1983年邵武撤县设市，1988年建阳地区迁驻南平，改名南平地区，1989年撤崇安县设省辖县级武夷山市。1992年建瓯撤县设市。1994年建阳撤县设市，同时撤销南平地区，设省辖地级南平市，原南平市改为延平区。

2014年5月2日，《国务院关于同意福建省调整南平市部分行政区划的批复》（国函〔2014〕57号）：一、同意撤销县级建阳市，设立南平市建阳区，以原建阳市的行政区域为建阳区的行政区域，建阳区人民政府驻潭城街道人民路28号。二、南平市人民政府驻地由延平区八一路439号迁至建阳区南林大街36号。2015年3月18日，南平市建阳区正式挂牌成立（市政府驻地尚未正式迁址）。

三、南平文化特色

南平是文化重市。南平是福建文化的发源地之一，中原文化入闽的主要通道。境内的建瓯市是一座有着1800多年建县历史的省级历史文化名城，东汉时在此设建安县，是"福建"历史上最早设置的五个县之一；唐朝时设建州，"福建"之名即为福州、建州各取首字而来；宋朝时改建州为建宁府，是福建历史上最早设置的府。南平被誉为"闽邦邹鲁"和"道南理窟"，历史上曾出过2000多位进士和17位宰相，配祀孔庙的13位福建人士中10位属于闽北籍，是抗金英雄李纲、婉约首唱柳永、法医鼻祖宋慈、西昆诗人杨亿的故里。还有江淹、辛弃疾、陆游、蔡襄、袁崇焕、海瑞、郑成功等众多历史名人都曾在闽北留下足迹。特别是朱熹在闽北"琴书五十载"，其中在武夷山讲学40余年，晚年定居建阳讲学并葬于此处。作为理学的集大成者，朱熹的学术思想已成为我国哲学发展史上的一个承上启下的重要部分，闽北因此也被誉为朱子理学的摇篮。上海复旦大学教授蔡尚思曾赋诗："东周出孔丘，南宋有朱熹；中国古文化，泰山与武夷"。武夷山产的大红袍茶叶是武夷岩茶中的"茶中之圣"，历史悠久，品质特异，其传统制作工艺已被列为茶叶类唯一的国家级非物质文化遗产。由著名导演张艺谋领衔执导的"印象大红袍"山水实景演出项目，通过艺术形式再现大红袍文化，对促进武夷山旅游业、茶产业的发展，推动海西建设成为我国重要的自然和文化旅游中心具有重要意义。

四、南平传统聚落

南平市历史悠久，传统村落众多。截至2018年12月，南平市共有3个国家级历史文化名镇：邵武市和平镇、武夷山市五夫镇、顺昌县元坑镇；4个国家级历史文化名村：武夷山市武夷乡下梅村、武夷山市兴田镇城村、邵武市金坑乡金坑村、政和县岭腰乡锦屏村（表9-1-1~表9-1-4）。

4个省级历史文化名镇　　　表9-1-1

延平区	峡阳镇
邵武市	和平镇
武夷山市	五夫镇
顺昌县	元坑镇

13个省级历史文化名村　　　表9-1-2

浦城县	水北街镇观前村
延平区	南山镇大坝—凤池村、樟湖镇剧头村
武夷山市	武夷镇下梅村、兴田镇城村村
光泽县	崇仁乡崇仁村
建阳区	崇雒乡后畲村
邵武市	金坑乡金坑村
建瓯市	东游镇党城村、东峰镇裴桥村
顺昌县	大干镇土垄村
政和县	岭腰乡锦屏村、杨源乡坂头村

85个村落列入中国传统村落名录　　　表9-1-3

延平区	峡阳镇峡阳村、茫荡镇宝珠村、峡阳镇江汜村、巨口乡村头村、樟湖镇剧头村、塔前镇菖上村、茫荡镇际头村、茫荡镇聪坑村、茫荡镇三楼村、巨口乡上埔村、巨口乡馀庆村、巨口乡谷园村
邵武市	金坑乡金坑村、和平镇坎头村、和平镇和平村、桂林乡横坑村、桂林乡桂林村、扬名坊村、桂林乡余山村
武夷山市	武夷街道下梅村、兴田镇城村、吴屯乡红园村下山村、上梅乡茶景村、上梅乡上梅村、上梅乡厅下村、岩后村、上梅乡地尾村、吴屯乡大浑村、吴屯乡后源村、岚谷乡横源村、岚谷乡岚头村
建瓯市	迪口镇郑魏村、东游镇党城村、徐墩镇伍石村、小桥镇阳泽村、迪口镇值源村、东游镇岐头村、东峰镇裴桥村
顺昌县	大干镇上湖村、元坑镇槎溪村、洋墩乡洋坑村、大干镇武坊村、高阳乡大富村、高阳乡上村
浦城县	水北街镇观前村、富岭镇山路村、石陂镇徐墩村、北岩井后村、仙阳镇永建村、古楼乡洋溪村、古楼乡叶山村、官路乡毛处村、上源头村
光泽县	止马镇亲睦村、崇仁乡崇仁村、李坊乡管蜜村、华桥乡牛田村
松溪县	河东乡大布村
政和县	镇前镇镇前村、杨源乡坂头村、杨源乡洞宫村、杨源乡杨源村、岭腰乡锦屏村、东平镇凤头村、铁山镇凤林村、铁山镇罗家地村、铁山镇大岭村、镇前镇筠竹洋村、星溪乡念山村、星溪乡地坪村、外屯乡稠岭村、杨源乡西岩村、杨源乡桃洋村、澄源乡富垅村、澄源乡上洋村、澄源乡牛途村、澄源乡黄岭村、岭腰乡高山村

121个村落列入福建省级传统村落名录　　　表9-1-4

延平区	巨口乡村头村、谷园村、九龙村、馀庆村、上埔村、田溪村、巨口村、岭根村、南山镇大坝村、凤池村、峡阳镇江汜村、樟湖镇剧头村、塔前镇菖上村、石伏村、茫荡镇际头村、三楼村、聪坑村
邵武市	和平镇坎头村、桂林乡横坑村、肖家坊镇将石村、和平镇和平村、大埠岗镇大埠岗村
武夷山市	岚谷乡横源村、星村镇曹墩村、黎前村、上梅乡上梅村、首阳村、吴屯乡后源村、五夫镇五夫村、兴贤村、五一村、大将村、上梅乡茶景村、上梅乡地尾村、岚谷乡岚头村、黄尾村
建瓯市	房道镇际村村、吉阳镇巧溪村、迪口镇值源村、徐墩镇伍石村、小桥镇阳泽村、小松镇湖头村、东峰镇桂林村、东峰镇裴桥村、龙村乡擎天岩村大汘地自然村、东游镇东际村岐头自然村、小松镇定高村封山自然村、川石乡后山村、迪口镇霞溪村、南雅镇黄园村
顺昌县	洋墩乡洋坑村、建西镇谢屯村、际滨村、埔上镇口前村、高阳乡下乾村、元坑镇福峰村、秀水村、东郊村、九村村、大干镇武坊村、郑坊镇榜山村
浦城县	仙阳镇永建村、富岭镇双同村、古楼乡洋溪村、石陂镇龙根村、徐墩村井后自然村、官路乡毛处村上源头自然村、万安乡浦潭村姜庵自然村、忠信镇际洋村、上同村、古楼乡叶山村、枫溪乡岱后村、仙阳镇柏山村、水北街镇东路村、永兴镇珠山村接骨岭自然村、临江镇锦城村、富岭镇山路村
光泽县	李坊乡百岭村、上观村、华桥乡牛田村、司前乡新甸村、寨里镇山坊村新丰村、崇仁乡崇仁村
松溪县	渭田镇项溪村、祖墩乡山源村、严地村、溪后村、坑口村、下店村、茶平乡吴山头村、溪东乡古弄村、河东乡大布村、郑墩镇梅口村、祖墩乡上店村
政和县	铁山镇凤林村、大岭村；外屯乡稠岭村、外屯村、黄坑村、石屯镇石圳村、星溪乡念山村、九蓬村；澄源乡前村村、赤溪村、澄源村、杨源乡西岩村、大溪村、禾洋村、镇前镇宝岩村、下园村、岭腰乡前溪村、东平镇凤头村、西表村、岭腰乡长垅村翁村自然村、高山村、横坑村、石屯镇石门村
建阳区	莒口镇浑头林村、长埂小源村、书坊乡书坊村、饶坝拿坑村

第二节 朱子故里：武夷山市五夫镇

一、聚落环境

（一）聚落概况

历史文化名镇五夫镇地处武夷山市东南部，素有"邹鲁渊源"之称，其历史人物众多，一代理学宗师朱熹曾在此生活、授学，为五夫镇留下了深远的历史影响和丰厚的文化底蕴。镇区保留了众多规模宏伟、布局考究的书院、祠堂和民居，能够反映出闽北灰砖建筑的主要特征。其中，部分保存较好的文物建筑亦是朱子文化的载体，弥足珍贵。2003年，五夫镇被列入福建省第二批历史文化名镇（图9-2-1）。

（二）历史沿革

据《五夫子里志》记载：五夫"始于东晋中后期（约公元317~420年），有蒋氏者，官至五刑大夫，故有五夫之命名"。五夫古镇从命名起，迄今已有1700余年的历史。五夫原隶属建阳，宋神宗元丰五年（1082年），由建阳析归崇安县辖，曾改名为东乡，辖从政、籍溪、上梅、下梅、内五夫、外五夫等6个里；清雍正年间又更名为开耀乡，辖外五夫里、内五夫里、从籍里；明称五夫市，清设巡检司；民国29年（1940年）为第三区，辖五夫、大将、白水、双梅4个乡，33个保。中华人民共和国成立后为第四区，辖五夫、溪尾、大将、田尾、岭山、白水、金竹、连根、首阳、上梅、下阳、翁墩12个乡。1958年命名乐园公社，1962年改称五夫人民公社，1972年下阳成立人民公社，五夫将下阳、上梅、金竹、茶景、里江、岭山6个大队划下阳辖。1984年置五夫乡，1989年撤乡建镇至今。

（三）聚落选址

五夫古镇主要坐落在群山环抱、溪水长流的籍溪、潭溪之畔，它的地理位置具备了如下的功能：第一，生产方便。古镇既是居住场所，又是生产基地，它四周远山围立，近则有溪水经过，周围又有大量的耕田，符合了饮则有水，行则有道，耕则有田，伐则有山。既满足生产需要，又方便生产；第二，安全功能。安居乐业是人们的向往和追求，故其选址需能避免自然灾害的影响，如山崩、水淹等，故古镇的位置距周围的山、河又有一定的距离，留有足够的缓冲地带；第三，交通便利。五夫古镇三面环山，一面靠水，籍溪古时自然就成为五夫周边村镇对外交通的命脉。五夫镇也凭借着这条内河，成了周边几十里的商贸、经济、文化往来的中心（图9-2-2）。

二、聚落格局

（一）布局特征

五夫古镇总体布局遵循风水思想，充分体现中国传统哲学关于人与自然和谐的文化理念，顺应山川河流，

图9-2-1　五夫镇鸟瞰

图9-2-2 五夫镇聚落与籍溪

三、聚落风貌

（一）五夫镇的整体风貌

五夫古镇周边山水环绕，气候温暖宜居，聚落古色古香。其中鸡鸣山、蜡烛山、笔架山、金鹅峰、仙州山、纱帽山构成了古镇周边连绵起伏的自然山川环境。古镇水网交错，建筑与周围自然山川融为一体。镇内兴贤古街是宋风最浓郁之处，虽经千年的世故沧桑，至今尚保留着许多宋代以来的建筑。建筑群体规则，富有变化，巷道幽深，院落重重；建筑随意精练，尺度舒适得宜，造型轻巧简洁，色彩淡雅宜人，轮廓柔和优美；建筑室内空间自由丰富，天井穿透、流动（图9-2-3）。

（二）五夫镇的水系风貌

五夫镇河道主要有籍溪、潭溪。籍溪源自五夫黎岭，由北而南从古镇东边抚过，是五夫的母亲河。河流水面宽敞、水流和缓，左侧突岸土地肥沃，是五夫重要的绿野荷塘。五夫胡氏五贤之一的胡宪也因此自号"籍溪先生"。潭溪源出五夫拱辰山，自西向东从屏山北麓蜿蜒汇入籍溪。刘子翚曾作《潭溪十咏》赞美潭溪。

（三）五夫镇的村落风貌

从地理环境来看，五夫古镇因受地形限制，全村建筑依山就势，因地制宜，分布于两川之间，层层叠叠，鳞次栉比，错落有致。建筑沿溪而建，并以一条条与溪水垂直旁通的窄巷向纵深发展，有巨商的豪邸、地主的巨宅、儒生的书斋、家族的祖庙及宗祠，皆以居住为主，辅以教谕、祭祖、集会、休闲、娱乐等场所，形成了生机盎然、高度内敛的古镇格局（图9-2-4）。

因借自然，构成温暖、亲和、舒适、丰富的空间层次。古镇外围北依梅岭岗，南向屏山，东西分别是营盘岗、蜡烛山左右围护；籍溪由北而南从古镇东边抚过，潭溪自西向东蜿蜒在西南口汇入籍溪，两河左右环抱，可谓四壁青山，两带碧水，实现了"山为骨架，水为血脉"的环境构想[①]。古镇处于山水环抱之势，完全符合风水选址的"负阴抱阳，背山面水"的格局，足"藏风聚气"的风水宝地[②]。

（二）街巷形态

五夫古镇处于潭溪、籍溪之间，兴贤古街成为串联水运交通的重要纽带，沿兴贤古街原有客栈、布行、米行、打铁店、木器行、酒坊、土烟铺、茶叶铺、京果店、药铺、银店、肉铺、染坊、灯笼店、粉干坊、剪刀坊、剃头店等店铺。当时每日商贾往来，舟车穿行，络绎不绝，热闹非常。古镇形态也以兴贤古街为中心，呈向外逐步发散的布局模式。

---

① 朱凌. 传统聚落形态及其保护性规划研究 [D]. 泉州：华侨大学，2012.
② 罗翰欢. 武夷山五夫古镇空间形态研究 [D]. 合肥：安徽建筑大学，2012.

图9-2-3 五夫镇兴贤古街

图9-2-4 五夫镇聚落全景

由于五夫当地夏季光照强烈而秋季多雨，气候潮湿，建筑既要遮阳避雨，又要满足通风的需求。为了组织通风，室内外空间多做成互相连通，门窗洞口开得较小，并且部分厅堂及堂屋的屏风隔扇多是可拆卸的。为了克服夏天因湿度大而带来的闷热，采取了避免太阳直晒和加强通风两种方法。房屋进深大，出檐深，广设外廊，使阳光不能直射室内，取得阴凉的室内效果。另外在房间的前后左右都设有小天井和"冷巷"，加速空气对流，使房间阴凉。再从建筑群体的布局上看，由于街巷狭窄，建筑密度大，太阳不能直射，也达到了遮阳防晒的效果。

五夫古镇由兴贤村、五一村、五夫村、府前村四个古村落所组成，其中兴贤村、五一村、五夫村沿兴贤古街南北向串联，形成并列的组合排布，其形态特点具有典型的商业指向特色。府前村则地处古街东侧的屏山之阴，面朝藕塘而展开，形成背山面水的空间格局，其选址基本遵循了风水意象。

四、建筑特色

（一）民居

五夫民居平面类型种类多样，但多数为中轴线对称布局，厅与堂在中轴线上依次排列，空间高大。房与间等次要建筑空间在轴线左右两侧对称排布，整座建筑层次渐进、主次分明。五夫民居从平面原型上比徽州民居更趋于扁平，通常开间大进深小，厅堂或天井两侧的厢房横向长度大于纵向长度，整体平面布局更加均衡。考虑到闽北山区人多地少的现状，五夫民居单层面积内房间的数量比徽州民居的更多。

五夫民居首进院落主要包括入口、天井和厅堂。其具体做法颇为简单，通常在首进院落的高墙外加一条单坡屋顶的门廊，古时作为停轿拴马的空间，后沿街门廊大多被改造成商铺，成了"前店后宅"型布局。部分五夫民居中间进院落中常会出现一个四方小亭，以成矩形布置的四根角柱撑起一个小的两坡顶，其高度高于厅堂檐口，和福州地区"覆龟亭"相近似。覆龟亭的作用是把天井建构成一个较为内部的空间，连接前后进厅堂。其中小亭为歇山屋顶，内部藻井，比例和谐，做法较福州民居的更为讲究。五夫民居末进院落（多进合院式民居中，二进民居的末进院落即中间进院落，这里的"末进院落"特指三进及以上的多进民居中最后一进的院落空间。）在空间上出现了较大程度的变化，最后一进通常为二层楼房，作为整组宅院的收尾，空间形态变成了"天井—阁楼"，当地俗称这类二层楼房为"藏书楼"。实地调研中，较为标准的五夫民居如兴贤村五夫里222号宅（图9-2-5）。

（二）祠堂

五夫古镇现存祠堂建筑数座。保全较为完好的刘氏家祠，形态基本完整，能够反映出传统建筑的固有特点，而彭氏宗祠、王氏家祠则在近代遭到了严重的破坏。彭氏宗祠经过多次改建后仅首进牌坊为历史真迹；王氏家祠虽然在民国时期在原址得以复建，但做工相对粗糙，空间布局简单随意（图9-2-6）。

（三）书院

五夫古镇现今可考的书院建筑有兴贤书院、屏山书院两处。其中保存较好的有兴贤书院，其在经历过多次损毁重建后现仅存一进；破坏较为严重的屏山书院如今仅剩遗址，只能在历史文献中找寻其固有的特点。

1. 兴贤书院

兴贤书院始建于南宋淳熙年间，清光绪年重建于五夫里三市街之籍溪坊处，坐西朝东，占地约2000平方米。

兴贤书院平面方形布局，初建时前坊后屋分三进，后两进现已损毁，仅存前一进。现存第一进为对外接待之处所，中间进为教书授学的场所，第三进据考证为两层，主要为走读的学生提供食宿。建筑体现出较为严格的功能分区，也反映出农耕时期的教育制度。

从兴贤书院现存宅基地的格局分析，其平面组合沿中轴线严格对称，厅与堂在中轴线上依次排列，空间高大。房与间等次要建筑空间在轴线左右两侧严格对称排布，整座建筑层次渐进、主次分明，书院大堂（厅堂）空间得到了较为集中的体现，是整座建筑的重中之重，形成了"前院后殿"式的布局模式，这体现出朱子理学的"循理"的核心思想（图9-2-7）。

兴贤书院大门牌楼高耸，造型雄伟，上部坡屋顶中间高两侧低，屋角起翘明显，两侧八字墙更低，是较为简单的"闽派"马头墙造型。主立面构筑精巧，饰有砖雕花鸟人物，当心间上部嵌石刻"兴贤书院"竖匾，围

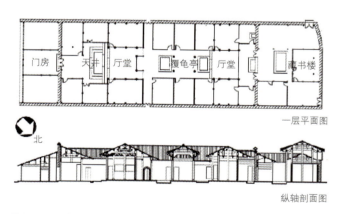

图9-2-5 兴贤村五夫里222号宅（来源：朱凌 绘）

图9-2-6 王氏宗祠测绘及实景图（来源：朱凌 绘、摄）

以龙凤呈祥浮雕，门楣横额为"洙泗心源"，左为"礼门"，右为"义路"的横额篆刻。

2. 屏山书院

屏山书院始建于南宋建炎四年（1130年），初为五夫刘氏家塾，朱熹曾在此就读七年有余，后又陆续于此讲学、著述达30余年。据《刘氏家谱》载：屏山书院坐落于屏山下三桂岩旁，前临溪潭之海棠洲，北靠苍松茂林，前坊后屋分三进，内设杏坛、文经堂、复斋、蒙斋、二琴堂、书坊、起居房舍等，建筑宏伟，门匾"屏山书院"四字系朱熹亲笔书。书院曾于元初毁于兵祸，明洪武二年（1369年）再次重修，历代均有修葺。民国初，再次被毁，现仅留遗址。

（四）牌坊

镇内现仅存两座节孝坊建筑（图9-2-8），其中位于兴贤古街南段的彭氏节孝坊仅残存入口立面门楼，其建于清朝末年，门楼坊额镶嵌有"旌表彭宙镇之妻监生彭榕母彭氏贞洁坊"字样，面壁浮雕有祥禽瑞兽，形制优美，工艺精湛。连氏节孝坊保存较为完好，1992年

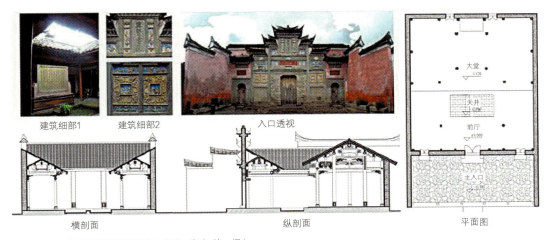

图9-2-7 兴贤书院测绘及实景图（来源：朱凌 绘、摄）

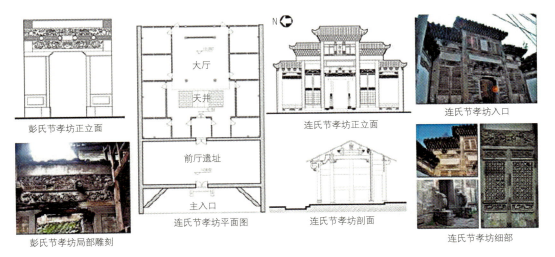

图9-2-8 彭氏节孝坊、连氏节孝坊（来源：朱凌 绘、摄）

12月被公布为武夷山市第四批文物保护单位。其坐落于兴贤古街中段,建于清光绪十六年(1890年),为三开间牌坊式建筑,两侧增加八字墙。

连氏节孝坊平面方形布局,仅存前两进,轴线对称。首进两侧的厢房现已被毁,仅存前厅;次进围绕小天井紧密布置。房与间等次要建筑空间在轴线左右两侧对称排布,围绕中心小天井,两侧共设八间厢房。

第三节 商业型聚落:武夷山市兴田镇城村

一、聚落环境

(一)城村概况

城村,位于福建省武夷山市兴田镇境内。武夷山市,古时称崇安县,在福建省西北部,东连浦城,南接建阳,西临光泽,北与江西省铅山县毗邻。兴田镇在武夷山市南,与建阳接壤。

城村是一个多姓聚居的村落,村民以赵、林、李三姓为主。根据三姓族谱记载可推测,城村至少具有700年的历史。如今,城村仍然保留着丰富的民俗文化,保存着大量的传统建筑,城村的聚落布局至今清晰完整。整个村落坐北朝南,由4座寨门、4条主街、4座街亭、3座祠堂以及众多宫观庙宇和民居建筑组成。城村现存的庙宇有兴福寺、慈云阁、华光庙、崇福庵、降仙庵、关帝庙、药王庙、镇国庙和天后宫等。主街呈"井"字形,街道用卵石和青石板铺筑,两旁分设排水系统,由西向东,由北向南注入崇阳溪。2007年,城村入选第三批"中国历史文化名村"(图9-3-1)。

(二)历史沿革

早在夏朝,武夷山地区就有闽越先民在此定居,西汉初年,闽越人创立闽越国,营建城池宫阙,与汉王朝分庭抗礼,创造了辉煌一时的闽越文明。元封元年(公元前110年),汉武帝平定闽越,闽越国迁徙至江淮之间,这一区域就此荒芜数百年之久。唐宋时期,中原百姓为了躲避战乱大量南迁,于古汉城遗址附近建设村落。由于地处中原进入福建的水陆要冲,城村逐渐发展成为闽北的通商大埠,有"潭北名区""北方重镇"之誉。城村村民以林、李、赵三姓为主,林氏号称"九牧林",为商代比干之后,李氏为唐高祖李渊之后,赵氏为宋太宗长子楚王元佐之后,皆因避战乱迁居此地。城村的千年历史,始建于隋唐,兴起于宋元,繁荣于明清,败落于民国。

图9-3-1 城村鸟瞰

(三)聚落选址

城村的选址具备了好的风水,民间流传有"前有锦屏高照,后有青狮托背,左有宝盖桑麻,右有铜闸铁闸"的古谚语,描绘了一座背山面水、负阴抱阳的古聚落[1]。除此之外,古聚落的选址主要还受其他方面因素的影响:一为基址土地肥沃,城村村东、村南与崇阳溪之间的冲积平原是自然天成的良田,为城村发达的农业提供肥沃的土壤。第二,基址位于水陆交通要冲之处,便利的交通为城市、村镇的粮食以及生活物资的运输提供可能,使城村成为一个交通便利、经济形态多样的综合性村落。第三,基址具备一定的防卫性,"筑城以卫君,造郭以守民"就反映出古代城池建设中的防卫问题,城村四面环山的山水格局充当着古聚落防卫的天然屏障,山上设有岗哨,若遇险情,全村老弱迁至崇阳溪北岸,聚落四周建设方正高大的城墙,一如城制,利于防御(图9-3-2)。

图9-3-2 城村聚落选址格局(来源:陆琦 改绘)

二、城村聚落布局

(一)布局特征

城村在两千多年的闽越国时期就经历了战火的洗礼,现有的城村居民皆因躲避中原战乱迁移至此。虽然不是同姓聚居,但彼此之间互相扶持,荣辱与共。城村整体布局紧凑,呈现集中式布局的特点[2],四面寨墙环抱,沿北、东、南三面开四门,每座大门都有门楼,上设瞭望孔,具有重要的军事防御功能。门楼题刻依方向分别为北门"淮溪首济"、东北门"锦屏高照"、东南门"庆阳楼"及南门"古粤"。每座大门附近分布几座庙宇,城村的庙宇、庵寺大多建在村子的边缘地带,推测是秦汉郊寺制的遗风。村内主街道呈"工"字形布局,以卵石铺面,街道串联了古粤广场、古渡口、祠堂、过街亭等公共活动空间,36条巷陌纵横交错,街巷两旁分设完善的消防排水系统,主街中央耸一楼,名曰"聚景楼",是城村古村落中最高的建筑,登临远眺,村貌尽收眼底。聚景楼处于村落中心,和周边的民居共同构成了城村的格局。

(二)街巷形态

城村的聚落结构有如一座小型城市,古聚落平面呈长方形,由36街、72巷、4门、6亭与楼、9庙与庵构成。聚落四面筑墙,并建有4门,其中东城墙辟2门,南北各辟1门。村内街巷主要由两条东西街、一条南北街三条主街形成"工"字形结构,两条东西街尽端为两座东寨门。南北街名为"横街",其尽端的南寨门"古粤"面向古聚落南部的古汉城遗址。古聚落西寨门"寺仁门"位于大街西端与新街交叉口北侧约50米。主街

---

[1] 王琼,季宏,张鹰. 闽北古建聚落初探——以武夷山城村为例[J]. 华中建筑,2015,33(09):168-172.
[2] 陆琦,颜婷婷,方兴,王南希. 武夷山城村传统聚落空间与建筑特征初探[J]. 中国名城,2016(05):74-80.

的交叉口设置过街亭或楼，共四亭一楼，四亭为风雨亭、渔家亭、新亭、神亭，一楼为聚景楼。林、李、赵三姓居民以宗祠为中心分布于约方圆百米的范围之内，各居一区，赵氏宗祠紧邻南寨门，林氏宗祠与李氏宗祠分别位于下街与大街，其他杂姓居民则散布于三大姓氏核心范围之间或聚落的边缘之处。古聚落街、巷、门、亭、楼、庙与庵格局秩序分明、结构清晰、有如城制（图9-3-3）。

三、城村聚落风貌

城村的历史风貌特征可根据建筑材料的差异，划分为砖石和木材两类[①]。

（一）砖石建筑风貌

第一类的建筑材料为砖石，其风貌特征表现为砖雕门楼，城村中90%以上的文物建筑、历史建筑均属于该类型，包括寨门、宗祠、民居以及多数民间信仰建筑（图9-3-4）。砖雕门楼作为主要历史风貌特征在城村的大街小巷反复出现，宗祠或民间信仰建筑采用等级较高的一高两低三开间叠落式门楼，普通民居往往只在砖石墙面上出单开间门楼或出挑式门披。前堂与后室多用穿斗与抬梁混合式结构，内部空间高大，早期明末清初的木构梁架较为质朴，仅在梁架局部施少量雕饰或干脆不施雕饰，表现出结构的力度美。清中后期的木构梁架雕饰遍布于梁头、斗栱、雀替、挑檐、柁墩之上，"凡梁架不受力者，几乎无处不雕"，使门楼的砖雕、石雕与

图9-3-3　城村街巷组图

---

① 王琼，季宏，张鹰. 闽北古建聚落初探——以武夷山城村为例[J]. 华中建筑，2015，33（09）：168-172.

室内梁架的木雕成为闽北古民居建筑标志性的"三雕"。

（二）木构建筑风貌

第二类的建筑材料为木材，风貌特征表现为木构梁柱体系特征，城村中牌坊、亭与楼以及少量民间信仰建筑属于该类型，木构建筑虽然所占比例不大，但所处的位置都十分重要，均位于街巷的交叉口，古村落的节点部位，建筑凡梁、柱、门、窗部位均为红色，与街巷中大面积的砖石墙面往往能够形成强烈对比，这些木构建筑通过视觉的反差突显自己的地位（图9-3-5）。不同材料的古建筑在历史风貌特征上也存在共性，不论何种材料的建筑只要建有山墙，多为外观平直的"一"字叠落式封火山墙。

图9-3-4 城村砖石建筑

图9-3-5 城村木构建筑

四、城村建筑特色

城村所在的闽北地区建筑属于徽派建筑，同时受到中原移民文化的影响，建筑平面布局以传统的天井式合院为单元，建筑外观可以找到徽派建筑灰墙黑瓦的特征，灰墙里包裹着厚实的夯土，马头墙高高低低挺立。

（一）合院式的空间布局

村中现存的明清古建筑中，祠堂和住宅都以典型合院式布局为主，平面以三合院为一单元，根据院落之间的组合方式，可以分为单进式院落、多进式院落和多跨式院落。单进式院落和多进式院落适合于人口不多的家庭，但对于几代同堂的大家族而言，为满足居住的要求，就会以多进式院落为基础向横向发展，多个院落并联形成多跨式院落，跨与跨之间以"弄"联系为日常生活的主要通道。这种跨间"弄"的作用和岭南地区传统建筑中的"冷巷"十分相似，起到调节室内热环境、通风防火的作用。此外，"弄"还有防御的功能，如遇战乱，官府来村中抓壮丁，村民可通过"弄"躲避官府的捉拿。

以最简单的三合院为例，平面多呈对称布局，中间为厅堂天井，两侧为左右厢房，建筑周围都砌筑院墙，再加上高高的封火山墙，整体是较为封闭的。合院式住宅的院门多在正对堂屋的中轴线上或偏于一隅，院门设在中轴线上时，一般会经由倒座从屏风或影墙的两侧，绕过天井进入屋内。中间的天井是建筑内部采光通风之所在。除公共建筑外，普通民居的天井都极为狭窄，这和福建地区纬度较低、雨水充沛有关，夏季居住其中十分凉爽，但因遮挡了大部分阳光导致冬季较冷。天井同时兼有美化环境、通风采光和蓄水防火的功能。

（二）乡土材料的运用

城村传统民居主要采用外夯土墙承重，内木构架承重的结构体系，就地取材、因材致用。城村所在的闽北地区以生土、卵石、砖块作为建筑材料。一般在自然地面以上砌数层卵石，其上为版筑夯土外墙，富裕的大户人家在夯土外墙表面还会再包一层砖，普通人家就仅在门框处用砖包边，厚达45～60厘米（图9-3-6）。根据天然材料的不同性能，顺应功能、结构、构造的需要，恰当地运用在不同部位，正是民间住宅之所长。例如常常用坚实而具有避水性能的卵石、砖石做墙基或底层，用热惰性极好的生土围护墙体，用轻质抗拉的木材做上部屋架和阳台、吊脚楼等悬挑构件，用防水而轻薄的黏土烧成瓦做屋盖和装饰部件。总之，充分利用材料的优势性能，达到适用、经济、美观的效果。城村保留很多古建筑，虽然从整体上看手法一致，但是细部处理却千差万别，这也是古建筑的魅力之一。城村运用最多的建筑材料就是生土和砖石，一面墙自下而上甚至可以出现卵石、砖、夯土、木等数种材料。卵石为基地，上部以砖加固衬垫，夯土墙体为主要材料，二层立面的外侧则设置了长排的木质栅栏。

图9-3-6　城村民居外墙

（三）对比手法的运用

城村的现有建筑中除了不同材料之间的对比关系，还通过主从、虚实等对比，达到千姿百态的艺术效果。门檐又分为木构和砖石结构两种，巨大的挑檐，产生阴影变化，从而突显其重要的地位。

虚实对比：运用吊脚楼或阳台向一面或几面出挑，上层是木结构，下层是土墙或石墙，这样的做法不仅扩大了使用空间，同时还形成了虚与实、光与影的对比，使得建筑造型既富于变化而又和谐统一，既轻巧通透，又坚实有力。

第四节　政和县石屯镇石圳村

一、聚落环境

（一）建制沿革

石圳位于政和县城西部七星溪南岸，是石屯镇松源村下辖自然村之一，距城关仅5公里，地处七星溪河谷平原及台地，地形近似半岛。石圳建村于北宋中叶，已有近千年历史，初由游姓开基，嗣后林、吴、赵诸姓相继迁入，到明朝中期，人口渐多，村落遂成规模。明、清时期，石圳已明确归属东衢乡东衢里二十三都。民国时期，石圳为民望乡（后改石屯乡）所辖。新中国成立后，石圳隶属第一区石屯乡。人民公社时期，石圳隶属红专公社松源大队。1984年，撤销公社恢复乡（镇）建制后，石圳隶属石屯乡松源村。1994年石屯改为镇建制，石圳隶属石屯镇松源村。

（二）聚落选址

石圳村地处七星溪水系中央的沙洲地带，聚落外围被河水如一条玉带般紧密环绕（图9-4-1）。聚落坐落于七星溪南岸，背靠卧牛岗，地形近似半岛。四周群山环绕，西、南与北三面直接与山体相连。聚落东侧与山体相隔一定距离，中间坐落着以耕种为主要生产方式的松源村。

明、清时期，石圳已有明确的区属记载：即"东衢乡东衢里二十三都治"，"去县西十里"，且与桐岭同属一区。自古被称作风水宝地，据堪舆家说，该村背靠的是一座卧牛岗，"卧牛者，饱牛也"，故能年年五谷丰登。村庄为七星溪所环绕，呈盆满钵满之象。山青林郁，水迴路转，却是眼前实实在在的景象，非"美丽"二字所能概括。

二、聚落格局

（一）布局特征

石圳的总体布局风格类似带形聚落的格局，延续聚落线性发展空间，并由多个带有核心空间的建筑群组的空间组合，形成多中心的带形聚落布局特征，整体功能分区明确、空间层次分明，风格融合多样。聚落主要由中、东、西部三个建筑群组成：中部建筑群位于聚落北向偏东区域，在石圳村的传统聚落范围内，包含村落多数的古民居和宗祠寺庙，住宅建筑以街巷道路边界方向为朝向，沿街坊或院落周边布置，呈周边式的建筑布局方式（图9-4-2）；东部建筑群位于聚落东南侧，建筑以东西朝向平行排列，道路、绿地、景观等穿插地安排在建筑之间，呈行列式布局方式；西部建筑群位于聚落北向偏西侧，各建筑既沿街巷边界进行周边排布建筑体，建筑间又存在行列式布局的特征，并在街坊的周边配置住宅与公共建筑物及其辅助的其他活动空间与景观等要素，呈现混合式聚落布局。

（二）街巷形态

街巷空间承载了道路的交通功能、街道的生活功能与其他使用功能，是石圳内建筑与人之间联系的紧密纽带。聚落由宋朝开始经历几朝封建社会与多年现代社会的发展至今，街巷空间形态由最初的传统历史街区演变而来，基本格局属于自由发展，到了近代才开始进行了一定有计划的改造和更新。总体街巷空间布局由聚落的核心空间向外发散，主街与支巷的分布呈纵横交错的方式，主街在南北两侧均基本呈现"三纵两横"的格局，街道的走向为南方地域基于采光等因素而考虑的南北向布局，建筑多呈东南与西北的方向布局。

石圳传统街区的街巷以迎合步行交通为主的特点而形成较小尺度的街巷，在现代的发展过程中出于保护历史街区和古建筑的目的，依旧采用迎合步行的街巷尺度。街巷空间宽度上，街道的整体宽度都不大，最小尺寸约1.5米，最大尺寸约5米，主街空间沿街巷空间外围环绕，也集中在南侧历史接近现代的区域，一般宽度在3~5米，兼顾车行与人行的双重通行功能而尺度相对较宽（图9-4-3）；支巷空间集中在北侧历史悠久的区域，宽度在2~3米，在街巷中尺度比例最高为40%，既能用作人行交通通行，同时也留有一定余地可供人停留或交往活动等（图9-4-4）。

三、聚落风貌

（一）沿河聚落的商业性

聚落依靠七星溪的水运优势以及政和县白茶产业的区位优势，发展成为当地一个运送粮食和茶、布匹等进出政和城关的中转码头，同时修建起服务于水运的茶楼酒店、客栈布庄、药铺烟馆。民国以后，因县城公路开通，水运逐渐荒废，遗留下古码头遗址、古水渠、天后宫、林厝古屋遗址、烟馆遗址、庄场遗址、福兴寺和临水殿等历史遗存。

图9-4-1 石圳村鸟瞰

图9-4-2　石圳村中部古建筑群

图9-4-3　石圳主街现状

图9-4-4　石圳支巷现状

(二)沿河聚落的亲水性

石圳人发挥聚落靠近水系的优势,在村落内建设一套沿街而过,环绕全村的人工水道系统,宽度在1米左右,主要用于引水灌溉和排污排水,并设置有水闸控制水流(图9-4-5)。水道在方便村民日常生活的同时,也营造着聚落和自然和谐相伴的亲水空间。

四、建筑特色

(一)传统民居建筑

石圳村的传统民居建筑具有典型的闽北地区民居建筑特点。民居以院落式布局为主,入口一般设有入口庭院,内部设置砖石铺地、桌椅和绿植。内部采用天井式建筑布局,配有厅堂与两侧的辅助房间。有的建筑院墙不可开洞用作防西晒、保证私密性的实墙面,有的开有门洞或窗洞口,形状有梅花状、圆形状或倒角矩形状。

建筑外墙一般由上、中、下三段组成,分为墙头、墙身与墙基。墙头通常与所在院落的建筑、周边邻近建筑的风格相近如使用青瓦等;墙身多为夯土泥墙;墙基则采用砖石和大块卵石(图9-4-6)。

建筑屋顶多为悬山或硬山式,前后双坡,屋脊平直,屋面铺青瓦,全木结构民居为悬山顶,瓦屋面出檐深远。屋顶下檐一般是承载屋顶的结构部分,如檩条、梁架等,一般均会将这些构件露明在外,不做表面涂漆等装饰。

如今,随着石圳航运业的衰落,以往车水马龙的商业景象已经消失,众多民居古厝、商铺会馆无人看管、年久失修,古屋倒塌的现象普遍存在,传统民居亟待保护修缮。

(二)宫庙建筑

在古代航运业的带动下,道教、佛教等信仰文化传入石圳聚落,并修建起福王庙、天后宫以及福兴寺等宫庙建筑(图9-4-7),其中天后宫已有一千多年的历

图9-4-5 石圳村古水道

图9-4-6 石圳村传统民居

(a) 福王庙　　　　　　　　　(b) 天后宫　　　　　　　　　(c) 福兴寺

图9-4-7　石圳宫庙建筑现状

史，反映出当地悠久的聚落历史与信仰文化。

福王庙与天后宫为道教宫庙，其形式具备了道教建筑的特点，建筑有室内外高差而无台基，屋身稳重，屋角采用起翘的方式使屋顶轻盈耐看，材料以板瓦、斗砖、杉木、水泥、毛石为主，整体色调偏冷。福兴寺的形制为佛教建筑常用的殿堂式院落建筑，主殿为供奉殿堂，六开间殿堂式建筑，供堂前双内柱使用盘龙柱，外无门窗，空间整体向内院开敞，建筑外墙延续道教宫庙的材料特点，内部柱础采用红色，整体色调冷暖结合。

第五节　建瓯市小松镇湖头村

一、聚落环境

（一）聚落起源

湖头村所处的小松镇历史悠久、风景优美，远在四千多年前，小松地区已有氏族居住，史料记载在东晋和南朝陶瓷器已经具有较高的工艺水平。湖头村起源于元朝至元年间（1264～1294年），在1346年左右，就有严氏先民在此居住。湖头先祖姓氏有邱、严、林、邓、张五姓。邱姓已不存在，严姓为大姓。

（二）聚落选址

湖头村所处的地形为小松镇山区中最为开阔的小平原，周有山系包围，地势平坦，夏季有充足的阳光，冬季周围的山脉可以抵御寒气，利于生活和生产建设（图9-5-1）。聚落居民沿水系而居，主流小松溪自东北向西南汇入南平市区的建溪，湖头村分为东、西两部分：西侧为陈田、菊尾自然村；东侧为埂头、湖头、山边自然村，此外还包括山中的邱源、松源自然村。七个自然村以湖头村为中心，东西跨溪以陈田桥、青龙坝联系，构成了以湖头村为村落地理中心的聚落体系，同时也是进行物质交换和信息交流活动的功能中心[①]。

---

① 曾真. 美丽乡村视野下建瓯市湖头村的整体性规划研究[D]. 福州：福州大学，2015.

图9-5-1　湖头村鸟瞰

图9-5-2　湖头村传统聚落区

二、聚落格局

（一）布局特征

古代湖头村的村落建设是村落和自然相互选择、适应、改善和享受的过程，极少以破坏环境为代价，表达一种天人合一的建设思想。新中国成立后，随着经济的发展和社会的发展，新的功能需求形成多样的土地利用功能，使村落形成具有显著区别的传统聚落区和新村住宅区。

古时的湖头村，主要道路沿小松溪流向建设，村口处设土主庙，种植一棵古樟树立于寺庙旁。土主庙、关帝庙、上庙作为村落的公共场所，成为村落的布局重点，是村落平面格局形成的核心要素。在大体的布局确立之后，就是漫长的添建和加建、不断完善的过程，形成村落的聚落形态。在湖头村，以庙宇建筑和几户规模较大的传统民居建筑为核心向四周扩建，逐渐形成如今村落的传统聚落区（图9-5-2）。

新村住宅区位于湖头村东南侧，与传统聚落区相邻，沿主要道路整齐布置，是湖头村第一轮社会主义新农村规划中集中安置建设的"福兴新村"。新住宅统一采用白瓷铺面，双坡屋面，建筑风貌统一和现代化。但是新村住宅设计没有考虑到与古村聚落的风貌过渡，与古村的建筑区分较为生硬，形成与传统聚落区风貌各异的新村住宅区。

（二）街巷形态

湖头村外部环绕有用于联系外界的车行道路，主要为古官道和新村大道。古官道是湖头村最早与外界联系的道路，宽约4米，千百年来湖头村民都通过这条古道通往建瓯城区，古官道至今仍在使用中，还保留一处接官亭。新村大道是如今聚落与外界的主要联系通道，宽约7米，道路平坦，大道两侧行道树整齐划一。

传统聚落区中古民居布局较为密集，巷道的宽度相对较为狭小，有的为3~4米，有的仅为1~2米，以步行为主。曲径通幽的巷路塑造了聚落充满宁静简朴的街道生活气息，让身处其中的行人感到尺度宜人，轻松自在。街巷的路面形式也丰富多样，有以鹅卵石铺就的，有水泥磨平的，还有泥土的，形式多样，韵味十足（图9-5-3）。

湖头村巷道相交的地方也是人们愿意停留的场所。聚落内有的巷道交叉口是村民们的"公共客厅"，这里易形成凉爽的"穿堂风"，村民们喜欢在巷道里乘凉、聊天，并在此搭建屋顶和石椅，形成巷道中的凉亭。巷道"丁"字形的交叉口不仅起到转折和流通的交通作用,而且提供了可以停留的实体墙面空间,这样的空间激发了人们驻足交往的兴趣(图9-5-4)。

三、聚落风貌

湖头村属于典型的滨水型聚落,村子北部有小松溪流过,现状溪水水量充足,水质良好,水体形态优美。小松溪水体与聚落陆地间现存一处亲水驳岸,村民日常在此处洗衣、洗菜、交流,形成富有生活气息的交往空间,同时保留有水运码头。湖头村居民利用小松溪丰富的水资源,通过人工沟渠来沿街建设环绕全村的水道系统,主要用于农田浇灌和居民排水。跃龙渠是聚落内众多水渠中的一个,以"鲤鱼跃龙门"的典故而得名,水渠低于路面1米左右,两边由大石块砌筑,渠岸边设置木制座椅,供村民休憩(图9-5-5)。

传统聚落区内的民居建筑大多采用坡屋顶,以砖石结构为主,具有典型的闽北民居建筑风格,青砖灰瓦或黄色夯土墙,朴素大方;屋脊平直,檐角起翘,梯级跌落的马头墙错落有致,整体造型质朴,风骨硬朗,色调明快。

聚落内遗留有少量园林建筑,包括藏金亭和榜眼门。藏金亭是位于聚落古官道的三座行人凉亭之一,分为上、中、下三亭。三亭始建于清乾隆二十九年(1764

图9-5-3 湖头村街巷交叉口空间1

图9-5-4 湖头村街巷交叉口空间2

图9-5-5 跃龙渠

年），古时又称"接官亭"或"歇官亭"，上亭约在光绪年间被毁，中亭在1975年农田改造中被毁，只有下亭得以保留和修缮。榜眼门位于靠近小松溪的农民公园入口处，采用青砖砌筑，门楣是上下双层砖雕，雕工精美（图9-5-6）。砖雕上层是杨柳、梧桐，下层是各式法器，驱邪避灾，再往下雕刻的是"凤柄梧桐"。

四、建筑特色

（一）传统民居建筑

湖头村地处闽北，拥有典型的闽北民居建筑风格，聚落中的传统民居建筑大多采用坡屋顶，土木结构瓦房，具有层层跌落的封火马头墙（图9-5-7）。建筑布局通常为古典的合院式布局，中有天井，两侧为二间或四间正房，天井两旁设有二、三步台阶，中有大厅堂，两旁各有两间厢房，后阁两边为厨房。

以湖头村62号古民居为例，建筑分为门厅、厅堂、厢房、天井和檐廊等部分，以三合院为基本单元进行组合，楼下会客，楼上可以休息。厅堂是民居的中心，处于两个天井中央，光线明亮、空间宽敞，是供奉祖先、接待宾客、讨论大事的场所。一般两厢厅房用作长辈的卧室，后房按情况分别由子女们分住，后阁多作为厨房和堆放杂物之用。

传统民居建筑宽度通常不会超过五开间，如果房间的需要量变大，通常在纵向加建第二进院落，开辟新的天井院，是闽北地区多院落组合式的布局特点。因此，聚落民居的整体平面布局呈现出垂直于道路的纵向发展趋势。

图9-5-6 榜眼门

（a）张氏古民居

（b）古民居山墙

图9-5-7 湖头村古民居

(a) 关帝庙　　　　　　　　　　　(b) 上庙修悦堂　　　　　　　　　　(c) 土主庙

图9-5-8　湖头村宫庙建筑现状

（二）宫庙建筑

湖头村在长久的历史发展过程中，吸收来自外界的各种民间信仰和宗教文化，修建有多种公共庙宇建筑，是村民长久以来智慧的结晶和信仰寄托以及居民重要的公共交往空间，主要包括关帝庙、上庙修悦堂和土主庙（图9-5-8）。

关帝庙是民间关公信仰的载体，其始建年月已不可考，曾于1995年翻修。关帝庙由两个大屋架组成，建筑采用歇山顶，厅堂宽敞壮阔。宫庙分为前后两进，中间通过小天井相连，前院设有大戏台，每逢正月十四、十五、十六必在戏台唱三天大戏以此祈安避邪、还愿谢神，是村民娱乐与公共活动的重要场所；后院是关公神像的所在地，是村民祭祀的主要场所。

上庙修悦堂是佛教的祭祀场所，其外部空间包括水渠、广场等；内部空间包括门廊、供厅、神龛等。建筑原为穿斗式木构建筑，后修缮改为抬梁穿斗混合式土木结构方式，建筑内部布局为一进五开间，保留有4根古柱以及若干根古梁。

土主庙是当地土地神信仰的供奉场所，规模较小，位于陈田桥边，造型朴素，仅设有一个殿堂，内部供奉地方土地神位，周边绿树成荫，环境幽雅，与庙旁的百年老樟树形成聚落的一个公共开放空间。同时，土主庙也是聚落重要的公共活动场所，每年二月初二村民会在此举行土地神的小型祭祀活动。

第六节　建瓯市川石乡慈口村

一、聚落环境

（一）建置沿革

慈口村是建瓯市西北端川石乡的下辖村落之一，位于川石乡中北部，靠近川石村，坐落于松溪河畔，地貌以丘陵和河谷平原为主。国道528线与松建高速穿越村域，交通便利，区位优势明显。

慈口村古称龙慈口，因村落两旁有两条山脉由南向北并排而立，如同龙的上下颚含住村庄而得名。聚落起源最早可追溯至宋神宗年间（1048~1085年），由陈氏一族开基创业。民国20年（1931年），慈口村遭遇土匪张氏兄弟团伙打家劫舍，村内除3栋以外的所有房屋被烧毁，大量村民背井离乡逃往他处。民国23年（1934年），实行闾邻制，慈口改村为闾；民国24年（1935年），实行保甲制，慈口闾改称慈口保，下辖慈口、龙池等10个甲；解放后，慈口改保为村；1958年，川石乡成立英雄人民公社，慈口村设为慈口大队，下辖小岭、伏演、外洋9个自然村；1976年至1989年期间，慈口村原本下辖的小岭、大岭、伏演、龙池、石垄坑、外洋、任后等自然村相继析出、废村，至1998年，慈口村域范围内仅剩慈口一个自然村。

（二）聚落选址

慈口村坐落于川石乡山区的河谷平原，松溪从中过境，四周有群山为屏障，中间地势平坦，土地辽阔，阳光充足，夏季有河水蒸腾降温，冬季有山脉阻挡冷空气。聚落周围群山环绕，北面和东面各有黄龙山山脉和青龙山作阻挡，西面、南面也被远处层峦叠嶂的群山所掩护。松溪由北向南蜿蜒流动，环抱整个聚落，在两者之间留下一大片河滩地带，并在聚落对岸形成大片适于农业耕种的肥沃冲积平原。慈口聚落充分展现了古代风水理论中，"负阴抱阳，背山面水"的聚落选址理念（图9-6-1）。

聚落虽然靠近水系带来了生活便利，但同时要提防河流洪水的威胁，特意保留河岸的河滩地带作为河流涨潮时期的缓冲地带，并且筑以堤坝隔离水系，展现了管子"高毋近旱而用水足，下毋近水而沟防省"的聚落与自然平衡思想。慈口先民为了平衡居住生活与农业耕种的土地需求，将主要居民区建设于地形相对陡峭的山坡地带，将尽可能多的平坦土地留给农业耕种，形成聚落紧凑集约、农田分散广布的聚落特点。

二、聚落格局

（一）布局特征

慈口村的平面布局有明显的带状村落布局特征。聚落位于低山丘陵山区，依托松溪、青龙山和黄龙山而建，这些自然要素既是聚落的自然资源优势，也是聚落的自然建设边界。聚落的建设范围受到东、北两座山脉以及松溪水系的限制，只能沿水系和山脉间相对平坦的土地布置建筑组团与道路系统，形成"L"形带状区域（图9-6-2）。

慈口村是以陈氏一族血缘为纽带的宗族聚落，陈氏宗祠是整个聚落的精神和文化中心。在宗族文化的影响下，慈口村民居建筑的形制、方位、规模受到宗祠建筑的影响。陈氏宗祠位于村落北部，黄龙山半山坡，能够俯瞰整个村落，以此为起点，聚落逐渐向南延伸、发展。同时，陈氏宗祠周边还建有接龙寺、财神庙、沐恩宫等寺庙建筑，过去也是聚落的公共活动和文化活动中心。

（二）街巷形态

除聚落内承担对外联系的各个公路、县道、乡道，慈口村内的街巷道路分为主路、街道、巷道三个等级（图9-6-3）。其中，主路是聚落的主要车行道路，即村内的河边路，是村落内外物资运输的必经之路，从慈口大桥开始到雷竹林结束，铺设有水泥路，长度约为1公里，道路宽度在5~8米之间，道路线性布局，呼应青龙山山势。街道由横街、慈龙街、接龙巷三条街道所组

图9-6-1　慈口村鸟瞰

图9-6-2 慈口村聚落形态

(a) 主路　　　　　　　　　　(b) 街道　　　　　　　　　　(c) 巷道

图9-6-3 慈口村街巷

成，大多环绕山势呈南北走向，都与河边路有直接或间接的联系，承担村庄内部主要的交通功能。巷道包括长安弄、慈龙巷等，它们在主路和街道间生长，由街区内建筑间的分隔界定其空间，不仅是连通院落与街道的重要枢纽，还能够起到防止火势蔓延的作用。

慈口村生活性巷道的宽度普遍在1~2.5米，而建筑高度通常大于3米，从而形成封闭局促的街巷空间，人在巷道内视线受阻，普遍感到空间压抑，行人缺乏停留意愿，而聚落的主要街道道路普遍宽度在4米以上，空间相对宽敞，通过两侧建筑界面的围合，形成封闭、向心的空间感受，结合建筑檐下空间的桌椅摆放，容易营造出适宜居民休憩、娱乐的街巷空间。

由于聚落呈带形的平面布局，故聚落街巷以一条主要道路为主干，向两边成鱼骨状延伸道路，聚落的交叉口以"丁"字形相交为主。"丁"字形交叉口会在道路的端点出现盲端，使得行人在到达交叉口前对其他街道的情况一无所知，保证了街巷的神秘感，避免被一眼望穿。盲端的存在能够很好地营造街巷的围合感，形成私密的小空间，丰富行人视野内的要素，增加步行的趣味性。

三、聚落风貌

（一）多样的建筑形制

慈口村历史悠久，但聚落的发展多灾多难，其中既有松溪的数次洪水侵袭，也有民国时期的匪患威胁。为此，聚落建筑多次遭遇毁坏，并在原有的建筑肌理上进行重建。因此，聚落内的不同建筑年代、不同建筑风格的民居相互穿插、相互交融，形成多样的建筑风貌。

（二）多样的信仰文化

慈口村过去是建瓯与政和航运通道的中转码头之一，曾有大量的商品、信息在此交流、互换。道教、佛教等宗教信仰也跟随航运交通传播到慈口聚落，与当地的本土民间信仰共同形成聚落多样的信仰文化，而宽松的信仰环境使得慈口村民普遍混合、杂糅信仰道教、佛教、民间信仰等不同思想。

四、建筑特色

（一）传统民居建筑

慈口村的传统民居建筑是聚落内分布最多的传统建筑，多为外砖或生土墙体，内木构承载，内部天井合院式布局，天井置于院落中并低于四周二、三步台阶，两侧有二至四间正房，天井中轴线上有大厅堂，两旁各有两至四间厢房，后阁为厨房。进门为前庭并设有照壁或插屏，插屏之后为天井和内廊。外墙围护采用封火马头墙，不设外开窗户，采光、通风依靠天井，并设有排水的阴沟。

建筑内部空间形态的基本要素包括门厅、天井、厅堂、厢房和檐廊等。建筑单体规模多为单进合院式小型民居，前后开门，中轴线对称布局，普遍设有天井，一层作会客使用，二层用作休息（图9-6-4）。

慈口村的聚落格局呈现狭长的平面布局形式，合院式住宅普遍为单进院落以集约使用土地，民居宽度一般不超过五开间。家庭成员较多的家族为增加房间数量，通常会在纵向中轴线上新建第二进院落，加设天井，房间根据实际需求增设，形成多进式组合院落。

（二）宫庙建筑

慈口村的传统公共建筑以寺庙建筑为主，包括沐恩宫（接龙寺）与福主庙（图9-6-5）。

1. 沐恩宫（接龙寺）

临水夫人信仰是福建当地特有的民间信仰，主要分布于福建南平、福州、宁德以及周边地带。慈口村民受古田临水宫影响普遍信仰临水夫人，为供奉三位夫人而修建沐恩宫。沐恩宫位于聚落居民区东北角，紧邻慈龙溪，前有慈口至外洋村道通过。寺庙始建于清朝时期，寺庙内不仅有道教的临水夫人，也供奉有佛教观音神像，1976年因修路穿庙而被拆除，1984年重建，并且扩建新殿，供奉佛教佛祖，也称为"接龙寺"。沐恩宫佛道两用的宗教功能，反映了我国丰富多样、相互融合的信仰文化。

沐恩宫自古以来就有在三月十一和中秋节举办庙会、素斋宴的习俗，是当地及周边村落的信仰与文化中心，也是居民重要的公共活动场所。沐恩宫面朝东南，由接龙寺、沐恩宫两部分组成，靠北为沐恩宫，南为接龙寺，分设大门。建筑为仿重檐歇山顶，木结构承重，总共42根立柱，柱上镌刻有对联，占地约450平方米，厅堂宽敞恢宏。

2. 福主庙

福主庙是用于祭祀村落保护神的场所，功能类似于城隍庙，主要供奉有东平、感应两位地方神灵以及土地公。每逢庙会、春节等重大活动和节日时，居民都会带祭品祭祀保护神，是聚落另一个重要的信仰与文化场所。

寺庙位于主要居民点南侧，距离村庄500米的茶山

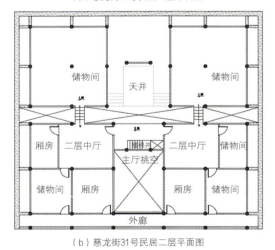

图9-6-4 慈口村民居平面布局示意图

（a）沐恩宫（接龙寺）

（b）福主庙

图9-6-5 慈口村宫庙建筑现状

上，面朝松溪，前有竹林遮挡，1971年原址因修建慈口村委会被征用而搬迁至此，后翻修于1993年。建筑为单檐歇山顶，屋檐四角起翘，木结构承载，抬梁式构架，有一进一院。进门后为前庭，左侧为寺庙主殿，庭中种植有樟树等绿植。主殿面阔5间，进深3间，厅堂宽阔，内共有26根立柱，立柱均镌刻有对联。神灵塑像平行排列于后，中间摆放有香炉、香台、香案以及香案上的祭祀物品。

第一节 概述

三明市位于福建省中西部,地处沙溪两岸峡谷丘陵地带,全区地势西北高、东南低,闽江支流沙溪由西南向东北流经市区,把市区分为两部分,呈带状沿溪布局,长约19.2公里,最宽处约3公里,平均宽度不到1.5公里,呈背山面水之状。城区南有105省道、212省道,北有鹰厦铁路穿越,是闽西北重要的交通枢纽[①]。

三明是中华人民共和国成立后创建的城市,新中国成立之初,三明仅仅是一个人口数不及6000的山区小县城,但是,这一地区的建制可追溯到明中叶的三元镇,三元镇曾隶属沙县和永安。1938年,三元镇设立特种区;1940年,从永安、沙县、明溪各划出一部分,创立三元县;1956年,三元与明溪两县合并建三明县;1958年,成立三明人民公社筹委会;1960年,改县为市,并与明溪分开建制,其中三明为省辖市;1983年,地市合并为省辖市,三明下辖三元、梅列两区,永安市(县级)及9县[②]。

三明中心城区地处腹地,长期受到沙溪冲积,列东、列西、三元等区较大面积由黏土和冲积物组成,底部为砾石层,由腹地往西北和东南方向,为大面积的花岗岩地质。三明境内富含铁、铜、锰、铅、石灰石等二十余种矿产资源,为三明的重工业发展提供了资源。

国家级历史文化名镇:永安市贡川镇、宁化县石壁镇。

省级历史文化名镇:永安市吉山乡、清流县赖坊乡。

国家级历史文化名村:尤溪县洋中镇桂峰村、三元区岩前镇忠山村、将乐县万全乡良地村、大田县桃源镇东坂村。

省级历史文化名村:建宁县溪源乡上坪村、大田县济阳乡济阳村、宁化县曹坊乡下曹村、永安市槐南镇洋头村、永安市西洋镇福庄村、尤溪县台溪乡书京村、大田县华兴乡杞溪村、大田县屏山乡许坑村。

国家级传统村落:宁化县:泉上镇延祥村,大田县:太华镇小华村、魁城村、华兴乡杞溪村、上丰村、早兴村、横坑村、柯坑村,三元区:莘口镇龙泉村,尤溪县:汤川乡黄林村豪峰自然村、西城镇新坑村、新阳镇大坋村、坂面镇京口村、上塘村、中仙乡西华村,永安市:洋峰村、美坂村,将乐县:大源乡肖坊村、山坊村,沙县:夏茂镇李窠村。

省级传统村落:宁化县:曹坊乡下曹村、城郊乡社背村、治平畲族乡彭坊村、水茜乡沿溪村、石壁镇石碧村、湖村镇黎坊村,大田县:桃源镇杨坑村、蓝玉村、济阳乡济中村、大儒村、华兴乡张墘村、谢洋乡怀德村,三元区:岩前镇岩前村、中村乡回瑶村,尤溪县:南芹村、联合乡连云村、洋中镇坪坑村、西城镇七尺村朱源里自然村、团结村、梅仙镇科第村、源湖村、洋中镇水圳村、天堂村、溪尾乡莘田村逢春自然村、梅仙镇经通村经济坑自然村,永安市:贡川镇集凤村、延爽村、小陶镇吴地村、槐南乡洋头村、西洋镇福庄村、青水畲族乡柯山畲族村、小陶镇新中村、寨中村、和平村、新民村、大陶口村、团结村,将乐县:余坊乡瓜溪村、光明乡山头村,明溪县:瀚仙镇龙湖村、白叶村、盖洋镇衢地村、胡坊镇柏亨村,建宁县:伊家乡笔架村、黄埠乡罗源村、里心镇岩上村、客坊乡

[①] 三明市地方编纂委员会. 三明市志(上)[M]. 北京:方志出版社,2002.
[②] 三明历史编写组. 三明历史[M]. 福州:福建人民出版社,2007.

水尾村，清流县：余朋乡东坑村，泰宁县：杉城镇胜一村、民主村、朱口镇朱口村、大龙乡老虎际村、新桥乡红卫村，沙县：富口镇山氽村山氽自然村、山氽村山茶坑自然村、盖竹村、荷山村。

第二节　三元区岩前镇忠山十八寨

忠山十八寨位于福建三明市三元区岩前镇，村落总面积4平方公里，现有村民450户1700余人。忠山村始建于唐代，原由十八个大大小小的寨子组成，故名十八寨。唐代，以如今村寨附近的星桥为界，就有"前有十八坑，后有十八寨"的说法。明朝开始筑建城墙城门，明正统年间，在主要路口修筑六座城门用于防御。村寨内房屋整齐有序，各以宗祠为中心而展开。主街道为蜈蚣街，同时作为主要的商业空间。

一、聚落环境

如今的忠山十八寨基本维持了明清时期的聚落空间，桑子图和《杨氏族谱》中的古地图是唯一可以考察明清时期其空间形态的线索，图中十八寨与周边水系、田地以及山体的关系明确（图10-2-1）。家庙、祠堂等公共祭祀建筑以及街巷肌理清晰可见，"蜈蚣街"纵横地贯穿于十八寨之中，作为商业街通道，由前、后、中三条"工"字形道路连接通向寨门。

二、聚落布局

忠山十八寨的空间形成，以"工"字形的蜈蚣街为中心展开，大多建筑"坐东朝西"。蜈蚣街不但是寨内街道空间发生交汇、转折、分叉处，而且是商业的发生地和集中地，但如今十八寨的商业街区已经发生了由东向西的转移，忠山村西逐渐形成今天的商业街区。宗祠建筑是村寨的核心，早期庄、许、陈、杨等大姓分别在蜈蚣街东侧兴建各自祠堂，但居住空间并非围绕着本家宗祠展开布局，各姓的聚居较为分散，与各家宗祠没有体现出整体的肌理关系。真正意义上的空间变化是火灾之后，蜈蚣后街的南段区域肌理破坏严重（图10-2-2）。

图10-2-1　古地图

图10-2-2　大火过后的蜈蚣后街

三、聚落风貌

（一）街巷系统构成

忠山十八寨主要空间形态及街巷网络在明清时期发展成型后没有太大变化（图10-2-3）。蜈蚣街作为主要的街巷空间，其肌理仍然存在，石板铺路。蜈蚣中街在2000年前后进行了拓宽，成为进出村寨的唯一机动车道，水泥铺路，道路两边形成新的居住和商业空间。村寨内的小巷是由蜈蚣街主路分歧或延伸出来的，纵横交错，多为卵石铺路，但破坏较为严重。近年，由于村寨内宅基地和建筑形态的演变，开始出现大量的"尽头路"。

（二）建筑结构和层数分类

以蜈蚣街为核心的区域建筑构造形式多以"木造+砖墙"结构为主，砖混结构的商业住宅主要分布在原蜈蚣前街（忠山村西）的道路两边，砖、土结构建筑主要是临时搭建的房屋或烤烟房，也有废弃的牲口屋。关于层高，1层多为传统民居，占建筑总数的一半以上，而传统民居局部也出现了2层化，2层以上的建筑多是砖混结构，尤其集中在村寨外围。

（三）公共服务设施的分布

如今，在忠山十八寨已看不到往日商业繁荣的景象。能够满足居民生活的基本服务设施并不完善，医疗设施和教育设施各有1所，相反随意搭建的茅厕在整个村寨中占的比例最大。土地庙和古水井主要分布在寨北，但与闽中其他历史文化名村相比，古水井已经不再是居民的生活用水源。石敢当作为镇宅之石放置在两宅相对的巷陌之中。在寨南面有一座外形酷似蒙古包的古墓，古墓被当地人称为"先人冢"，实为元代之墓，但福建地区出现此类墓颇为罕见，至少可以证明当时忠山十八寨已是多种族多文化的混居体。

四、建筑特色

忠山十八寨地处闽中地区，自古以来这里就是闽西北的商贸集散地，而且外地移民居多，因此民居建筑呈现出多元建筑文化现象。传统民居的类型有"一明两暗"型、"三合天井"型、"土堡围屋"型、"排屋"型等。忠山十八寨可见的传统民居有"排屋"型和"三合天井"型两类（图10-2-4）。

（一）"排屋"型

排屋实际是商铺建筑的一种，即为前店后宅形式，平面是闽南地区"一条龙"和"手巾寮"的综合。与单开间或两开间的"手巾寮"相比，一栋排屋由若干开间

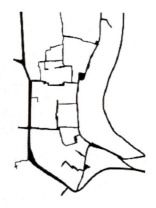

图10-2-3 街巷体系

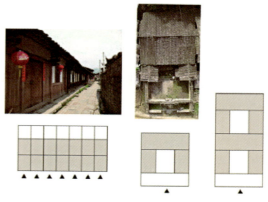

图10-2-4 "排屋"型与"三合天井"型

组成，每一开间3~5米，但进深短，通常在尽端设采光天井。沿街的部分作为店面，越往深处越是私密空间，而作为住宅专用的排屋沿街部分辟为客厅。经过长期的历史演变，同时由于宅基地的变迁，后期出现的排屋也出现了2层的形式。排屋的承重结构多采用穿斗式木架构，建筑材料主要是木材。以砖石或夯土墙作为各户共用或分隔墙。建筑立面按面宽留出门的位置，其余部分做固定的铺柜。不做铺柜的例子，是用长条木格栅取而代之，具有采光通风的作用。

（二）"三合天井"型

"三合天井"型可归属为福建传统民居的大厝，其基本单位是三合院，或者由三合院组织、演变成四合院的大型集合住宅。整个建筑由前后相连的天井院落组成，大规模的建筑不仅在纵向发展，在宅基地足够的情况下还会向横向发展，形成护厝部分。忠山十八寨大厝的主厝前大都有带围墙的坪，为民居建筑的第一进，同时也是进入住宅的过渡空间。

大厝的承重木构架通常为穿斗式木构架或穿斗式、抬梁式两者混合的构架形式，并且梁架带有内容异常丰富的木雕花。大户人家民居的建筑规格之大从屋顶结构的"草架"中也可看出。

五、宗族结构变迁对传统民居的影响

据《杨氏族谱》记载，早在清代顺治年间已有十姓聚集在十八寨，原先的聚落建设、内部各层的空间构成均受到宗族四姓的约束，如今大量外姓人口的移居使其原有的宗族体制不再是唯一决定聚落组织变化的因素。受到宗族影响的传统民居空间的演变，与民居受宅基地影响的扩张相反，宗族结构的变迁导致民居空间的分割。经调查得知，原为一户人家，由于姓氏结构发生变化，导致组团形制变为庄、张、陈三姓氏的独栋大厝。综合上述影响因子所引发的传统民居空间演变，关于"排屋"与"大厝"之间是否存在演变关系也有必要进一步地调查研究。

十八寨维持了原有的古建聚落的骨骼；十八寨又是一个宗族社会，宗族的结构变迁是影响传统民居演变的因素。同时，宅基地的变化也影响着传统民居平面空间的演变。

第三节　尤溪县洋中镇桂峰村

桂峰，位于尤溪县洋中镇的东北向，距福银高速洋中互通口仅12公里，是第三批中国历史文化名村。桂峰海拔550米，为半高山谷地，村域面积15.39平方公里，村庄占地面积333亩。现存明清时期传统建筑39座，是福建省目前发现的保存最为完整的明清时期古建筑群。

一、聚落环境

桂峰为福建典型的山地型传统聚落，聚落依东、南、北三面山体内凹处所形成的山地地势，坐东朝西。西面为蜿蜒的山谷，两条溪流成"Y"字形顺山势而下，其中神龟溪由东向西贯穿全村。桂峰聚落的原址及山水形制顺应了古人"主峰来龙、左辅右弼，有弯曲水流，水对面对景案山，基址位于山水环抱的中央"这一典型的藏风聚气、负阴抱阳的理想山水格局（图10-3-1）。

聚落内居民在传统建筑的营建过程中，遵循着"飞凤衔书"的传统营建法则（即：聚落周边山体呈凤形，

图10-3-1 桂峰村航拍图

建筑不可建于"象形"的"凤翼"之上）以及"耕读传家"的祖训，结合山地地形特质，聚落内民居建筑顺应山体等高线，层叠而上，以宗祠、祖庙为核心，随聚落人口发展而逐渐向周围山体坡地有机地布局展开，形成了内敛、呈簇集聚的空间布局模式。聚落建筑布局以神龟溪为轴分为南北两部分，溪形蜿蜒，象征财源不绝，并成为聚落内主要生活用水。西北面径流一条小溪，层叠梯田沿溪展开，成为耕作繁衍的水源基础。聚落整体规模始终保持着与山水自然、土地资源协调共生的平衡，并为后代发展预留了一定的发展空间。这种空间格局，使得聚落居民产生强烈的领域感，增强了桂峰这独一蔡姓的宗族聚落"聚族而居"的凝聚力与地域特色。

二、聚落布局

（一）山地型聚落图底关系

山地型聚落的面空间是以自然山川组成的山地地形环境为基底，由点（各单体建筑物、各开放空间与景观节点空间）和线（街巷、水系、山谷等线性空间）等要素形成整体山地聚落空间的肌理特征。它是经过历代居民的集体营造，配合生产、生活，逐渐生成的有机、完整的山地型聚落景观系统。区别于平地型聚落的特征，山地型院宅因山形地势呈自由形态散布、聚合于自然山地环境中，院宅与院宅之间的关联性较弱，而与山地地形的联系更为密切，街巷等外部空间往往不具备显性图形性。山地型聚落中的街巷形态多以山地地形走向、坡度等为其结构基本特征，并将适宜建宅的场地连接起来，它与建筑二者相辅相成，共同形成聚落的基本骨架而具有图形性。它们与山地地形形态、林木、溪流水系、旷地等自然环境要素形成的基底，共同构成了山地聚落的图底关系，呈现出鲜明的、完整的空间肌理的性格特征。

（二）院宅与聚落之间的构成关系

院宅与聚落之间的构成关系主要表现在院宅、院宅群、聚落三者的关系。

桂峰村山地型院宅到聚落是一种自下而上的生长扩张模式，从图底关系反映出了山地型的院宅在聚落整体上表现的是更为自由的群落组合方式。区别于平地型传统聚落，因受地形局限，桂峰以单个院宅为基本构成元素，同时每一个院宅都是一个有机细胞，与山地地形紧密结合，再通过岭道连为一体。桂峰村院宅、院宅群、聚落三者之间的组合方式主要分为两种：

（1）院宅—聚落，以山势较陡处见多，此类构成关系属离散型。如后门山大厝与长房厝、后门田大厝等空间布局形式，院宅作为单体，同时也作为群落，院宅与院宅间为离散布局，通过宅前岭道与主岭道连接。

（2）院宅—群落—聚落，常见于地势平缓之地沿溪两侧分布院宅形成的群落，如下坪街两侧、丹桂岭一侧，此类构成关系可分为共生型与紧密型。共生型以下坪街两侧的院宅为例，院宅之间共用封火墙，水平方向连接形成群落；紧密型以沿溪两侧的院宅为例，院宅之间不共用，连接方式为相互接近但不直接连接，其间空间依地形高低、退让，或成为巷道或作为沟渠（截洪沟）行使排水功能，以神龟溪和神龟岭为联系"纽带"，错落有致，密集排列，竖直向上层叠，连成群落。

三、聚落风貌

（一）桂峰村的发展概况

桂峰早在唐宋初年便有人居住，自宋淳祐七年（1247年），北宋名臣蔡襄之九世孙蔡长，发现桂峰山川灵秀，是不可多得的安居之处，便带领儿孙披荆斩棘，在今祖庙处结庐而居，蔡氏祖庙成为蔡氏在桂峰的安居肇基之地。元代后桂峰村暂时衰败，明中早期由于地处南来北往的古交通要道，遂对外开放，恢复生机。

明嘉靖三十九年至清乾隆三十年（1560~1765年），为桂峰发展的鼎盛时期，尤溪至福州的官道途经桂峰，大量的官家、商人和艄排工人，从福州返回尤溪于此地住宿过夜，大量的物质、文化消费，在促进当地人生活水平提高的同时，也带来了外地的各种商品文化信息。期间有钱人争置田产、山产，营造华屋。桂峰发展至今，延续700余年却少有"移山填海"式的建设，多为依山就势的精心营造，基本完整地保存了山地型聚落的传统风貌、格局，在福建省内实属罕见。2007年桂峰入选第三批中国历史文化名村，2013年3月被评为十大"中国最有魅力休闲乡村"之一。桂峰作为福建典型山地型传统聚落，具有极高的保护价值。

（二）深厚的人文底蕴

桂峰为蔡氏族人聚居的典型的单姓宗族聚落，蔡氏族人受其先祖蔡襄及南宋理学家蔡元定影响，定下了"耕读传家、经史名世"的祖训。蔡氏族人十分注重培养子孙入学、入仕，形成了"以商贾兴，以官宦显"的传统观念。崇文尚学的风气对蔡氏子孙产生了累世影响。不仅族谱内记载着众多蔡氏先人崇文尚学的文辞，从桂峰现存的人文古迹中也可见一斑，如：石狮厝大门两侧的石刻楹联上就篆有"三谏风高勋业在苏黄以上，九峰派衍渊源从朱李而来"（其中"苏黄"指苏东坡、黄庭坚；"九峰"指南宋理学家蔡元定，是朱熹的首徒；"朱李"指朱熹、李侗），示意蔡襄的成就不在苏东坡和黄庭坚之下，蔡元定的学问源自于朱熹、李侗，并且表现了主人立志秉承乃祖的立身处世之道，也显示了自己的地位不同一般。"耕读传家"、科举入仕的文化价值取向，使得蔡氏族人采取了丰富多样的励学机制，也收到了显著的效果，使得桂峰积淀了深厚的人文历史，据族谱记载，桂峰于明清两代这一鼎盛时期，中进士3名，中举人12名，中秀才412名，其中29人入宦、当官，时至今日蔡氏子孙仍然遵从祖训崇文尚学。

（三）桂峰村的传统街巷

桂峰村内街巷营造与布局遵循聚落的选址及建筑营建中相天法地的古法制度，巷道空间结合起伏的山地形势，形成独具特色的山地型聚落街巷空间。聚落以12条岭道、1条街、1条环村山道形成便捷、安全的内部联系网络，此外结合聚落地势与巷道网络形成的截洪系统成为桂峰独特的逐级防御山洪水灾的防护屏障，内部巷道网络与西面环道以及北面环村过境路建立起与外界的联系。街巷网络在竖向空间上，随着与山体等高线的相接情况可分为顺应等高线、垂直于等高线和斜交于等高线，如下坪街、环村路、丹桂岭基本与等高线平行，其余岭道均斜交或垂直于山体等高线。在坡度较缓处，街巷通常采用坡道与梯段进行过渡，层次丰富；坡度较大的区域，则通过一系列踏步连接转换，街巷网络结合其两侧建筑形成狭窄的、纵向展开的独特的山地型聚落街巷空间特征。

同院宅本体空间界面构成，街巷界面亦可分为街巷"底界面"、街巷"侧界面"和街巷"顶界面"，院宅与街巷界面构成的相关性可从街巷界面构成切入研究。

首先院宅的入口空间、墙基、沟渠、坡坎、台地等，街巷的地形、台阶、坡道的路径等以及不同街巷节点空间共同构成了山地型街巷空间的"底界面"。院宅与街巷底界面的相关性，表现为院宅入口空间与街巷的处理关系，有着连接院宅入口过渡空间的功能，影响着街巷"底界面"的铺装方式的转变、路径切换等。

其次院墙以及周边的环境要素构成街巷"侧界面"，具有街巷界面的外部空间界面和作为院宅外立面的属性，影响着街巷的整体风貌特征、视觉连续性、天际线等。沿岭道院宅的立面形成了具有连续性的院宅型街巷空间侧界面，而遇到山体自然环境时，其街巷空间特征便呈现出与自然环境相融合的自然环境型街巷空间侧界面的特质。

再者由底界面与侧界面共同形成的天际线以及屋

面形式构成街巷"顶界面",以天空为背景,由院宅边界、自然地形构成,围合出天际线的檐口、封火墙、坡屋面等,为侧界面的延伸,它决定了人视野的开阔度。桂峰街巷空间虚实交替,院宅与街巷有机地融为一体,或以错落有致的屋檐形成沿溪立面景观天际线(神龟岭、下坪街),或与自然环境融为一体(三十两岭、望月岭等),或形成狭窄阴凉的"一线天"(百街岭、曲巷、祠堂弄等),形成了明确的顶界面、底界面与侧界面下部空间的有机结合与互补关系(图10-3-2)。

最后院宅与街巷界面构成的相关性还表现为空间的相关性,街巷界面围合形成空间,而街巷空间带来的感受主要来源于人们活动其中时的心理和视觉感受,其中空间尺度的感知与景观度是人们通过视觉对街巷空间进行感知的重要影响因素之一。不同的空间可以通过其尺度与界面景观的变化对人的视觉感受产生影响,不同视觉效果和尺度的街巷空间会使人产生多种截然不同的感受,甚至影响人在街巷中的行为。

四、建筑特色

桂峰村现存明清时期传统建筑39座,有家族的祖庙、宗祠、书院,富商的豪邸,儒生的书斋,一般的传统民宅等,以居住为主,辅以教育、祭祖、集会、休闲、娱乐等场所。

建筑主要为三合院或四合院,因大部分建筑沿山体等高线营建,呈现出宽面阔、短进深,横向发展的形式。传统建筑单体多以厅堂为主轴,明间、次间成对称式布置,梢间、尽间依地形呈对称或不完全对称。主入口门屋结合地势,多位于主厝的左前部。大部分建筑设有双墙,外围夯土矮墙走向一般根据地形而呈不规则形式。少数规模较大、形制较高的大厝则由若干三合院或四合院式建筑(基本型)通过水亭或廊屋串联组成。这类建筑多独立建于聚落地势高、方位重要,且宅基地多以层叠毛石墙砌护,相对宽阔平整的台地上,如有"小布达拉宫"之称的后门山大厝就为两进五开间的三合院建筑,沿前后厅堂主轴,前后进房间的明、次间呈对称

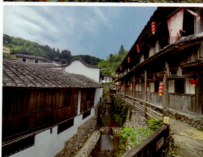

图10-3-2 桂峰村街巷

布置，左右梢间不完全对称，并受山体台地影响，形成了面宽与进深皆不同的左右护厝。村内楼坪厅大厝及蔡氏祖庙分别为省级及县级文物保护单位。楼坪厅大厝是台胞蔡龙豪先生儿时旧居，位于神龟溪北侧，因地势陡峭，搭一楼板为厅，故曰"楼坪厅"，主体建筑至今仍保存完好。楼坪厅大厝临溪部分现已置换功能作为展览馆，进行活态保护并按文保建筑要求进行修缮。蔡氏祖庙位于村中心，是蔡氏族人的肇基之地，亦为桂峰"飞凤衔书"凤眼处（三楼大厅两侧分置两个圆窗，寓丹凤之双眼）。祖庙在清乾隆年间曾遭火焚重建，现存建筑基本完整，建筑质量较好，现仍承担着祭祖、供奉等功能，在村内具有十分重要的地位。

（一）结构基本类型

院宅结构一般是指院宅的承重结构和围护结构两个部分，不同时期不同地域会有一些差别，总的来说要求因地制宜，取材方便。桂峰村传统院宅以土木类结构为主，该类比例达56.13%，其承重结构以穿斗式做法为主，抬梁为辅，部分民居为节约木材，使用次要空间的山墙作为承重结构。外墙以土墙为多见，下坪街段有些院宅主要为店面形式，采用木板排列；内隔墙则主要以木板或木板夹竹泥结合。院宅正堂以2~3层为主，厢房1~2层，护厝1~2层，局部有夹层，而楼层间以木板分隔并结合木梁承重，上下柱网以对应为主，但也有特殊情况。

（二）平面基本类型

传统院宅平面演变基本类型，可以从单体之间的组合方式着手理解，根据调研成果得知：通常传统民居的发展多是从主宅开始营建的，随着家族成员的增加，需要增建屋宅时，若主宅周边有空地则会进行增建。正是因为中国传统民居基本单元为合院布局促成了这种增建模式的普遍性和可能性。

桂峰村单体基本类型主要以七家楼、玉泉书斋等为原型，进行纵横向扩展，横向单体增加的主要是附属建筑，如护厝等；纵向主要以厅堂加厢房为单元进行组合。其组合方式主要有三（图10-3-3）：

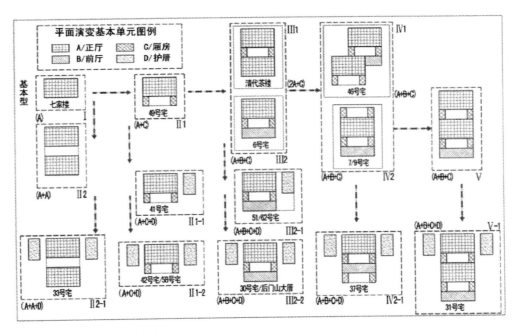

图10-3-3　桂峰村古建筑平面类型

（1）纵向串联方式，从图中可以看出，以三合院或四合院为基本单元，以纵向轴线为控制轴，以天井为过渡，将合院形式串联起来形成进数1~3不等的院宅空间。

（2）横向并联方式，区别于纵向串联方式，横向并联则是以一个院落为基本单元，以横向轴线为控制轴，以过水庭空间为过渡，将合院相互并联起来，横向发展延伸。山地型院宅主要以横向发展为主，表现为厅堂单体的面阔变长，或增加单侧或双侧护厝等附属建筑。

（3）纵横双向联结方式，以院落单体为基本单元，融合纵向串联与横向并联形式，以横纵向两条轴线作为控制轴，往横纵向发展延伸，这种方式组合复杂，较为少见，以31号、37号为例，该民居由两个纵轴各自串联两个院落，然后再横向增加面阔与护厝。

（三）立面基本类型

传统院宅立面基本类型取决于所处的地形、入口空间的设置以及平面的布局等方面，按照入口的设置对其进行划分，分为正面入口与侧面入口两大类。

1. 正面入口型

这类入口设在正立面，一般以沿街或地形平缓充裕，有足够的空间多见。又包括四种类型：

（1）以宗祠和祖庙为例，沿街立面中轴对称，位于不同台基上，高低错落，或设置门楼（院墙为主立面），或直接以前堂作为主入口（前堂为主立面）。

（2）以6号、7号、8号为例，沿街正立面以夯土墙为主，封火墙较高，立面只能看到院墙，而院宅的屋顶只能看到部分屋脊。

（3）横向延伸，同时该类型的台基高差较大，前堂两侧的院墙高低错落，可看到主楼与护厝立面。

（4）无前堂，以封火墙兼院墙形式围合形成正立面，入口设在正立面侧面，同时该类型的台基高差也较大，也可看到主楼与护厝立面。

2. 侧面入口型

这类立面主要受到地形影响，入口只能从侧面入，立面表现的是院墙与厢房、主楼组合成的立面投射。也可分为四种形式：

（1）以46号为例，由于其平面布局不对称，前后堂之间有错动，立面上自然也不对称。

（2）以清代茶楼与33号为例，该形式台基高差大，从立面上看达三层，一层为吊脚形式，二、三层同其他类型的立面。

（3）以41号、42号为例，台基高差较小，入口曲折，主楼、厢房、门楼、院墙的组合形式表现较为丰富，一般还设有照壁。

（4）以后门山大厝等为例，自然山体坡度大，护坡也成为立面的一部分。

第四节　将乐县大源乡肖坊村

肖坊村是将乐县大源乡的行政村，位于将乐县域西北部，靠近将乐县、泰宁县边界，村落已通公路，至将乐县城约40公里。村落山环水绕，风景秀丽，属亚热带季风山地气候，自然生态环境良好。

一、聚落环境

肖坊村地处高山绿谷，海拔约315米，背靠湘枯里山、松毛山，面朝前三排，村后山体南高北低，呈环抱状，森林覆盖率达81%。有一水尾溪由北向南蜿蜒穿村而过，水质清澈。水尾溪发源于光明乡台上村，流经大源乡溪源村、肖坊村，在大源口汇入大源溪。肖坊村域面积15.44平方公里，其中有耕地面积1860亩，山林地面积18760亩。村域内村庄建设用地和农田集中分布在528省道两侧，其余基本为林地。全村村域范围内谷地适宜种植粮食，丘陵适宜种植茶叶与蔬菜，山地适宜种植竹子、林木，肖坊村可谓是"以山水为血脉，借烟云绘神采"。

村落端坐溪南，坐南朝北，三面环山，南面湘枯里地势高且山林屹立，是完美的天然屏障，可被视为村落的主山，北面远处又绵延着前三排，可被视为案山，九曲黄河水穿过山体之间，与村内蜿蜒的水尾溪交汇，村落格局呈双龙环抱的兜状。总的来看，肖坊村背山面水，坐实向空，是风水理念中所描绘的最佳宅址选择之一。在村东北端水口处，为了增强关锁的气势，设有龙华桥和文昌阁（图10-4-1）。

二、聚落布局

虽经六百余年变迁，包括清乾隆年间回禄之灾，肖坊村的山水格局、街巷布局仍得以保全（图10-4-2）。

肖坊村坐落于西南—东北走向的山间溪谷，山体南高北低且南山环抱状，谷地平坦，玉带环腰，自然环境十分符合传统村落选址山环水抱的风水理念。

肖坊村村落功能分区明显。张氏祠堂位于村落穴心，背靠山龙，正对水龙兜底。宗祠以东至古圳之间，为居住区，现存4座传统木构民居；居住区内坪头、七星街、赫巷、中心巷、伍头巷、水门头等巷路前后相接，回转通达。

宗祠东侧七星街、水门头等顺古圳而行，为肖坊村街巷水系一大特色。顺古圳而上的居住区东后隅，沿圳分布猪圈牛栏等生产性建筑。乾坤井周边即村头、村尾建造坛庙、学堂、书斋等公共建筑。张氏宗祠以西，良田百亩。

三、聚落风貌

闽中地区处于福建省腹地，地理位置中心，来往人群众多，迁移人口数量不断增加，就此便带来了原居住点民居形制、造型、营造技艺的特色，因此闽中民居呈现出多元建筑文化融合的现象（图10-4-3）。肖坊村地处山区，建筑顺应地势、依山而建，水尾溪环绕村庄，街巷系统复杂，肖坊村的传统建筑多数建于明末清

图10-4-1　肖坊村鸟瞰

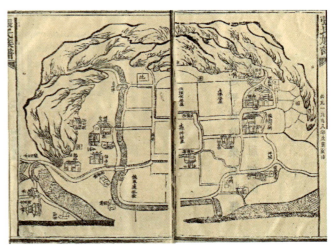

图10-4-2　肖坊村历史地图

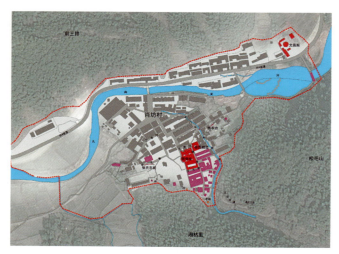

图10-4-3 肖坊村平面图

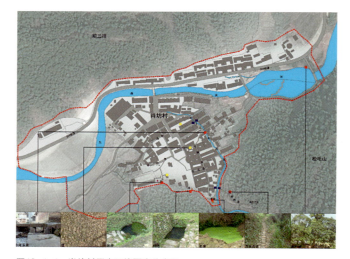

图10-4-4 肖坊村历史环境要素分布图

初,建筑类型多样,民居、庙宇、宗祠、牌坊等应有尽有(图10-4-4)。村中传统建筑历史悠久,集中连片,时至今日依旧保留着较为完整的明清古建筑群,完整地呈现了闽中山区明清时期的建筑风貌与艺术特色。其中有全县仅存三座的节孝坊和明代的祖屋大厝等别具一格的传统建筑,在闽中山地地区体现出建筑类型及建筑文化的代表性。目前为止,张氏祖厝、鸳鸯栋、张氏宗祠牌坊、节孝坊均已被列入第九批省级文物保护单位,文昌阁则被列入县级文物保护单位。

图10-4-5 肖坊村传统建筑

四、建筑特色

肖坊古建筑依山而建,村内一条小溪环绕村庄,巷弄交错。建筑在一个平面上,一字排开,尽显规模。肖坊古建筑多建于明末清初,且数量众多,古民居、牌坊、庙宇、古井、古桥应有尽有。建筑体量较大而色调朴实,外观简洁却内部雕梁画栋,显示出建筑与环境的完美融合。

(一)民居建筑

民居多为由门厅(含天井)、前厅(含天井)、中厅(含天井)、后厅(含天进和内廊)、后厢房及西侧厢房组成四合院,是研究闽西北地区古民居建造技术很好的实物依据(图10-4-5)。

(1)下厝张氏祖厝是一处明末清初古民居建筑。建筑坐北向南方向181度,通进深18米,通面阔12米,通高5.2米,总面积216平方米,平面呈长方形。张氏祖厝由门厅、正厅、后厅及两侧厢房组成四合院。据了解,张氏祖厝第一代始祖张祖民自有了肖坊村便有了张氏祖厝,为研究清代建筑提供了可靠的实物依据。

(2)"鸳鸯栋",又称土库坪张氏祖厝,美称"鸳鸾栋",位于将乐县大源乡肖坊村土库坪51、52号,是两处清代民居建筑。此对古厝坐南朝北方向165度,皆由门厅(含天井)、前厅(含天井)、中厅(含天井)、后厅(含天进和内廊)、后厢房及西侧厢房组成四合院,前、中、后座分别为单檐三开间楼房。其一:51号张氏祖厝通进深44米,通面阔23米,通高6米,总面积1012平方米,共39间。门厅为3开间,单檐硬山平屋,后院厢房为9开间。其二:52号张氏祖厝,南北长44米,东西宽23米,通高6米。门厅为3开间单檐硬山平屋,后院厢房为单檐9开间。两处古厝高平屋硬山,东西两侧组合马头墙,明次间穿斗结构,建筑规模宏大。

(3)董厝,位于将乐县大源乡肖坊村54号,是一处清代民居建筑。该厝坐南朝北方向180度,由门厅(含天井)、正厅(含后天井)组成四合院。南北长9.1米,东西宽12.8米,通高4.9米。门厅为3开间单檐悬山顶平屋,正座面阔3间4柱,进深4柱2间,6架梁穿斗砖木结构,设门厅,西侧边门设有厢房(2间设后门)。该建筑小巧玲珑,由外及内别有洞天。

肖坊村地处山区,局部区域坡度较陡,平整台地进深较窄,因此先民多在此处建造二层"一"字形长条形民居,以达到适应地势并且节省宅基地的作用。肖坊村合院式传统民居以一进至两进为主,三进较少,主要是由于山地地形的限制,山体坡度的增加使得平整台地的难度加剧,为了节省财力、人力,多数居民选择减小宅院进深来适应地势。民居整体遵循中国传统理念,呈现中轴线对称的格局,天井宽畅明亮,正厅明间作为全屋的核心位置,面向前、后天井开敞,承担着家族供奉祖先、婚丧嫁娶、宴请宾客的重要作用,同时又是整个家族的日常活动最频繁的空间,开间多为3至5米,进深一般用3柱或5柱,太师壁面前放置一个案几,上面一般供奉着神主牌,中间挂祖先画像或神明画像,摆放着供奉的食物、烛台和香炉,明间正中放置一个八仙桌以供日常生活使用,太师壁后方通常为杂物间,用来放置农具和农副产品。正厅次间多为主人卧室,面向明间和檐廊开门,开间多为2至3米,进深由各宅具体使用情况决定,多数宅院的房屋尺度较小。当民居正厅为二层建筑时,楼梯多数位于正厅次间前方,檐廊的尽端处,这样的设置方式,除了影响主卧的采光通风外,在其余家庭成员上楼时,影响主卧的私密性。但肖坊村传统民居这种尺度较小、布局紧凑的平面形式,是贴合闽中山区地形地势的设计。

(二)公共建筑

(1)肖坊张氏宗祠牌坊(又名上祠堂),位于将乐县大源乡肖坊村山坪脚下,是一处清代陵墓祠庙式牌坊,牌坊坐南向北,方向168度,为4柱3间三楼式,砖、石仿木架结构,面阔19米。其正楼、次楼中雕龙、狮、松、鹤、梅、菊、鸟等砖雕栩栩如生,十分精美,尤其是正楼中的上坊、下坊和上槛中的梅鹤图、松鹤图、双狮戏珠图、双龙门当等砖雕实是大气壮观,是研究闽西北地区牌坊建造和砖雕技术十分难得的实物依据,有着较好的历史、艺术、科学价值。

(2)节孝坊始建于清代道光十一年,道光皇帝为旌表肖坊村张嘉侃的妻子萧氏孝顺贞洁而立,牌坊为庑殿顶构架,用花岗岩建筑。檐下置石斗拱、石鼓、石阑额、须弥座,凿雕有精美的人物、书法等装饰图,是将乐县内仅存的三块节孝坊之一。

(3)八角楼又名文昌阁,位于肖坊村南侧。始建于清同治五年(1866年),原楼为3层8角建筑物,单檐尖顶筒瓦木构架,飞檐翘角,每层均有花窗回廊,窗棂轩敞。历经无数风雨,曾多次修建。楼内供奉佛像,是信友们祈求风调雨顺、国泰民安的心灵之所。

(三)结构形式

由于地处闽中地区,地形以山地为主,因此林木资源充沛，肖坊村传统民居建筑在结构形式方面以土木结构为主，大都是以本地的卵石、山石和泥土为材料，基本都采用木材做屋架，石块筑础，黄泥夯土筑墙，青瓦盖顶，民居承重结构通常采用穿斗式和插梁式的木构架承重形式（图10-4-6）。

孙大章先生在《民居建筑的插梁架浅论》一文中，对"插梁式"构架的定义有如下解释：承重梁一端或两端插入柱身，与抬梁式构架中承重梁放置在柱顶不同，与穿斗式的柱头直接承檩条，柱间不设承重梁，仅有拉结作用的穿枋也不同。由此看来，插梁式是融合了抬梁式与穿斗式的优点，插梁式木构架的基本形式还是基于穿斗式的，但从受力特征上看，吸取了抬梁式的做法，增加了梁的跨度，不是每根柱子都落地，使得室内空间变得开阔，是南方人民吸收了北方移民带来的抬梁式做法，结合当地特色进行的融合。

在肖坊村，民居正厅一般采用传统的穿斗式构架，即以木柱承檩，檩上架椽，屋面重量直接由檩传柱，再传至基础。利用穿枋和斗枋将纵向的柱子连接起来，形成一榀构架，再利用斗枋将相邻两榀构架组合，形成较为稳定的结构体系，整体性较强。穿枋与梁形态相似，但梁起到承重作用，穿枋仅有固定作用，因此，穿斗式构架省料、省工并且便于搭建。

发展到民国时期，木构架逐步简化，肖坊村开始出现搁檩造的民居，檩条穿插在两侧的夯土墙或砖墙上，直接由墙体承重，不仅施工技艺更加简单，同时节省木材，构架上的木雕装饰也随之简化。

（四）装饰艺术

传统建筑向来注重装饰艺术，肖坊村的装饰多采用石刻、木雕、彩绘，典雅别致，做工精细，内涵丰富，展现出独特的地域特色、地方营造技术和传统文化，同时表现了主人的官位品级、社会地位、经济实力以及美学素养，是乡土生活和民间风俗的缩影（图10-4-7）。

石雕多数表现在大型牌坊建筑上，张氏宗祠牌坊及节孝坊上都雕有精美的石刻，题材丰富、技艺精巧。民居内的石雕多集中于柱础之上，但样式较为简洁，可以看出位于山区的肖坊村石材资源较为匮乏，石材多用于地位较高的宗族性和纪念性建筑。

木雕是最为普遍使用的传统民居装饰手段，由于地处山区，杉木资源丰富且杉木抗弯、抗剪系数高，防腐能力强。因此，民居内的门、窗、牛腿、额枋等木构件多有雕花，雕刻技法多样，有浮雕、透雕等，以人物、

图10-4-6　肖坊村传统民居承重结构

图10-4-7　肖坊村建筑装饰艺术

山水、花草树木、鸟兽为题材，栩栩如生，具有很高的工艺美学价值。

彩绘一般使用在等级较高的建筑上，肖坊村中的彩绘便是主要体现在庙宇内，如文昌阁的梁枋、斗栱及屋脊之上。题材多以神仙神兽、风花雪月、花草植物等为主。彩绘除了其主要的装饰作用以外，还具有防潮、防风化等实用性功能。

第十一章

龙岩传统聚落

第一节 概述

龙岩位于福建省西部,即闽、粤、赣三省交界之地,通称"闽西",成立于1997年5月,北纬24°23′~26°02′,东经115°51′~117°45′,靠近北回归线,是海峡西岸经济区、全国革命老区、中央苏区的重要组成部分,也是福建省最重要的三条大江——闽江、九龙江、汀江的发源地。

龙岩界于武夷山山脉和博平岭山脉之间,地势由东北向西南倾斜,呈现东边高西边低的状态。南北向地质是由一系列走向南北的紧密褶皱、冲断裂带、变质带、局部隆起带及成群出现的构造裂隙组成;东西向地质是由东西向展布的地层、长轴状侵入体、变质带、火山喷发区以及一系列压性和压扭造成。龙岩地区崇山峻岭,但其水系众多,其中集水面积达到50平方公里的水系约有110条,主要来自汀江、九龙江水系、闽江沙溪和梅江水系四条水系。正所谓"四水渊汇几数百折,然后环绕而流汀"记录的正是龙岩地区的水系情况。

龙岩曾经是远古时代"古闽人"的天堂,是"闽越人"的祖籍地,河洛人的祖居地之一和"南海国"的国都所在地及其中心区域,是享誉海内外的客家祖地。龙岩有75%以上人口是客家人。龙岩是国家客家文化生态保护实验区,长汀被称为"客家首府",汀江被誉为"客家母亲河",永定客家土楼被列入世界文化遗产名录。客家文化和闽南文化在这里交融,孕育了龙岩人热情好客、勤劳开拓的品质。

先秦时龙岩地区地属百越,《汉书·地理志》注引臣瓒曰:"自交趾至会稽七八千里,百越杂处,各有种姓"。晋太康三年(公元282年)置新罗县,属晋安郡。唐开元二十四年(公元736年),置汀州,领原新罗地区分置的长汀县、黄连县、什罗县3县。天宝元年(公元742年),汀州改为临汀郡,杂罗县(新罗)改名龙岩县,黄连县改名宁化县,乾元元年(公元758年),复为汀州。

唐大历十二年(公元777年),龙岩县改属漳州。建州属沙县改隶汀州。漳州管辖龙岩、龙溪、漳浦3县。汀州管辖长汀、宁化、沙县3县。五代南唐保大六年(公元948年),划沙县归剑州。汀州管辖长汀、宁化2县。漳州管辖龙岩、龙溪、漳浦3县。宋淳化五年(公元994年),上杭、武平升场为县,属汀州。南宋绍兴三年(1133年),置莲城县。宋末龙岩县和龙溪县、漳浦县、南胜县、长泰县5县属漳州,长汀、上杭、武平、莲城和宁化5县属汀州。

元至元十五年(1278年),为漳州路、汀州路。元至正六年(1346年),改莲城为连城。长汀、上杭、武平、连城和宁化、清流6县属汀州路。龙岩县和龙溪县、漳浦县、南胜县、长泰县5县同属漳州路。明洪武元年(1368年),为汀州府,明成化十四年(1478年)置永定县,时长汀县、上杭县、武平县、连城县、永定县和宁化县、清流县、归化县通称"汀属八县"。明成化七年(1471年),置漳平县,明隆庆五年(1571年),置宁洋县。取"宁靖东西洋地"之意,"以东西洋皆安静为名",龙岩县、漳平县、宁洋县和龙溪县、海澄县、漳浦县、诏安县、平和县、南靖县、长泰县10县属漳州府。清雍正十二年(1734年),漳州府龙岩县、漳平县、宁洋县成立龙岩直隶州。清前期开始汀州府、龙岩直隶州均属汀漳龙道,驻地漳州府龙溪县,下辖漳州府、龙岩直隶州和汀州府。

从民国年间至中华人民共和国成立,龙岩曾作为中央革命根据地的重要组成部分,也曾一度作为"中华共和国人民革命政府"成立的督察区。1949年8月至11月,龙岩各县相继解放,并于1950年3月改称龙岩专区。

近代的龙岩是中国苏区的重要组成部分，作为长征的出发地之一，七个县（市、区）均为中央苏区县，享有"二十年红旗不倒"的赞誉。龙岩市还是毛泽东思想形成的初始地，在这里毛主席写下了《古田会议决议》《星星之火，可以燎原》等著作。可以说，这里的每一片土地、每一块石头都有红色文化的烙印。

第二节 永定县洪坑村

洪坑村是福建省龙岩市永定县湖坑镇下辖行政村，位于福建省西南部，闽粤两省交界地区。地理坐标是东经116°58′30″，北纬24°40′。该村距离永定县城凤城镇45公里，现村内有17个村民小组、749户、3000余人[①]。

洪坑村所在地区是典型的丘陵山地地貌，为玳瑁山、博平岭等武夷山余脉的延伸，自然条件差，人民较为贫穷。康熙《永定县志》载，"汀为八闽之末，永为汀八邑之末，俗俭而风朴，地瘠而民贫。犹是山川也，形胜虽甲于八鄞，而崇山复岭尚局于一隅"。道光《永定县志》记载，"闽中多奇山，而永定又在层峦叠嶂之内。其崔巍崛崎，有梯栈所不能至，毫素所不能述者。然而绵亘四周，若引若顾。其气苞而洩，涧泉交注，吞吐牵确，有奔雷飞瀑之势。盖地仅一邑，而万峰环列，百川灌输，未易缕指数"。洪川溪从北向南贯穿全村，最后流入金丰溪，两岸地势狭长，群山耸立，树木茂盛。当地地质构造属华南地台、华夏背斜的一部分。溪两侧的一级阶地下部以卵石为主，夹黏质砂土或黏土层，上部为灰黄色或黄褐色黏质砂土，夹砂质黏土或粉砂层。两岸河谷盆地以及海拔五六百米以下的山坡为土楼群和农田。

一、聚落环境

（一）建置沿革

洪坑村是林氏家族的聚集地，最早追溯到宋末元初（约1290年前后），林氏兄弟林钦德、林庆德从上杭县白沙村迁此开基，距今已有700多年的历史。明末永乐年间（约1403~1424年），洪坑村林氏六世林永崇开始兴建土楼，直至明代中期至清代初期，洪坑村的土楼建筑技术走向成熟，但仍较为简单，不讲究装饰。明末至清代（17~20世纪初），随着生产技术的提高和商业贸易的发展，洪坑村的烟草逐渐走出大山销往全国各地，产品在长江以南及东南亚各大商埠独占鳌头，为村民们带来了巨额的财富，从而为洪坑村土楼大发展积聚了雄厚的经济基础。随着经济的发展，土楼建筑的设计更加精巧，装饰更为华丽，规模更为宏大。清乾隆（1736~1795年）以后至近代，洪坑村涌现了一批具有代表性、蕴含丰富文化内涵的土楼建筑，如福裕楼、奎聚楼、振成楼等。除了独具特色的土楼民居建筑外，洪坑村还分布有天后宫、林氏宗祠、日新学堂等公共建筑，这些人工环境要素与自然环境要素共同构成了一个完整的土楼聚落[②]。

[①] 伊国鑫. 乡村旅游发展对永定洪坑村村民生活方式的影响研究［D］. 泉州：华侨大学，2018.
[②] 高雅玲. 福建土楼古村落景观保护研究［D］. 福州：福建农林大学，2012.

（二）聚落选址

洪坑村土楼聚落位于福建省西南部，博平岭山脉西麓。村落西侧矗立着海拔630.7米的笔架山，是村落最高的山，可以观看大溪、古竹、湖坑等乡镇。山上至今仍有"仙人踏石""笔峰樵唱"等景点。位于村落中部东侧的大坪山，山顶平旷开阔，面积约300亩，旧时为"平场试马"景点。山体西侧沿山脊下落成"龙颈乘风"景致。位于振成楼西南侧的对面山，最高处海拔444.3米，在山顶上可以俯瞰整个村落（图11-2-1）。

洪川溪自北向南从土楼聚落中纵贯而过，溪底遍布鹅卵石，溪水蜿蜒流淌，极具动感与活力。现状河床断面均宽约10米，常年水位均深近1米，常年水质清澈。村中部河床中有岛（河心洲）存在，长约50米，最宽处近30米，原为"双溪映月"之景源。今河心岛与东岸无水流相隔。约2000米长的洪川溪，原村口曾为舟楫通行的古渡口，今溪中多处礁石出露，航道已废。现今几处水深流缓的河段，仍是垂钓消闲的好去处，加上两岸花木丛生，多处礁石分布，正所谓："明月松间照，清泉石上流"，充满着诗情画意的静谧乡野之美。

图11-2-1　洪坑村土楼鸟瞰（来源：福州大学建筑与文化研究所 摄）

洪坑村与群山、溪流等构成了"山—村—水"相结合的聚落空间，与自然和谐统一，给人怡情舒展的感受。村落、山谷、林地、梯田等要素共同构成聚落中相对封闭和独立的空间单元，给人们的活动创造了丰富的空间层次，洪坑村土楼保存较好，年代久远，数量多，方、圆各具，依山就势，错落有致，与周围环境巧妙地融为一体，堪称"天地人"三界协调，生境、画境与意境高度统一的民居神奇建筑。村落与周边自然山水、独特的客家民居文化融合相生，孕育出了清新自然的田园风光和文化浓厚的乡土民俗，洪坑村也成为极具人文乡愁情怀的中国典型古村落的代表[①]。

二、聚落布局

风水中常说的"以山为骨架，以水为血脉，以草木为毛发，以烟霞为神采"的环境，就是一个典型的依山水生态而兴建聚落的人居环境。土楼古村落在建设过程中也受到了中国传统风水理念的影响，土楼建造之前都要相地立基，即看风水。村落选址讲究负阴抱阳，背靠龙脉，远有案山、朝山。水是生命之源，它不仅与人类的生活息息相关，而且能够形成丰富多彩的形态和景观，贯穿在村落的系统之中。福建土楼村落讲究"金带环抱"，这样的水环境是村落较好的选址条件，大多土楼村落都有溪流穿村而过，土楼建筑临水而建，沿溪排布，不仅生活便利，而且能够将水景尽收眼底。

洪坑村土楼聚落分布在博平岭山脉一带，这里地势复杂、地貌起伏，溪流潺潺、泉水汩汩，翠林竹海、林木茂盛，为土楼村落提供了有利的生态环境。土楼村落与自然的山岭、溪流、土坡有机地融合在一起。在长期的人与自然作用下，其布局呈现了以下的特性。

---

① 马腾. 基于地方性视角的乡村旅游开发研究［D］. 福州：福建师范大学，2015.

（一）趋水性

福建土楼村落的分布趋水性较强，多数村落临水而建，溪流穿村而过，使村落得水放水方便。由于村落大多是位于溪流边的坡地上，地势较高有利于污水的排放。在农耕时代，人们的生活和生产用水基本来源于自然水源，因此水源的分布情况是影响村落布局的重要因素。洪坑村位于山谷地带，东、西、北面群山耸立，围合出了一个相对独立的空间，洪川溪自北向南流淌，贯穿于村落中，形成了一个适合耕作和居住的良好生态环境。

（二）趋光性

古时村落的选址讲究"负阴抱阳"，村落的选址尽可能的布置在山坡的阳坡或者光线充足的地方。在以农业为主的时代，光照对村落的选择具有重要的影响意义：充足的阳光不仅有利于农作物的生长，而且有利于人们的身体健康。洪坑村依山就势地分布在洪坑溪两侧，建筑大多分布在溪流靠南侧地势开敞、阳光充足的地带。

（三）利于农业生产

村落是农村聚落的简称，是特定区域内农业人群长期生活、聚居、繁衍的空间单位。村落不仅包括村落本身，而且还包括人类的生产、生活等要素。在以农业为主的区域，农地的类型和面积直接制约着村落的发展。土楼村落地处山区，复杂的地形，起伏的地貌，影响村落农地的布局，从而影响着土楼村落的整体布局。

三、聚落风貌

洪坑古村落群山环抱，高低错落，自然起伏，背景林气势伟岸。山地起伏有致，山间的洪坑溪穿村而过，山中溪涧纵横交错，潺潺的溪声，悦耳动听、欢流跳动，整个村落景观格局优美。村落整体地形地貌自北向南延伸的山地村落、错落的建筑、蜿蜒的溪涧和山谷、大山、树林等形成了丰富的景观层次。洪坑村可谓是文化生态经典的自然村落，是一处地地道道的"世外桃源"。

从宏观尺度上看，东西两侧群山与洪坑古村落、洪坑溪等构成了"山—村—水"相结合的村落空间，与自然和谐统一，给人怡情舒展的感受。从微观上看，村落、梯田、山谷、林地等构成要素共同构成了村落中相对封闭和独立的空间单元，给人们的活动创造了丰富的空间层次，在这山水萦绕、碧水青山的古村落中，让人不禁驻足欣赏（图11-2-2）。

洪坑古村落是一个以土楼群为核心的土楼村落与周边自然山水，以及独特的客家民居文化融合相生的原生态文化园的典型，是一方活色生香的原生态客家土楼文化村。在村民多年的耕作下，孕育出了清新自然的田园风光和浓厚的乡土民俗。乡村野趣，民风淳朴，引人遐想，是人们求知和回归自然的好地方。

四、建筑特色

（一）建筑材料

土楼建筑用料简单，在闽西南山区可就地取材。洪

图11-2-2 洪坑溪鸟瞰（来源：福州大学建筑与文化研究所 摄）

坑土楼的主要建筑材料是生土、石料、木料、竹料、砖瓦、石灰等。其中，整座土楼用量最大是砂质黏土、石料、杉木。其他材料如砂、石灰、竹片、青砖、瓦用量相对较少。在洪坑人聚居的闽、粤、赣三省交界地区，这些材料取之不尽。

（二）建筑选址

洪坑人对选址颇为讲究。第一，要从实际需要出发。土楼的规模、占地面积应适应人口和经济实力的要求。土楼的建设既要满足当时人口的需求，又要考虑未来楼内人口膨胀问题。第二，尽量选择风水好的地方。洪坑村人看来风水好坏直接关系宜居与否，关系到家族的兴衰和未来的福祸。建造前要请风水先生到实地勘察，楼房要建在开阔、平坦、干燥的地方，同时位置相对要高以保证良好的视野。楼房的背后最好山林茂盛，若有溪水朝门口的方向流过是再好不过，象征财源广进，两侧要有山丘。实在没有合适的选择，也可以用人为的方式来制造风水，比如种上竹、木等，使土楼建筑与周边的自然环境协调。第三，要符合生产生活的需要。注重血缘和亲缘关系的客家人在挑选楼址时，尽可能地选择靠近本宗本姓居住地。防止在遇到困难或兵荒马乱之时无人援助照应。与此同时，也要考虑土楼能否带来生产生活的便利，如附近可有充足的水源、可有开垦的荒地、可有畅通的小道等。

（三）空间布局

土楼平面貌似单一均质，其实内涵丰富。客家文化地域的产物，大多是内通廊式的平面分配模式。洪坑村振成楼的平面布局受易经影响很大，其规整的方位暗合八卦，同时也巧妙地进行了合理的建造分区，使空间丰富多样，但不杂乱。周边四层高的住宅单元，以廊道贯通联系，并在适当位置布置四个楼梯，以通上下。内环两层紧缩于内部，中心形成内院，与外环形成八个大小不一的天井内院，这种内院区别于闽南单元式庭院，前者属于公共空间，而后者属于相对私密的空间（图11-2-3）。

土楼厚实的外围墙一般都至少一米厚度，从底部逐渐缩小厚度，既符合土墙建造技术要求，又具有经济性。其土墙需求土方量巨大，也能经得住各种攻击，这是外围防护的最佳选择，而内部环楼实体的墙体基本都是砖构。这种做法不同于古代城池围墙法。从经济性、技术性方面考虑，土楼外墙的厚度并不适用于砖构；从继承关系上来看，这种做法早已形成固定的模式，进而成为一种民俗。

（四）土楼类型

洪坑村的土楼千姿百态，类型繁多。按其外观分为四种类型，有方形、圆形、府第式和其他形状。

方形土楼，简称"方楼"，有正方形、长方形、"回"字形、"日"字形等多种形式（图11-2-4）。以单环式、三至四层的正方形土楼最多，少数高达五至六层。方形土楼四角规整，呈封闭式，天井为开放空间，楼的四向高度相同或后向比前面三向略高。永定现存方楼中，最古老的当属湖雷下寨的馥馨楼，约有700年的历史；典型而闻名的是高阪上洋的遗经楼；在洪坑，方形土楼有庆

图11-2-3　振成楼鸟瞰（来源：福州大学建筑与文化研究所 摄）

图11-2-4　方形土楼（来源：福州大学建筑与文化研究所　摄）

云楼、奎聚楼等。方形土楼在一条纵向轴线上，布置一系列楼堂厢房，组成主次分明、对称严谨的庞大建筑群体；以厅堂为中心组织院落，厅堂总是布置在中轴线正中，开间最大，装修最华丽，地位最突出；房间、厅堂都呈长方形或正方形，便于家具摆设，使用起来方便合理。全楼由走廊贯穿，宽敞的走廊连接着各厅堂。

圆形土楼简称"圆楼"。按其环数多少，可分为单环和多环两种。单环圆楼一般只有两三层，最高的五层，中间为天井（图11-2-5）。多环圆楼外高内低，楼中有楼，环环相套，环与环之间以天井相隔。最常见的为两环，如洪坑村振成楼。环数最多的高头承启楼，有四环，是现存最庞大、最完整的圆楼。圆楼也讲究对称分布，中轴线上分布主要建筑，有土楼的大门和祖堂，左右两侧对称分布着厢房与其他附属建筑。单环土楼内部为天井；多环土楼内部天井间以廊道相通，且与祖堂相连。两层以上的圆楼，均将梁架以向心圆方向挑出构成内通廊。

府第式土楼又称"五凤楼"，实际上是三堂屋与两横屋的组合楼房（图11-2-6）。府第式土楼层次分明，强调尊卑秩序。楼体正面为高2~3层的楼或单层屋，中座为主厅，后向为主楼。有明显中轴线，两侧为前低后高的横楼，相互对称，明显低于后楼。洪坑村福裕楼是府第式最标准的形式。府第式土楼前座楼设门厅，出口为大门；中座一般为主厅，是全楼公共活动的中心；后座主楼设厅堂，一般用于供奉神座。在中轴线上的楼屋以天井相隔，形成多个院落，以廊道或石碎通道贯通，天井两侧为厢房、回廊。土楼内部装饰追求豪华气派，强调建筑的排场。

除了上述类型外，洪坑还有许多富有特色的土楼。这些土楼因地形、条件或风水所限而建，有半月形楼、多边形楼等。永定客家土楼类型因而显得更加丰富多彩[①]。

图11-2-5　圆形土楼（来源：福州大学建筑与文化研究所　摄）

图11-2-6　府第式土楼（来源：福州大学建筑与文化研究所　摄）

---

① 刘慧莹. 闽西洪坑村土楼的形成与发展初探[D]. 北京：中央民族大学，2013.

第三节 连城县培田村

连城县位于福建省西部，武夷山南段东侧，是闽粤赣三省商品集散地和重要交通枢纽、厦门经济特区和闽东南金三角腹地。由两条国道、一条省道、四条县道贯穿所有乡镇。宣和乡位于连城西部，是古汀州府往连城、永安、龙岩的交通重镇，也是汀江上游朋口溪的发祥地，中间河源溪自北向南贯通全乡。无霜期长，坡地土壤肥沃，雨量充沛，气候温和，稻可三熟。

培田古村落建筑群位于冠豸山以西35公里，距319国道7公里，离所属的宣和乡政府3公里，在连城县西侧，面积13.4平方公里。河源溪穿过培田村。全村户数315户，人口为1435人。农业主要种植水稻，副业主要为经济作物和畜养家禽家畜。村落主要由高堂华屋、庙宇道观、书院、宗祠、牌坊和一条约千米古街组成，总面积7万余平方米。旧时，培田吴氏家族人口只有近百户，500人左右，但却有如此多的祖祠、书院、店铺，因此有"十家一书院，五户一祖祠，三家一店铺，一人一丈街"的美誉。

一、聚落环境

（一）建置沿革

培田是一个聚族而居的单姓村，聚落的形成与家族的发展密切相关，在吴氏家族兴起之前已有十姓居民，但由于当时人口稀少，各姓氏居民大多散居于林莽谷地之间，尚未形成村落的格局。

元至正四年（1344年），培田吴氏一世祖吴拔仕为躲避战乱由浙江南迁经宁化石壁来到宣河里，在宣河上篱见水口龟蛇交合就认定此处是吉地，于是向地主魏氏购得此地定居下来，并自名其乡为"吴家坊"，八四郎公成为培田吴氏的开基祖。

明朝前期，吴氏三世祖文贵公从家族中分支出来择地创业，于河源溪两旁的岗坡林莽之间购得赖姓家宅赖屋，并于此修筑屋舍，开垦基业，建立上头屋；文贵公后代六世祖郭隆遵从风水先生的指点，从上屋迁居于卧虎山下，建立下屋。这期间长达百年之久，吴氏子孙于此区域安家落户而繁衍开来的大部分都是郭隆公一支。原居上篱的吴氏族亲称松树岗后的田园为"背田"，而上头屋和下屋正好位于这一区域内，因此，"背田"成了这个小村落的总称。然而"背"字意义不佳，吴氏后裔取其谐音，改名为"培田"。"培"取培育子孙、厚德济世之意；"田"乃万物生长之根基。此后，"培田"一直作为古村落的名称而沿用至今，未曾更改[①]。

（二）聚落选址

培田古村落的选址表现形式为山环水抱、负阴抱阳和背山面水。山环有利于给村落聚气，水环主要是考虑了人们生活生产上的便利，"负阴抱阳"是村落选址考虑风水较为重要的因素，作为村落建筑朝向、通风的最佳选择是"背山面水"，其十分关注村落环境与建筑布局的有机协调（图11-3-1）。

在培田古村落的形成过程中，水是不可或缺的重要因素。便利快捷的水陆运输成为培田古村落当时经济繁荣的重要体现，促进了村落与其他地区的交流。"水如环带山如笔，家有藏书陇有田""前有朝山溪水流，后有丘陵龙脉来"，正是培田古村落形态的写照。培田古村落西侧靠卧虎山后山为龙脉，东紧临河源溪，村东面的矮山为案山，最远处的笔架山为朝山，怀抱中的明堂呈虾形，因而培田古村落建筑群因地制宜，选择以卧虎

---

① 于建伟. 福建省连城县培田古村落传统风貌研究 [D]. 西安：西安建筑科技大学，2010.

山为中心呈放射状布局。最终抵挡了夏秋台风的侵袭、寒流霜害，似五虎踞护，护佑培田古村落的一方安宁。培田古村落民居院落中轴线迄于卧虎山而止于笔架山，犹如自然生长一般，如果各自稍做调整，便会形成最佳的风水环境。故大门常有"斗山并峙""三台拱瑞"寓意龙脉、案山、朝山的横联。这样的风水环境吻合了中国传统堪舆理念，创造出了一个与山水天地融为一体、注重生活环境质量、自然和谐的人居山水环境。村中"三条水圳穿村过，三横五纵路网通"共同组成了一个健康、生动的有机整体。

培田古村落因河源溪而形成，其形成之初选择河源溪这种具有物质能量的带状水源，使得村落在建立初期就获得了良好的发展条件，为后来的生长奠定了坚实基础。既供培田古村落农田灌溉之用，又为培田古村落内生活所需。培田古村落不是由单体建筑的简单叠加，而是布局方式呈现组团的组织方式和发展趋势。培田的生长依然是依山就水、因势自然，有机且平衡地延续和发展。村民作为重要组成之一，有着共同的历史渊源、生活方式和生活背景等，因此，在这种大环境之下，他们的日常生活本身，已经达到了一种有秩序的整体性，村民这种统一和谐的生活秩序的演变，均成了培田古村落生成的法则。

二、聚落布局

培田古村落所处区域属中亚热带海洋性气候，雨量充沛，夏季无酷暑，冬冷无严寒，春季多雨，秋冬少雨。气候温暖，年平均气温在18.8℃，年平均日照1915.9小时，年平均降雨量1600～2200毫米，年无霜期282天。培田村又称为吴家坊，乃河源十三坊之一（图11-3-2）。河源十三坊地处福建省连城县与长汀县边界，包含河源溪流域的上百个聚落，自古以来便是相对独立的文化和地理区域。就地理环境的层面来说，河源溪流域属于印支地质运动所造成的宣和复背斜，由笔架山、石壁山、金华山、水碧寨、羊角寨、枕头寨等中山和丘陵三面环绕，河源溪从其间穿流而过。河源溪上游的连屋田溪、洋利现溪、五磜坑溪等支流形成于北部和西部的山区，汇合于培田村前的永济桥和万安桥

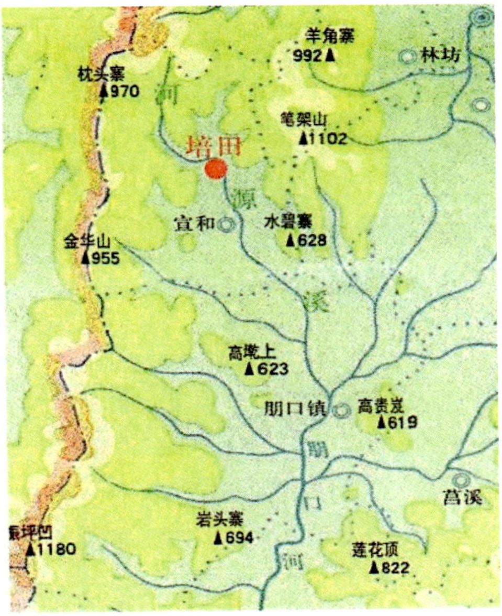

图11-3-1 培田村地形图（来源：于建伟 绘）

图11-3-2 河源十三坊（来源：于建伟 绘）

而后往东南方向缓缓流去，沿途汇集众多溪流而进入朋口河，最后于上杭县境内汇入汀江。从培田至朋口这一连串狭长的河谷盆地，溪流平缓，水源充沛，地形开阔，河源十三坊的主要聚落都分布于这一河谷地带。

"千峰环野立，一水抱村流"是对培田客家古村落地缘环境的生动描绘与真实写照。由金华山和枕头寨山两支脉组成的武夷山支脉石壁山盘跟在培田村西北侧，培田于此大山环抱之中，坐西朝东，村前河源溪环带穿流而过。独特的自然地理环境与客家民俗风水的结合，造就了培田客家古村落独一无二的风水格局。卧虎山上古树参天的始祖八四郎公坟山乃"虎头"之所在，吴氏宗族的祖屋就坐落于此虎头山麓；村北与南山书院相对的清宁寨为"左虎爪"，村南松树岗至文昌阁的山坡为"右虎爪"；升星村后的背山为"虎身"，赖坑源口至东溪公墓地一带的山脉为"虎尾"之所在；虎身怀抱中的培田村前明堂开阔，东面紧邻的河源溪为"玉带"；村东面近处的矮山为"案山"，远处的笔架山为"朝山"。整个培田古村落就坐落于猛虎盘踞的环抱之中，世代吴氏子孙据此得天独厚的聚居环境晴耕雨读、繁衍生息[①]（图11-3-3）。

图11-3-3 培田村鸟瞰（来源：福州大学建筑与文化研究所 摄）

三、聚落风貌

（一）空间形态

培田古村落的整体空间形态不仅包括村落本身，还包括村落周边的自然山水格局和附属建筑等。整个培田古村落枕山和环水的地形使得培田建筑群落呈现东西方向，村落朝向是坐西北、向东南，从而形成了一个生态健康及自然和谐的村落。

培田古村落主要是以居住建筑为主，沿千米古街有少量的商业建筑配套功能，小的集贸市场在培田古村落有设置，大的集贸市场基本在宣和乡设置；培田古村落内部有许多零散的家庭型农资和圈养建筑，现状的沿街建筑还包括一些商铺，这些不能满足培田古村落本身发展和旅游发展的需要；培田古村落建筑群落主要以"衍庆堂""大夫第"和"官厅"等为代表，这些建筑占地都在6900平方米以上，是著名的"九厅十八井"布局特征。"科学的布局规划、舒适安逸的功能和精湛的工艺"，法国一位建筑博士三次亲临考察之后，称赞培田古村落是"建筑工艺与科技的完美结合"。

（二）培田八景

培田古村落山清水秀、雾霭月蒙，加上牧耕童趣和寺庙钟声，形成独特的培田田园风光和山村韵味。明清时代的文人骚客吟诗作赋，始成培田八胜八景延续至今。中国古村落常以"八景"来命名村落的自然山水景观，"培田八景"在家谱上有记载。

历史上培田八景包括云霄风月、曹溪耕牧、魏野鱼樵、新福钟声、苦竹烟霞、崇墉秋眺、松冈琴韵和总道霄评，八景分别对应的实物景观是云霄风月（文昌阁即文武庙的前身）、曹溪耕牧（蛟潭）、魏野鱼樵（马头山庵）、新福钟声（南山书院）、苦竹烟霞（万安桥）、

[①] 刘世强. 福建培田客家古村落水系景观研究[D]. 福州：福建农林大学，2014.

崇墉秋眺（土楼场）、松冈琴韵（后龙山）、总道霄评（寨上）。经调查后，培田八胜现存的尚有南山书院、土楼场、万安桥、文昌阁、马头山庵和蛟潭，其余已无存。

培田八胜包括横墙、绳武楼（乐奄公）、关爷亭（文昌阁）、三台案（笔架山）、天坡楼（三纲寨、制高点）、下砂（松树冈、羊角坪）、土楼场（崇墉秋眺处）和南坑井。培田八胜调查后尚有横墙、松树冈、土楼场、绳武楼、三台案和文昌阁，其余已无存。培田八景基本为自然景观，培田八胜基本为人工景观。其中培田古村落大部分景观，在特定的地点仍可以欣赏到。

四、建筑特色

（一）居住建筑

客家非常著名的"九厅十八井"九厅是指门楼、下、中、上、楼上、楼下、楼背厅和左花厅、右花厅等九个正向大厅，十八井包括五进厅的五井、横屋两直各五井、楼背厅三井。这种建筑模式是客家人结合北方庭院建筑及南方自然地理条件特征，采用中轴对称布局，厅与庭院相结合而构建的大型民居（图11-3-4）。其厅、井布局合理，各有功用。上厅供祭祀、族长议事，中厅接官议政，偏厅会客接友，楼厅藏书课子，厢房横屋起居饮沐。它集政治、经济、居住、教育于一体，福建原省委书记项南说它是"客家人团结奋进的象征"。

"九厅十八井"是培田人对建筑规模的一种描述，形容建筑规模宏大，厅堂多，大井院落多，同时取"九"和"十八"两个民间认为吉祥喜庆的数字。目前村中较好的称为"九厅十八井"的住宅有30余座，其中大屋即官厅保存现状最好。"九厅十八井"式建筑由中央厅堂部分及横屋部分共同组成，即倒座、下堂、中堂、上堂。也有五进的，即上堂之后再建一座后楼。厅堂部分也不一定对称，而是根据地段的宽窄，建成一排或两排或三排横屋。长长的横屋在朝向内外坪和中央厅堂部分厢房的位置，通常隔成相对独立的侧院，如三进的宅子，每侧横屋可有三个院子；如四进的宅子，每侧横屋可有四个院子；如五进的宅子，每侧横屋可有五个院子。

（二）祭祀建筑

培田有不同类别与层次的宗祠，根据层次高低分为族祠整个家族的、房祠一个房派的。祠堂建筑是家族的重要礼制空间，不论是族祠还是房祠，最主要的功能是开展每年的祭祖活动。族祠与分房祠有等级差异。族祠是家族各祠中的最高等级，代表着家族的最高权力和利益，是全家族的祭祖场所。其基本功能有四点：祭祖场所、娱乐场所、宗族议事厅、家族法庭。培田的房祠虽多，平面形制却较为单一，只有大小和宽窄的差异。至于宅祠合一或由香火堂三代以下小房派升格为房祠的，其形制与住宅的大小、等级有关，是住宅的一个组成部分。也有整座住宅转为房祠的。培田村大小房祠较多，各房祠均由房长管理，小房祠基本服从大房祠，大小房祠服从族祠。房祠的主要职能为每年祭祀本房派的开祭祖、办红白喜事、过继子嗣和组织家族娱乐活动。

图11-3-4　吴家大院（来源：福州大学建筑与文化研究所 摄）

培田古村落单一用于祭祀活动而非居住的祠堂有衍庆堂、庵庙道观等。这些建筑大都是单一中轴线开敞的两厢以容纳聚集的族人，也有戏台这类公共建筑形式的出现。衍庆堂于清乾隆年间重修，是培田古村落吴氏家族总祠。

培田古村落的庵庙道观有两座位于村内，即文武庙和天后宫，非常有意味的是这两个建筑的选址一个在村口，另一个在桥头。在连城县通往培田古村落的道路上，跨越河源溪必须通过万安桥，才能进入培田古村落，天后宫屹立在桥头，远望着连城县方向，祭祀妈祖和保佑培田古村落远行儿女的平安（图11-3-5）。

（三）书院建筑

培田书院群落是培田古村落的重要组成部分。明朝成化年间，创办"石头丘草堂"，聘进士出身的谢桃溪，校园不大，但却是"开河源十三坊书香之祖"。南山书院，现名培田小学，从清顺治年到乾隆年期间，南山书院培养了多位秀才，其中有官到五品的，最高者达到三品。纪晓岚在此曾写下"渤水蜚英"题匾，成为培田古村落千块名人名匾之一。南山书院坐东南朝西北，空间组合为外通廊式布局，各房间由外通廊相连接，房间功能主要为教室。南山书院建筑结构为梁柱木框架结构，坡屋顶，以毛石、卵石为基础，木墙，地面为当地特有的"三合土"地面，镂花窗，饰有彩绘、石雕（图11-3-6）。

图11-3-5 巷道（来源：福州大学建筑与文化研究所 摄）

图11-3-6 院落（来源：福州大学建筑与文化研究所 摄）

第四节 连城县四堡镇

福建省连城县四堡镇古书坊建筑群是集起居生活、印刷作坊、教育娱乐等多种功能于一体的家庭作坊式建筑集合，是典型的"民居建筑+作坊建筑"的智慧结晶。作为清代南方最大的坊刻基地，它以规模恢宏的集群化生产，刻印了大量的图书，推动了汉文化的广泛传播。

四堡镇原系长汀管辖，宋时为永宁乡四堡里。自1951年始正式划归连城县，并一直延续至今。四堡镇是连城县内最北的乡镇，地处连城、清流、长汀三县交界处，南邻北团，西接长汀，东部和北部倚靠清流。其境域北抵里田、草坪，西至庄下、枫花园，与归仁里接壤，西南至龙头坊、义家坊、石背，南至到湖、小石背、蕉坑、大坑源，东至鳌峰山，东南抵驴子岭，东北至鱼龙岗、极下，包括今清流、长汀、宁化、连城相邻的部分地域，共200余平方公里（图11-4-1）。目前四堡镇下辖8个行政村，共有9个姓氏（邹、马、吴、杨、包、李、张、严、赖），其中以邹、马姓氏为主。四堡古书坊建筑群主要分布于中南、四桥、雾阁、田茶四个行政村，原有书坊堂号共60多个，现存明清时代书坊遗址80余处，国保单位51处，除了有省级文物保护单位林兰堂、碧清堂、文海楼等，还留有文物古迹，有清代玉砂桥、六祖庙、雾阁邹公庙和众多的印刷工具及雕版，是我国明清时期四大雕版印刷基地保存比较完好的雕版印刷文化遗址。1999年四堡被省政府公布为"省级历史文化名乡"。2001年7月，四堡古书坊建筑群被国家文物部门列为"国家重点文物保护单位"，其雕版印刷工艺亦被福建省人民政府列为"第一批非物质文化遗产代表名录"（图11-4-2）。

关于四堡镇雕版印刷业的起源众说纷纭，其中"南宋说"认为据南宋末年《古灵先生集》《嵩山集》等书籍署名"临汀郡斋"刻，清杨澜所著《临汀汇考》有"汀版自宋已有"的记载，可知其雕版印刷历史可追溯至宋代。在明代，随着商业手工业受到重视，四堡地区商品经济开始萌芽，在马屋片区的马训与雾阁片区的邹学圣两位先人的推动下，四堡书坊借助其地域环境、经营方式开始逐步发展，发行队伍日益壮大。在清代进入鼎盛时期，郑振铎先生曾将四堡与北京、汉口、浒湾并称为清代四大印刷基地。其印坊鳞次栉比，书楼林立，出版物行销全国，《范阳邹氏族谱》中记载了相关内容："吾乡在乾隆时书业甚盛，致富者累累相望"，"开坊募样，集书版充栋，致资倍饶，若素封者然"，"各书坊一广镌古今追编，布请海内，锚林所积，饶若素封"，可见当时雕版印刷行业的盛况。

一、聚落环境

四堡镇选址于山清水秀、环境宜人的藏风聚气之场所，形势合乎中国传统风水观念在村落选址中所追求

图11-4-1 四堡镇范围（来源：李婷 绘）

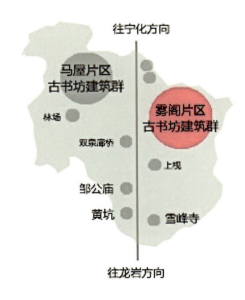

图11-4-2 古书坊建筑群区位示意图（来源：李婷 绘）

的"理想空间模式"之思想。其中马屋片区西、北两面以南山包绕,东部玉沙溪由南往北弯曲流淌,上建小桥数座,以村北玉沙桥最具文物价值,古树参天、风貌古朴、形态美观、韵味淳厚;雾阁片区东、南、北三面群山环绕,北临梧桐岗,东倚鳌峰山,云雾缭绕、风景秀丽,南北两"龙溪"自东向西流淌,如曲折飘逸的丝带,汇聚于雾阁村东成"雾阁溪"。总体来看,四堡古书坊建筑群东西两面环山,溪流贯穿其间,村外农田纵横,一派田园风光。这种环抱有情的自然环境与依山就势的聚落形态营造出舒适、宁静的居住环境与安全、亲切的居住氛围,适应了人们对住居空间的物质与心理需求。

二、聚落布局

四堡镇居住点由集镇区和外围村庄所组成,从区域角度看,集镇区主要由马屋片区(中南、四桥)、雾阁片区(雾阁、田茶)两个部分组成(图11-4-3、图11-4-4),分布于镇域中部和北部地区,而东西南面为山地丘陵地区,村庄数量少。从空间上看,位于镇域中北部地区的村庄呈均匀分布状,村落之间既相互联系,又相互独立,村落存在于大片平原型农田之中,农田局部区域被村落所分割。而在山地丘陵地区,村落以散点分布为主,布局较为分散。

四堡古书坊建筑群之间的大街小巷多依势而建,曲直随意。两侧建筑前后错列,上下参差。街道纵横交织呈网状结构,较宽的约3～4米,窄的一般为2米左右,最窄的不到1米(图11-4-5)。空间尺度或高狭深邃,或低矮曲折。此外,在临水、靠山等地坪落差较大的地方,还以石阶、夹道等形式作为通道,更是增强了巷道空间的趣味性与实用性,营造出古朴厚重、宁静安详的居住氛围。古书坊建筑群的布局结合河道水系分布,以马屋片区尤为明显,玉沙溪蜿蜒流淌,建筑沿河排列错落有致(图11-4-6),除了风水因素、日常生活用水之外,一方面为防火需要,另一方面便于雕版印刷生产中洗刷物具、取水调墨。两个集中片区没有明显的对外出入口,而且内部道路多曲折无序。究其根源与内在思想,可以说是中国传统聚族而居意识形态的一种反映模式。

三、聚落风貌

四堡镇传统建筑类型较多,包括普通民居、古书坊、祠堂家庙等,整体保存数量多,分布范围广,风貌质量参差不一。古书坊建筑大多数是在明清时期建造,

图11-4-3 马屋片区概况(来源:谷歌地图)

图11-4-4 雾阁片区概况(来源:谷歌地图)

图11-4-5 马屋片区街巷（来源：福州大学建筑与文化研究所 摄）

图11-4-6 马屋片区玉沙溪与玉沙桥（来源：福州大学建筑与文化研究所 摄）

是雕版印刷产业的物化表征，主要集中在马屋片区与雾阁片区，两片区局部风貌较为完整，体现出依山就势、临水而居的特点；建筑布局自由灵活，多沿街面水进行布置，形成以东西向道路为主道，多条南北向小街巷串联的街巷格局。但文物单位、历史建筑和传统风貌建筑存在不集中连片，局部风貌受新建建筑影响较大等问题。

雾阁片区文物建筑集中区：北至北龙溪北边界，西至子仁屋西侧巷道，南至南龙溪南边界，东至素位堂东侧巷道，具体界线以保护区划图为准，面积约13.35公顷；分散遗存点"以文阁"：以建筑本体的墙基边界为界，面积约0.55公顷。马屋片区（中南村、四桥村）文物建筑集中区：北至玉沙桥往北20米处，其余边界以农田、玉沙溪、街巷、建筑本体的边界为界，具体界线以保护区划图为准，面积约11.2公顷；分散遗存点"马援庙"：北至养老院北墙，西至马援庙门前空场西界，南至农田边界，东至马援庙建筑本体东墙，面积约0.28公顷。

四、建筑特色

四堡古书坊建筑平面格局、建筑结构、色彩装饰，无不体现着闽西客家民居所特有的时代特征与地域特色，无不传承与记述着四堡雕版印刷家庭作坊别具一格的建筑语汇。

（一）平面格局

单体平面往往以堂屋居中，以正厅为中心，形成"回"字形布局。由门楼场院宇坪、包绕围屋、木构屏风、居中厅堂、两侧横屋、大量天井等组成，布局紧凑，秩序井然。堂屋作为纵向扩展的单元模式，最小的组合形式便是四合两堂式，较复杂的则在中轴线上布置前堂、中堂、后堂，又称为"重堂递进"，在横屋的横向扩展，在厅堂主体两侧或一侧加横屋（即辅弼屋），一列一列对称铺设。规模小时单侧布置横屋，规模大时可布置多路横屋，以侧天井以供采光通风需要，厅堂与横屋、横屋与横屋之间大多以巷道联系，形成三堂两横式、三堂四横式等布局（图11-4-7）。

（二）建筑结构

四堡古书坊建筑大多采取外砖内木，下砖上土，外刷白灰的构筑方式（图11-4-8）。这既是因地制宜、就地取材的做法，又适应了闽西地区温热潮湿、终年多雨的气候特征，具有防潮功能。同时，还可以针对古书坊印书藏书的特殊功能，提高防火、防盗性能，具有相当的合理性与极高的科学价值。

（三）色彩装饰

建筑色彩以青砖、白墙、黑瓦为主，色调淡雅、风格纯朴，给人以清新自然、古朴淳厚、高雅文静之感。材质肌理粗犷与细腻相衬，雄伟与巧致兼及，给人以粗中有细、憨实亲切、典雅大方之感。四堡古书坊建筑所包含的雕塑、雕刻、绘画、书法等都体现出多姿多彩的艺术特色，呈现着四堡先民所追求的文化品位与儒雅气质。门楼是整个建筑的核心出口，维系着整个家族的大统一，同时宗族礼法制度划分了门楼不同的等级形制，四堡书坊建筑中大多以"八"字形石构门楼为主，也有少量"一"字形石构灰塑门楼。四堡印刷家族都有其自己的堂号，门楼上或题有相应的堂屋名号，如"中田""山光入户""云峰拱秀"等彰显了高雅的文化艺术，顶部鳌头饰以龙、凤、麒麟、狮子等，两侧刻绘花鸟虫鱼、山水人物等形象装饰，具有浓厚的文化底蕴；门楼两侧撰有表达吉祥、幸福、安宁、富贵等美好愿望的对联，凸显着乐观向上的精神面貌（图11-4-9）。

（a）天井

（b）堂屋空间

（c）横屋空间

图11-4-7 建筑内部空间（来源：福州大学建筑与文化研究所 摄）

图11-4-8 细部结构（来源：福州大学建筑与文化研究所 摄）

（a）山光入户

（b）菁华绕境

（c）挹秀

图11-4-9 书坊门楼样式（来源：福州大学建筑与文化研究所 摄）

第五节　新罗区竹贯村

竹贯村坐落于万安镇西北部，约北纬25°49′，东经116°97′，东临环坑村，南接梅村，西连莒溪镇，北面与连城县的赖源乡交界，距万安镇25公里（图11-5-1）。竹贯村地处丘陵盆地，竹贯盆地海拔800米，盆地被一条自北向南的溪流分成东、西两个部分，竹贯村位于竹贯溪中游，被这潺潺不绝的溪流哺育了千年。

竹贯村山林竹木资源丰富，成就了竹贯村优异的造纸工艺。打浆、筛选、过滤、裱褙、烘焙等造纸流程清晰规范；生产的土纸种类也甚是丰富，有草纸、玉扣纸、毛边纸等；土纸的质量也越来越优良。清代乾隆年间至道光初年是竹贯手工业经济发展的鼎盛时期，据调查，此期间从竹贯销往外地的各类土纸年均有六千多担，最多时能达到八千多担，同时也为著名的连城四堡雕版印刷提供了优质的纸张。

图11-5-1　竹贯村区位图（来源：汤梦思 绘）

一、聚落环境

（一）建置沿革

竹贯村在两千多年前已有人类活动。晋太康三年（公元282年）始，龙岩逐渐成为闽西一个重要的人口聚集地，竹贯人口亦随之增多。元至正元年（1341年），温氏先人由江西石城迁于宁化石壁村又辗转来到竹贯定居，此后陈、李、滕、赖、黄、郭、廖、邓等8姓氏相继迁入竹贯，至明末竹贯已成为龙岩的重要村落。明清时期，竹贯村改称为横坑社，其商贸地位凸显，沿河开辟了长约1200米的长街，设置公馆，广开商埠，是各路商家北上闽中，南下闽南的重要商旅集散地，也正是由于当时作为重要的交通枢纽，竹贯村村名的"贯"字便由此而来。1929年6月，在红四军第三次攻克龙岩城后，以龙岩、永定、上杭三县为中心的闽西革命根据地初步形成。由于竹贯村是龙岩通往闽中地区最为便捷的通道，7月中旬，朱德率领第二纵队一部进驻竹贯村。现存在竹贯村墙上的标语，正是当年红四军在竹贯村活动的真实反映。

（二）聚落选址

竹贯村位于竹贯盆地，四周为国家A级自然保护区——梅花山所环抱，山体高低起伏，群山连绵，为竹贯村形成了独特的自然保护屏障。竹贯村被誉为"大山深处里的一颗明珠"，这层峦叠嶂阻隔了凡间喧嚣，尘世纷扰，给竹贯村带来了安稳与静谧。眼观满山绿屏，耳听流水潺潺，形成了一幅山、水、村、园的优美画卷，景致宜人，赏心悦目。竹贯村西部有一座卧牛山，与其说山体与村庄紧密相连，不如说村庄倚靠着山体，能够满足人们"以山为依托"的风水理念，可达性好，是村落整体风貌格局的重要组成部分（图11-5-2）。

竹贯溪源于竹贯村与连城赖源交界处的海拔高1503.9米的蜈蚣山，河道蜿蜒，水质清澈，水流平缓，并由北向南贯穿竹贯村。竹贯村因竹贯溪而具有优越的水资源条件，使倾向于"临水而居"的竹贯先民在此定居，成为竹贯古村传统聚落的聚居点，竹贯溪也成为竹贯古村传统聚落形态的重要脉络。聚落民居临溪而建，依托着竹贯溪呈现出带状的平面形态，受到竹贯溪的控制，聚落总体规模较小，内部建筑分布密度较大。另一方面，竹贯溪作为居民日常生活洗衣洗菜、灌溉、聚集、交流的主要场所，连接两岸居民的桥梁更成了村民们交流、休憩的重要场所，使竹贯溪成为聚落内部日常生活和经济生产的命脉。

（三）风水格局

竹贯村充分展现了传统风水理念对聚落总体布局的影响，实现了人与自然和谐共生的理念。聚落坐落于群山环抱之中，村西卧牛山为聚落屏障，竹贯溪由北向南贯穿村落将聚落内部各居住组团相互串联，是聚落总体格局的主轴与灵魂。聚落内以温姓居住组团为首，组团西北倚着卧牛山，以山坡为牛背、宗祠为牛肚，民居拟牛身、牛尾围绕着温氏宗祠呈放射状布置，加之东南临竹贯溪，具青龙蜿蜒之形，构成了"形势理气"极佳的聚落形态与风水景观。在竹贯村的水口处，为了增强关锁的气势，设有一座廊桥。另外，在这富有灵性之地，还设有观音庵、积灵宫、关帝庙，都表现出人们对此寄托的生死与前程的希望（图11-5-3）。

二、聚落布局

竹贯村传统聚落布局除了受山水地形（含风水）等因素的影响，还在人文意识形态的影响下表现出相应的逻辑特征，呈现出聚族而居、内部均质的聚落布局形态。

（一）聚族而居

宗族是以各家庭内父系血缘关系为联系的世代聚居扩展而成的共同体。由于宗族在经济实力以及社会功能方面超越了家庭，共同的利益使同一宗族成员对这一血缘共同体产生了高度的认同感，并形成了强烈的宗族意识，产生了为宗族成员所固守的宗法礼制。客家人民在世代传承的宗法礼制下形成了特定的生活秩序，保证了村落建设的稳定性，对聚落环境整合、总体布局形式以

图11-5-2 竹贯村鸟瞰（来源：福州大学建筑与文化研究所 摄）

图11-5-3 竹贯村聚落形态（来源：汤梦思 摄）

及建筑空间营造等方面都起到了巨大的作用。因此，受宗族制度影响下的聚落形态通常显示出更大的封闭性、稳定性以及对传统的延续性。竹贯传统聚落主要由温氏、邓氏两家族构成，位于卧牛山东麓的温氏宗祠和位于村落东北角的邓氏宗祠（南阳堂）分别是各自居住组团的核心，其他居住建筑环绕着宗祠呈紧凑形式向其周边扩散发展，其中体量稍大的民居为独栋院落，体量较小的建筑三五环抱。同一宗族居住组团内部没有明显的分界线和街巷体系，整体上形成了"聚族而居，宗祠为心，融合山水，散点布置，自由紧凑"的内向型空间形态，表现出强烈的凝聚感。

传统农耕经济模式所固有的生产自我满足和非流动特征决定了传统聚落必然会高度封闭，因此，除了拥有血缘关系的宗族以外，因在同一地域共同生活而建立起的地缘关系就成为传统聚落所具备的另外一个非常关键的社会关系。竹贯聚落的温氏和邓氏家族就是构建在这种关系之上的邻里关系，人们对村落里地缘性的区域性共同体的认同感构筑了聚落内部社会特殊的联系纽带，这种联系具体表现为：对聚落以外的人，竹贯以地缘共同体与之相辨认；对聚落内部的人，人们以血缘聚居地与之相辨认。竹贯作为多姓氏宗族聚落，其之间必然存在着竞争和协作的关系，当以血缘关系作为辨认时，各宗族间相互竞争；当以地缘关系作为辨认时，各宗族间便相互协作。温氏与邓氏两宗族相比较，由于温氏先于邓氏迁至竹贯且宗族规模较为庞大，在竹贯整体聚落空间形态上形成了以温氏宗族聚居地为主要组成部分，并以温氏宗祠作为聚落核心的布局形式，但邓氏宗祠作为其居住组团核心也形成了一定范围内内向围合的空间形态。

（二）内部均质

着眼于竹贯村的内部形态，相似的民居规模以及结构布局，表现出聚落内部的高度均匀性。首先，家庭人口与其生活和生产方式直接反映出民居的规模与构成方式，因此聚落内部形态均质性特征脱不开家庭因素的影响，其缘由具体表现为自我满足的生产模式将家庭人口的数量控制在较小的范围。其次，由于土地高度集中，使聚落内部社会分化程度较低，各家庭经济实力旗鼓相当，从而造成了聚落内部民居规模相近且规模较小，布局方式类同的形态特征。

聚落内部经济状况低水平均匀的另一个反映在于建筑类型单一，竹贯聚落内的民居大都为庭院式建筑，而这恰恰进一步地说明了聚落内部形态的均质性。需要指出的是，虽然造纸业的发展在一个较长的时期内给竹贯带来了繁荣的商贸活动，但这并没有改变聚落内部建筑类型单一的特征，商铺都混杂在居住建筑中，尚未形成一种纯粹意义上的商业建筑类型。

三、聚落风貌

（一）街巷纵横

竹贯溪水量丰沛，由于水系对于居民的生产生活具有重要作用，亲水性促使人们将聚落依水而建，形成"缘水成街"，因此，竹贯溪对于竹贯村街巷的形态必然产生重要的影响。随着河道的蜿蜒曲折，主要街道平行于竹贯溪，也表现出舒缓弯曲。

竹贯古村东岸居住组团和西岸居住组团紧邻着竹贯溪，沿着溪流两旁布置的道路分别将两个组团内部的街巷系统串联，呈现出鱼骨状的线肌理形态。一般鱼骨状道路肌理只有一条主街作为骨架，而竹贯聚落由于被竹贯溪穿越，温氏居住组团被一分为二形成东岸、西岸两个组团，因此竹贯溪两侧的道路分别作为两个组团的主要街道，共同构成"鱼骨"的主轴，并且主轴顺着河道蜿蜒曲折，表现出曲形。随着时间的推移，民居越造越多，道路也不断地由"鱼骨"处衍生，东岸支巷向东向伸展、西岸支巷向西向伸展，鱼骨状的线肌理形态也越

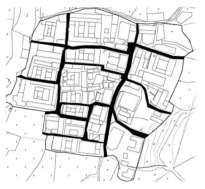

图11-5-4 东、西岸居住组团（来源：福州大学建筑与文化研究所 绘）

图11-5-5 邓氏居住组团（来源：福州大学建筑与文化研究所 绘）

来越丰富复杂（图11-5-4、图11-5-5）。

邓氏居住组团位于竹贯古村东北角，组团西侧虽也与竹贯溪相邻，但是与河岸相邻的街道并不具备组团主街的地位，而组团内部街巷横纵交错，呈现出网络状的线肌理形态。邓氏组团的街巷网络并非典型的经纬分明式的网络状街巷形态，受到复杂地形的影响，该组团内的街巷更倾向于顺应时而平坦、时而起伏的地形，从而呈现出不规则的网络肌理形态，这种组织复杂的肌理相较于规整的网络肌理，更显得密致细腻、独具魅力。

（二）景致错落

竹贯的景观构成可以从宏观整体景观和微观特色景观两个角度进行分析。

山峦、河流、植被等环境要素与村落共同构成了竹贯村的整体景观。村落傍山而建，人们临水而居，山为裳，水为佩，小小竹贯深藏山中，与山水共生，与日月同辉。村落柔和的轮廓与随性的大自然相得益彰，和谐的环境营造出一种恬静、悠然、安逸的生活氛围。村落内参天的古树名木与阡陌纵横的田野为景致宜人的竹贯又增添了一份生机盎然。

建筑和桥梁两个主体构成了竹贯村的微观特色景观。村内传统风格的民居建筑群，泥墙青瓦鳞次栉比，屋顶绵延更迭、错落有致，筑于高处台地的宗祠建筑以及村口的寺庙宫祠等公共建筑古朴大气，精美别致，真实地记录了闽西传统建筑文化特色，反映出聚落于明、清至民国以来历史的发展演变。河流作为竹贯村落形态的重要脉络，建于河流之上的多处桥梁成为竹贯特色景观的点睛之处。竹贯溪上共横跨着六座具有重要历史价值的桥梁，从北至南依次为安定桥、清溪桥、观鱼桥、永定桥、双合桥、保定桥。其中，保定桥和双合桥为传统石桥，安定桥与保定桥以廊桥的形式存在，造型美观，技艺超群，蕴藏着丰富的民俗文化内涵，展示出独具特色的地域文化景观。

四、建筑特色

（一）民居建筑

1. 主厝

主厝是合院式民居的核心部分，从横向维度上看，竹贯村合院式民居普遍采用三开间或五开间两种形式，其中五开间是最大的传统民居开间等级。从纵向维度上看，竹贯的传统民居属于院落式民居，即由一个进深组合成坐落，两个坐落再围合成院落。竹贯村院落式民居的主厝有两种规模：一种是最小的横向等级——三间张，与最小的纵向规模——两坐落，构成最小的主厝，称为"三间两落厝"，如温道修故居。另一种是纵向维度不变，将横向维度的三间张扩大为五间张，称为"五间两落厝"，如温兆凤故居。

2. 护厝

竹贯村传统民居均采用双护厝式，形成主厝居中，两侧护厝相护的具有主从关系的中轴对称格局，但当周边地形对双护厝的布局产生限制时，则会出现非严格对称的形式，这也成为当地民居的特色之一。

护厝平面为内外两个开间，外侧的开间被隔成六个间，称为"护厝间"。内侧开间设有天井，用于解决护厝间采光、通风散气，并设置廊道以解决交通问题。护厝天井被三条横向的通廊所分隔，位于护厝主入口的通廊被称为"护厝头"，位于护厝后门处的通廊被称为"护厝尾"，位于两个天井间的通廊又称为"亭子头"，护厝头其实是护厝的门厅，在门厅南侧立一面墙，将护厝内部空间与外部空间区分开，使之内外有别。

3. 围龙屋

竹贯村由于地形环境的限制以及宗族礼制关系的影响，当地的围龙屋有别于典型围龙屋大圆形、两堂二横一围龙或三堂二横一围龙等多种严格的形式。但是，从其围合的整体形态来看，仍然体现了客家文化团结、"天人合一"、宗族礼制的思想（图11-5-6）。

（二）祠堂建筑

竹贯村宗祠建筑的选址严格地遵循了中国的风水理念，在客家传统风水观里，"化胎"被誉为是藏风聚气的风水宝地，象征着安稳、平和。客家风水文化"山长人丁，水长财"观念，对化胎风水宝地的重视，表现出客家人对百子千孙、代代相传的期望。竹贯村温氏与邓氏家族的两座宗祠都倚靠着茂密葱郁的风水山而建，邓氏宗祠倚着背头山（图11-5-7），温氏宗祠倚着卧牛山（图11-5-8），山形呈半月形，宗祠像是孕育其中，化胎饱满丰腴，支撑着宗祠，为宗族的繁荣昌盛带来护佑。

宗祠建筑的平面布局与当地传统民居的平面布局大体相似，整体形制也由两个坐落围合出天井，形成合院式建筑，但是由于功能的不同也具有一定的变化。

（三）庙宇建筑

竹贯村的庙宇建筑主要有三座，分别为积灵宫、观音庵和关公庵，集中位于村口的溪流沿岸处，均为单殿

图11-5-7　背头山（来源：福州大学建筑与文化研究所 摄）

图11-5-6　竹贯村围龙屋（来源：福州大学建筑与文化研究所 摄）

图11-5-8　卧牛山（来源：福州大学建筑与文化研究所 摄）

式建筑，平面布局简洁，是各种庙宇的原型，建筑主体主要由正殿和通廊两个部分组成。

"月池"位于庙宇建筑前端，人们为了满足风水观念中对水的青睐而人工挖掘的风水塘，由此可见水作为风水宝地的必要因素对庙宇建筑的重要影响。竹贯溪赋予了竹贯村庙宇建筑天然的风水宝地优势，观音庵位于将竹贯溪一分为二的江心洲之上（图11-5-9），关公庵也面朝着竹贯溪布置（图11-5-10），庙宇建筑面前的竹贯溪流一方面能够满足风水观中对水的需要，另一方面也能体现万物生灵皆源于水，佛家"慈悲为怀，体念众生"的心怀。

正殿是竹贯村庙宇单体建筑的最核心以及最居中的空间，可以分为前后两个部分：后半部分依据各庙宇供奉的神灵分别设置神像、牌位并在前方设置摆放香炉、祭品的神案，是置放神龛的区域；前半部分主要是供人们祭拜、祈福，是用于祭祀活动的区域。竹贯村庙宇建筑的正殿面阔和进深为6～8米，呈方形（图11-5-11～图11-5-13）。

图11-5-9 观音庵（来源：福州大学建筑与文化研究所 摄）

图11-5-10 关公庵（来源：福州大学建筑与文化研究所 摄）

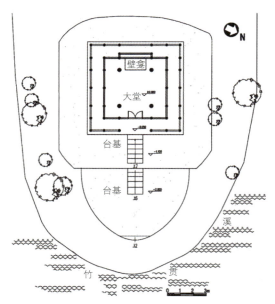

图11-5-11 观音庵平面图

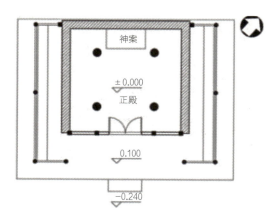

图11-5-12 积灵宫平面图（来源：福州大学建筑与文化研究所 绘）

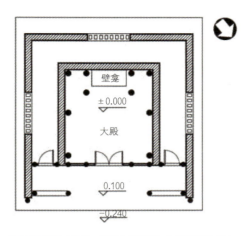

图11-5-13 关公庵平面图（来源：福州大学建筑与文化研究所 绘）

（四）廊桥建筑

竹贯村有两座廊桥，一座是位于村口的保定桥，又称"风雨桥""浪门金锁"（图11-5-14）；另一座是位于村落北端的安定桥，又称"界福桥"（图11-5-15）。据桥梁的结构，保定桥和界福桥用块石砌筑成拱状，并以石块砌筑形成桥面，其适用于跨度较小的溪流，具有较强的抗击风雨冲击和洪水洗刷的能力。据廊屋造型，竹贯村保定桥和界福桥为歇山顶廊桥，保定桥有五层屋顶，界福桥有三层屋顶，屋面层层叠叠，屋角微微起翘，蕴含着浓郁的地方传统文化特色。据空间形式，竹贯村廊桥两侧的空间围合既不是完全开敞，也不是完全封闭，廊屋下部有木栏杆阻隔，上部有风雨披檐遮蔽，廊屋内部空间与外部空间具有半通透性，风景若隐若现，属于半封闭式廊桥类型。据使用功能，竹贯村的界福桥是综合功能型廊桥，它是连通竹贯溪东西两岸居民，也是联结温氏民居组团与邓氏民居组团的重要交通要道，除了具有重要的交通功能以外，还兼备着居民休憩、集会等多种功能。农闲、饭后，周围的居民都会不约而同地到界福桥上乘凉、聊天，这里逐渐成为居民重要的休闲场所，成为紧密联系乡村邻里情感的重要载体。与界福桥相比，保定桥承担的交通、聚会功能要小得多，其位于竹贯溪下流，建于溪流之上有把住水的说法，处于山坳之处又有把住风的说法，因此保定桥的出现是为了把住村落的风水，留住财富，属于风水需要型廊桥。另外，桥上还供奉着多座神灵神龛以期保佑村落安泰富裕，风调雨顺。

图11-5-14 保定桥（来源：福州大学建筑与文化研究所 绘）

图11-5-15 界福桥（来源：福州大学建筑与文化研究所 绘）

第一节　传统聚落的发展瓶颈

一、传统聚落保护的困境

聚落是由于人们的聚合而形成的一种特殊的生活环境，聚落风貌的完整才能展示聚落的独特魅力，整体聚落呈现的美感远比单一的民居来的更有意义，也更能引人深思。但是，时代的进步，人们生活观念的极速改变，生活观与价值观已然发生翻天覆地的变化，追求更好品质的生活成为现代人的居住标准。传统聚落置于当今的社会环境，经历着经济、文化、环境等众多领域的冲击与影响，聚落的衰落和建筑的破败已无法满足当代人追求居住环境的舒适，所以，传统聚落空间面临着严峻的威胁，陷入了保护的困境。

（一）人文文化的消逝

自然与人文在聚落的发展过程中不断融合、进化，并呈现出特定的文化特质和场所精神。聚落的不同导致其地域特色的不同，同样的，其人文文化的精神也不同。传统聚落经历数百逾千年的历史积累而来的，蕴含着历史文化的积淀。但现代生活观念的转变与世俗的诱惑，传统聚落的价值观正在被深刻地影响并发展出世俗的观念，在利益至上的今天，优秀的传统文化正逐渐消逝，取而代之的是现代庸俗的拜金主义。传统的生活方式、人文情怀正远离我们，新的价值观、新的生活方式正侵蚀着居民淳朴的心理。

（二）传统居住功能的衰败

传统聚落的民居建筑多建于明末清初，随着时间的流逝和环境的变迁，受特殊地理环境的影响，聚落内大量的传统建筑都已呈现功能性的衰败，不少民居闲置且无人打理，家庭结构和生活方式的改变，更多的居民更倾向于选址宽敞明亮的现代建筑居住，传统建筑普遍老化、损坏的现象更为严重，许多传统民居空置现象严重，加剧了建筑的老化与破损。

一方面是传统民居的大量空置（图12-1-1），另一方面是村民见缝插针式的自建，再加上政府的监管不力，使得传统聚落的建筑密度大大提高（图12-1-2），与之而来的是建筑之间的采光、通风、消防等问题的日益突出。

传统聚落现在普遍存在居住质量不高的问题，如公

图12-1-1　传统建筑的破败

共活动空间的缺乏、基础设施落后、电力配套设施杂乱不合理、给排水的不合理、垃圾随处扔放。首先,聚落中的电力网线、电线杆随处可见,到处都是杂乱的线路,既影响美观的同时,也带来强烈的安全问题。其次,聚落的供水、排水设施简陋,城内多处还是以井水为生,排水、排污有的从明沟排出,有的甚至从街巷或道路上排,在影响视觉观感的同时还伴随着强烈的污水恶臭。最重要的是,聚落内部的垃圾回收空间不足,加上居民的陋习,垃圾都随意扔放,在影响美观的同时更是对生态环境的严重破坏(图12-1-3、图12-1-4)。

(三)传统历史风貌的丧失

随着生活水平的提高,许多村民开始拆旧建新,在这种快速消费的时代,传统工艺的费工费时已不被人们所倡导,人们要求的是现代工艺的快捷性,钢筋混凝土、面砖、玻璃等现代材料大量用于新民居的建造,但这些房屋与传统民居格格不入,产生明显的不协调感,加上新建房屋的尺度较大,对整体村落的传统风貌破坏十分严重。由于缺乏有效的管理机制和规划指导,传统聚落建筑大多呈现无序生长的状态,加上地震、台风的自然因素的破坏,传统民居的衰败加速,致使聚落传统的空间形态和文化景观受到严重的破坏,造成了传统历史风貌的丧失。

另外,随着乡村旅游的火热,村民试图保护好古聚落的传统风貌,自发采取了一些措施,但由于缺乏对整个聚落空间形态的认识,致使对于一些传统民居的改造往往流于表面,甚至产生了画蛇添足的现象,这种建设性的破坏导致了聚落风貌的整体性遭到破坏。

二、传统聚落保护的难题

传统聚落包含了丰富的历史文化遗产,既包括聚落空间、建筑空间和街巷空间等物质文化遗产,又含有民间信仰活动、生产生活等非物质文化遗产,两者构成了传统聚落的文化特色。但它们大多面临着严重的困境,主要表现在空间发展的不确定性、保护主体不清晰和经

图12-1-2 建筑密度过大

(a)明沟的恶臭和垃圾的随意堆放

图12-1-3 现代建筑对风貌的破坏

(b)电力网线和电线杆的杂乱

图12-1-4 居住质量不高

济支持不足等问题。

（一）空间发展的不确定性

传统聚落的形成与发展都有其特定的环境，但随着时代的变迁，聚落内部的设施已不再适应现有居民对于生活的追求。很多居民放弃破败的古建筑，重新选择建造新的建筑，或有的居住拆除旧建筑，就地重建现代建筑，传统聚落空间的发展已不受控制，呈现出许多的不确定性。

产业结构的调整，从事传统产业人口在急剧减少。大部分青年选择外出打工或居住，留守的多为老人或儿童。这个群体对建筑空间舒适性的需求相对较弱，使传统聚落中很多传统民居缺乏必要的使用和维护，存在严重的空置情况，原有的聚落丧失了生机与活力，空心村的情况越来越严重，聚落空间发展的不确定性大大加强。

（二）保护主体不清晰

目前，我国对传统聚落的保护还处在政府主导的阶段，地方政府的保护态度很大一部分来自上级的政策，可见政府政策的发布与否关系着传统聚落的保护力度与成效。政府对于传统聚落的保护与开发尚处于探索阶段，相关的保护规章制度尚未有具体的落实，政府对于开发和保护虽说很多年，未有成型系统的政策的引导和执行，传统聚落的保护与发展终究停留在讨论阶段，最终来说还是政府政策的执行不够坚决，这也是传统聚落保护发展的受限因素。

同时，传统聚落的产权问题复杂，保护主体问题成了最大的障碍，导致产权人保护的动力不足，参与度也不高，更深层次的来说，居民改造或保护历史建筑的后续收益没有受到相关法律的保护，政府也没有足够的动力去筹集资金来维修和保护历史建筑，怕保护或维修的成本收不回来，最终必然导致传统聚落的衰退，这也是政府政策的不确定性造成的。

（三）经济支持不足

很多传统聚落地处偏远，产业凋敝，政府财政支持也不足。传统民居的保存与修复需要高成本的物力和人力，村民依靠自身的实力无法承担，而政府方面单向的财政拨款也无法长期承担，更别说是这种大范围的保护资金的投入，传统聚落遗产保护资金普遍面临紧张局面，这样的恶性循环对传统聚落的存续带来了严重的障碍。

第二节　传统聚落的保护意义

在这文化趋向全球化的时代，传统聚落作为历史文化的载体，其文化的传承和价值的保护不可估量。但随着城镇化进程的迅猛发展，城乡文化交流的日益频繁，古老的聚落呈现出了结构性老化和功能性退化等严峻的问题。为什么要保护，怎么保护，最重要的是理清传统聚落的保护价值所在。

一、历史文化价值

联合国教科文的第17次会议指出：人类适宜的生活环境是指在生活条件迅速发展的当今能够保持和自然亲密接触的历史遗迹[1]。由此说来，传统聚落能在历史的长河中遗留下来，其诠释更多的是自然与人民的和谐

---

[1] 郑景文，余建林. 桂北传统聚落的保护与利用——以桂林龙胜县平安寨为例[J]. 规划师，2006：33.

共存，人对自然的合理利用，不是现代的高楼大厦可以同日而语。此外，传统聚落的人文和生态精神更是突显了现代城市的冷漠性。

生活的多元化是传统聚落得以发展的动力所在，而多样性的乡土文化更体现了其特色的价值。传统聚落所创造的聚落空间和街巷空间，从聚落的选址和布局，从建造类型到建筑材料，都在诉说着它的辉煌历史。在未遭受现代城市化浪潮的荼毒之前，传统聚落的朴素、原生态可以延续和弘扬地域文化，在社会的教化和文化的传承上有着积极的意义。

二、美学情感价值

中国传统的美学观讲究的是社会与自然的和谐统一。美学家朱光潜先生说："美不仅在物，亦不仅在心，它在心与物的关系上面……美就是情趣意象化或意象情趣化时心中所感受到的恰好的快感。"[①]从自然的山水环境到聚落的空间布局，再到聚落的建筑单体，传统聚落处处散发着独特的传统智慧和人文魅力。随意自然的聚落形态更体现了和谐统一、和而不同的中国美学思想。

传统聚落历经数百年的风风雨雨，分布其中的街巷、民居、水井，甚至是古树，都蕴含着深厚的历史文化价值，寄托着居民内心深处的乡土情结，即便是旅客，身处其境，也会被这里的历史文化景观所折服，其美学情感在这里得到心灵上的升华。

三、文化交流价值

近年来，海峡两岸文化的交流日趋频繁，福建地处台湾海峡西岸，是中华文化的重要组成部分，在地缘、血缘上都与台湾有着密不可分的关系，台湾有很多福建的同胞。两岸长期的交流一方面传播了福建传统文化和建造的技艺，另一方面也带来了外来的文化和风尚，两者的碰撞有利于我们吸收其中的精华。同时，一系列的学术会议与旅游活动也将极大促进两岸的交流与发展。传统聚落可通过此次机遇，大力发展两岸关系，也为祖国的早日统一奉献自己微薄的力量。

四、经济发展价值

社会的发展，时代的进步，传统聚落中的社会环境、居住环境及社会观念正在潜移默化地发生着改变，人民的生活方式也随着现代社会经济和文化的发展而改变，传统聚落正面临着严峻的生存问题。但近年来，村落旅游在国内外市场需求和我国旅游扶贫政策的激励下迅速发展起来，现已成为我国重要的旅游形式之一，发展传统聚落的乡村旅游，能够带动当地建筑业、旅游业、商业和交通运输业的快速发展，解决城内居民的劳动力问题，促进传统聚落的经济发展，更重要的是，通过旅游的发展，民居功能的置换，能够更好地利用传统聚落闲置的房屋，也能达到更好的经济利用价值，更重要的是，通过旅游的发展，人流的集聚，改变传统聚落现有冷清的氛围，注入新的活力、新的机遇。

传统聚落有着深厚的文化内涵和旅游开发价值，随着我国旅游产业的快速发展，旅游者已从片面的追求娱乐内容转变为重视体验历史传统与风土人情，基于如此，传统聚落将拥有更加广阔的前景。

---

① 郑景文，余建林. 桂北传统聚落的保护与利用——以桂林龙胜县平安寨为例［J］. 规划师，2006（1）：34.

第三节　传统聚落保护与活化利用

传统聚落的健康和持续发展，离不开保护与活化的协同作用，协调处理保护和活化的关系是村落发展的基本条件。封闭式的保护措施固然有利于传统聚落风貌和文脉的传承，代价是建立在提高生活成本和低质量的居住环境。全面和开放性的更新，无疑改变村落现有社会结构形态和村落风貌。因此，要确保村落自身的健康发展，就要坚持客观的发展规律，在村落形态和功能方面进行活化，实现传统聚落协调、有序发展。

一、传统聚落的保护与活化原则

（一）整体性原则

传统聚落的价值不仅仅体现在历史文物上，周围的自然环境，河流、山峰、植物等要素都是村落的重要组成部分，共同构成了村庄的肌理。文化是他们的灵魂，也要重视民俗、工艺等非物质文化遗产的保护。村落的保护活化，不应只是简单的点式保护，应从整体出发，做到保护建筑的本身，注意建筑物周围的空间环境，保护传统聚落的完整性，实现价值最大化。

（二）原真性原则

建筑、街巷、古树都是历史文化遗产，包含重要的历史信息。它们是不可逆的，亦是无法代替的，一旦被破坏，将无法修复。对于传统聚落的保护活化，应以保持村落原貌为主，不应对村落文化的物质载体进行大规模的改动，保护其历史价值、社会价值等。对于历史建筑的修缮坚持"修旧如旧"的原则，提取历史元素，实现历史建筑风貌的统一，保护其原真性，将历代古人的智慧产物传承下去。

（三）动态保护原则

传统聚落是满足人们日常生活，聚居而居的生活环境。它是在不断演变的进程中形成的，是动态的发展。传统文化、地方传统风俗的延续以及村民日常生活的需求，都在动态的行进。村落的保护不是静态的保留，村落保护活化方案应坚持动态保护原则，发掘其潜在价值，将历史文化延续下去。可通过融入非物质文化遗产，营造智慧文创空间、引进新型信息技术等方式，传承历史文化，顺应时代发展，实现传统聚落的动态保护。

（四）可持续发展原则

传统聚落的可持续发展是村落保护活化过程中形成的保护促进发展，在发展中有效保护的循环发展体系。在坚持动态保护原则的基础上，充分利用村落遗产资源，寻找当地特色文化、资源，从而塑造独特个性，树立特色文化品牌，促进产业发展，提高经济收入，获取的部分利润再次投入村落的保护更新体系中，实现有序、循环的可持续发展。

（五）公众参与原则

传统聚落的保护活化需要政府、规划师、村民共同参与，积极保护。村民是村落生活的主体，村落是人们生活的家园。村民熟悉这里的一草一木，更加了解村落的现状问题，同时他们有责任和义务保护村落的文化遗产。在传统聚落保护活化过程中，应坚持公众参与原则，积极咨询村民建议，调动村民积极性，加强村民的保护意识，引导人们自发保护村落遗产，为保护活化方案的实施提供便利，避免村民阻挠的现象发生。

二、传统聚落的保护与活化策略

（一）塑造聚落复合生态系统

在传统聚落的更新活化中，首先要注重传统聚落生态环境的保护，保护水资源，防止土地、耕地资源的过度开发，完善其基础设施建设，整治生态环境，这是传统聚落塑造生态系统的前提，也是保障其与其他子系统相互制约、相互依存的基础；其次，提倡人与环境和谐共处，形成生态化的文化体系，制定可持续发展战略，引导社会良好风气，为村落发展建立思想和精神基础，并在生态环境保护、整改的基础上发展乡村特色产业，形成聚落复合生态系统。

（二）打造聚落复合空间

传统村落的形成过程必然伴随着实体空间的产生，其主要包含经济、社会及自然功能，如宗教祷告场所、公共服务空间、村民交往空间、行政执法空间、教育文化空间等。我们不再倾向于实体空间的单一功能，更多的是统筹其他方面的复合功能。通过对实体空间的重组，高度整合单一功能的村落空间，塑造复合空间，可提升村落空间的利用效率，满足村民的日常生活需求。

（三）发展村落自主管理模式

传统聚落的自我管理体现在"人与自然"以及"人与社会"两个层面，"人与自然"强调对自然环境的保护，首先，要形成一个成体系的管理制度，成立环境保护小组，定期对村落的自然生态环境进行巡查，保证及时发现问题，及时治理问题；其次，加强村民保护意识的宣传，保护村落人人有责，要增强村民的参与意识和主人翁意识，将保护村庄的环境视为自己分内的一部分；"人与社会"是对传统村落人文资源、社会资源的把控和管理，由于此项工作涉及村落价值要素的特殊性、复杂性和专业性，可引入第三方机构作为监测主体，利用基础数据平台，对传统村落的人文资源、社会资源进行分类别、分层次的监管和保护，并将监测报告及时告知村民，增加信息的透明度和公众信任，提升村民的文化自爱和自信，最终实现有效的自我约束、自我管理行为。

（四）优化多元产业共生模式

产业主动融合是优化传统村落多元产业共生的主要途径，传统文化、农业以及手工业是传统村落原本赖以生存的经济来源，信息化时代的飞速发展，使得村落只依靠原有产业不足以支撑其快速发展，因此，传统农业和旅游产业的共生、传统手工业和信息产业的共生以及传统文化和经济产业的共生就显得尤为重要。

促进传统农业和旅游产业的共生，改变"衣食农业"的传统定位，将旅游元素融入传统农业的生产经营中，形成新的产业链，带动村落经济的进一步发展。促进传统手工业与新技术产业主动融合，着重向艺术体验、艺术欣赏等方面发展，满足人们除了实用性以外的观赏需求和体验需求，给人带来创作的自由快感，在手工对象上得到精神体验并实现情感寄托。传统文化和经济产业共生需要建立在地域特色、民族风情、习俗等文化资源的基础之上，在与旅游产业融合的过程中，突出传统特色，形成地域优势，通过旅游观光展示文化遗产，通过当地特有的传统文化氛围营造旅游环境，构筑多方位的文化展示体系。

索引

序号	聚落名称	所属市县镇	级别（历史文化名村名镇、第几批传统村落、文保等级等）	本书章节	页码
1	琴江村	福州市长乐区航城街道	国家级历史文化名村 第一批中国传统村落	第三章第二节	039
2	椿阳村	福州市永泰县梧桐镇	省级历史文化名村	第三章第三节	044
3	梅花村	福州市长乐区梅花镇	省级历史文化名镇	第三章第四节	050
4	林浦村	福州市仓山区城门镇	国家级历史文化名村 第五批中国传统村落	第三章第五节	056
5	园下村	莆田市涵江区江口镇	—	第四章第二节	067
6	港里村	莆田市秀屿区山亭镇	省级历史文化名村	第四章第三节	071
7	园头村	莆田市荔城区华亭镇	—	第四章第四节	076
8	前连村	莆田市仙游县盖尾镇	省级历史文化名村	第四章第五节	083
9	厦地村	宁德市屏南县屏城乡	第三批中国传统村落	第五章第二节	092
10	下党村	宁德市寿宁县下党乡	国家级历史文化名村	第五章第三节	100
11	楼下村	宁德市福安县溪柄镇	国家级历史文化名村	第五章第四节	105
12	前洋村	宁德市古田县卓洋乡	国家级历史文化名村	第五章第五节	109
13	蔡厝村	厦门市翔安区新店街道	—	第六章第二节	117
14	城内村	厦门市集美区后溪镇	省级历史文化名村	第六章第三节	123
15	古坑村	厦门市同安区汀溪镇	—	第六章第四节	126
16	鼓浪屿	厦门市思明区鼓浪屿街道	世界文化遗产 国家级重点文物保护单位	第六章第五节	130
17	田螺坑村	漳州市南靖县书洋镇	世界文化遗产 国家级历史文化名村 国家级重点文物保护单位	第七章第二节	141
18	埭尾村	漳州市龙海市东园镇	国家级历史文化名村	第七章第三节	145
19	赵家堡	漳州市漳浦县湖西畲族乡	国家级重点文物保护单位	第七章第四节	151
20	山重村	漳州市长泰县陈巷镇	第三批中国传统村落	第七章第五节	157
21	崇武古镇	泉州市惠安县崇武镇	省级历史文化名镇	第八章第二节	167

续表

序号	聚落名称	所属市县镇	级别（历史文化名村名镇、第几批传统村落、文保等级等）	本书章节	页码
22	樟脚村	泉州市泉港区涂岭镇	国家级历史文化名村 第五批中国传统村落	第八章第三节	178
23	土坑村	泉州市泉港区后龙镇	省级历史文化名村	第八章第四节	183
24	茂霞村	泉州市永春县岵山镇	第一批中国传统村落	第八章第五节	187
25	五夫镇	南平市武夷山市五夫镇	国家级历史文化名镇	第九章第二节	197
26	城村	南平市武夷山市兴田镇	国家级历史文化名村	第九章第三节	202
27	石圳村	南平市政和县石屯镇	省级传统村落	第九章第四节	206
28	湖头村	南平市建瓯市小松镇	省级传统村落	第九章第五节	212
29	慈口村	南平市建瓯市川石乡	—	第九章第六节	216
30	忠山村	三明市三元区岩前镇	国家级历史文化名村 第三批中国传统村落	第十章第二节	225
31	桂峰村	三明市尤溪县洋中镇	国家级历史文化名村 第一批中国传统村落	第十章第三节	227
32	肖坊村	三明市将乐县大源乡	第四批中国传统村落	第十章第四节	234
33	洪坑村	龙岩市永定县湖坑镇	第一批中国传统村落	第十一章第二节	243
34	培田村	龙岩市连城县宣和乡	国家级历史文化名村 第一批中国传统村落	第十一章第三节	248
35	四堡镇	龙岩市连城县四堡镇	国家级历史文化名镇	第十一章第四节	252
36	竹贯村	龙岩市新罗区万安镇	国家级历史文化名村 第二批中国传统村落	第十一章第五节	257

参考文献

一、古典原籍及地方史志

[1] （明）隆庆版. 同安县志.
[2] （明）陈润纂，（清）白花洲渔增修. 螺洲志 [M]. 上海：上海书店，1992.
[3] （清）郑祖庚修撰. 闽县乡土志（二）[M]. 台北：成文出版社，1974.
[4] （清）郭柏苍. 竹间十日话 [M]. 福州：海风出版社，2001.
[5] （清）林枫. 榕城考古略. 1958年师大馆抄本.
[6] （清）周亮工. 闽小记 [M]. 上海：上海古籍出版社，1985.
[7] （清）何秋涛. 津门客话·螺洲沙合. 载陈宝深. 螺江陈氏家谱（3修），1932.
[8] 福州市盖山镇志编写组. 福州市盖山镇志·概述 [M]. 福州：福建科学技术出版社，1997.
[9] （清）乾隆版. 泉州府志.
[10] （清）周学曾等纂修. 晋江县志 [M]. 福州：福建人民出版社，1990.
[11] 泉州建委修志办编. 泉州市城乡建设志 [M]. 北京：中国城市出版社，1998.
[12] 福建省地方志编纂委员会编. 福州市历史文化名城、名镇、名村志 [M]. 福州：海潮摄影艺术出版社，2004.
[13] 王张清. 石桥张姓渊源及其支系繁衍概况. 南靖县档案馆网. http://zznj.fj-archives.org.cn.
[14] 同安文史资料编委会. 同安文史资料（第十六辑），内部发行，1996.
[15] 福建文史资料编辑室编. 福建文史资料（第五辑）[M]. 福州：福建人民出版社，1981.

二、学术论著

[16] 吴良镛. 人居环境科学导论 [M]. 北京：中国建筑工业出版社，2002.
[17] 彭一刚. 传统村镇聚落景观分析 [M]. 北京：中国建筑工业出版社，1992.
[18] 吴良镛. 国际建协《北京宪章》：建筑学的未来（第一版）[M]. 北京：清华大学出版社，2002.
[19] 肖敦余，肖泉，于克俭. 社区规划与设计 [M]. 天津：天津大学出版社，2003.
[20] 王彦辉. 走向新社区：城市居住社区整体营造理论与方法 [M]. 南京：东南大学出版社，2003.
[21] 李晓峰. 乡土建筑：跨学科研究理论与方法 [M]. 北京：中国建筑工业出版社，2005.
[22] 王其亨. 风水理论研究 [M]. 天津：天津大学出版社，1992.
[23] 俞孔坚. 理想景观探源：风水的文化意义 [M]. 北京：商务印书馆，1998.
[24] 李允鉌. 华夏意匠 [M]. 天津：天津大学出版社，2005.
[25] 黄汉民. 客家土楼民居 [M]. 福州：福建教育出版社，1995.
[26] 黄汉民. 福建土楼：中国传统民居的瑰宝 [M]. 北京：生活·读书·新知三联书店，2003.
[27] 戴志坚. 闽海民系民居建筑与文化研究 [M]. 北京：中国建筑工业出版社，2003.
[28] 李立. 乡村聚落：形态、类型与演变：以江南地区为例 [M]. 南京：东南大学出版社，2007.
[29] 吴培晖. 金门澎湖聚落 [M]. 台北：稻田出版有限公司，1999.
[30] 郭肇立. 聚落与社会 [M]. 台北：田园城市文化事业有限公司，1998.
[31] 梁漱溟. 乡村建设理论（《梁漱溟全集》第二卷）[M]. 济南：山东人民出版社，1990.

[32] 林耀华. 义序的宗族研究 [M]. 北京: 生活·读书·新知三联书店, 2000.
[33] 郑振满. 明清福建家族组织与社会变迁 [M]. 长沙: 湖南教育出版社, 1992.
[34] 陈泗东, 庄炳章. 中国历史文化名城——泉州 [M]. 北京: 中国建筑工业出版社, 1990.
[35]《泉州民居》编委会. 泉州民居 [M]. 福州: 海风出版社, 1996.
[36] 林美容. 从祭祀圈到信仰圈: 台湾民间社会的地域构成与发展[G]//李筱峰, 张炎宪, 戴定林等主编. 台湾史论文精选 (上). 台北: 玉山社, 1988: 289-319.
[37] 林国平. 闽台民间信仰源流 [M]. 福州: 福建人民出版社, 2003.
[38] 郑振满, 陈春声. 民间信仰与社会空间 [M]. 福州: 福建人民出版社, 2003.
[39] 王铭铭. 逝去的繁荣: 一座老城的历史人类学考察 [M]. 杭州: 浙江人民出版社, 1999.
[40] 王铭铭. 社会人类学与中国研究 [M]. 桂林: 广西师范大学出版社, 2005.
[41] 段进. 世界文化遗产宏村古村落空间解析 [M]. 南京: 东南大学出版社, 2009.
[42] 洪卜仁, 靳维柏. 厦门传统村落 [M]. 厦门: 厦门大学出版社, 2015.

三、译著及外文论著

[43] (美) 阿摩斯·拉普卜特. 宅形与文化 [M]. 常青, 等译. 北京: 中国建筑工业出版社, 2007.
[44] (丹麦) 扬·盖尔. 交往与空间 [M]. 何人可, 译. 第4版. 北京: 中国建筑工业出版社, 2002.
[45] (日) 藤井明. 聚落探访 [M]. 宁晶, 译. 北京: 中国建筑工业出版社, 2003.
[46] (美) 肯尼思·弗兰普敦. 建构文化研究论: 19世纪和20世纪建筑中的建造诗学 [M]. 王骏阳, 译. 北京: 中国建筑工业出版社, 2007.
[47] (西) 伊格拉西·德索拉-莫拉莱斯. 差异: 当代建筑的地志 [M]. 施植明, 译. 北京: 中国水利水电出版社, 2007.
[48] (日) 井上彻. 中国的宗族与国家礼制: 从宗法主义角度所作的分析 [M]. 钱杭, 译. 上海: 上海书店出版社, 2008.
[49] (美) 埃佛里特·M.罗吉斯, 拉伯尔·J.伯德格. 乡村社会变迁 [M]. 王晓毅, 王地宁, 译. 杭州: 浙江人民出版社, 1988.
[50] (英) 弗雷泽. 金枝 [M]. 徐育新, 等译. 北京: 大众文艺出版社, 1998.
[51] (英) 莫里斯·弗里德曼. 中国东南的宗族组织 [M]. 刘晓春, 译. 上海: 上海人民出版社, 2000.
[52] (法) 莫里斯·哈布瓦赫. 论集体记忆 [M]. 毕然, 郭金华, 译. 上海: 上海人民出版社, 2002.
[53] (美) H.J.德伯里. 人文地理: 文化社会与空间 [M]. 王民, 等译. 北京: 北京师范大学出版社, 1988.
[54] (美) 克利福德·吉尔兹. 地方性知识 [M]. 王海龙, 张家瑄, 译. 北京: 中央编译出版社, 2004.

四、学术期刊

[55] 罗德胤, 孙娜, 付敢诺. 村落保护和乡村振兴的松阳路径 [J]. 建筑学报, 2021 (01): 1-8.
[56] 张喆, 王凤莹, 朱正. 传统村落的建筑保护修缮探索——松阳"拯救老屋行动"实践 [J]. 建筑学报, 2021 (01): 34-37.
[57] 李天依, 翟辉, 胡康榆. 场景·人物·精神——文化景观视角下香格里拉传统村落保护研究 [J]. 中国园林, 2020, 36 (01): 37-42.
[58] 邓巍, 胡海艳, 杨瑞鑫, 何依. 传统乡村聚落空间的双构特征及保护启示 [J]. 城市规划学刊, 2019 (06): 101-106.
[59] 辛儒鸿, 曾坚, 黄友慧. 基于生态智慧的西南山地传统村落保护研究 [J]. 中国园林, 2019, 35 (09): 95-99.
[60] 石亚灵, 黄勇, 邓良凯, 蔡浩田, 邱瑛. 传统聚落社会结构的空间形态表征研究——以安居镇为例 [J]. 建筑学报, 2019 (S1): 35-41.
[61] 翟斌庆, 徐博. 汉长安城的历史形态演变与遗址区村落保护 [J]. 中国园林, 2019, 35 (06): 126-130.
[62] 孙媛, 佘高红, 张纯. 数字博物馆在传统村落文化遗产保护中的应用——以安徽歙县瞻淇村为例 [J]. 新建筑, 2019 (03): 97-99.
[63] 池方爱, 李高梅, 管斌君. 浙江传统村落之聆赏艺术初探——以斯宅村为例探析其"传统村落声景观"及村落保护策略 [J]. 城市

规划，2019，43（02）：84-90.

[64] 何依，柴晓怡. 石浦港域海防聚落的演化与集群保护[J]. 城市规划学刊，2018（06）：111-118.

[65] 赵烨，王建国. 基于形态完整性的传统乡村聚落规划研究——聚落性能化提升规划技术的应用[J]. 城市规划，2018，42（11）：33-40，53.

[66] 何依，程晓梅. 宁波地区传统市镇空间的双重性及保护研究——以东钱湖韩岭村为例[J]. 城市规划，2018，42（07）：93-101.

[67] 钱利，王军，段俊如. 生态安全导向下青海小流域与传统村落整体保护策略探析[J]. 中国园林，2018，34（05）：23-27.

[68] 张天洁，张璐，岳阳. 企业介入的传统村落保护实施探讨——以天津蓟县西井峪村为例[J]. 城市规划，2018，42（04）：119-124.

[69] 徐瑾，万涛. 由"村外人"到"新乡贤"的乡村治理新模式——以H省G村为例[J]. 城市规划，2017，41（12）：65-72.

[70] 宋敏，仲德崑，王单珩. 历史文化村落保护与利用的体系规划探析——以浙江省江山市为例[J]. 城市规划，2017，41（05）：69-77.

[71] 张浩龙，陈静，周春山. 中国传统村落研究评述与展望[J]. 城市规划，2017，41（04）：74-80.

[72] 何依，孙亮. 基于宗族结构的传统村落院落单元研究——以宁波市走马塘历史文化名村保护规划为例[J]. 建筑学报，2017（02）：90-95.

[73] 王琼，季宏，陈进国. 乡村保护与活化的动力学研究——基于3个福建村落保护与活化模式的探讨[J]. 建筑学报，2017（01）：108-112.

[74] 陈小辉，张鹰. 传统聚落综合功能提升关键技术集成与示范[J]. 建筑学报，2016（12）：115-116.

[75] 李华东. 传统生产方式保护与传统村落的未来[J]. 建筑师，2016（05）：19-23.

[76] 王浩锋，饶小军. 承传存续：乡村聚落空间复兴机制刍议[J]. 建筑师，2016（05）：72-79.

[77] 朱良文，等. 贫困型传统村落保护发展对策——云南阿者科研讨会[J]. 新建筑，2016（04）：64-71.

[78] 刘渌璐，肖大威，张肖. 历史文化村落保护实施效果评估及应用[J]. 城市规划，2016，40（06）：94-98，112.

[79] 张鹰，洪思雨. 传统聚落营造的社会行动机理及其运作系统建构[J]. 建筑学报，2016（05）：103-107.

[80] 赵中枢，胡敏，徐萌. 加强城乡聚落体系的整体性保护[J]. 城市规划，2016，40（01）：77-79.

[81] 张兵. 城乡历史文化聚落——文化遗产区域整体保护的新类型[J]. 城市规划学刊，2015（06）：5-11.

[82] 张天新，王敏. 中国村落遗产保护中活态文化标准的可能性分析——从亚太地区文化遗产保护奖与中国传统村落评定的比较说起[J]. 中国园林，2015，31（04）：46-49.

[83] 罗德胤. 村落保护：关键在于激活人心[J]. 新建筑，2015（01）：23-27.

[84] 孙莹，肖大威，王玉顺. 客家古村落人文历史空间解构及保护研究——以梅县侨乡村为例[J]. 建筑学报，2014（S1）：103-107.

[85] 塞尔江·哈力克，黄一如，陶金. 新疆历史村落的空间特色保护与传承——以哈密博斯坦村为例[J]. 新建筑，2013（03）：35-39.

[86] 张斌，吴苗. 基于村落发展类型的鄂西南土家族地区村落景观保护与空间发展研究[J]. 中国园林，2012，28（08）：122-124.

[87] 魏春雨，许昊皓，黄子云，卢健松. 古城留真——湖南洪江古商城的聚落自组织机制研究与保护[J]. 建筑学报，2012（06）：32-35.

[88] 李婷婷，郑力鹏，高云飞. 古村落的保护发展与规划设计——以广东省梅县茶山村为例[J]. 建筑学报，2011（09）：104-106.

[89] 李楠. 西双版纳城子寨保护与旅游开发[J]. 新建筑，2010（05）：22-26.

[90] 黄跃昊，饶小军. 传统古村落保护方法刍议——以江西婺源汪口古村落为例[J]. 新建筑，2010（05）：27-31.

[91] 戴林琳，吕斌，盖世杰. 京郊历史文化村落的评价遴选及保护策略探析——以北京东郊地区为例[J]. 城市规划，2009，33（09）：64-69.

[92] 祝佳杰，宋峰，包立奎. 基于综合价值评判的风景区村落整治与保护研究：以浙江江郎山风景名胜区为例[J]. 中国园林，2009，25（06）：30-33.

[93] 黄盛，王伟武. 基于结构主义的徽州古村落演化与重构研究——以西溪南古村落为例[J]. 建筑学报，2009（S1）：44-47.

[94] 钟国庆. 肇庆广府古村落景观格局特点及其保护研究——以蕉园村为例[J]. 城市规划，2009，33（04）：92-96.

[95] 张鹰，申绍杰，陈小辉. 基于愈合概念的浦源古村落保护与人居环境改善[J]. 建筑学报，2008（12）：46-49.

［96］张静. 传统聚落旅游开发中的色彩景观规划与管理［J］. 新建筑，2008（05）：77-81.
［97］束晨阳. 基于古村落保护的乡村旅游规划——以安徽绩溪龙川村为例［J］. 中国园林，2008（08）：9-15.
［98］廖志，陆琦. 岭南传统聚落的保护与功能置换——广州大学城民俗博物村保护与更新设计［J］. 建筑学报，2008（07）：46-51.
［99］何依，李锦生. 明代堡寨聚落砥洎城保护研究［J］. 城市规划，2008（07）：88-92.
［100］张祺，胡莹. 传统聚落文化的保护、更新与再生［J］. 新建筑，2007（05）：91-94.
［101］车震宇，保继刚. 市县级政策与管理在古村落保护和旅游中的重要性——以黄山市、大理州和丽江市为例［J］. 建筑学报，2006（12）：45-47.
［102］朱良文. 从箐口村旅游开发谈传统村落的发展与保护［J］. 新建筑，2006（04）：4-8.
［103］陈喆，傅岳峰. 长城保护与周边村落更新［J］. 建筑学报，2005（07）：21-23.
［104］常青. 略论传统聚落的风土保护与再生［J］. 建筑师，2005（03）：87-90.
［105］董卫. 一座传统村落的前世今生——新技术、保护概念与乐清南阁村保护规划的关联性［J］. 建筑师，2005（03）：94-99.
［106］李艳英. 福建南靖县石桥古村落保护和发展策略研究［J］. 建筑学报，2004（12）：54-56.
［107］刘源，李晓峰. 旅游开发与传统聚落保护的现状与思考［J］. 新建筑，2003（02）：29-31.
［108］陈志华. 关于楠溪江古村落保护问题的信［J］. 建筑学报，2001（11）：52-53.
［109］朱光亚，黄滋. 古村落的保护与发展问题［J］. 建筑学报，1999（04）：61-64.
［110］沈克宁. 传统村镇聚落景观分析［J］. 建筑学报，1992（02）：53-58.
［111］业祖润. 中国传统聚落环境空间结构研究［J］. 北京建筑工程学院学报，2001（01）：70-75.
［112］黄昭璘. 传统产业聚落之空间与社会组织原则研究：以矿业聚落——菁桐村为例［J］. 环境与艺术学刊，2001（02）：175-192.
［113］李东，许铁铖. 空间、制度、文化与历史叙述：新人文视野下传统聚落与民居建筑研究［J］. 建筑师，2005（03）：8-17.
［114］林志森，关瑞明. 中国传统庭院空间的心理原型探析［J］. 建筑师，2006（06）：83-87.
［115］田长青，柳肃. 浅析家族制度对民居聚落格局之影响［J］. 南方建筑，2006（02）：119-122.
［116］刘晓星. 中国传统聚落形态的有机演进途径及其启示［J］. 城市规划学刊，2007（03）：55-60.
［117］单军，王新征. 传统乡土的当代解读：以阿尔贝罗贝洛的雏里聚落为例［J］. 世界建筑，2004（12）：81-84.
［118］郁枫. 当代语境下传统聚落的嬗变：德中两处世界遗产聚落旅游转型的比较研究［J］. 世界建筑，2006（05）：118-121.
［119］Pilwon Han. A Comparative Study of the spatial Structures of Korean Clan Villages and Chinese Water Villages［J］. Journal of the Architectural Institute of Korea，2000，16（04）.
［120］戴志坚. 闽文化及其对福建传统民居的影响［J］. 南方建筑，2011（06）：24-28.
［121］林志森. 厦金两地宗族聚落形态比较研究——以整饬规划型宗族聚落为例［J］. 新建筑，2011（05）：128.

五、学位论文

［122］席文. 福建土楼社区参与旅游发展实证研究——以田螺坑土楼群为例［D］. 福州：福建师范大学，2010.
［123］李琳. 京西传统村落交往空间研究［D］. 北京：北京建筑工程学院，2009.
［124］陈志宏. 闽南侨乡近代地域性建筑研究［D］. 天津：天津大学，2005.
［125］陈力. 古城泉州的铺境空间：中国传统居住社区实例研究［D］. 天津：天津大学，2009.
［126］林文东. 寿宁县下党村传统村落保护与活化研究［D］. 福州：福州大学，2018.
［127］陈巍. 龙岩新罗区南卓村传统聚落空间形态研究［D］. 福州：福州大学，2017.
［128］王先龙. 基于生态认同的福建南平湖头村规划设计研究［D］. 福州：福州大学，2017.
［129］郑昕亮. 鼓岭度假区宜夏村的再生［D］. 福州：福州大学，2017.
［130］杨一帆. 福州市仓山区螺洲古镇传统聚落的仪式空间研究［D］. 福州：福州大学，2017.
［131］汤梦思. 龙岩市竹贯古村传统聚落形态及其保护规划研究［D］. 福州：福州大学，2016.
［132］柏苏玲. 传统聚落保护与再生的"自助式"关键技术导则研究［D］. 福州：福州大学，2016.
［133］赵晓樱. 塘溪村传统聚落建筑形态研究［D］. 福州：福州大学，2016.

［134］田慧. 武夷山城村的民俗与传统建筑文化研究［D］. 福州：福州大学，2016.
［135］杨章期. 福州市白沙镇建筑遗产保护研究［D］. 福州：福州大学，2015.
［136］徐宁. 社区营造视角下的福州林浦村保护与更新研究［D］. 福州：福州大学，2015.
［137］毛键源. 闽东传统村落中民间信仰建筑的谱系研究［D］. 福州：福州大学，2015.
［138］刘玮琳. 从廊桥保护看传统村落的文化自觉［D］. 福州：福州大学，2010.
［139］王根生. 明清时期福建螺洲社会生活运行机制研究［D］. 福州：福建师范大学，2007.
［140］Shaw, Justine Marie. The community settlement patterns and residential architecture of Yaxuna from A.D. 600-1400［D］. Dallas：Southern Methodist University，1998.

六、电子文献

［141］中国中央政府门户网站. www.gov.cn，2009-4-5.
［142］根据中国广播网2009年2月15日报道，详见http://www.cnr.cn/news/.
［143］厦门市同安区人民政府网站［2017-05-28］. http://txz.xmta.gov.cn/txgk/cjjs/201308/t20130816_176616.htm.

后 记

我和陈力教授是一对长期的学术搭档，从开始做历史文化名村保护到乡村城镇化的研究与规划，到后来主持科技部"十二五"的重大支撑项目下的"美丽乡村建设"课题。在华侨大学和福州大学培养研究生过程的选题中，研究对象不少是传统村落。我在攻读博士学位阶段，师从天津大学聂兰生先生，做的是"泉州传统文化与传统民居"研究。陈教授在攻读博士学位阶段，师从天津大学杨昌鸣教授，做的是"泉州古城的传统社区及其铺境制度"研究，专业结构具有较好的互补性。

林志森教授和季宏副教授，都是毕业于天津大学的博士。林博士师从天津大学张玉坤教授，做的是传统聚落研究，是福建地域建筑研究中心主任。季博士师从天津大学青木信夫、徐苏斌教授，做的是工业遗产保护研究，带领研究生也做了一些传统聚落的研究，是福州大学建筑遗产保护研究所所长，有了四位骨干教师，也就有了各自麾下的研究团队。

福建原有"八闽"之称，系指八个州府，与如今的八个地级市基本一致，由泉州析出的厦门市是副省级建制的"特别行政区"。本书的第三至十一章按照"福建九市"设章，关瑞明负责莆田市、南平市；陈力负责福州市、泉州市、龙岩市；林志森负责厦门市、漳州市；季宏负责三明市、宁德市。此外，第一章"传统聚落形成与演变"由陈力执笔，前言、后记和第二章"传统聚落的基本特征"由关瑞明执笔，第十二章"传统聚落保护与再利用研究"由林志森、关瑞明共同完成。

参加编写的团队成员，有的参加开始的收集资料，他们有刘艽明、吕俊杰、张帼卿、杨晓慧、魏少锋、吴子良、李婷、汤梦思、叶琳威、陈日奕、吴正鹏、吴智鑫、杨为彬、王晨雨、陈显鹭等人；有的参加这个过程的文字整理、图片处理和航拍工作，他们有陈静、俞文津、吴智顺、李海凌、林坤彬、李正、谢雁翎、魏婧怡、王旭升、熊静仪、吴泽勋、陈小双、任肖逸、庄海伦、宋远方、黄云珊、黄宇豪……在此一并致谢！

感谢中国建筑工业出版社领导的亲临指导！感谢给我们这份艰巨而又光荣的任务！感谢对编写工作的支持与理解！感谢陆琦教授、张玉坤教授对本书写作的指导！感谢陈力、林志森、季宏为我分担了编写的巨大压力！尽管如此，本书的纰漏与不足，还需要专家和读者的批评指正。

图书在版编目（CIP）数据

中国传统聚落保护研究丛书. 福建聚落 / 关瑞明等编著. —北京：中国建筑工业出版社，2021.12
ISBN 978-7-112-26985-3

Ⅰ.①中⋯ Ⅱ.①关⋯ Ⅲ.①乡村地理-聚落地理-研究-福建 Ⅳ.①K928.5

中国版本图书馆CIP数据核字（2021）第267003号

福建省史称"八闽"，是指八个地级市，加上厦门市（副省级特区市）共九个，其中六个在沿海，三个在山区。本书介绍了福建省类型丰富的传统聚落，有沿海聚落与山区聚落，有海防聚落、蛋民聚落和沿海石厝聚落，有茶乡聚落、侨乡聚落、畲乡聚落和客家聚落，还有土楼聚落、土堡聚落和寨庐聚落，等等。其中把研究传统聚落的重点放在乡村聚落，包括历史文化名村、中国传统村落和美丽乡村建设示范村。并对福建传统聚落进行了详细论述，包括聚落的形成与演变，聚落的基本特征以及聚落的保护、整治和发展。本书可供建筑、城乡规划、风景园林、人文地理、文物保护等相关专业的读者及文化旅游爱好者参考阅读。

扫一扫
观看本卷聚落视频资源

责任编辑：吴 绫 胡永旭 唐 旭 贺 伟 张 华
文字编辑：李东禧 孙 硕
书籍设计：付金红 李永晶
责任校对：王 烨

中国传统聚落保护研究丛书
福建聚落
关瑞明 陈力 林志森 季宏 编著

*

中国建筑工业出版社出版、发行（北京海淀三里河路9号）
各地新华书店、建筑书店经销
北京锋尚制版有限公司制版
北京富诚彩色印刷有限公司印刷

*

开本：889毫米×1194毫米 1/16 印张：20 插页：13 字数：518千字
2022年12月第一版 2022年12月第一次印刷
定价：**238.00元**（含视频资源）
ISBN 978-7-112-26985-3
（36763）

版权所有 翻印必究
如有印装质量问题，可寄本社图书出版中心退换
（邮政编码100037）